［監修］東京女子大学比較文化研究所・上海外国語大学日本研究センター
［全体編集］和田博文・高潔

コレクション・近代日本の中国都市体験

●第8巻　哈爾濱

尾崎名津子・編

『コレクション・近代日本の中国都市体験』刊行にあたって

研究基盤の構築を目指して

和田博文

二〇二一年四月に東京女子大学比較文化研究所と上海外国語大学日本研究センターが研究所協定を結び、国際共同研究「近代日本の中国都市体験の研究」がスタートした。日本側は一一人、中国側は九人、合わせて二〇人の研究者が、中国の一七都市と、都市体験基本資料・旅行案内・内山書店をテーマに、三年間の共同研究を実施している。五回のシンポジウムで各テーマの研究発表を行い、活発な議論を積み重ねてきた。

国際共同研究には前段階がある。それは和田博文・王志松・高潔編『中国の都市の歴史的記憶』（二〇二二年九月、勉誠出版）で、日中二一人の研究者が、中国一六都市についての、日本語表象を明らかにしている。日本人が異文化体験を通して、自己や他者とどのように向き合ってきたのかというドラマは興味深い。ただこの本は論集なので、一次資料を共同で研究したわけではない。

本シリーズは復刻頁と編者執筆頁で構成している。前者は、単行本と雑誌掲載記事の二つである。単行本は稀覯本を基本として、復刻済みの本や、国会図書館デジタルライブラリーで読める本は、対象から外している。雑誌掲載記事は一年目にリストを作成して、その中から選定した。後者には、「エッセイ」「解題」「関連年表」「主要参考文献案内」を収録している。

コレクションの目標は、研究基盤の構築である。コレクションがスタート地点となって、日本人の中国都市体験や、中国主要都市の日本語表象の研究が、活性化することを願っている。

（わだ・ひろふみ　東京女子大学特任教授）

人を以て鑑と為す

高　潔

国際共同研究「近代日本の中国都市体験」は三年間の共同研究の期間を経て、全五回のシンポジウムを開催した。いよいよその成果となる『コレクション・近代日本の中国都市体験』全二〇巻の出版を迎えることとなる。

共同研究に参加する中国側九名の研究者にとって、一番大きな収穫は、日本語で記録された一次資料を通して、自分が現在実際住んでいる中国の各都市の近代史を、新たに考えてみる契機を与えられたことであった。最近、中国の都市では「シティー・ウォーク」が流行っているが、日本語による一次資料で都市のイメージを構築しながら、各都市の図書館で古い資料を調査し、「歴史建築」と札の付いている建物を一軒一軒見て回るなどの探索を重ねていくと、眼前にある都市の表情の奥底に埋もれていた、近代の面影が次第に現れてくる。

中国では、「上海学」「北京学」というように、特定の都市に関する研究がこの三四十年来盛んになってきたが、日本語で記録された一次資料を駆使する研究はまだ稀にみるものであった。中国人にとって、日本語による近代中国の都市表象は、どうしても侵略と植民のイメージが付き纏ってくるが、日本語の案内記や、都市概況の説明書は、当時の都市生活の事情が、詳しい数字や克明な記録を以て紹介されている。この共同研究で再発掘されたこれらの資料は、中国各都市の近代史の研究において、見過ごすことのできない重要なデータとなるだろう。

（こう・けつ　上海外国語大学教授）

凡　例

・本書は、東京女子大学比較文化研究所と上海外国語大学日本研究センターによって、二〇二一年〜二〇二四年に行われた国際共同研究「近代日本の中国都市体験の研究」に基づく復刻版資料集である。中国の主要一七都市についての未復刻、および閲覧の困難な一次資料を、巻ごとに都市単位で収録した。

・各巻ごとに編者によるエッセイ・解題・関連年表・主要参考文献を収録した。

・収録に際しては、A五判（210ミリ×148ミリ）に収まるよう適宜縮小した。収録巻の書誌については解題を参照されたい。

・二色以上の配色がなされているページはカラーで収録した。

・本シリーズでは原則として、既に復刻されているもの、国会図書館図書館向けデジタル化資料送信サービスなどで読める書籍は対象から外しているが、北野邦雄『ハルビン点描』（光画荘、一九四一年一二月）は、国会図書館所蔵は表紙が欠けていること、マイクロ複写のため写真図版が鮮明でないことなどを鑑み、本巻に収録した。

・本巻作成にあたって、原資料の提供を、東京女子大学比較文化研究所、監修者の和田博文氏よりご提供いただいた。また、『黄風』（哈爾濱満鉄厚生会文芸会、一九四二年九月）は、公益社団法人俳人協会・俳句文学館にご提供をいただいた、ここに記して深甚の謝意を表する。

目次

コレクション・近代日本の中国都市体験

●第8巻　哈爾濱

尾崎名津子・編

四平街 『斎斎哈爾　間　鉄路案内』哈爾濱

附哈同、訥黒自動車線

（鉄路総局、一九三三年四月）

5　『四平街 斉斉哈爾 哈爾濱 間 鉄路案内 附哈同、訥黒自動車線』（鉄路総局、1934 年 4 月）

康德元年三月

四平街 齊齊哈爾 哈爾濱 間鐵路案内

附哈同、訥黑自動車線

鐵路總局

はしがき

本鐵路案内は四平街より洮南、齊齊哈爾、北安を經て哈爾濱に至る各鐵路案内を、旅行の便宜上一括して編纂したものである。而して上記四平街より哈爾濱に至る間の各鐵路は、近く發表せらるべき鐵路總局職制の改正と同時に平齊線（四平街、齊齊哈爾間）洮索線、齊北線及び濱北線となり、本案内に記載した四洮線の一部たる鄭通支線は、大鄭線（大虎山、鄭家屯間）に含まれる事になつてゐるが、本案内がこの職制決定以前の執筆になる爲め、内容は舊鐵路名のまゝとし、且つ表題は見易いやうに四平街、齊齊哈爾、哈爾濱間鐵路案内とした。

哈同自動車線案内は同時に松花江航路の沿岸案内の意を含むものである。この哈同自動車線及び訥黒自動車線案内は、何れも本年の開設になり、從つてその案内も不完全を免れないが、之等は順次内容を充實してゆく計畫である。

康德元年三月五日

鐵路總局

總目次

四洮鐵路案內

北滿風景 (海倫ノ牌樓)

目次

四洮鐵路案內目次

四洮鐵路案內

四洮鐵路建設沿革

四洮鐵路こその延長線たる洮昂鐵路とは、從來南北滿洲の連絡が北滿鐵路南部線に獨占せられ、從つて之が爲めに甚だしく牽制せられてゐた支那側の政治經濟的情勢を打開せんが爲め建設せられたものであるが、吉長、吉敦線こ同じく自線に海港を有しない爲めに、自ら大連港を有する南滿洲鐵道の培養線こなつたものである。四洮線はその沿線に豐饒なる未墾地を控へ、特に農業移民の進出には想像以上の貢獻をなした。即ち四洮鐵路の開通まで、殆んご人文不明の東蒙古地帶であつた四洮、洮昂沿線は、鐵道の開通によつて急激に開發され、内蒙古この貿易も逐年發達し、附近一帶は全く漢人の移民によつて占めらるゝに至つた。

四洮鐵路の建設は四平街、鄭家屯間（四鄭線）鄭家屯、洮南間（鄭洮線）鄭家屯、通

遼間（鄭通線）の三部に分つて建設せられたが、その內、四鄭線の建設については二十數年以前、即ち錦愛鐵道問題が世上に喧傳せられた當時から既に論議せられてゐれものである。その後民國二年（大正二年、一九一三年）十月、滿蒙鐵道借款修築に關する交換文に於て日本がその利權を獲得した所謂滿蒙五鐵道の一に含まれ、然かもその五鐵道中に於て實現せられた唯一の鐵道である。（上記滿蒙五鐵道については本項末の『註』を參照せられ度し）而して民國二年の上記借款大綱に基き、翌々民國四年十二月十七日、中國政府と橫濱正金銀行との間に四平街、鄭家屯間鐵道敷設に充當する目的を以て四鄭鐵道借款五百萬圓の契約が締結せられ、翌民國五年三月、四鄭鐵路工程局が創設せられて更に翌民國六年四月より實際鐵道の敷設に着手せられた。その後僅かに八ケ月にして之を完成し、翌民國七年一月より營業を開始するに至つた。

次いで民國八年九月、同じく民國二年の借款大綱に基いて南滿洲鐵道株式會社（以下滿鐵と稱す）と中國政府との間に四洮鐵道借款契約が成立し、四鄭線を延長して洮南に至る本線並に鄭家屯より通遼に至る支線の建設資金として四千五百萬圓を限度とする短期借款契約が締結された。之によつて滿鐵は所要資金を隨時支出する事とし、民國十年四月より鄭通支線の建設に着手し、翌十一年一月に全支線を開通した。鄭洮線は民國十一年九月工事に着手し、翌十二年十一月より假營業を開始し、茲に四洮全線の運行を見るに至つた。その後滿鐵は借款契約に基いて車務、工務、會計の三處長を派遣して同鐵道の經營を助け又、會計の監督をもなしつつ滿洲事變に至つた。滿洲事變後四洮鐵路局は新東北交通委員會の許可を得て民國二十年（昭和六年）十一月一日、滿鐵との間に總額を四千九百萬圓とする四洮鐵路貸金及び經營契約を締結し、契約期間中は鐵道一切の經營を擧げて滿鐵に委託する事とした。滿洲國成立後他の國有鐵道と同じく、大同二年三月一日、改めて滿鐵に委託經營され鐵路總局の管轄に歸したものである。

（註）

滿蒙に於ける鐵道の利權獲得は當時秘密外交とせられ、その經緯に關しては頗る明瞭を缺くが、當時米國はウイルソン大統領職に在り、列國の對支借款團たる六國財團より自國財團に脫退を命じたる際とて支那に對する野心も著しく減少を示してゐた。英國は當時日本を支持し、露國も亦日露協商によつて我國の態度を諒解してゐたから、日本は極めて平和裡にこの利權を獲得し、多年の苦鬪酬ひられて滿蒙に於ける鐵道網支配の基礎を確立した。上述民國二年十月五日、日支間に締結せられた滿蒙鐵道借款修築に關する公文によつて日本の獲得した所謂滿蒙五鐵道とは次の如きものであつた。

1. 四平街より鄭家屯を經て洮南に至る線
2. 開原より海龍に至る線
3. 長春より洮南に至る線
4. 洮南より承德に至る線
5. 海龍より吉林に至る線

然し以上五鐵道の內、實現せられたものは前述の如く四洮線のみであつた。その後民國七年（一九一八年）九月に至つて日支兩國間に改めて滿蒙四鐵道に關する覺書が締結せられた。この所謂滿蒙四鐵道とは

一、開原、海龍、吉林間鐵道
二、長春、洮南間鐵道
三、洮南、熱河間鐵道
四、洮南、熱河間の一地點より海港に至る線

の四であつた。而して之等の鐵道敷設に關しても支那政府と日本特種銀行團との間に滿蒙四鐵道借款豫備契約が締結せられ、所謂西原借款の一部をなす金二千萬圓が前渡金として支那政府に交付された。然しその後本契約を締結するに至らず遂に滿洲事變に逢着した事は衆知の通りである。唯その附隨的結果として滿蒙五鐵道と同四鐵道に關する契約は諸外國の滿蒙侵略に對する保障となつた。

四洮沿線各驛案內

四平街から鄭家屯まで

四洮、洮昻、洮索、大通（奉山支線）等の各鐵道は所謂東部內蒙古を貫通するものであつて、我々がただ漠然と滿洲と思ひ込んでゐるこれらの沿線地方は、自然地理學の上からも、更には又、民族史、人類學の上からも東部內蒙古に抱擁せられてゐる地方である。即ち如上自然地理學乃至人類學上から滿洲と蒙古との境界を成すものは、南滿洲鐵道と北滿鐵路とを合して描くT字形の線である。先づ地理學上から觀れば、この線の東部には長白山系のバザルト系山岳が重疊し、或はバザルト式一種特別の臺地が形成されてゐるに反し、西部には平坦な蒙古平野が連なり、或は東ゴビ地帶を形成し、之が興安嶺まで延長して、更にこの狀態は西ゴビ地方にまで及んでゐる。滿鐵沿線を一歩西に出て四洮線上の人となれば、我々には直ちにこの事實を肯定する事が出來る。それは四平街から洮南を經て、遠く齊齊哈爾、克山地方に至るまで、山らしい山の一つも見出す事の出來ない平野である。又、民族學、人類學史上からはこのT字形の線は殆んど全く滿蒙民族の區界を成してゐる。即ちその東部地方には古來よりツングース民族として知られた肅愼、勿吉、挹婁、靺鞨（渤海）女眞（金）滿洲、扶餘、高句麗等の諸族が擡頭し、その西部には東胡、匈奴、鮮卑、烏丸、契丹（遼）蒙古（元）等によつて知らるゝ蒙古民族が活躍した。これは不思議な程に歷史地理學的によく區別せられて居り、更に斯の如き地理學的相違乃至環境は滿蒙兩民族の性格、風習に著しい影響を與へ、兩民族の上に自ら土俗學上特異の現象を呈せしめてゐるである。

然し現在尚四洮、洮昂、洮索等の沿線一帶にこれらの蒙古民族が居住してゐるのでは無い。今日これら諸鐵道の沿線は既に漢民族の移住地となり、彼等はそこに宛かも古來よりの土着民の如く定着してゐる。現今の滿洲は人類學上から云へば全く支那山東省の聯絡に過ぎないのである。(この間の事情については現今の滿洲民族と蒙古民族の移動史乃至漢民族の滿洲移住史を研究せねばならない)

由來蒙古なる言葉は種族の名稱であつて、この蒙古種族に包含せらるゝ前記の匈奴、鮮卑、烏丸、契丹、元等の活躍した場所が所謂『蒙古』であつた。歷史はこれらの蒙古民族が世界を震撼せしめた武威の時代を有してゐる。然し明の中葉、喇嘛教の信仰が廣く行はれて、人民が安梵唄に精悍の氣を喪失し、更に淸朝の蒙古懷柔策が效を奏して以來、性來勇壯果敢を以て世界史の幾頁かを飾つた蒙古民族の武力は永く封じられて來た。滿洲國成立と共に民族協和の大義に基いて、從來ともすれば被壓迫民族として不遇に在つた蒙古人に對しても、一視同仁の施政に依て、その發展を助長翼成することになり、其結果少くとも滿洲國內に在る限り蒙古人の生命財産は極めて安固となり、民族的にも漸次復興の途が開けつつあるのは注目に値する事實である。

然しながら既に東部內蒙古の大部分は蒙古人の蒙古ではなく漢人の蒙古となつた。而して漢人の蒙古は即ち農業の蒙古であつて放牧の蒙古では無い。從つてこの農業を基礎とする漢人の蒙古を見ない限り、本鐵道以遠の沿線は蒙古としては理解出來ないのである。

前述の如く四平街以西は唯廣漠たる平野であつて、所々に矮小な叢樹（楡、柳類）と點々たる耕地と、地表に滲み出た曹達を見る外は眼界を遮る何物も無い。唯軌道のみが果しなく續いてゐる。そして停車してゆく驛々に數十、或は數百の人間の集團を發見することを奇異に感ずる程である。そこに囤積されてゐる物資も何處から搬び出されて來るのかと思ふ。幾十百萬の漢人移民を收容しながら、しかもこの無邊無涯の地は尚未開の荒野として車窓に展開されてゆくのである。

四平街

四洮線起點

至洮南	三三〇粁九
至齊齊哈爾	五七一粁四
自新京	一一五粁五

四洮鐵路案内

自奉天　一八九粁三
自大連　五八五粁九

四平街はもと蒙古博王の遊牧地であつたが、漢人移住の結果漸く小鎭を形成した所に現滿鐵本線の四平街驛が出來、更に四洮鐵路が開通するに及んで現在の殷盛を見るに至つた。四平街の名は現市街の西方十五支里に在る舊四平街の名を踏襲したものである。四平街は滿鐵沿線奉天以北に於ては、新京に次ぐ大都市として經濟的に重要なるのみならず、四洮線による東部内蒙古地方への關門として政治、經濟、交通上極めて重要な土地であり、四洮以遠の諸鐵道沿線との物資移輸出入も專らこゝを中繼地として行はれる。

市街は附屬地と滿人新四平街とに分れ、特產商、油房等が多い。附屬地は驛前の中央大路を中心として秩序正しい街衢を成し、西端には四平街公園の名で知られた瀟洒な公園がある。園内には遊戯場、小動物園、噴水等の設備があつて花樹も多く、春夏の候には地方人の唯一の安息所となつてゐる。四洮鐵路局と同舍宅は市街の稍々北端に一區劃を限つて居り、近代的な大建築と街路樹とによつて實に落ちついた空氣を持つてゐる。

尙新市街一帶には支那式平房子が多く列を成して一の特色を表はしてゐる。

滿人新市街は鐵道東に在つて、もと一面城と云ふ一小村であつたものであるが、四洮鐵路の開通以來、官憲の奬勵によつて民國十年頃より新興した純然たる滿人街である。街には特に特産商が多い。

四平街は明治三十八年十月十三日、我が滿洲軍參謀福島少將と露軍參謀オラノフスキーとが撤兵手續及び鐵道受渡順序等を議定した日露戰史上記念すべき地である。

人口（昭和八年三月現在）

	附屬地	隣接地	四洮鐵路局區内
內地人	四、二六三人	一六人	一五五人
朝鮮人	一、二六八人	一〇八人	—
滿洲國人	一〇、三五一人	二二、九三四人	三、一五〇人
外國人	四人	五人	—

日本側官公衙、團體

憲兵分隊、警察署、郵便局、取引所、滿鐵事務所、正隆銀行支店、朝鮮銀行支店、四平街信託會社、四平街晝夜金融會社、大同電燈會社、國際運輸支店、日淸製油支店、關東廳金融組合。

市民協會、朝鮮人會、輸入組合、農業組合、日滿特產物、商聯合會。

教育機關及び言論機關

幼稚園、尋常高等小學校、實業補習學校、公學校、家政女學校、普通學校、圖書館。

四洮新聞社、滿洲日報支社、大通新聞支社、盛京時報分社。

滿洲國側官公衙、團體

市政公署、公安第二分局、郵政支局、電報局、電話局、四洮鐵路局、同醫院、同電燈廠、四平街電燈公司、商務會、雜貨商店組合、青年會、直魯同鄉會、滿洲中央銀行分行、交通銀行分行

邦人經營旅館　（宿泊料二食附　四・〇〇円—八・〇〇円）

植半旅館、小松屋旅館。

泉　溝

自 四平街　一一粁〇

至 八面城　一七粁一

中間驛である。驛名は驛を距る西方約三里に在る泉に因み命名された。驛東二里に關帝廟があつて毎年舊歴四月の祭典には可成りの雜沓を見せる。

八面城

自 四平街 二八粁一
至 曲家店 一〇粁八

八面城は本沿線に於ける農産物の一大集散地である。市街は驛の西南は當り、人口約二萬、清朝初期に建設せられた。市街の南方に殘存する土城址は即ち舊八面城で、遼金元代の韓洲の治所と考證せられて居り、現八面城は此の名を繼いだものである。街北に關帝廟がある。その門前に遼代の陀羅尼經幢石の頭部らしい石が保存され、八面石と呼んでゐる。一說には八面城の名もこの古石に因んだものだと云はれてゐる。

官公衙、主要機關

昌圖警務局第九分區、昌圖第九區公署、電燈公司、滿洲中央銀行分行、商務會、農務會、國際運輸駐在員、昌圖縣第九區教育會、縣立第三、第十四小學校、滿洲報、泰東日報、盛京時報各支社

曲家店

自　四平街　三八粁九
至　傅家屯　一二粁六

傅家屯

自　四平街　五一粁五
至　三江口　一三粁九

傅家屯は別名を王家店又は韋家店と呼ばれ、鄭家屯、八面城大道の中央に位する主要中繼宿場であつて、主として四洮鐵道の開通後に發達した部落である。驛を距る數里、四家子村の老爺廟は舊曆四月の祭典には無數の參詣者を呼ぶ。

三江口

自　四平街　六四粁四
至　金寶屯　一二粁

三江口驛はもと大民屯と稱せられ、現在驛の西方約五里、遼河の右岸に在つたが、地勢低く屢々水害の厄に遭つた爲め、四洮線敷設後之を現在の市街地に移し、三江口と命名した。三江口の名は、東遼河と西遼河とが合流して遼河の本流を成す所から出たものであつて、市街は遼河の西岸に在り、驛は東岸の高地に設けられてゐる。

營口を起點とする遼河舟航の終點は初めは通江口（開原の西に在り）であつたが、光緒三十二年（明治三十九年）に至つて博王旗が三江口までの航路を拓き地方の發展を計つた。然し間も無く宣統二年（明治四十三年）達爾罕王旗が鄭家屯までの舟航を拓いた爲めに三江口は遂にさしたる發展を見ずに終つた。東西遼河は三江口鐵橋のやゝ上流で合流して居るが、その一帶は春秋二季には鴨、雁等の渡り鳥が大群をなして集散し、兎、雉等も隨所に見受けられ、狩獵の好適地となつてゐる。

金寶屯

自 四平街	七六粁四
至 鄭家屯	一六粁四

金寶屯は大同二年八月十四日まで一棵樹驛と稱せられてゐたが、同十五日より現名に

改正された。閑散な一中間驛である。

鄭家屯

自 四平街　九二粁八
至 臥虎屯　二三粁

科爾沁の地は古代、秦漢の遼東郡北境たり、後漢には扶餘、鮮卑に屬し、南北朝、隋唐の各朝には契丹、靺鞨これに占據し、遼時、上京道の東境及び東京道の北境に當り、金時、上京路、北京路、咸平路に分屬したが、元時には開原路の北境に位し、明の初め此の地方に福餘外衛を置き、兀良哈三衛を建て、都指揮となし、以て衛務を管掌せしめた。洪熙間、蒙古の東部部長阿魯臺、瓦剌（ウエイソト）の破るところとなり、その酋長奎蒙克塔斯（クイセンゲタス）哈喇（ハラ）、逃れて難を嫩江に避け、福餘都指揮兀良哈に倚り、後ち同族阿魯科爾沁と區別せんが爲め特に號して嫩科爾沁と稱し、自ら所部を分つて左右兩翼六旗とした。鄭家屯は之によつて達爾罕親王旗下の地となつたが、その開放せられたのは同治初年、即ち一八六〇年代であつて、漢人の移住も專らそれ以後である。

これより先き淸の嘉慶初年に蒙古人チョンエーなる者が初めてこゝに居住し、客店を設けて旅客を宿泊せしめたが、偶々この地が新舊遼河の合流點に在つた所から漸次發達を來し、漢人の進出と共に先づ牛馬市場として發展した。（鄭家屯の開放以前に於ける牛馬の取引は主として法庫門に於て行はれてゐた）

その後宣統二年（明治四十三年）達爾罕親王が遼河の舟航を鄭家屯まで延長許可するに及んでその終點として繁榮し、更に民國六年（大正六年）四鄭線（四平街、鄭家屯間）の開通すると共に急激なる發達を遂げ、人口も當時三萬より六萬に激增して鄭家屯の黃金時代を現出した。然し四洮鐵道の完成によつて洮南、通遼が發達するに至つて幾分の衰微を來し、蒙古貿易上に獨占した舊來の地位は奪はれたが、なほ中繼市場として、又、地方的政治、軍事の中心地として重要な役割を有してゐる。

市街も他の開放都邑に比し堂々たる糧棧、雜貨商等多く、著しく落ちついた氣分を持つて居り、此處を故鄕とする漢人も頗る多い。現在人口約三萬五千、邦人約三百名である。

市　街

四平街附屬地

八面城市小景

傅家甸市街

開通市街の遠望

市街は東西に八支里、南北に四支里、城壁も無く、街衢も不規則であつて、後から後からと形成されていつた跡を示してゐる。商業地區は北大街と南大街であるが、特に南大街はこの街の中心として殷盛を極めて居り、官衙と住宅とは多く市街の南部と北部とに集中せられてゐる。市街全體から受ける感じは流石に蒙古貿易の中心地であつた面影を留めて居り、皮革を賣る店、農具、馬具を並べた店、魚市場、路傍に肉を賣る店等雜然として、面白い街である。紫や黄の長い衣服を着けた蒙古人や駱駝も時折見受けられる。蒙古語や西藏語の看板も懸つてゐる。分厚な臺木の上に肉を賣つてゐる有樣なども原始的な感じである。東部內蒙古から此處に出廻る貨物は主として農産物であるが、家畜類、獸毛、獸皮等も相當に多い。

遼河の埠頭は市街の東二支里にあり、營口まで千四百三十五支里、溯航十四、五日、下航七、八日であるが、今は水田灌漑の爲め減水し、又、鐵道開通によつて昔日の繁榮は全然見られない。

鄭家屯一帶の草原には野兎、雉の類極めて多く、狩獵の好適地である。

名勝舊蹟

鄂博山　鄂博山は驛の西方約八支里、達爾罕旗と博王旗との境界に在り、蒙古語では蒙古兒陀羅海（モンゴルトロハイ）と云ひ、又、奚王嶺とも云ひ、金の時代、此處に於て金の都統果與宗輪が會催したと傳へられてゐる。山は砂漠地帶の中に在つて富士型をなし、高さは七、八十尺に過ぎないが、山頂よりの眺望頗る廣く、蜿蜒として起伏する砂丘の間に放牧の牛馬が點々としてゐる樣は誠に一幅の繪である。

『此處の地形はオボ山（岩石はバザルト）を後に控へ、その下に臺地の出來てゐるもので、この臺地に凸凹があつて凹んだ所に石器時代の遺跡が存在してゐる。想ふに當時の民衆は砂上の凹んだ處に住んでゐたもので、かゝる住居は昔此處に尚多數に存在してゐたらしい。そして後の富士型オボ山はこれらを防禦するチヤン（堡塞）であつたであらう。これらの遺跡には石器、土器等も存在し、その石斧の如きは此處にある岩石バザルトを材料として使用してゐる。その他の石器も等しく原料はバザルトである。然るに石鏃は瑪瑙で作つてゐる。土器は素燒で、その形狀、紋等は遼河上流のシラムレン河畔のもとよく似通つてゐる。これらの事實から見ると、石器時代たる有史以前の當時、彼此互に交通往來してゐた事がよく分る。この場所は更にその後、遼、金あたり迄も用ひられたらしく、塼や陶器等の破片も殘つて居り、殊に鍛冶したものも見え、その鐵屑までも存在する。（中略）殊にこの砂丘の臺地をよく注意すると、臺地の周圍は著しく自然の城壁の如き形狀を呈して居るが、これに諸所少しく人爲を施すと立派な城壁となる。そう云ふ意味から云ふと遼時代前後の城と云ふことが出來る。由來鄭家屯には城壁の無いのは不思議に思つてゐたが、此處で充分その補ひが出來るやうである。

オボ山はバザルト岩石の露出せるもので、臺地は又その聊か突起した上に土砂をかぶり（その下に固より幾多の小層はあるが）一種面白い地形を呈してゐる。（中略）

更にオボ山及びその山麓の城壁的地形は稍々高い位置にあるが、一度此處を出ると忽ち土地は低くなつて來る。そしてこれが鄭家屯まで續いてゐるから、昔はこれらの低地は水澤か、湖沼の跡であつたと思はれる。當時人間の居住地としてはオボ山一帶の高地が最も適當してゐたのであつて、これは此處に各時代の遺跡遺物が立派に存在してゐるので推知する事が出來る。

かく記して來ると此處の遺跡は人類學、考古學上最も貴重なる場所であると云はねばならぬ。そしてオボ山麓の有史以前の遺跡は滿洲のそれよりも蒙古の興安嶺方面、シラムレン河畔のものと頗るよく類似してゐる。』（鳥井博士『滿蒙の探査』より）

博克圖山　驛の東北方約七支里、達爾罕王府の境內に在つて蒙古七山の一である。山項に數箇所の煉瓦の山盛りがある。蒙古語で保村傳と謂ひ、所謂十三太保李純孝氏を祀つた所である。

神　泉　驛の東北方約十九支里、博克圖山の東北方に在り、面積約百五十平方尺、水清く常に增減せず、旱魃に際して此處に雨乞ひすれば必ず降雨するとの傳說に因り、神泉と命名したものである。

官公衙

縣公署、警務局、地方法院、稅捐局、巡邊局、自衛團總隊部
日本領事館、守備隊、憲兵隊、滿鐵事務所

銀行、團體

縣商務會、縣農務會、中央銀行支行、公丁醫院、國際運輸出張所、松昌公司、農場、日本居留民會、滿鐵醫院

言論機關

大同日報、東北日報、滿洲報、盛京時報、泰東日報各支社

民衆娯樂機關、宗教寺院

大新舞臺、天主堂、萬國女道德會、萬國道德會、兩後公園、關帝廟、聖廟、娘々廟、龍王廟、城隍廟、福音堂、世界紅萬字會

邦人經營旅館

鄭家屯ホテル	宿泊料（二食付）	二・〇〇円——七・〇〇円
大和旅館	同	二・〇〇

鄭家屯から洮南まで

鄭家屯を出るこ間も無く西空にかゝる白鹿山の姿が望まれる。蒙古人は漢名のこの白鹿山を玻璃山こ發音してきた。一體に鐵道沿線の驛も小さく、新植民の部落には人家も稀れに、遠近には見すぼらしい泥家が孤立してゐる。唯茫々たる草地が續いて、丘も無く、倭小な灌木の茂みすら見出し難い。野は凡て原始のまゝの姿で擴がり、雲も遠く、雄大な大陸は永久に沈默の中に寢てゐるやうに思はれる。この沈默を破るものは僅かに

朝夕の太陽と鐵道のみであらう。強いて車窓に變化を求むれば丈餘の土壁と、銃眼を穿つた四隅の望臺とを持つ大農の家が見られる。四洮沿線のみでなく、こうした自衛的大農は尙滿洲の各地に見られる。蓋し滿洲に於ける一異風景と稱すべきであらう。

臥虎屯と玻璃山との中間あたりから邊昭附近まで百四十四支里（約二十四邦里）に亙つて、幅員二十支里（三邦里餘）に達する道路用の土地が開放せられてゐる。之を洮遼道荒と云ふ。達爾罕旗下の未開放地を淸國側の折衝によつて宣統二年（明治四十三年）に開放したものである。邊昭は札薩克圖、達爾罕、南郭爾羅斯三旗の境界を成してゐる。

開通は鄭洮線（鄭家屯、洮南間）中の大驛で光緒三十一年（明治三十八年）札薩克圖旗より開放せられて開通縣公署の所在地となつた。農產物の集散地として知られて居り、市街は土壁を以て圍まれてゐる。舊名を七井子と云ふ。

鄭洮沿線一帶にも亦廣く曹達を產し、又至る所、野兎、雉の類が棲息してゐて狩獵の好適地である。

臥虎屯

自 四平街　一一五粁八
至 玻璃山　一五粁一

臥虎屯は昔ここに虎が棲息してゐたと云ふ傳說から命名された名である。一帶は見渡す限りの草原であつて、野兎、雉の類極めて多く、汽車に驚いて飛び立つ樣も面白い。臥虎屯の部落は事變後屢々兵匪の慘禍に遭つたが、昨年春頃から再び平和にかへつた。驛東にある波兎山麓には溫泉がある。

附近の河は水清く、水底を泳ぐ小魚の數も數へられる程である。驛南二十支里には馬路淩廟がある。殿閣宏大、每年舊四月の祭典には遠近の老若男女が雲集する。

玻璃山

自 四平街　一三〇粁九
至 茂　林　一九粁九

玻璃山附近一帶も廣茫たる平野である。その平野の中に、獨り玻璃山が聳えてゐる。

玻璃山は驛の西南約十五支里に在り、七星が天より墜ちて山となつたと云ふ傳說の七山の一として蒙古王より厚い保護を加へられてゐる。想ふに山も無く、丘も尠い內蒙古の原野にかく七山が散在する所から、之を地上の星と見たのであらう。蒙古人は前述の如く漢名の白鹿山を蒙古語で玻璃山と發音したため、漢人も何時しか之を玻璃山（ボーリーシャス）と呼び慣らし、驛名も亦之に倣つて命名された。

附近住民の幾分は事變後兵匪の害を避けて鄭家屯、四平街方面に移住した。經濟的にはこのあたりにも見るべきものは無いが、放牧に從事する少數の蒙古人と、滿人小農の外に、滿人經營の曹達製造所が數箇所ある。

茂林

自 四平街 一五〇粁八
至 三林 一〇粁七

茂林はもと蒙古語で哈拉莫杜（ハラモト）と云はれ、蒙古人の遊牧の地であつたが、漢人の進出に伴つて何時かこゝに小村落を形成するに至り、孤店と呼ばれるに至つた。その後鄭洮線の開通と共に茂林と改稱せられ、漸次發達して今日に於ては可成りの聚落となつてゐる。

三　林　自 四平街　一六一粁五
至 衙門臺　八粁六

三林はもと蒙古語で古拉本毛頭(クノベスマオトウ)と呼ばれてゐた。これは三本の木の意味であつて、本路開通後はその意味を取つて三林と名づけた。鐵道敷設前には蒙古人のみの居住してゐた所であつたが、今は全く漢人の部落となつてゐる。事變後各地に避難してゐた住民も漸次歸還しつゝある。

衙門臺　自 四平街　一七〇粁一
至 金山　九粁七

衙門臺は本路開通以前には全然人家を見なかつたが、衙門臺の名は古くより地方住民の間に知られてゐた。これは嘗て元吳なる蒙古人が淸朝に仕へ、その住居を官衙に模して建てた所から地方人は之を衙門と呼んだ。當時元吳の勢力は全く附近を壓し、狩獵する場合にも一般住民は元吳の指定を得ねばならぬ程で、獵師は驛の東北に在る臺に參集して一々之が許可を待つてゐた舊事から衙門臺の名も出たと云ふ。事變前は相當の繁華を示してゐたが、事變後住民の大部分は各地に移住して終つた。

衙門臺には四洮鐵路經營の苗圃があり、沿線各地に供給の苗木を栽培してゐる。

金山

自 四平街 一七九粁八
至 豐庫 九粁七

當驛西方約二支里に遂官店の町の跡がある。鄭洮間の咽喉として相當に繁榮してゐた町であるが、近年の農作物不作と匪賊の蹂躙によつて住民は殆んど離散し、今や廢墟に近い有樣となつてゐる。

金山には關保（蒙古廟）がある。之は土で築いた圓形の小塔であつて、傍に一樹の楡が立つてゐる。蒙古人はこの塔に神靈があるとの傳說に因つて、旱魃に際しては此處に雨乞ひをするが、今は永年加修しない爲め頹廢し切つてゐる。

豐　庫

自　四平街　一八九粁五
至　太平川　一四粁四

豐庫は本鐵道開通以前より存在した小部落で、當時は村名を蒙古語で白音昌（バイインチャン）と云ひ、滿蒙人が雜居してゐた。鐵道開通後は村名を漢音に改めて豐庫とし、漸次發達の情況にあつたが、事變後再び住民の離散を見るに至り、現在は四、五の民家を見るのみである。

太平川

自　四平街　二〇三粁九
至　遼　昭　二五粁二

太平川は鄭洮沿線中に於ける開通に次ぐ大驛であつて、遼源縣管内に屬してゐる。もと達爾罕（ダルハン）旗に屬してゐたものであるが、宣統二年（明治四十三年）臥虎山、邊昭附近間百四十四支里の間が道路用として幅員二十支里を以て開放せられた時、（前述の如く之を洮遼荒道と云ふ）太平川も亦この中に含まれた。從つて太平川の周圍は未開放地として殘されてゐた關係上、東に遠く長嶺、西に瞻楡、北に開通等の開放地があるに不拘、太平川には一般に蒙古氣分が濃厚であつた。

市街は舊市街と新市街とに分れて居り、舊市街は鐵道開通前鄭洮間道路の要地として發達した大宿場であつた。新市街は鐵道敷設後、主として經濟的に伸展した町であつたが、此處も匪害によつて甚だしく衰微し、尚完全には恢復してゐない。現在人口約五千五百。

官公衙

財政分局、郵便分局、警務分局、税捐分局、商務會、農務會

言論機關

盛京時報、泰東日報、滿洲報各分社

遼　　昭

自四平街　二三九粁一
至開　通　二四粁一

遼昭は札薩克圖、達爾罕、南郭爾羅斯三旗の境界をなし、現在の長嶺、開通、遼源三縣の縣界に近く、開通縣に屬してゐる。別名を巴彥昭と稱し、戸數百に滿たぬ小部落であるが、この附近に於ては比較的大部落の類に屬し、不完全乍らも高さ約九尺の土壁を繞してゐる。附近一帶は耕地に乏しく特に記述する程のものは無いが、開通より鄭家屯に通ずる要衝に當り、旅行者の宿泊所となつてゐる。

開　　通

自四平街　二五三粁二
至洮　南　二〇粁一

開通は光緒二十八年（明治三十五年）札薩克圖旗より開放せられた地であつて、秦漢時代には匈奴に屬し、魏晋以後は東胡に含まれ、その後は遼、金、元の勢力下に在つたが、明の英宗皇帝時代には韃靼と稱した。現在鄭洮間に於ける最大の都邑であつて、人口約一萬七千、市街は不完全ながら周圍に土壁を繞らし、四方に各一門を有する。東西、南北各二支里、以前は東西二支里七、南北三支里三であつたが鐵道開通後現狀に改修したものである。然し城內中、市街らしいものを形成してゐるのは南北の一條のみで、附近一帶が不毛の砂地であるため人口の增加も極めて遲く、尙半農半商的市街である。農民の收入も牧畜によるものが多く、特產出廻も少量であつて、事變前には主として高粱、玉黍蜀を產出してゐた。

當地方農民は多く春夏二季に雜貨の掛賣をなし、秋冬の候に入つて穀類、燃料又は家畜、毛皮等と決濟する習慣を有してゐる。開通には事變後極めて小數の日本人が進出してゐる。

官公衙、主要機關

縣公署、公安局、財政局、教育會、稅捐局、硝鑛局、阿片專賣所、中央銀行分行、世界紅萬字會分會、國際運輸營業所

言論機關

民報、公報、盛京時報、大同日報各分社

鴻　興　自四平街　二七三粁二
　　　　至雙　崗　一五粁一

鴻興より雙崗、黑水を經て洮南に近づく間、殆んど荒地續きで何等の見るべきものも無い。

雙　崗　自四平街　二八八粁四
　　　　至黑　水　一六粁七

黑　水　自四平街　三〇五粁一
　　　　至洮　南　一五粁八

洮南

自　四平街　三二〇粁九
至　齊齊哈爾　二五〇粁五

沿革

洮南は齊齊哈爾と共に西部滿洲を代表する二大都市である。もと札薩克圖（チヤサクト）鎭國公の遊牧地であつて、日露戰爭當時までは戸口數十にも足らぬ寂寞たる一蒙古部落に過ぎなかつた。當時この一圓の地はサチガイモト又は双流鎭と呼ばれてゐたが、このサチガイモトの名に因んで洮南の聚落的發生を彩る詩的な傳說がある。

未だこのあたりが荒涼たる原野で明け暮れてゐた頃、そこに茂り立つ一本の楡の大樹があつた。それは朝日に輝き夕陽に映えて、晝は野をゆく旅人のこよなき目標となり、夜は鵲の溫かい塒となつた。かくしてこゝに疲れを休める旅人の數もふえて、日を定めては市も立ち、天幕も張られ、何時とも無く小聚鎭を形成するやうになり、その名もこの大樹に因んでサチガイモトと呼ばれるやうになつた。蒙古語でサチガイは鵲を意味しモトは木を意味する。即ちサチガイモトは『鵲の木』の意である。然し惜むべし、この

洮南の喇嘛塔

三江口鐵橋

サイガイモト

洮南驛

麗はしい傳說の楡は、こゝに城市が築かれて人馬の往來が漸く繁くなつた時には既に樹齡盡きて枯木となり、今はその巨龍のやうな姿を北門内の民家の屋根に覗かせてゐる。根元に近い樹皮は廢寺の屋根瓦のやうに剝かれて墜ち、楡樹特有の細枝も風雨に浚はれて往年の巨幹は徒らにその半面を夕陽に晒してゐるのである。然し不思議にも、木と云へば一本の枝も殘さず伐り取つて燃料とする蒙古に、この巨木のみは枯れた後までも墻を繞され、さゝやかな祠さへ建てられて、永く保存せられてゐる。名木保護とか、天然記念物保護制度の無かつた國だけに、この一事は見るものをして一種の嚴かな感慨を抱かしめるのである。

光緒二十八年（明治三十五年）、清國政府は時の奉天省將軍增祺の獻策を容れて多年の蒙古侵略主義を抛棄し、札薩克圖王と商議の上この遊牧地を開放せしめ、現在の洮南の地を撰んで市街豫定地となし、荒務局を設けてこゝを双流鎭と稱した。當時の戶數四十、店舗三。間も無く日露戰爭勃發し、北滿地方よりの家畜需要は著しく增加した。之に伴つて長春、農安、長嶺、懷德との交易繁く、漢人の往來も繁忙となつて、洮南は先づ畜産市場として急激な發展を遂げた。洮南府の新設は光緒三十一年（明治三十八年）で、同時に附近の五縣を併せ管轄する事となり、札薩克圖旗の代表機關たる天恩地局も此處に創設せられて、民國革命の頃には既に戸數五百數十、その內商舖二百餘戸を數ふる經濟都市に發達してゐた。

民國二年（大正二年）府制を廢して縣制を施かれ、同時に北路觀察使衙門が設けられたが、翌年更に洮遼道尹公署が設置せられた。民國六年に至つて道尹公署は遼源に移されたが、民國十四年春には洮遼鎭守使署が遼源からこゝに移された。現在は奉天省洮南縣公署が設置されてゐる。

洮南市場の盛衰

洮南が日露戰爭を楔機として先づ畜產市場として發達した事は前述の通りである。即ち洮南の勃興以前に遼源（鄭家屯）に來集しつゝあつた蒙古の畜類は、日露戰爭當時より洮南を經て哈爾濱、齊齊哈爾方面に搬出せらるゝに至り、從つて之が中繼市場たる洮南は對蒙貿易の發達と共に急激に膨大していつた。之より先き、地味肥沃なる同地方一帶が續々と解放せられ、漢人の移住が逐年增加するに及んで洮南市場は漸次農產市場の色彩を濃くするに至り、この傾向は民國年間に入つて益々顯著となつた。特にこの時代の數次の匪亂は東蒙地方に於ける家畜の增殖を阻害する事甚だしく、又、露西亞革命當時の北滿一帶の混亂も、蒙古家畜に對する需要を一時に激減せしめた。一方また農耕地の增大は放牧地の減少を伴ひ、延いては洮南市場に出廻るべき家畜數の減少をも招來する結果となつた。

洮南市場自體に就いても、數次の蒙匪の反亂と水災とは著しくその發達を防害したが特に民國九年（大正九年）以降の一般財界の不況は、當市場に影響する事多く、又、民國十年の旱魃と、第一次奉直戰（民國十一年）後の混亂は地方農民をして、中には一村を擧げて他地方に移住せしむるに至り、常時全縣下に於ては一千餘戸の倒産者、逐電者を出す有樣であつた。

然るに民國十一年（大正十一年）鄭洮線の起工と共に市場も漸く活氣を呈し、更に之が開通を見てからは市場頓に殷盛を極め、農産物市價も亦年餘にして約二十割の高騰を示した。爾後は多少の消長を經つゝも、順調に發達を續けて今日に至つたものである。

市　街

驛は事變前迄洮昂線の驛と別々にあつたが大同二年八月合併されて旅客及手小荷物は

舊洮昂線の洮南驛で取扱ひ、舊四洮線洮南驛は貨物のみを取扱ふことになつた。

　見渡す限り茫漠たる曠野のまん中に、人口五萬の大都會が出現してゐる事を旅人は先づ驚くであらう。洮兒河の南五支里のところ、方五支里高さ丈餘の土壁に圍まれた洮南は、何處となく空漠として感じの街である。町家の大部分が泥で出來てゐる爲め、全く『泥の町』の印象を與へる。東西南北に夫々二門を開き、東門を啓文、西を晋康、南を喜樂、北を誠和と名づけてゐる。都市計畫は碁盤目のやうに整然とはしてゐるが、町家は未だこの城内を埋め盡すには程遠く、僅に三十年の新開都市であるだけに、著しく粗野な雰圍氣が漂つてゐる。目抜きの街は興隆大街で、東西二ヶ所には遊里があり、官公署は多く北寄りに集つてゐる。然し洮南の町の地方色を最もよく現はしてゐるのは、市中至る所に散見さるゝ畜産加工業用品の羅列であらう。

　製革業、製靴業、製鞍業、毯子舖（絨氈店）が何處にも見受けられる。甘草を賣る店も目立つ。楡の原木で作つた牛車も面白い。この牛車は多く索倫の山奥から出て來るもので、蒙古人は之に積んで來た木材も、之を曳いて來た牛も、車も、皆一緒にこゝで賣り拂つて終ふのである。

油房、絲房、茶莊等にも相當な大商舗が多く、錢莊、客棧、照像館等も夫々招牌をかかげ、聯を垂れて堂々の門戸を開いてゐる。裏通りには理髪店、洗澡堂(湯屋)雜貨舗等が並び、大小の飲食店が濛々たる埃に埋もれて店を擴げてゐる。稀れには洋服も通行する。總じて洮南は地理的には可成り東蒙の奥地であるが、人文の上からは漢人の殖民的大聚落である。特に四洮鐵道の開通後は殆んど蒙古の雰圍氣からは遠ざかつて終つた。

四洮鐵道は吉長線と共に滿洲國有既成鐵道の中では最古のものであるが、邦人の發展は尙見るべきもの無く、鐵道に關係する勤務員を中心に七百人前後の居住者があるのみである。

尙、洮南には回敎淸眞寺の高壯な建物がある。回敎徒はこの寺を中心に集團的に居住し、小學校も建てゝゐる。またアラビヤ文字を記した赤紙を入口に張つて、一見その信徒たる事を表はしてゐる。

街の展望は滿鐵事務所の屋上からが一番良い。ここからは淸眞寺、鎭守使公館、電燈廠、洮南鐵路局、洮南驛等の建物が一目に見渡される。

嫩江の支流たる洮兒河は市街の北を流れ、頗る河魚類に富んでゐる。就中スッポン、ノーホ、及鮠（ワイ）は洮南名物として邦人間にも其美味を謳はれてゐる。又、市街の東北約五邦里には有名な石塔寺の喇嘛塔が聳え、東方五邦里の成西家子には土城の古址が現存してゐる。

名勝舊蹟

洮南附近には名勝舊蹟と稱すべき程のものは無いが、風雅な半面を持つ漢人はここにも二つの名勝を指定してゐる。

喬柯聽鵲　これは前述のサチガイモトに鵲が巣を作つてゐて、百里の遠方より之を望むべく、春ともなれば無數の鵲がここに群れて啼鳴する所から喬柯聽鵲の名が出た。土人は之を以て豊年の吉兆として喜んでゐる。

大橋曉月　城の東方六支里、洮兒河と那金河との合流する所に大きな橋がかかり、洮安、鎭東に通ずる要路となつてゐる。蒙古人は鷄鳴と共に出發する習慣を持つてゐるが明月の朝、この橋を通過すると、流水に映ずる明月の上に金色の鯉の跳躍する樣が眺められて、他に見られぬ佳景であると絶讃されてゐる。

滿洲國側官公衙

縣公署、地方法院、地方檢察廳、奉天第九監獄、税捐局、洮遼警備司令部、洮遼警備軍步兵團、洮南交通電話局、洮南電報局、洮南地方電話局、郵政局、洮南鐵路局

日本側官公衙

滿鐵事務所、憲兵隊、守備隊

銀行、會社、その他諸機關

中央銀行分行、交通銀行分行、硝礦局、農務會、商務會、國際運輸營業所(日本)東亞煙草公司

教育機關

教育會、教育局、中西醫學研究所、縣立圖書館、女子職業學校、師中學校、女師中學校、第一—第七小學校、師範附屬小學校、淸眞小學校、光化小學校

言論機關

大同日報本社、大同報、東北日報、東三省民報、龍江民報、泰東報、滿洲報、盛京時報各分社、民報月刊、商報晩刊、大滿蒙、奉天毎日新聞兩支社

邦人經營旅館

南滿旅館　宿泊料（二食附）　三・〇〇円——五・〇〇円

交通

鐵道は更に此處から洮昂線により北行、北滿に至る。又洮索線列車も當驛に發着する。市内交通機關は馬車を主とし、市外、突泉、安廣、大賚方面へはバスの便がある。

洮南の城を出づれば洮兒河、北より來り草みどりする。
旅人が野の朝風に夕風に、よりどころなきこゝちする國　與謝野晶子

鄭家屯から通遼まで

鄭家屯を出ると車窓の東に博克頭兒山が見える。この山は鄭洮線に沿ふてゐるのであるが鄭通線からもよく遠望される。蒙古語で傴僂山の意と云はれてゐる。鄂博山も長い間振り返へられる。白市までは沿線に叢樹が多く、白市からは一面に荒原が續き、更に之を過ぎると、遠く蜿蜒として起伏する砂丘が見え初める。見すぼらしい殖民部落も點々として隱見する。泥の家の半ば取り壞されて天日に晒されてゐるのも旅愁をそゝる一情景であるが、永年の雨雪に枝を歪められた野中の老樹も特に感興を引く。總じて遠い旅に出て、淡い鄕愁の中になつかしまれる情趣である。

白市から大罕までは事變前まで尙蒙古の未解放地として僅かに蒙古氣分を殘してゐる所であつた。門達驛の南方には小牛頭山がある。蒙古語で巴流圖虎爾吉（バリウトホルチ）と云ひ、犢の意である。大罕の附近には時に糞堆が見られる事もある。これは蒙古人の燃料となるものである。砂丘は大罕と大林との間に最もよく望まれる。大林の南方には大牛頭山が在る。門達の小牛頭山に對するもので、蒙古語で伊克圖爾吉（イクトルチ）と云ひ、大牛の意である。大林と錢家店には農産物の出廻が多い。

白市

自 鄭家屯　七粁七
至 歐里　一八粁五

鄭家屯から白市に至る間は開放地として遼源縣の管下に屬してゐたが、白市以西、大罕附近までは未開放地であつた。從つて白市までの沿線には農耕地もあり、樹木も所々に見られるが、一歩を白市より西に出づれば茫々たる原野が多く、一見して開放地と未開放地との區別がつけられる程である。事變前には白市から二十瓲近い農産物が輸出されてゐる。

歐里　自鄭家屯　二六粁二
　　　　至門達　　一一粁七

門達　自鄭家屯　三七粁九
　　　　至大罕　　一五粁二

門達には東戸頭王廟、大爺廟、六爺廟等がある。毎年舊暦四月十五日の東戸頭廟祭典には無數の喇嘛僧が參集續經し甚だ盛況を呈する。

大罕　自鄭家屯　五三粁一
　　　　至大林　　一二粁二

大窪は通遼縣管内に在り、人口約五百、商店としては數戸の雜貨舖と藥屋、肉屋の如きものが二、三十戸あるに過ぎない。驛は部落の南方約五支里を距てゝゐる。

當驛はその周圍に可成り肥沃な未墾地を控へて居る關係上、將來の發展が期待せられてゐる。

大林

自鄭家屯　六五粁三
至錢家屯　二四粁九

大林はもと大林營子と呼ばれ、住民二、三十戸の小部落であつたが、鐵道開通と共に發展して事變前には戸數一千、商舖二百戸を有してゐた。事變後は匪賊の襲撃に遭つて商民離散し、現在では戸數約五百、人口三千人前後に減少してゐる。然し鄭通沿線に於ける農産物資の集散地としては錢家屯に次ぐ重要な土地であつて、毎年特産の出廻期には驛を中心に小部落を形成する。

當地は現在尚蒙古達爾罕王府の所管である。驛の南方に大牛頭山（伊克圖虎爾吉〔イクトホルチ〕）がある。

錢家店　自鄭家屯 九〇粁二　至通遼 二三粁九

錢家店は鄭家屯、通遼間大道路の咽喉を成し、通遼縣內東部の重鎭である。嘗て蒙古の牧場であつたが、錢姓の支那人がこゝに宿屋を開いて以來錢家店と呼ばれるに至つたと云ふ。附近一帶は鄭通沿線中隨一の肥沃地として知られ、從つて農產物の出廻に於ても沿線隨一である。

市街は東西に通ずる一條の道路を挾んで、大小の商家數十、巡警局、郵便局、小學校稅捐局等も設置せられてゐる。特に事變後は數百の滿人農耕者、鮮人約百戶が新に移住した。特產出廻期には市況頓に殷盛を極める。

通遼　自鄭家屯 一一四粁一

洮兒河附近の放牧

白城子驛

通遼附近のオボ

通遼市街

通遼は一名を白音太來と云はれてゐる。白音太來は蒙古語で『富める平野』を意味する。それほど通遼一帶は西遼河流域の一望千里の沃野である。

白音太來は又白音他拉、白音他來等色々に書かゝれる。これは蒙古人の呼ぶパインタラの音を任意に漢字にあてはめたものであつて、こうした音から來る地名の書き方は滿洲では各所に見られ、一面には滿洲に於ける漢人の殖民を思はせる一現象である。

五　大虎山　三五三粁

通遼縣一帶は嘗て達爾罕（ダルハン）王の所有に屬してゐたものであるが民國初年頃より同六年に亙つて漸次解放せられ、民國七年遂に通遼縣となつた。通遼の名はこの市街が西遼河の西岸に位する所から命名せられたものであつて、民國七年の縣政設置まではパインタラと呼ばれてゐたものである。

前記の如く通遼縣一帶は西遼河の流域に當り、東蒙第一の沃野として農産物の出貨多く、地理的にも開魯、林東、林西等の內蒙主要地に至る通路に位する關係上、鄭通線の完成以來急激な發展を遂げるに至つた。事變後は土地邊僻の爲め屢々兵匪等に襲擊せられたが今は全く平和に歸つてゐる。

西遼河の大氾濫は民國五、六、十三、十四年の四回に亘つてこの地方を襲つたが、今は堤防の完成によつてその心配も無くなつた。

市街

通遼一帶は市街の南方に砂丘のある外は見渡す限りの平野である。市街は西遼河の東南約五支里に在り、年毎に發育してゆく青年期の潑剌さを見せてゐる。もと漢人の殖民都市として曠野の眞中に忽然と現出した樣な町である。市街の歴史は僅かに二十年、東西四支里、南北三支里、高さ一丈許りの土墻を繞らし、東南に各三門、北に二門、西に一門を開いてゐる。街は井字形に秩序正しく、一見してその計畫的であることが知られ、將來益々發展してゆく勢が感ぜられる。目拔きの場所は東南に走る南大街と中央大街で、相當な大商店が軒を連ねて居り、新開胡同も賑つてゐる。人口約三萬五千。

通遼は現在鐵道による蒙古への最先端である。從つて羊毛、獸皮等の取引が多く、蒙古人向の日用品を賣る店、蒙古文字、西藏文字等を記した招牌が至る所に散見され、駱駝隊、紫の着物に赤帶を締めた蒙古人も市中を往來してゐて、可成りに濃い蒙古の地方色が描き出されてゐる。

街の西北には茂林廟活佛の別莊があつて格根倉と呼ばれてゐる。市内には殊更に見るべき程のものは無いが、郊外の砂山に遊ぶも一興、西遼河の河畔に出て渡舟の樣を眺めるのも蒙古の民俗が窺はれて面白い。

日滿官公衙

通遼縣公署、警務局、財政局、教育局、實業局、稅捐局、大恩地局、公合地局、興安西分署、電報局、電話局、郵便局、商務會、農務會

日本領事館、憲兵隊、滿鐵事務所

中央銀行分行、國際運輸會社營業所

教育機關及び言論機關

男師中學校、女師中學校、日語學校、天主堂小學校、第一——第六小學校

滿洲報、盛京時報、泰東日報、東三省民報、大同日報各支局

邦人經營旅館　宿泊料（二食附）　三・〇〇円——四・〇〇円

通遼ホテル

名勝舊蹟

茂林廟　茂林廟は市街の西方約六十支里に在り、卓里克圖親王家の家廟であつて、附近の蒙古各旗の內、最大の喇嘛寺院である。建築は主として西藏式に依つたものであるが、活佛や各僧侶の居房は支那風を取り入れてゐる。佛殿は主として前廟と後廟より成り、前廟（第一院）は乾隆年間、後廟（中院）は嘉慶年間の建立にかかつてゐる。又、前廟は乾隆帝より寺名を賜つて集寧寺と云ひ、後廟は嘉慶年間勅を賜つて隆福寺と呼んでゐる。堂宇極めて宏壯、彫刻も見事で、寺內には佛像、菩薩等を安置してある。この二廟の外に大小の廟宇が附近に散在し、境內も廣く、その周圍には土塀を繞してある。更に寺院の周圍には半肉彫の佛像、菩薩が各所に安坐し、土塀の四方には鄂博が設けられてゐる。

茂林廟は莫林廟とも書き、東部蒙古に於ける最も有名な喇嘛廟である。境內は鬱蒼たる老樹に蔽はれ、その葉かげから白堊の堂宇が隱見して一種幽玄な氣に滿ちてゐる。通遼から馬車で一日行程、陰曆四月十八日と七月十五日とに盛大な廟祭がある。

洮昂鐵路案內

目次

洮昂鐵路案内

洮昂鐵路建設沿革

洮昂鐵路は四洮鐵路の完成に引き續いて民國十三年九月、滿鐵と舊東北政權との間に締結された『洮昂鐵道建設請負契約』に基き、工事費一千二百九十二萬圓を以て建設せられた。本鐵路は嘗て露國が白耳義財閥を操縦して之が敷設權獲得を謀り失敗したものである。民國十四年三月測量に着手、同五月末起工、同十五年七月に洮南―三間房（當時昂々溪）間二百二十粁一の全線假營業を開始するに至つた。

本鐵路は吉敦線に於ける場合と同じく、工事完了引渡と同時に請負金額を支拂ふか、又は、借款契約を締結すべき約束であつたに不拘、時の張作霖政權は工事中の利息及び滿鐵從業員の經費を認めずと稱し、當初の契約を履行せず、未解決のまゝ滿洲事變に至つた。

滿洲事變の突發と共に本鐵路も甚だしい政情不安に陷つたが、十月に入るや、洮南鎭守使張海鵬は獨立を宣言して黒龍江省城に向つて進軍を開始した。馬占山の黒龍江軍は之に備へんとして不法にも泰來、五廟子間の呼爾達河木橋及び江橋、大興間一八七粁木橋を焼却し、續いて嫩江木橋の一部をも焼却してしまつた。かくて兩軍は鐵道に沿ふて對峙の形となり、列車も亦洮南、泰來間折返し運轉をなすの已む無き事態となつた。然るに折柄特產の出廻を控へ、上記各橋梁の破壞は營業上極めて重大な支障となるので、局長は本鐵路の請負契約者たる滿鐵に對して之等焼却木橋の修理工事を依頼した。滿鐵はこの間の事情を諒として修理工事を承諾したが、張海鵬、馬占山兩軍の對峙中に在つて、日本軍の援護無くしては到底之が工事不能なるを知り、滿鐵は更に日本軍の援護を乞ふに至つた。かくして日本は領事館及び軍を通じ、馬張兩軍に對して工事施行區域十粁外に撤退すべき事を要求したが、黒龍江軍はこの正當なる要求を容れざるのみならず却つて不意に我軍に向つて砲撃を開始し、茲に不幸なる兩軍の戰闘が開始せられた。之が有名な大興附近戰闘の端緒である。

大興戰闘中にも滿鐵鐵道修理班は徹宵して工事を繼續し、十一月十九日、日本軍の齊齊哈爾入城と前後して之を完成した。即ち同二十二日からは事變前と同樣、洮南、齊齊哈爾（當時龍江）間旅客列車二往復の運轉を見るに至り、爾後何等の支障なく客貨の輸送に從事した。

洮昂沿線各驛案内

洮南から三間房まで

洮昂線は前述の如く民國十五年に開通した。而して滿洲國有鐵道としての歷史は新しいとは云へないのであるが、その沿線一帶には尙荒蕪の地が多く、原始的な色彩も多分に殘つてゐる。又、四洮沿線と同じ樣に地表に白く曹達の滲出してゐる所もある。一般に樹木は殆んど無く、僅かに散見する耕地の外は全くの野原か濕地であつて、春から秋にかけては色々な野花が咲き亂れる。放牧の牛馬の群れも所々に見られる。總じて南滿沿線とは全く異つた大陸的な風景であつて、唯悠久な時間と無限に續く曠野のみが感ぜられる。此處に來て初めて大陸の偉大さに喫驚するのである。時々遠い地平に忽然として大湖水の水面が現はれたりする。それは陽炎の僞水面である。想ふにこの沿線から齊齊哈爾、更に遠く西北部の露滿國境にかけての一帶は、曾ては凡て蒙古族の遊牧地であつた。現に興安省、特に舊呼倫貝爾政廳内は各種蒙古民族の集團世界である。そこにはダウル人、ソロン人、オロチヨン人、バラカ人、ブリヤート蒙古、エリウト蒙古等の集團部落が散在してゐる。そして彼等が尚不斷に移動する爲めにその正確な人口も不明である。彼等は舊帝政露西亞の末期以來、露西亞の煽動と、彼等自身の漢民族に對する反感から、公然と支那の覊絆を脱して獨立し、そこに呼倫貝爾國を建設して、一時は紙幣まで發行した程であつた。舊東三省時代には行政的に黑龍江省の一部に包轄せられてゐたが、滿洲國成立後は之等の民族を包含する地域が興安省となつた。この事は民族自決問題の上からも興味深い問題である。然し蒙古諸民族が斯くの如く本沿線地方から驅逐されていつた歷史は尚新しく、それは清朝末期の蒙地開放時代に始まると云へやう。目まぐるしい近世の都會文明の發達は何時までもこの蒙古民族に牧歌的安逸の生活を許さなかつたのである。『蒙古遊牧記』も何時の間にか舊時代の文献中に埋もれて終つた。現在滿洲國三千萬人口の九割を占めるものは、曾て滿洲の主人公であつた滿洲族でも無く、又、この廣漠たる原野に馬を驅つた成吉斯汗の後裔でも無く、實に十八世紀の末葉から現代にかけて山東河北方面から移住して來た漢民族である。單調な車窓風景の中にもかくして後退してゆく民族の哀愁が感ぜらるゝであらう。

泰來は本沿線有數の特產物集散市場である。

五廟子附近に來ると沼澤や不毛の濕地が續く。大同元年の大洪水にはこの邊一帶から北滿鐵路西部線にかけて一面の大海原となつた。五廟子左方の平原には白堊の喇嘛廟が望まれる。五廟子の名の因つて來る廟である。江橋に近づくと、單調な大陸に見飽きた眼を驚かす風景が展開する。それは燦然として太陽に反射しつゝ、白銀の長蛇となつて地平に沒する大嫩江の流れである。河水は清く、且つ澱み、且つ流れて、所々に柳樹の茂る川中島を造る。沿岸の民家も懷かしく、河上に浮ぶ舟や帆船もうれしい。こうした大陸に見る大河の眺めの雄大さは、現實に之に接する人のみの知る豪快味である。江橋には遠く三姓、富錦、佳木斯等の松花江下流の埠頭から所謂河豆の名で呼ばれる特產大豆が溯江陸揚せらる。それ程にこの嫩江や松花江の有する水運の便は大きい。江橋の鐵橋は事變前までは二千五百呎の木橋であつた。平和交渉の破裂した時、日本軍はこの鐵橋を挾んで馬占山と對峙した。所謂齊齊哈爾附近の戰鬪はこの江橋から開始されたのである。大興に近づくに從つて沿道は小高い丘の連りとなり、ゴルフリンクを思はせる美しい芝生が續いて、野兎や雉が隨所の草叢に見受けられる。このあたりの野兎や雉は汽車の音にも聞き馴れてか、軌道二、三間の所に蹲つて汽車を見送つてゐる。然しこの丘の所々に立つられてゐる生新しい戰士の墓標を見落してはならない。それは過ぐる大興の戰に於て大滿洲國の人柱となつた將士流血の跡である。頭を垂れてその英靈に默禱する間に列車は何時か三間房に着く。

三間房は大同二年八月十四日までは昂々溪と呼ばれてゐた。洮昂鐵路の名もこの「昂」をとつたのである。洮昂鐵路の終點であり、齊北線の起點でもあるが、終端驛らしい何等の設備も無く、簡素な一中間驛と變らない。列車も亦何の豫告も無く此處を通過する三間房より齊齊哈爾省城までは三十粁四、始發、終端驛としての各種の施設は凡てそこに集中せられてゐるのである。

洮南

洮昂線起點

至白城子 三三粁二

至　三間房　三三〇粁一

洮南は四洮線の終點であると共に洮昂線の始點である。又、洮索線往復の列車も便宜上洮南を始發してゐる。洮南には大同二年八月十四日まで四洮洮南驛と洮昂洮南驛とがあつたが、八月十五日附を以て合併され、同時に之を洮昂鐵路局の管下に置く事となつた。本案內には便宜上四洮鐵路の部に編入した。

白城子

自　洮南　三三二粁二
至　鎭東　三八粁一

白城子は洮索線の起點であり、又、洮安縣公署の所在地である。（その他詳細に就いては洮索鐵路の項參照）

鎭東

自　洮南　七〇粁三

至東屏　二七粁二

鎭東は洮南より約七十一粁、奉天省に屬してゐるが、嘗て科爾沁右翼後旗の屬領で南又干揣と云はれてゐた。その開放せられたのは光緒三十四年(明治四十一年)であつて、以來縣治が設かれ、衙門も設置されてゐたのであるが、久しく移民も增加せず、極めて寂寥たる一小邑に過ぎなかつた。その發達は主として鐵道開通後であつて、現在鎭東一帶の人口は約三萬四千と云はれてゐる。

市街は方二支里の土塀を繞らしてゐる。これは民國三年に築かれたもので、その西門から東門に通ずる一條の大通りのみが稍々市街の趣を呈してゐる。裏通りには尙雜草の茂る空地が多いが、將來農產物の集散地として相當の期待がかけられてゐる。因みに大同元年度の當驛發送貨物噸數は約一萬六千噸に達した。

東屏

自洮南　九七粁五
至街基　二六粁

東屏は奉天、黒龍、興安三省の境界に近く、鎭東縣の所管に屬してゐる。舊名を公和勒と云ひ、鐵道開通前には匪賊の出沒甚だしい部落であつた。人口約三千五百、附近の地層には曹達の含有多く、地味も從つて不良であるが、地理的關係上當地に移動する物資は相當の數量に達し、大同元年度當驛發送貨物は一萬二千瓲に達してゐる。

街基

自洮南　一二三粁五
至泰來　一〇粁三

街基は泰來縣に屬し本來の村名を王順街基と云ふ。王順は漢人の一木工であつたが、蒙古王に對する功勞のあつた所から老後保養の爲めにこの地を與へられてこゝに居住した。王順街基の名は即ちこゝに出づるものである。市街は驛の東南約八支里に在り、事變前には人口二千、その內、蒙古人約三百と云はれてゐたが、現在は更に相當の增加あるものと見られてゐる。大同元年度に於ける當驛の貨物發送數量は鎭東、東屏に及ばす八千七百餘瓲であつた。

泰來

自洮南 一三三粁八
至五廟子 二五粁九

泰來は原名を泰來溪又は泰來氣こ云はれた札賚特王旗下の一部落であつた。宣統年間に設置局が設けられ、民國元年に縣治を施かれ、その後本鐵路の開通によつて特產物（大豆）の一大集散地こなり沿線隨一の都市こなつた。市街は緩かな丘によつて圍まれ、その東方には大きな池があつて天然曹達が湧出してゐる。この種の池は東蒙の處々に發見せられ、鹹泡こ云はれてゐる。地理的には泰來は同縣の略中央に位し、嫩江は市街の東方三十七粁の地を流れてゐる。その北方には呼爾達河があつて、一帶は頗る肥沃な地域である。

泰來の市街は上記の如く窪地に在る爲め車上から之を望めば僅かにその土城こ屋根瓦こを見るのみであるが、市街はこの土城に圍まれて南北に長く、東西に短く、南門より北門に二十二町、東門より西門に八町、四方に各一門を開いてゐる。この內南北に通ずる直線の大道が泰來市街の最も繁華な町であつて、大商賈が雜然こして軒を並べてゐる。

放牧風景

泰來附近の蒙古人

嫩江

東部内蒙古の平原

全縣の人口現在約四萬三千、大同元年度の貨物發送噸數は八萬二千噸、その大部分は大豆である。

泰來はかく地方都市として可成りの殷盛さを持つてゐる、然し夕暮れとなれば各戸悉く戸扉を鎖して人馬全く影を潜める。これは多年匪賊に苦しめられた結果であつて、當地の大商人は皆丈餘の土壁を築いて小銃を備へ、それぞれ自衛を怠らない。

當地方の原野には芍藥、山杏等があり、春夏の候は美觀を呈する。又一帶は遊獵の適地で、嫩江は釣魚に好い。

官公衙、機關

泰來縣公署、天恩地局、商務會、農務會、糧商會、中央銀行分行、國際運輸會社支店

言論機關

大同報、盛京時報、黑龍江民報各分社

名勝舊蹟

黑帝廟　驛の東南二十支里にあり、喇嘛僧の建立に係り、事變前迄は相當の參詣者

があつたが、大同二年匪賊のために破壞されて堂宇荒廢に歸してゐる。

塔子城 縣城の西北七十支里、高さ十餘丈の古塔がある。唐の尉遲敬德の建造こ傳へられるが眞僞は不明、その附近城のあつた形跡が殘つて居る。

五廟子

自洮南　一五九粁七
至江橋　二二粁三

總じてこの五廟子以南には耕作地もあり、地味も南に下るに從つて肥沃となつてゐるが、五廟子以北、特に江橋あたりから三間房に至る間は殆んご未開墾地である。この地方一帶はもご札賚特王の所管に屬し、特に東蒙に於て有名な二層樓の喇嘛廟がある。廟はこの本廟を中心にして尙四廟があり、五廟子の名もこゝに起因するものであるが、廟が白亞である所から一名を白廟子こも云はれてゐる。附近の人口は蒙古人二千五百、滿人二千こ云はれ、外に朝鮮人約五百が居住してゐる。驛の西北を流るゝ綽爾河の流域は水田稻作に適し、朝鮮人はその耕作に從事して居る。

事變後當地附近は特に匪賊の害が甚だしく、住民も多く他地方に移住した模樣であるが、地方人口として蒙古人が滿人數を凌駕してゐる點は注目に價するであらう。

名勝舊蹟

五廟子　驛の西三支里にあり、本名を興經寺と云ふ。明の萬歷年間の創建に係る喇嘛廟である。こゝも事變前迄は相當の參詣者を集めて居たが、事變後の兵匪の跳梁に災せられて、堂宇を殘す外、內部の佛像什器類は四散してしまつて居る。

江橋

自洮南　一八二粁・
至大興　一二粁八

江橋は次驛の大興と共に滿洲事變によつて邦人に親しまれた所であるが、水陸連絡運輸の接續驛として交通上にも、經濟的にも重要な地である。即ち江橋埠頭より嫩江の流れに沿つて松花江本流に出で、更に松花江の水運によつて遠く哈爾濱以遠の下流沿岸都市と交通するものであつて、この水陸連絡は既に北滿に於ける主要運輸徑路の一となつた。

當驛取扱貨物は當初嫩江上流地方に產出する木材の發送を主とし、附近農產物を從としてゐたが、近來前述松花江下流地方の大豆（河豆）がこゝへ運ばれこゝから汽車で南滿其他へ輸送されることが盛になり、特產物取引上の重要地點となつた。これらの貨物陸揚に使用する埠頭は民國二十年の築造である。大同元年に於ける當驛發送貨物數量一萬三千五百餘瓲。

江橋に見る嫩江の風光は頗る雄大明朗、夏季には齊齊哈爾からの遊覽列車も運轉される。又、河中魚族の豐富さは全く想像以上で、一投網によつてよく數十尾の鯉、鮒を捕へ得る。この嫩江本流を始め、北滿一帶の河沼には魚類全く溢るゝばかりで、冬季北滿より輸出さるゝ凍魚は幾貨車となく南滿地方に發送される。江橋附近の嫩江河底からは又瑪瑙が採取され、この外烏貝とスッポンとが無數に棲息してゐて、江上小舟を操る際にはこのスッポンの群れを搔きわけて進むとまで云はれる程である。又、嫩江には『ヨロシイ』と俗稱さるゝ魚があるが、これは齊齊哈爾あたりの邦人が之を試食した際、これはなか〳〵ヨロシイと感嘆した事からこの名が出たと云ふ。蓋し新開地には有り勝な與太であらう。

嫩江は云ふまでも無く東蒙第一の大河である。江橋の地名はこの嫩江上に架せられた橋に因んで生じたものであるが、然し鐵道開通以前、即ち嫩江に橋の無かつた時にも『江橋』なる言葉はあつた。土人の言によればその『江橋』は『虹の橋』の意であると云ふ。嫩江はこの江橋までよく小汽船を通ずる。然し江上に最も多く利用せられてゐるのは土人の原始な小舟である。

尚、嫩江は古名を難水と云ひ、唐時代には那河、明時代には腦溫河と呼ばれ、又、ブークイ江、諸泥江等の別名もあつた。水源を大興安嶺に發し、東南に流れて墨爾根城を過ぎ、杜爾伯特、札賚特兩旗の旗界を過ぎ、北郭爾羅斯の旗隅を灌漑して松花江に合流するのである。

名勝舊蹟

喇嘛廟　驛の東南約二粁の白銀叶屯にあり。清の康熙年間の建造と傳へられる。舊暦一月十五日、五月五日、六月一日を祭日として盛會を極める。

白銀吐 驛の東南にある地名で、附近老樹多く、嫩江の支流に臨み、釣魚、散策に快適である。齊齊哈爾からの江橋遊覽列車も此處を主目的とするものである。

大興

自洮南 一九四粁八
至三間房 二五粁三

大興は既に黒龍江省である。舊名は依布氣、所謂大興の戰闘によつて知られた地であるが、驛としては單なる中間驛に過ぎない。附近一帶は芝生續きの小丘で、野兎、雉の類が無數である。驛の西九粁の哈巴奔河には魚類が非常に豐富である。

三間房

自洮南 二二〇粁一
至齊齊哈爾 二〇粁四

三間房は舊名を昂昂溪と云ひ、頭站或は横古氣とも云つた。初め洮昂鐵道の假終點として人家も無い荒野の中に建設せられたものであつて、附近一帶は砂礫混淆の瘠地である。現在なほ一圓の人口は一千に足りない。

洮昂線はその建設當初より既述の如く齊齊哈爾までの敷設を計畫してゐたものであつて、終端驛としての施設は何等此處に施されてゐない。從つて三間房は將來に於てもその發展は望み難く、交通經濟の立場からは、當然に齊齊哈爾を終點として本驛を中間驛とすべきものである。

三間房附近は對馬占山戰鬪の最激戰地で我が多門將軍が中央突破の戰術を使用したのもこゝであつた。

驛東二支里の處に關帝廟があり、舊曆四月十七、八、九日の祭には近鄉の住民參集して賑ふ。

洮索鐵路案內

目次

葛根廟の喇嘛僧

葛根廟の喇嘛房街

泰來附近の土壘

泰來城內

洮索鐵路案內

洮索線建設沿革

洮南、索倫間の鐵道敷設は民國十五年（大正十五年、一九二六年）以來舊東三省政權の間に問題となつてゐたものであつたが、偶々民國十七年六月（昭和三年）張作霖の失脚によつて具體化するに至つた。始めは洮南を起點とする計畫であつたが、その後に至つて洮南の商民が同鐵路建設資金出資の約束を履行せず、又、若し洮安（白城子）を起點とする時は約三十粁の距離を短縮し得るので洮安（白城子）起點に變更せられた。敷設工事は洮昂鐵路局の手に依り民國十八年（昭和四年、一九二九年）八月に着手され、民國二十年（昭和六年）二月までには懷遠鎭まで開通し、その以遠は基礎工事のまゝに滿洲事變に逢着した。

事變發生後、本鐵路の建設と沿線の治安維持に從事してゐた屯墾軍はその本務を捨て、黑龍江軍に加擔し、屯墾公署員も一切の書類と共に逃亡した。爲めに一時極度の經營難に陷つたが、新東北交通委員會が成立して以來漸く舊態に復し、その後治安の恢復と共に避難住民も續々歸來して、鐵路總局成立以後は完全に列車の運行を見るに至つた。

本鐵道の使命は索倫地方即ち南部呼倫貝爾蒙古の未開肥沃の地域を開發するに在り、索倫迄全通の曉は此地方の經濟文化に一新紀元を劃するであらう。

沿線各驛案內

洮南から懷遠鎭まで

本線沿線は舊東北軍閥時代興安屯墾區と云つた地域である。

洮南から穆家店を經て白城子に至る。この間三十二粁二。白城子は洮昂線の一驛であつて、洮索線は之より西北に向つて分岐してゐる。（然し連絡、列車編成等の關係によつて洮索線行列車は洮南を始發する。）而して洮索線の起點白城子は一名を洮安と云ふ。洮昂白城子との間二粁餘、同一市內に在つて洮安縣公署の所在地である。人口約八千、洮昂線の敷設に次いで洮索線が起土せられて以來急激に膨太した町である。

白城子より懐遠鎭まで八十四粁三、沿線は豐饒な地層續きで、特に洮兒河の流域には水田も營まれて居り、總じて粟、大豆が多い。又、洮索沿線には地下一尺五寸も掘れば三分から五分程度の山バラストが土壤中に混入してゐる。これは四洮、洮昂、齊北沿線に見る事の出來ない一現象である。

葛根廟までは地勢その他に特筆すべき程の變化も無いが、葛根廟附近から漸く興安嶺の高原地帶に入り、地表五十米から七十米の起伏を見せて、遠く嶺脈が續いてゐる。蒙古であると云ふ先入的觀念は動もすれば我々に砂丘を想像させるが、それは砂丘では無く、南滿に見る禿山と何の變りも無い坊主山である。

葛根廟の前方に圓碧を綴めた宏壯な殿宇の見ゆるのは喇嘛寺である。（葛根廟の項參照）

葛根廟を過ぎれば懐遠鎭である。人口約二千、町は蒙古人と支那人とに分れてゐる。こゝにも宏大な喇嘛廟がある。附近を流るゝ洮兒河の上流は水極めて清く、至る所に湧泉あり、嚴冬と雖も尚滾々として流れてゐるのは一異觀である。附近に朝鮮人二、三百名が水田を經營してゐる。

白城子

洮索線起點

自	洮南	三三粁二
至	平安鎮	二九粁二
至	懷遠鎮	八四粁三

白城子は遼代泰洲の跡であると云はれ、一名を洮安とも云ひ、現に洮安縣公署の所在地である。嘗て札薩克圖親王の遊牧地であつたが、光緒三十一年（明治三十八年）解放せられて靖安縣となつた。その後光緒三十三年に至つてこゝに縣城を置かれ、更に民國二年に至洮安縣となつた。附近一帶は砂利地多く、一般に農耕には不適當とされてゐる。然し縣下、特に西部の洮兒河流域地方は地味頗る肥沃であつて、農產物の出廻も逐年つて增加してゐる。

白城子は洮索鐵路開通後長足の進歩を遂げ、當時四千と稱せられてゐた人口は今や二萬四千に達してゐる。（附近一帶を含む）

從來洮索線の起點は驛名を洮安と稱し、洮昂線白城子驛の西北二、六粁の處にあつたが、大同元年十二月洮昂線白城子驛に兼併された。

大同元年の貨物發送數量二萬六千五百餘瓲。

主要官公衙

洮安縣公署、及本縣各機關

平安鎭

自 白城子　二九粁二
至 索格營子　一五粁

舊名を缸窰或は白土坑と云ふ。驛の東南の山下に產する白黃土は缸（カメ）其他の粗陶器の材料に用ひられる。現名は鐵道開通に依て附せられたものである。

索格營子

自 白城子　四四粁二
至 葛根廟　一〇粁

漢蒙人のさゝやかな部落である。鐵道開通後日尚淺く未だ見るべきものはない。

葛根廟

自 白城子 五四粁二
至 懷遠鎭 三〇粁一

左拐喇嘛廟のために設けられた驛と云ても好い。洮兒河は附近を流れ魚族の豐富さは依然變りない。

名勝舊蹟

葛根廟 葛根廟は驛の北約三粁、龍山の麓に在る。規模の雄大さに於て、堂宇の壯麗さに於て、共に東蒙北邊屈指の大寺院であつて、かの茂林廟に勝るとも劣らぬものである。殊に背面に興安嶺の支脈を負ひ、前面は直ちに展けて一望千里の勝景となるところは却つて茂林廟の右に出づるであらう。本廟は一名梵通寺、明代の創建と傳へられる。現在札薩克圖旗王の菩提寺であつて、寺内には約一千人の僧が居る。由來佛教寺院を建設するや、その位置については最大の考慮を拂ひ、熱れも勝景の地をトするを以て通則とする。この傾向は西藏、蒙古等に於て特に著しい。葛根廟もこの通則に背かず、長く裾野を曳く山の中腹に南面して位置し、その前面は一面の芝生で、遠く一連の山丘を望み、宏大の氣捨て難き勝地に在る。是れ實にその建築の雄大さと共に、觀る者の等しく嘆稱措く能はざる所である。

いま廟全體として概觀するに、先づ中央に相並行する三基の山門があり、之より入れば各門裡に四乃至五基の佛殿が縦列してゐる。即ち三つの山門を基本として縦三列に並大なる佛殿十數基があり、以て廟の樞要部を成し、この佛殿列の左右に各數百の僧房が軒を連ぬる喇嘛街がある。この三つの本堂列と喇嘛街とが廟の總體であつて、廟の後方に廣庭を控へ、札薩克圖旗王と活佛との居房がそこに並列してゐる。又、山門の前方遙かの所に巨大な電柱の如き旗柱十數本が山門に並行して一列に樹立し、各柱には蒙文經文を印書した幅尺餘、長さ三尺の布片を揭げてある。この旗柱列より更に數間の前方に約六、七間の間隔を置いて五、六尺の旗柱があり、同じく經文を印寫した方尺餘の布片が揭げられてゐる。この旗柱の列は同じ間隔を以て全廟を圍繞し、以て俗界との區劃を成してゐるのである。

各佛殿列は幅約一間の小徑を挾み、土塀を以て之を境し、所々に門を設け、門毎に又經文印書の布片を貼布してある。佛殿はすべて巨大な煉瓦を以て築き、尾上には數個の金塔がある。

又、本堂の入口には幅一間の入り込んだ土間があり、內には觀音開きの門扉が三重乃至五重になつてゐる。この門扉と云はず、壁と云はず、恰も曼荼羅圖より拔け出た如き濃き色彩の佛畫と扁額がかゝつてゐる。これらの門を排して內部に入れば凡て暗黑にして僅かに佛前の燈明と、入口より來るかすかな光線とによつて黑白を辨じ得るのみであつて、內部の結構壯麗の如きは到底觀賞する事が出來ない。唯天井のみを桝型に區切りその桝毎に美麗な草花の畫かれたるを仰いで大體の壯麗さを偲ぶのみである。各本堂は一樣で無い。彌陀三尊を祀つた堂は恰かも支那寺院の如く兩側に十六羅漢を並祀してある。佛前には燭火を點じて香を焚く外、果物、穀類を供奉し、天井からは瓔珞錦帛を垂れて莊嚴さを添へてゐる。須彌壇の外は凡て土間であつて、此處には本尊に側面して十二列、各列二十二宛の褥子を設けてある。衆僧の讀經するや、地位高き僧は本尊に近く新僧は入口に近く二列に相對して坐し、中央に對坐する喇嘛は太鼓、大喇叭、鐃鉢、横笛等の樂器を携へて、讀經に合せて之を打ち或は奏する。その餘韻蕭々として堂に滿ち幽境に入るの概あらしめる。

喇嘛街とは喇嘛の僧房が櫛集して宛かも一條の街を成形してゐる所から滿洲人の之に與へた名稱であるが、本廟の如く千餘の喇嘛僧を擁する大廟に在つては全くその名に背かず一の街を成してゐる。即ち本堂の兩側に在る喇嘛街は縱に二十列、各列七乃至八の僧房を有し、家屋は凡て支那式土屋であるが、縱横共列毎に門を設けて間餘の道を通じ、三頭輓きの大車も通行容易で、全く一の城廓を築いてゐる。而して位高い喇嘛は一人一房を有してゐるが、位の下るにつれて二人乃至七八人が同居してゐる。室内も概して清潔であつて、支那宿等とは到底比較にならぬ美しさである。祭典は舊暦四月十五日、七月十五日の二回が最も盛大で鐵道でも特に參詣列車を出すことがある。

參觀者は寺僧に事情を述べて依賴すれば寺中に宿泊することも出來る。

懷遠鎭

自白城子　八四粁三

自洮南 一一六粁五

懐遠鎮は一名を王爺廟とも云ひ、又、王子廟とも云ふ。元來王爺廟又は王子廟と云つてゐたのであるが、民國十八年(昭和四年)、興安屯墾公署が設立せられて以來、支那式に懐遠鎮と命名した。洮兒河の右岸、平野の中央に位し、兩側に興安嶺の一部たる丘陵を負ふてゐる。洮索線は民國二十年初春、この地まで開通した。鐵道開通前の王爺廟は廟の外に二十數戸の戸口を有する小部落に過ぎなかつたが、屯墾公署が設置せらるゝや、特にこの地を重要視し、將來興安屯墾區の中心地たらしむる目的を以て第一墾殖局を置き、屯墾軍第二團約一千名を此處に駐屯せしめ、周圍四十支里(洮南縣城の約二倍)に亙る尨大な都市計畫を樹立した。

事變後は一時甚だしい混亂に陷つたが、今や全く舊態以上に恢復し、人口滿、蒙、鮮人を併せて約二千、事變前に比し約三割の增加を示してゐる。又、事變後屯墾公署の消滅に從ひ、札薩克圖旗の事務所が設置せられてゐる。懐遠鎮は本線中白城子に次ぐ客貨取扱の繁多な驛で最も將來の發展を期待されてゐるものである。

尙、第一墾殖民は民國十八年に於て五百天地（一天地は我が約六反に當る）同十九年に於て約三百天地を開拓した。附近の土地は本線沿線中最も肥沃であつて、一天地當り收穫高、大豆四石五斗、粟六石、高粱六石程度と云はれてゐる。日常生活物資は大半之を洮南に仰ぎ、その一部は行商人（出撥子）によつて供給せられてゐるが、洮南に比し約三割乃至五割の高値を示してゐる。洮兒河の沿岸には移住鮮人に依り水田が作られ相當の成績を擧げつゝある。尙、舊地名の由來たる王爺廟は明代の創建と云はれるが民國四年蒙匪叛亂で破壞され今は荒廢に歸して居る。

中村少佐と井杉曹長の碑

懷遠鎭より西北に距ること約四十粁にして蘇鄂公府に達する。昭和六年六月下旬、我が中村震太郎少佐及び井杉曹長の兩氏遭難の地として世の記憶に新なる處である。翌昭和七年三月、調査及び慰靈の任務を帶びた守備隊第六大隊石川中尉の一行は、附近の札賚特王府の小丘上に地をトし、大滿洲國建國の人柱となつた此兩英雄を記念する墓標を建立した。洮索線が索倫まで開通して、沿線の人文が亦發達する曉には、哈爾濱に於ける沖、横川兩勇士の碑のやうに日滿人にとつては思ひ出深い遺蹟となるであらう。

蘇鄂公府

前記の如く懷遠鎭より洮索線を越えて平野の中を西北走し、行くこと約四十粁、洮兒河を渡ること二回にして蘇鄂公府に達する。この間殆んど砂礫土であつて牧草も認められず、沿道の部落も、最大なるもの十戸を出でぬ集團のみであつて、陋少なる土屋に半農半牧の蒙古人が住んでゐる。又、農業に從事する者は悉く外旗人、主として熱河朝陽附近より本旗內に移住して來た者であつて、本旗人は絕對に農業を營まない。このあたりを流れる洮兒河は河幅最大三十米、最狹十五米、水深三尺乃至五尺程度で、河水飽くまで淸く、河底の砂礫も數へられる程度である。又、所々に湧水があつて嚴冬の候にも滾々として盡きず迸出してゐる樣は眞の偉觀である。更に冬期河表を張りつめる氷は水晶の如く、各地に大河の濁流のみを見なれた眼には爽快この上ない眺である。こゝにも北滿一帶の河川と同樣に魚類が多い。

公府は蒙古王蘇鄂公爺（鎭國公）の居邸である。東北二面に小丘を負ひ、西南は洮兒河の清流を隔てゝ丘陵に對し、中央に幅約十町の小平野を展開してゐる。丘陵は高さ概ね百米内外、洮索線の土盛工事は公府の西北約十粁の新廟まで完成してゐる。

公府は民國十年、北方約二十支里の『シゴティノ』より移轉したものであつて、周圍に土塀を繞らし、南側の木扉を入れば左右兩側に支那式三間房子の廂屋がある。中庭の廣さ約百坪、本屋は支那宮殿式の建物であるが、規模は一般支那豪農の住宅程度である。

公府の前面には約二十戸の蒙古家屋があり、その裏の鐵道豫定線を越ゆれば約五町にして屯墾軍の舊兵舎がある。中村少佐虐殺の元凶たりし第三團長の私宅もある。附近の商民約三十戸。

王府の財産は土地及家畜であつて、民國初年の兵變までは馬のみでも一千頭を有してゐたと云はれてゐるが、現在は數十頭の家畜を有するに過ぎない。土地は未開放地として、既耕地一萬天地、未耕地四、五萬天地を有し、開放地は約八十萬天地である。開放地からは地租の約三割を王府の收得とし、年額約一萬二千元の收入であると云はれてゐる。尚未開放地の居住者は外旗よりの移住者を加へて約五百戸、三千人内外と推算されて居り、滿人の居住者は一人も無い。

本旗の西はすでに外蒙古であり、東は札薩克圖旗、南は奉天省、北は札賚特旗である。一般に教育程度は極めて低級であつて王立學校無く、又、寺小屋式のものは所々にあるが生徒は何れも十人以下で見るべき施設も無い。暦は陽暦を用ひてゐるが官吏の外は之を知らない。概して漢字を知る者百人に一人、蒙古字を知る者百人に五人、漢語會話に通ずる者百人に二十人、百人の内、四十人は完全に文盲の狀態である。又、住民の大部分は旗内に家畜少き爲め兼業として農業及び索倫奥地の木材伐出に從事してゐる。特殊風景として結婚に牛馬を贈る風習があるが、日常生活にも物々交換が多い。概して貧者は貨幣を好み、富者は物品を喜ぶ傾向があると云はれてゐる。

索倫

索倫は一名を卜木局子と云ひ、索倫山の東方、洮兒河とハガ河との合流點に在る。洮索鐵道はこの索倫まで敷設せらるゝ計畫であつたが、その完成を見ぬ内に滿洲事變に逢着した。近く洮南よりこゝに往復する自動車營業が開始せられる害である。

附近は半徑約十二、三町の平野を成し、地味頗る肥沃で殆んど耕し盡されてゐる。市街はこの平野の北寄りに東西約六町に亙る一條の大道を挾んで形成されてゐるが、なほ寂寥たる一寒村である。戸口約百三十、人口約六百（和年七年三月現在）、その內、蒙人十八戸、約八十人である。民國元年、始めて索倫設治局が開設せられ、地方の開拓、伐材治安維持等に當つたが、民國二十年（昭和六年）に至つて三等縣に昇格し、爾後索倫縣と稱した。滿洲國成立後は興安總署の管轄下に置かれてゐる。機關としては商務會、郵便代辦所、監獄、小學校等があるのみで、その內容は到底各地の三等縣には及ばない。

索倫は土地邊僻の事とて由來匪賊の巣窟として知られてゐた地であるが、屯墾軍駐屯以來無職の徒を驅逐し、十家連座法を施行して治安維持に當つた。

索倫の輸出品は木材、毛皮を主とし、家畜、穀類等も相當の數に達してゐる。而して民國二十年中に於て洮南に集中した毛皮は約六千枚に達してゐたが、その內索倫より輸出せられたるもの約三割、特にリスの皮はその七割を占めてゐた。縣內丘陵地には尙盛んに阿片を栽培しつつあり、年額約六萬元と云はれてゐる。又、縣內全耕地面積は僅かに五百天地、光緒三十年より民國二十年に至るまでに開放せられた土地は九萬天地に達したが、その內耕作せられたものは、僅かに百二十六天地で、現既耕地面積五百余天地の內、約四百天地は民國十八年の屯墾開始以來開拓せられたものである。從つて人口も極めて稀薄で、全縣下を通じ滿洲國人八百六十三戸、六百八十六人、蒙古人百八戸五百六十六人に過ぎない。而して之等の縣民が所有する全動產は僅かに六萬元內外である。（民國二十年、屯墾公署報告に據る）

索倫山森林狀況

索倫は元來索倫民族の集居部落であつて、開放前には鬱蒼たる大森林であつたが、民國元年、設治局が創設せられて以來、索倫人は次第に北方に退却し、之を逐ふて漢人が侵入しつゝ、直に附近の森林伐採を開始した。然し當時は尚採木公司等の組織的なものも無く、唯十數人が隊を成して濫伐に從事してゐるのみであつた。その後民國十六年（昭和二年）に至つて當時の黑龍江省督辦が初めてこゝに採木公司を設立して大規模の採木事業を計畫した。然しこの採木公司も伐採木材の搬出困難の爲め翌年早くも之を中止するの已むなきに至り、その後は何等見るべき事象も無く今日に至つてゐる。

從來索倫と云へば宛かも人喰人種の棲息するかの如く、附近は森々たる一大原始林の如き觀念を持たれてゐる傾があつたが、實際の索倫山は縣城の西北更に二百五十餘支里に在り、縣城自身は四圍禿山に圍まれてゐる。而して蘇鄂公府よりの沿線に僅かに蒙古柞、楊柳、楡等の雜木稚樹林を見るのみで、更に森林らしい森林は見られない。唯索倫山林區の木材は悉く縣城に集散し、縣城も亦木材を生命の一部とする限り、林業の將來は或る程度にまで索倫の生死を扼するであらう。

尙、現在に於ては興安嶺材は索倫、洮南地方には出廻らず、大部分齊齊哈爾地方に搬出せられてゐるが、洮索線完成の曉には當然本鐵道に搬出さるゝに至るであらう。

齊北鐵路案內

附訥黑自動車線

目次

齊北鐵路案內

齊北線建設沿革

齊北線は齊齊哈爾、北安間の二百三十粁四と、齊齊哈爾より南下して三間房に至る三十粁四と、寧年より北上して訥河に至る八十六粁八の訥河支線と、楡樹屯より昂昂溪に至つて北滿鐵路に連絡する北鐵連絡線の五粁より成り成つてゐる。この內、齊齊哈爾、三間房間の鐵道が齊北線に含まれてゐる事に就いては特に一言しておかねばならぬ。

抑も現在の洮昂鐵路は最初洮南、齊齊哈爾間の鐵道として計畫されたのであるが、北滿鐵路（當時中東鐵路）の横斷に關して同鐵路との間に諒解が成らず、已むなく三間房（當時昂昂溪）までにて敷設を打ち切り、民國十五年七月、洮昂鐵路として完成したのであつた。その後洮昂鐵路の齊齊哈爾延長は久しく北鐵、洮昂鐵路間の懸案となつてゐたが、支那側は飽くまで之を實現せんとして民國十七年（昭和三年）六月遂に之が實際工事に着手するに至つた。かくて北鐵側も默過すること能はず、種々交渉の結果、同年七月に至つて漸く兩者の協定成立し、洮昂側は北鐵將來の複線工事を考慮してその交叉點に跨線橋を架する條件のもとに工事を繼續するこことなつた。而して之が完成は同年十二月七日で、同十四日より直ちに假營業を開始したが、前述の如く本線は初め洮昂線の延長の如き體を成し、その所屬も判然とはしてゐなかつた。然し引續いて齊齊哈爾、克山間の所謂齊克鐵路が敷設さるゝに及んで同鐵路の一部に包含せらるゝことゝなつたのである。

齊齊哈爾、北安間鐵道（齊北本線）の内、齊齊哈爾、克山間は大同二年十二月一日まで齊克線と呼ばれてゐたものであつて、民國十七年六月より起工されたが、資金難その他の爲めに工事容易に進捗せず、滿洲事變直前まで漸く泰安鎭まで開通したに過ぎなかつた。從つて齊克線中の泰安、克山間は滿洲事變後、各種の必要に應じて急設せられたものである。克山以北、北安までの鐵道も亦事變後の建設にかゝり、これは海克線（海倫、克山間）の一部を成してゐたのであるが前述の如く大同二年十二月一日より齊北線の一部となつた。即ち齊北線及び濱北線（哈爾濱、北安間）の二鐵道は、從來呼海、海克、齊克の三線によつて環狀に連絡されてゐた哈爾濱、齊齊哈爾間を北安を中心として二分したものである。

訥河支線中、拉哈、訥河間も亦事變後の建設にかかり、前述の海克線と共に大同二年十二月一日より鐵路總局に移管せられたものである。

沿線各驛案内

三間房より北安まで

三間房は洮昂鐵路との連接驛であるが列車は四平街より齊々哈爾に直通してゐる。三間房より楡樹屯を經て齊齊哈爾省城に至る距離は三十粁四である。

齊齊哈爾省城は云ふまでも無く北滿に於ては哈爾濱に次ぐ大都市であつて、哈爾濱が露國滿洲進出後に建設された新都市であるに引きかへて、齊齊哈爾は露國の南下に備へた二百餘年の歴史を持つ古城市である。北滿乃至東部蒙古地方の諸都市が漢人移住後の新都市である内に、この齊齊哈爾のみが獨り二百年の歴史を有する事は注目に價する事象であらう。

總じて滿洲事變までは、この齊克沿線のみでなく、廣く北滿一帶にかけての邦人の進出は極めて寥々たるものであつた。事變後、特に鐵路總局が成立し、海克線が建設され黑河線（目下建設中）の敷設が開始されて以來この情勢は俄然變化したが、なほこの齊北沿線に見る邦人の進出狀態は新植民時代の風景を脫してはゐない。軍隊、土木業者、特殊稼業者、視察旅行者を中心とする邦人開拓者の群れは正しく新植民地の象徵である。たゞそれらを中心として、そこに新しい世紀の生れつゝあることが痛感されるのは嬉しい。

齊齊哈爾驛はまだ木造の假驛舍であるが、數年を出でずして近代的建築美を誇る宏壯な建物に變るであらう。驛から省城内まで馬車で約二十分、龍江飯店（齊齊哈爾ホテル）に向つて眞直な大道が通じてゐる。

齊齊哈爾から寧年までは沼澤や不毛の荒地が多い。寧年を境として肥沃な黑土地帶となり、沿線もみごとに耕されて流石に豐饒な滿洲の穀倉を思はせる。寧年から訥河支線が北上する。

富海を過ぎて間も無く左手に聳ゆる依克明安旗公府の城砦が見える。そこには約百名の蒙古兵が居り、兵匪も嘗て此處を襲ふ事は出來なかつた。城砦內の各戸には美麗極り無い佛像が一基づゝ安置されて居り、城庭は塵一つ留めぬ程に掃き清められてゐる。こゝの蒙古兵は事變當時日本軍への參加を希望した程親日的態度を持つてゐる。

泰安鎭に近く騎兵第十八聯隊川崎支隊戰死の記念碑が建つてゐる。昭和七年十月、そこで我が五十九騎の將卒が萬斛の恨を呑んで全滅した。當時泰安鎭では僅かに七十餘名の日本軍が三千の反滿軍正規兵に包圍せられたまゝ、十一日間に及ぶ奇蹟的な籠城を續けてゐた。泰安鎭の驛舍も敵彈に全燒して、守備兵七十餘名の內、守備隊長、小隊長初め三十餘名は死傷し、滿鐵社員利光正路、中山敏樹、古川年定、星原邦治の四氏も悉く無慘な戰死を遂げた。その殉職碑も驛ホームの南寄りに建てられてゐる。

泰安鎭以北北安までは前述の如く事變後の建設にかゝるもので、沿道特に注目すべき程のものは無い。克山は本線沿線中最大の都邑であるが、建設の歷史も新しく、附近一帶は丘陵の沃土で初夏の候には埃が特に甚だしい。

泰安鎭以北の北滿一帶、特に通北、北安から嫩江地方にかけて事變後の兵匪の害は甚だしかつた。そこでは凡ての部落が一物も殘らぬまでに掠奪せられ、大豆は實つても刈入れられなかつた。こうして立ち枯れのまゝ腐つた大豆畑が嫩江一帶に無限に擴つてゐたといふ。加ふるに大同元年夏には稀有の大洪水がこの一帶を襲ひ、農民は全く着のみ着のまゝで各地に離散した。大同二年春に至つて農民は漸く歸還して來たが、窮乏は如何ともし難く、省政府、その他公共團體の凡百の救助手段によつて辛ふじて春播穀類の植付を終つた程で、同年春季に於て、克山で取扱つたこれら窮民への配給穀類は實に四千車を超過してゐた。あらゆる意味に於て北滿一帶はその過渡的發展の第一階段にあると云へやう。

三間房

至	北安	二六〇粁八
至	齊齊哈爾	三〇粁四
至	楡樹屯	八粁一

三間房は前述の如く齊北線の起點であるが、各種鐵道施設が齊齊哈爾に集中せられてゐる關係上、驛としては中間驛と何等の變りもなく、列車もこゝを通過して齊齊哈爾に

大興附近の新戰跡

昂溪市街

魁 星 樓 （齊齊哈爾）

齊 齊 哈 爾 公 園

直通する。

楡樹屯

自 三開房 八粁一
至 齊齊哈爾 二三粁三

楡樹屯は北滿鐵路への連絡線分岐驛であるが、便宜上列車は齊齊哈爾から始發してゐるから、齊齊哈爾から北滿鐵路に乘車するには、この楡樹屯で乘り換へるよりも齊齊哈爾から直接に昻昻溪行きに乘り込む方が便利である。

尙、齊北線昻昻溪驛から北滿鐵路昻昻溪驛に出るには馬車で約十五分連絡せねばならない。

昻昻溪概況

楡樹屯は前述の如く國線より北鐵昻昻溪への分岐驛で、市街として見るべきものも無いが、北鐵昻昻溪は人口一萬二千餘を有し、その内ソ聯邦人八百を有する可成りの都市である。

昂昂溪の名はもと蒙古人の附したもので、元來當地は草原中の濕地をなし、蒙古人の放牧地であつた。これらの蒙古人は漢人の移住と、東清鐵路敷設後の急激な發達によつて次第に驅逐されていつたが、然し附近には尚蒙古人部落が散在してゐる。

市街は北滿鐵路を中心にして砂丘の上に建設され、驛の北方は同鐵道從業員の社宅街となつて居り、北鐵倶樂部、露人小學校等の機關を有し、純然たるソヴエート村の色彩を有してゐる。又、その區域内には絶對に鐵道關係者以外の居住を許さない。

鐵路南面は帝政露國の全盛時代に建設した南北の大道を中心に、一、二、三、四道街を形成し、在住外人（主として白系露人、日本人）の大部分はこゝに居住してゐる。之に西偏して商戸櫛比する滿人街がある。

邦人は現在（昭和八年十一月）約百名、主として料理屋及び旅館を營んでゐる。旅館は凡て洋式で、部屋代一日金二圓である

在昂昂溪主要官公衙機關

北滿特別區第四區警察署、護路軍混成第一旅、同歩兵第一團第三營、黑龍江憲兵隊第二中隊、

北滿滿路路警處第二段分署、齊克鐵路警務段分駐所、齊齊哈爾警察廳鐵路隊檢案處、市政分局、稅捐徵收局、電報局、郵便局、商會、自治會、中央銀行支行

齊齊哈爾

自	三間房	三〇粁四
自	四平街	五七一粁四
至	北安	二三〇粁四
至	哈爾濱	二七〇粁（北滿鐵路經由）
至	哈爾濱	五六二粁七（齊北、濱北線經由）
至	海拉爾	四七八粁
至	滿洲里	六六五粁

沿革

齊齊哈爾は別名を卜魁とも云ひ、卜奎とも布枯とも書く。又、龍江或は龍沙とも云ふ。

齊齊哈爾の名は一に奇察哈哩とも書き、達呼里（ダウリ）語のヒチガルの轉化である。ヒチガルは邊界又は境界を意味し、現齊齊哈爾城の西方、嫩江畔の村名から轉じたものと云はれてゐる。また卜魁は同じく達呼里語の『相撲をとること』の意味で、一說には今の齊齊哈爾は往時相撲場であつた所からこの名が出たとも云はれてゐる。尙、龍江と云ふのは黑龍江が近くを流れてゐる所から支那人の命名したものらしく、哈爾濱を濱江と呼ぶと同樣のものと思はれる。この地は遠くより達呼里族の村邑であつたが、その重要地となつたのは清初以來である。即ち露國の南下によつて邊防の急を痛感した清朝は嫩江の右岸現齊齊哈爾城の西方約十五支里に火器廠を設け、更に康熙三十年、（一六九一年）現齊齊哈爾の地に城砦を築いた。次で同三十八年（一六九九年）黑龍江將軍が墨爾根（嫩江市）よりこの地に移駐し、黑水廳を設けて黑龍江省一帶を統治するに至つたが、降つて光緒三十四年（一九〇八年）此處に縣制を敷き、民國二年（一九一三年）之を龍江縣と改稱、更に同三年六月、省城たる外に龍江道道尹の駐在地となつた。現國民政府に至つて道を廢されたが滿洲國成立後は黑龍江省省城、龍江縣公署、齊齊哈爾市政公署等の所在地として現在に及んでゐる。

齊齊哈爾及び黑龍江省一帶が漢人の爲めに解放せられたのは光緒二十三年（明治三十年西曆一八九七年）であつたが、商埠地として解放されたのは光緒三十一年（明治三十八年、西曆一九〇五年）日露戰後の滿洲善後に關する條約附屬協定によるものであつて、爾來我國はこゝに領事館を置いてゐる。更に滿洲國成立後は日滿議定書によつてこゝに師團司令部、飛行場等を設けた。

市　街

市街は平坦な原野の中に建設せられ、南北に長く、外城と內城に區分せられてゐる。內城は稍々北に偏して建てられてゐるが、これは元來木城であつたものを光緒の末葉に黑煉瓦壁に改築せられたものである。城壁は高さ丈餘、厚さ七、八尺、周圍二十四町で、東に承暉、南に迎恩、西に平定、北に懷遠の四門を開いてゐる。その東南隅に孔子廟があつて魁星樓が高く聳えてゐる。この城內には他の滿洲國城市と少しく趣を異にして商舖殆んど無く、黑龍江省公署、總務廳、民政廳、警備司令部、稅務監督署、電話局、電報局等の官公衙、官舍等が置かれてゐる。

外城は南北三十町、東西二十八町の土城であつたが、今や破損して殆んど原形を留めてゐない。

內城附近の舊市街は比較的街路井然としてゐるが、南方新市街に至るに從つて再び雜然となつてゐる。東門、北門外には住宅が多く、西門外は數歩にして廣漠たる原野となり、嫩江が近くを流れてゐる。最も殷盛を極めてゐるのは南門外で、特に南大街と正陽大街とには大厦高樓が櫛比してゐる。日本人の居住してゐるのは主としてこの正陽大街と財神廟街とである。

市の西方に龍沙公園があり、之に接して最も景勝の地を占めたソ聯邦領事館がある。公園は舊八旗倉庫跡の西方に在るので倉西公園とも呼ばれてゐる。元來この地一帶は楡の老樹が繁茂し、夏期納涼を樂しむ遊覽者が多かつたが、北清事變當時、露兵はこゝを占領して軍司令部を設けた。その後露國はこゝに領事館を設けて廣大なる地域を獨占し、殘餘の地域を返還したので再び之を公園としたが、地域狹隘で雜沓が甚だしかつた爲め民國四年、現在の如く南方に之を擴大した。園內には興安嶺に棲息する馬鹿（ウマシカ）と云ふ動物が居て興味を呼んでゐるが、露支事件の戰沒者忠烈祠や支那式の省立圖書館等もある。園內西方の望江樓に登れば全市街及び嫩江の長流を隔てゝ荒涼たる平野と嫩江沿岸の砂丘を望むことが出來る。

龍沙公園の西方三支里嫩江岸に葫蘆島がある。これは民船の碇泊地で夏季には帆柱が林立する。齊齊哈爾が省城と定められて以來斯く發展したのもこの水運の便に負ふ所が多いであらう。齊昂輕便鐵道も船車連絡の便を計る爲めにこゝに迂廻して建設せられた

龍沙公園の南には回敎徒の墓地があり、外國人の居住に豫定された商埠地も公園の南西に在つて、我が領事館、滿鐵事務所が高塀に圍まれて嚴然と立つてゐる。

前述の如く齊齊哈爾城は二百數十年の歷史を有し、舊都城としての落ちつきを見せてゐるが春夏の候塵埃多く、道路も亦比較的淸潔で無い。附近一帶の土地は曹達質で燕麥の外には農產にも適せず、又、背後地一帶が久しく未耕地として殘されてゐた關係上、省城も專ら政治及び軍事的都市に終始し、經濟的には單に大消費地に過ぎなかつた。

農　業

齊齊哈爾の背後地、即ち齊北沿線一帶は東山地方、新京地方と共に滿洲三大穀倉と云はれる肥沃な黑土地帶であるが、交通運輸の關係上、そこに生產さるゝ物資は哈爾濱又は南滿に搬出され、齊齊哈爾に集散さるゝものは尠い。又特產加工工業、即ち油房、製

粉工場、燒鍋等も尙未發達の現狀である。

省城附近の土壤は前記の如く曹達又は砂礫土が多く、嫩江流域及び省城北寄りに若干の沃土地帶があるがこれも狹少である。又省城の東、西、南の三方には砂丘が點在して居り、こゝも農耕には適し難い。然し年々農耕地は增加の傾向を有し、大豆、小麥、粟高粱、包米等を生產してゐるが、特に西瓜が有名である。

工　業

省城が專ら政治、軍事的の消費都市として發達した關係上、工業に於ても尙見るべき程のもの無く、その規模も幼稚で、現在手工工業より機械工業に移る過渡期に在る。主なる工場としては燐寸工場一、油房六、製粉工場一、電燈廠一で、その生產品は專ら地方の需要に充當せられてゐる。一般に文化程度も南滿の大都市に比較すれば甚だしく低級である。

商　業

商業に於ても黑龍江省の中心は哈爾濱に奪はれ、齊齊哈爾もその勢力圈內に在つて、輸出入貿易の大部分は從來哈爾濱商人の手中に握られてゐた。事變後は邦人の急激な進出と、四洮、洮昂、齊北線の連絡によつて南滿、特に奉天よりの仕入が頻繁となつてきたが、尙日本內地より直接輸入をなす商人は尠い。現在次第に哈爾濱の勢力より脫し、西部黑龍江省の經濟的中心となりつつあるが完全に之が圈內より脫するには尙相當の年月を要するであらう。

齊齊哈爾に於ける邦人の發展は專ら滿洲事變後であつて、大同元年度に於ては事變前に比し十倍の邦人がここに進出した。然し邦人商人の大部分は在留日本人又は軍隊を對象とする商賣であつて滿洲國人を對象とする者は二、三の少數者に過ぎない、ここに輸入さるる日本品も大部分は哈爾濱、奉天等の中間商人を經由してゐる。總じて齊齊哈爾に取引さるる日用品は日本品六割、中國品二割、ソ聯邦その他の他國品二割の比率を示してゐるが、市價は大連に比し一般に三割から最高二十割の高値である。

現在齊齊哈爾在留の邦人は約三千、滿洲國人七萬三千、ソ聯邦人三千である。

大同元年に於ける當驛貨物取扱高、發送九萬八千六百噸、到着十五萬四千三百噸。

官公衙及主要機關

滿洲國側　黑龍江省公署、總務廳、民政廳、實業廳、教育廳、警務廳、警備司令部、龍江縣公署衙隊側、憲兵隊、電話隊、軍政部被服支廠、陸軍監獄、省會公安局、龍江縣公安局、全省警備隊管理處、市政局、黑龍江稅務監督署、專賣總批發支署、高等法院、地方法院、高等檢察廳、地方檢察廳、協和會事務局、國道建設局、電燈廠、龍江塩倉、省立農林試驗場、黑龍江省官銀號

日本側　日本帝國領事館、滿鐵事務所、滿鐵建設事務所、日本人居留民會、在鄉軍人會朝鮮銀行出張所、國際運輸會社支店、ジャパン・ツーリスト・ビューロー支局

交通通信

通信機關　郵便局、電話局、電報局、日文電報局、軍事郵便局

齊昂輕便鐵道　本輕鐵は齊齊哈爾、北鐵昂昂溪驛間を連絡する狹軌一米の鐵道で、資本金銀三十二萬元、もと滿洲旗人救濟の目的で敷設されたものであるが、齊克鐵路敷設以來營業成績思く、林甸或は甘南方面に移設せんとする議が起つてゐる。

齊北鐵路　本鐵路建設の項參照

北滿鐵路　北滿鐵路、昂昂溪驛は省城の西南に在り、齊昂輕鐵によつて二十五粁、齊北線、齊齊哈爾驛より二十七粁三によつて連絡してゐる。從つて省城から北滿鐵路に乘車するには前記二系路の內何れを選ぶも隨意である。

空　路　滿洲航空會社の旅客機が毎日哈爾濱に一往復してゐる。

水　路　水路は專ら嫩江の水運によるもので、北滿鐵路富拉爾基驛より省城まで發動汽船によつて旅客を輸送してゐる。沿岸の葫蘆島は民船の碇泊地である

車　馬　市内交通は馬車、人力車、自動車（タクシー）等相當豐富にある。

教育機關

省立圖書館、省立師範學校、同女子師範學校、男女華北中學校、農科職業學校、工科職業學校日語專習學校、蒙旗師範學校、省立民衆教育館附屬日語補習學校、省立小學校(一〇)、縣立小學校(三)、私立小學校(三)

言論機關

黑龍江民報、北滿洲日報、滿洲國通信社支局、其他在滿各地新聞社支局、分社等。

邦人經營旅館

龍江飯店（齊齊哈爾ホテル）洮昂、齊克鐵路局直營、洋式

室　代　二・五〇円——一一・〇〇円

朝日旅館、龍沙旅館、東郷ホテル

宿泊料（二食附）　三・〇〇円——五・〇〇円

塔哈

自 齊齊哈爾 二九粁六
至 寧年 三三粁六

塔哈は齊齊哈爾を距る六十支里、龍江縣の管轄に屬し、附近一帶は平坦な沃土である。塔哈站村は驛を距る北に一里許り、人口約一千四百、村の北東に一里許りから嫩江に通ずる水運がある。本村は康熙四年雲南省から移民して來た劉、王、張、吳の四姓の者に依て開かれ同二十三年（一六八四年）初めて村が設立されたと傳へられる。當時齊齊哈爾、墨爾根間往來者の一宿場となつて居た。附近の村落には純粹の滿洲族の子孫が多いと云はれる。

名勝舊蹟

神樹 塔哈站村落の南端に約二百五十年を經たと云ふ楡の古木がある。旱天の際これに向つて雨を祈り、若しこの樹の幹から水の珠が湧き出せば必ず雨が降ると云ひ傳へ、舊曆三月一日には土民參集して此樹を祭ることになつてゐる。

石碑 塔哈站村の西十二里大馬蹄崗子に光緒皇帝御賜の石碑が二基ある。道光年間格珊額と云ふ者山海關總督に任じ其子某又咸豐年間墨爾根副督統に任じて功勞顯著なりしを以て此碑を賜はつたものだと云ふ。碑の在る處は富姓を名のる。右格珊額の後裔の墓地である。

寧年

自 齊齊哈爾 六二粁二
至 富海 三三粁二

寧年は富裕縣に屬してゐるが、本縣は多く嫩江の流域を占めて土地一般に低く、その支流々域にも沼澤が多い。寧年驛のある處は俗に楊家屯と云はれ、清の康熙年間楊姓の漢人兄弟が開墾して以來次第に村邑を形成した。驛名の起りたる寧年鎭は驛の西北二十支里に在り、清代齊齊哈爾、墨爾根街道の一宿場であつた。現在楊家屯寧年鎭を併せて人口二千五百人、その三分の二は漢族、三分の一は滿洲族である。

寧年は訥河支線の分岐點で交通經濟上に重きを成してゐるが、驛自身は訥河支線の開通に依て却て發着貨物の取扱數を減じてゐる。

遊覽地

寧年水泊 驛の西三支里の處にある沼澤である。長さ十餘支里に亙り南方嫩江に連る。兩岸に蘆荻繁茂して、雁鴨の類多く飛來し、遊獵に好く、又水中魚族に富んで釣魚に快適である。適當な施設をして、舟遊の便をはかれば北邊に稀な好個の遊覽地となるであらう。

富海

自 齊齊哈爾	九五粁四
至 泰安	三二粁四

富海は蒙古依克明安旗の境界に在り、現在鐵道以南は尙ほ同旗の所領に屬し、鐵道の北六粁の間は克山縣に屬してゐたが、大同二年二月富裕縣に編入された。地方住民滿漢族共約四千人。驛の東南十三支里依克明安旗札薩克公署の前に喇嘛教の大智寺があり、

舊曆八月十三日の祭典には蒙民參集して殷賑を極める。

泰　安

自	齊齊哈爾	一二七粁八
至	古城	三三粁

泰安鎭は既述の如く滿洲事變後の反滿軍討伐時代、最も酸鼻を極めた激戰地であつて現驛舍はその後の新築にかかるものである。この激戰を記念し、戰歿將士の靈を弔ふために、左に一兵士のポケツトから發見された遺書の一部である詩を紹介しやう。

見渡す限りさゝ風の　沼地に最早や日は落ちて
川崎支隊の勇士等は　泰安さして進みゆく
哀れや今は匪賊等の　重圍に落ちぬ後衛の
任務は胸に迫れども　馬體の進む道も無く
七度死地に乘り入れて　攻め來る敵は殪せども
彈藥既に盡き果てゝ　愛馬も共に斃れたり

悽愴義烈五十九騎　屍は野邊にさらすとも
勇魂生きて滿蒙の　國土を守れ永久に

尙ここに戰沒した五十九騎は泰安鎭の危急救援に急行した川崎支隊の後衞部隊であつて、川崎支隊の主隊は無事暗夜を衝いて泰安鎭に到着し、敵の重圍を突破して之を救つた。

泰安鎭には少數の邦人が既に進出してゐる。

驛は泰安鎭の西南二支里に在り、泰安鎭は原名を霍勒屯と稱し蒙旗特區に屬してゐたものであるが、民國十七年（昭和三年）泰安鎭と改稱せられて富裕縣に屬し、更に翌十八年克山縣に編入せられた。

齊北線は滿洲事變直前までこの泰安鎭まで開通し、泰安以遠は一部の土盛工事に着手されたまゝであつた。鐵道開通前の泰安鎭は人口四千に足らぬ小鎭であつたが、鐵道開通と共に一躍して人口一萬の大鎭となり、現に齊北沿線中屈指の農產物集散地である。大同元年の貨物發送數量は二十八萬四千五百瓲の多額に上つたが、これは當時鐵道がここを終點としたため、北部の產物が集中したのであつて、これより以北に鐵道が開通し

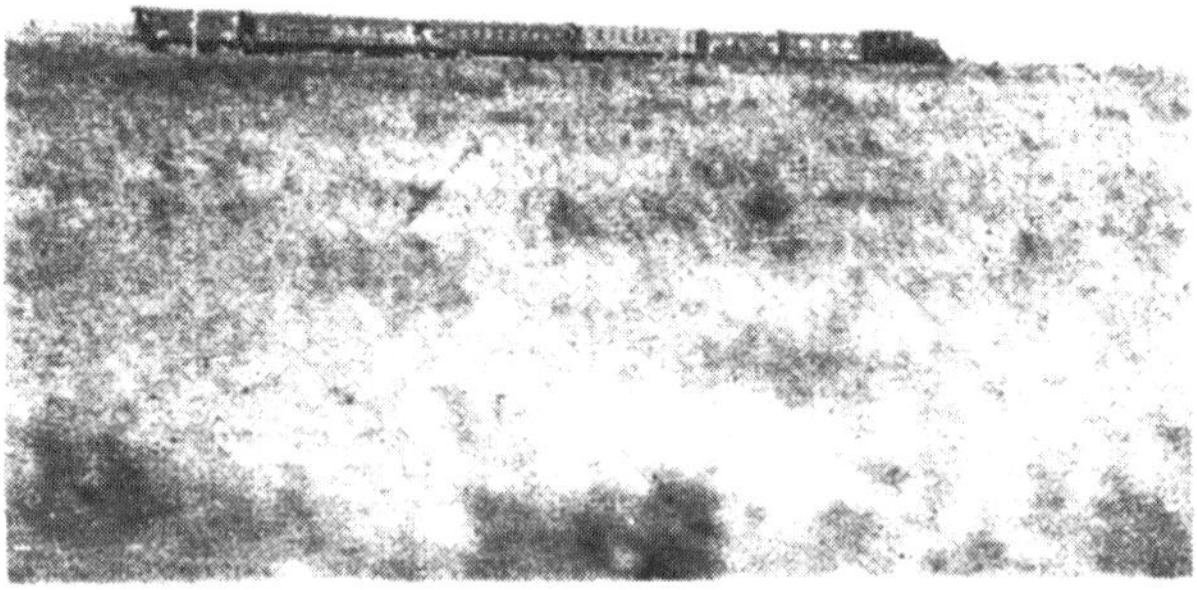

泰安鎮附近の沃野

大豆の圍積（泰安鎮）

寧年驛前

克山市街

た今後は、當然當驛出廻りを減ずべき運命にある。

官公衙及主要機關

克山縣泰安鎭公署、泰安鎭稅捐局、依克明安旗租賦局、中央銀行泰安支店、益發合銀行、商務會、糧商公會、國際運輸會社出張所

古　城　自 齊齊哈爾　一五九粁八
　至 克　山　一四粁四

克　山　自 齊齊哈爾　一七四粁二
　至 郭　家　一七粁五

克山は原名を査霍勒屯と云ひ又三站とも云ふ。民國六年、設治局を設けられ、同七年三等縣となり、同十八年（昭和四年）一躍して一等縣となつた。海克線開通まで齊克線の終點をなし、地方の輸出物資は多くこゝに集中せられた。市街は約三十年の歷史を有す

る新都市で、近代的な商家が多く、驛の西北方三粁、なだらかな丘と丘とに挾まれた斜面の窪地に擴がつてゐる。附近一帶は畑であるが、市街は丈餘の土壁を繞らしてゐる。街路は比較的整然としてゐるが埃多く、春夏の候には微風にも塵埃濛々として立ち、雨降れば泥濘膝を沒する惡路となる。然し新興都市に應はしい清新の氣は、衣服や食料品を賣る露店の雜然とした中にも感受されて愉快な街である。

克山に邦人の進出したのは全く皇軍の齊齊哈爾入城後の事であつて、現在軍隊を除いて百人前後の在留邦人が居る。一時は克山の將來を期待して相當の邦人が入り込んだが黑河線の建設開始と共に大部分は北安に移轉して終つた。

克山の人口は附近を合せて現在二萬一千餘、奉天省からの移住者が多い。前述の如く三十年の歷史しか有たない上に、齊克線の開通が漸く大同元年であつた爲め、特產物集散市場として以外には未だ觀るべき物も少いが、製粉工場（義祥火磨）電燈會社（義太電燈廠）を持つことは土地の誇りであらう。

官公衙及主要機關

克山縣公署、商務會、農務會、教育會、公安局、財政局、實業局、稅捐局、電報局、電話局、

硝礦局
中央銀行支店、國際運輸出張所

邦人經營旅館　宿泊料　二食附　三・〇〇円—五・〇〇円
鶴屋旅館、若鶴旅館

交通機關　普通馬車に依り、冬季は自動車が德都、拜泉等の地に通ふ。

郭　家　自　齊齊哈爾　一九一粁七
　　　　至　克　東　一四粁五

郭家驛はその建設當時克東と呼ばれてゐたのであるが大同二年九月一日より郭家と改稱せられた。

克　東　自　齊齊哈爾　二〇六粁二
　　　　至　北　安　二四粁二

克東は從前寶泉驛と稱せられてゐたものであるが、前驛克東が郭家と改稱さるゝと共に寶泉が克東と改稱せられた。列車運轉の必要上設けられた簡易驛で、附近には尙村落らしいものも形成されてゐない。驛南の平野に浮島のやうに屹立してゐるのは二克山である。

北安

自 齊齊哈爾 二三〇粁四
至 濱江 三三二粁三

北安鎭は民國二年頃より小部落を成してゐたが、大同元年六月、馬占山が叛旗を飜して以來幾度か兵匪の掠奪に遭ひ、海克線の敷設開始當時までは僅かに一寒村の面影を留めてゐるに過ぎなかつた。然し同線の敷設以來急激に人口の增加を見るに至り、特に黑河線の建設確定以來、北滿の景氣は北安に在りとし、滿洲各地より續々として日滿人の移轉を見つゝある。總じてこの北安鎭以北一帶、即ち齊北、濱北の兩線が描く環狀線以北は經濟地域の限界、換言すれば南北滿洲の經濟市場とは殆んど隔離されてゐた地方である。これは北安鎭以北には全く鐵道の便無く、生産物資も之が搬出に多大の危險と經費を要し、假令最小限度に生産費を節減しても到底他地方生産物と滿洲市場に於て競爭が出來なかつた爲めであつて、特に近年の不況に際しては住民は全く地方的に孤立して自給自足の生活を營むの已む無きに至り、之が爲めここに定着した移住者も再び南滿地方に移住する有樣であつた。斯の如き事態であるから現に龍鎭全縣下に於ける總住民も僅かに一萬五千に過ぎぬ有樣である。然しこの狀勢は黑河線の建設によつて當然改變せらるべく、從つて之が交通の中心地たるべき北安の將來は大いに期待せられてゐる。

北安には尙各種施設に於ても見るべきもの無く、縣公署等も龍鎭城に置かれてゐる。人口滿人約七千、日本人約八百、日本人數の多いのは專ら黑河線建設に關係するものである。

官　公　衙

日本帝國領事館分館、滿鐵建設事務所、衛戍病院

邦人經營旅館　（宿泊料二食付　二・〇〇円――八・〇〇円）

日本旅館、熊本旅館、一力旅館、美登利旅館、北安旅館、日滿旅館、大同ホテル

訥河支線

江灣 自寧年 一九粁五
至拉哈 二八粁五

拉哈 自寧年 四八粁
至新安 一八粁三

拉哈は訥河縣に屬する小鎭である。清の康熙年間露國の侵略に備へるため昂昂溪、愛暉間に十箇所の驛傳所を設けた際、その一驛をこゝに置いてから始めて住民を見るに至つたと云はれる。其後此地が訥河、齊齊哈爾街道の一宿場となり又嫩江の水運により、訥河から齊齊哈爾に至る中間の船着場として漸次發達したので拉哈鎭を設けられた。民國十九年（昭和五年）十月寧年からの鐵道が開通して一躍附近特產物の大集散地となり大同元年には貨物發送數量六萬八千二百屯に達した。然し鐵道が訥河迄開通した今後はその勢力の大部分を減殺される事情にある。これは齊北線全通後の泰安と同一運命にあるわけで、鐵道新設地に於ける必然的事象である。附近人口を合せて約一萬四百人、小規模の製粉場、油房等を有する外特に見るべきものはない。

新安

自寧年　六六粁三
至訥河　二〇粁五

訥河

自寧年　八六粁八
至黑河（自動車路）三三〇粁〇

訥河は舊名を博爾多とも云ひ、現訥河縣公署の所在地である。嫩江の支流たる訥謨爾河の北岸、五支里の平原中に在り、嫩江の本流までは數十支里である。市街は新舊の二市より成り、新市街は光緒三十三年（明治四十年）の建設にかゝり、十字街に劃成せられてゐる。舊市街は新市街を距る二支里の地に在つて、唯一條の不規則な街であるが、新市街に比し却つて繁華をなしてゐる。當城の開設せられたのは可成り早く、康熙三十年で專ら露國の南下に備へられたものであることは云ふまでも無い。始めは副都統衙總管一員を置いて索倫達呼爾兩總管を總轄せしめてゐたが、宣統二年（明治四十三年）に至つて撫民同知の任命を見、民國二年（大正二年）縣公署が置かれて現在に及んでゐる。現在人口約一萬二千人、訥河支線の完成によつて將來を期待せられてゐるが、本支線は更に北行して嫩江縣（墨爾根）に延長せらるべき性質のものである。

邦人は昭和八年十二月末現在で約六十名の居住者があつたが、土木業者、滿鐵建設事務所派遣員の外に料理屋四ヵフエー一軒がある。

主要官公衙

縣公署、警察署、稅捐局、郵政局

交　通

地方交通機關としては從來乘合自動車があつて、拉哈、嫩江間の往復をしてゐたが、現在では拉哈からは鐵道が開通し、嫩江、黑河方面へは鐵路總局經營の自動車線が開かれてゐる（後章參照）

訥黑自動車線案内

訥黑自動車線は鐵路總局の經營に係り齊北鐵路訥河支線の終點訥河を始發し、嫩江、四站、愛琿を經て黑河に至る全延長三百三十粁の路線で康德元年三月一日より運行を開始された。現在（康德元年三月一日）午前八時に訥河を發車し、途中、四站にて一泊、翌午後六時に黑河に到着する。黑河發も同樣、午前八時發車、翌午後六時訥河に着く。

沿道訥河より嫩江までは丘陵と低地との間を疾走し、道路も良好である。嫩江より四站までは丘陵に次いで稍急峻なる山岳地帶を通過し、しば〳〵白樺、雜木の森林中を行く。愛琿までの沿道にも森林多く、或は山間の細道を傳ひ、或は平地をゆく。愛琿より黑河までは殆んど黑龍江傳ひの良道である。

訥黑線旅客運賃（單位、國幣圓）

自訥河	至嫩江	五・五〇円
同	同四站	一〇・六五

同　　同　愛　琿　一七・八五
同　　同　黑　河　一九・八〇

嫩　江　　自訥河　　九一粁

嫩江は舊名を墨爾根と云ひ、嫩江縣公署の所在地で、嫩江本流を距る一支里許りの左岸に在り、齊齊哈爾、黑河街道の中央に位してゐる。康熙二十九年（一六九〇年）より同三十八年までは黑龍江將軍の駐在地として對露邊防上極めて主要な都城であつた。康熙三十八年、黑龍江將軍が齊齊哈爾に移駐して後も久しく副都統が置かれ、光緒三十四年（明治四十一年）に至つて嫩江府と改められた。降つて民國二年に至つて縣公署が置かれ、今日に及んでゐる。市街は西北遙かに大興安嶺を望み、東南には遠く沃野を控へて、東西二支里、二支里半、可成りの市街であるが、交通の便に惠まれなかつた爲めに、その歷史に比して發達してゐない。輸入は殆んど齊齊哈爾に仰ぎ、夏季は民船により、冬季は馬車及自動車に依つてゐる。將來鐵道の完成後には相當の繁榮を期待してよいであらう。官公衙としては縣公署、郵政局、稅捐局等が主なるものである。

愛琿　自訥河　二九七粁

愛琿は所謂愛琿條約の締結地として最も有名な所である。愛琿條約は咸豐八年（一八五八年）に締結せられたもので、これによつて露國は初めて黑龍江左岸の地を併呑した。淸國にとつては最も屈辱的な條約であつた。

愛琿は從つてこの露國の南下に備へる爲めに建設せられた古都であつて、康熙二十二年（一六八三年）早くもこゝに將軍及び副都統が置かれた。後之が撤退され、擁正八年に再び副都統が置かれたが、宣統元年に至つて直隷廳が設けられ、後ち黑河道の設けらるゝに及んで縣公署となつた。市街は南北十町、東西八町餘、縱橫九條の道路から成つてゐる。人口約二千、開港場として帝政時代には露國との間に貿易が盛んであつたが、現在では黑河にその繁榮を奪はれてゐる。

黒河

自訥河（自動車）三三〇粁
自哈爾濱（船路）一、四一八粁

黒河は黒龍江（アムール河）を隔て、對岸の露領ブラゴウエシチエンスクに對する滿ソ國境の舊都市であつて、古來、軍事上にも政治上にも極めて重要な地位を占めて來た。民國五年（一九一六年）には露國が露亞銀行を通じて哈爾濱より當地に至る濱黒鐵道を敷設せんとして革命の爲めに挫折し、米國は、之より先き、宣統元年（一九〇九年）に於て早くも錦縣城より齊齊哈爾を經て愛琿（黒河の稍々下流）に至る滿洲縱貫大鐵道の建設利權を獲得した（この鐵道はその後度重なる支那の政變によつて幸ひにも實現せられなかつた）黒河及び愛琿地方が古くより斯く重要視されて來たのは初期の露支關係が專ら黒龍江によつて始められたからであつて、黒河の對岸ブラゴウエシチエンスクの下流に於て黒龍江に合流するゼーヤ河は、實に露國カザツクの一隊が滿洲に現はれた最初の經路であつた。愛琿も亦、露國がこの黒龍江以北の地を露領に合併した紀念すべき『愛琿條約』締結の地である。

黑河市街は縱に短く、橫に長く、その北側は直ちに黑龍江に臨み、街路は江に沿ふて橫八條、縱に七條の大街がある。市內は全く露西亞式の大厦高樓が櫛比し、支那式家屋は一軒も無く、頗る美麗を極めてゐる。殊に江を隔てて對岸のブ市を眺望する夏の景觀は筆紙に盡し難い壯麗さである。然し市況は近年來の對露貿易杜絕や、奧地に於ける金鑛業の不振や、打ち續いた事變後の混亂等によつて漸次衰微し、目下（昭和八年七月）全市の三分の一は空家となり眞に寂莫たる觀を呈してゐる。

黑河の沿革を見るに露國は愛琿條約の締結（一八五八年、咸豐八年、日本の安政五年）によつて黑龍江右岸の地を併呑するや、ゼーヤ河口にブラゴウエシチンスクを建設したが、淸國は之より少しく後れて同市の對岸に護境軍司令部を置いた。これが現黑河市の起源である。一九〇六年（光緖三十二年）こゝに對露交涉局が設けられ、一九〇八年その廢止と共に黑河副都統府が設置されて一九一二年（民國元年）まで續いた。一九一二年副都統が廢止せらるゝや、その所管事務は總て愛琿直隷廳及び兵備道臺に移管せられたが、同年、兵備道臺は觀察使と改稱されて黑河に移駐して來た。一九一六年（民國五年）に至つて觀察使は道尹と改稱され、國境四縣の行政の外に對露交涉及び鑛山檢察の事務をも併掌した。又、一九一二年には哈爾濱海關所屬の愛琿分關が黑河に設置され、鎭守使、露國領事館等も開設され、爾後次第に愛琿の繁榮を奪つて、遂に北境に於ける政治、商業の中心地となつた。かくて一九二七年（民國十六年）には、市政が布かるゝに至つた。滿洲國成立後は特にこの地を重要視し、且つ省政府とは遠隔の地に在る關係上、黑河に省公署駐黑辦事所を特設し、以て沿岸十縣の行政及び蘇聯との地方的外交に當らしめる事となつた。

黑河の最も殷盛を極めたのは歐洲大戰時代であつて、當時には對露貿易年額四千萬元に達し、人口も四萬と稱せられてゐた。その後蘇聯邦の鎖國主義と、民國十八年の露支事件、近くは徐景德軍の掠奪、馬占山の不換紙幣發行等によつて甚だしい打擊を受け、今や人口も僅かに一萬に過ぎなくなつた。

人口

滿洲國人	一〇、〇八三人	白系露人	一〇四人
赤系露人	二四人	朝鮮人	五六人
日本人	四六八人	計	一〇、三一三人

（大同二年七月末現在、滿洲人中には便宜英米人を含めた）

滿洲國側主要官公衙機關

市政籌備處、黑龍江陸軍騎兵第三旅團、稅捐局、公安局、郵便局、電報局、軍警稽處、航務局
海關、商會、中央銀行、電燈廠、貧民院、市立醫院、顯倉

日本及蘇聯邦官公衙機關

蘇聯邦領事館、蘇聯邦國家貿易局（ゴストルグ）、關東軍特務機關、黑河憲兵分駐所、國際運輸會社支店、滿洲航空會社出張所

交　通

水　路　水路は黑龍江によつて上流の漠河（八二七粁）より同江を經て哈爾濱に至る（一、四一八粁）までの航路が開かれてゐる。之等の航路は鐵路總局の管下に在り、哈爾濱水運箇所がその經營に當つてゐるが、現在（昭和八年）哈爾濱、黑河間には七隻の汽船が配せられて、四、五日每に一回出帆してゐる。同區間の航行日數は片道約十二、三日である。黑河、漠河間には汽船紹興一隻が配せられ、每月二往復してゐるが、下航三日、上航一週間を要する程度である。

黑龍江の航行期は大體五月中旬より十月下旬の五ケ月間で、沿岸寄港地の主なるものは上

流より、呼瑪、愛琿、奇克特等である。

黒龍江は黒河附近に於て尚河幅一千米を有する大江で、下航するに隨つて無數の島嶼を有し、江水の蜒々曲折して流るゝ所斷崖あり、綠林あり、綠野あり、實に筆紙に絕する風景に富んでゐる。秋夏の候、機會を得て之を下航する事は蓋し滿洲國旅行者の最後の願ひであらう

黒河より各地主要港に至る旅客運賃は左の通りである。

至呼瑪	一等	四・二〇元	二等	三・八〇元	三等	二・四〇元
同漠河	同	一六・八〇	同	一一・二〇	同	五・六〇
同愛琿	同	一・六五	同	一・一〇	同	〇・五五
同奇克特	同	三・六〇	同	二・四〇	同	一・二〇
同同江	同	一四・一〇	同	九・四〇	同	四・七〇
同富江	同	一五・七五	同	一〇・五〇	同	五・二五
同三姓	同	二三・一〇	同	一五・四〇	同	七・七〇
同哈爾濱	同	三一・二〇	同	二〇・八〇	同	一〇・四〇

上記の運賃は國幣建であるが、この外に水上警察費として一人十錢を徴收される。又、本運賃は食事附でない。然し船中には食堂の設備がある。

航空路　航空路は昭和八年七月中旬より初めて齊齊哈爾、黑河間に軍用又び滿鐵用の定期航空路が開設され、每週月曜及び木曜の二日に齊齊哈爾より一往復してゐる。齊齊哈爾發午前八時黑河着同十一時二十五分。同十一時五十分に黑河より折り返し航空し、午後三時齊齊哈爾に着く、料金は齊—黑間六十二元、黑—齊間五十九元（國幣）である。

鐵　道　鐵道は北安鎭より建設中である

自動車　夏季に運行さるゝ自動車路は黑河、愛琿間七十支里のみで、一日二往復、片道料金は國幣二元五十錢である。

冬季には凡有る河川凍結するを以て自動車の運行自由となり、黑河を中心に奇克特、呼瑪訥河等に路線が開かれる。呼瑪、奇克特行は多く黑龍江上を疾走するもので、黑河には乘合兼貨物自動車十七臺がある。（昭和八年七月末）

通　信

電信電話　市內には呼出式の電話があり、有線電信は齊齊哈爾及び奇克特間に敷設されてゐる。又、齊齊哈爾との間には滿洲國軍用無電があり、有線電信故障の場合には之を使用する事になつてゐる。尙この外に軍用無電もあつて、一般の利用を許してゐる。

郵　便　黑河、齊齊哈爾間の郵便物は訥河まで馬車輸送に依るが、訥河まで一週間乃至二週間を要する。但し冬期は自動車にて輸送し、又、黑河沿岸の郵便物は汽船で發送してゐる。

邦人經營旅館

邦人旅館としては日之出旅館一軒あるのみであるが、二階洋建、十七室、女中には露西亜婦人を使用し、場所は黑龍江を眼下に見下す景勝地を占めてゐる。部屋代は國幣一元五十錢より三元、食費を含んでゐない。

濱北鐵路案內

附哈同自動車線

目　次

濱北鐵路案内目次

濱北鐵路案內

濱北線建設沿革

濱北線は所謂呼海線と、海克線の一部と、拉濱線に關聯して建設された新松浦、三棵樹間の鐵道を合併總稱したものである。

呼海線の建設は日露戰爭後屢々黑龍江省議會の問題となり、宣統三年（明治四十四年）には早くも黑龍江鐵路籌備處が設立せられて、馬船口、海倫間の鐵道敷設を實現せんとしたのであるが、偶々同年の中國革命によつて挫折した。又、民國五年には中國銀行と露亞銀行との間に濱黑鐵道（哈爾濱、黑河間）の敷設借款契約が成立したが、呼海線がその一部に包含されるや、地方商民の反對に遭ひ、間も無く露西亞革命の勃發によつて露西亞側もこの利權を放棄するの已む無きに至つた。かくて漸く民國十四年に至り、當時の黑龍江將軍吳俊陞の提唱によつて呼海鐵路局が設立され、官商合辦、資本金一千萬元を以て敷設せらるゝ事となつた。工事着手、民國十五年春、海倫までの開通は民國十七年十二月であつた。

呼海線は滿洲の穀倉と云はるゝ豐饒の地を通過し、敷設以來相當の成績を擧げてゐたが、北滿鐵路との聯絡協定が成立せず、孤立のまゝ滿洲事變に至つたものである。

海倫以北、即ち、海倫より北安までの鐵道は、滿洲國成立後、海克線として建設された海倫、克山間の鐵道の一部であつたが、大同二年十二月一日より濱北線の一部となり海克線の殘りの半分、即ち北安、克山間は齊北線の一部となつた。

新松浦、三棵樹間も同じく滿洲國成立後の敷設にかゝり、これは拉濱線との連絡の爲め特に建設せられたものである。なほ海克線、敦圖線、拉濱線等の新線は凡て滿鐵が滿洲國よりその建設を請負つて完成したものであつて、滿鐵は完成と共に滿洲國に引繼ぎ滿洲國は更に之を滿鐵に委託經營せしむる性質のものである。

かくて濱北線は近く本營業を開始すべき拉濱線と相俟つて、北滿に產出さるる物資を北鮮三港に搬出すべき使命を持つ重要な鐵道である。

濱北沿線各驛案內

哈爾濱から北安まで

濱北線は拉濱線開通までは馬船口を起點とし、從つて哈爾濱から濱北線に乘り込むには松花江を渡つて馬船口に出なければならなかつたが、大同三年一月前記拉濱線の開通によつてこの不便は除かれた。即ち哈爾濱から濱北線に出るには新設の濱江驛より三棵樹に至り、三棵樹より新鐵橋によつて松花江を渡り新松浦に出で更にその以北に直通するものであつて、從つて馬船口より松浦に至る舊線は單に一局部の地方的交通機關に過ぎなくなつた。拉濱線濱江驛より三棵樹に至る間六粁二、ここで拉濱線と濱北線とが連絡するのである。

由來呼海線（馬船口、海倫間）は滿洲國側鐵道として最良の成績を持續してゐた鐵道であつて、呼蘭以北、海倫までの沿線は全く北滿の穀倉たる名に恥ぢない肥沃な黑土地帶で、殆んど餘す所無く耕され盡してゐる。濱江から松浦あたりまでは松花江の流域として砂地や沼澤地が多い。

呼蘭は北滿開發史に深い緣故を持つ古都である。綏化も可成り古くから知られてゐる主要都市の一つである。この綏化を過ぎて約二十分、呼蘭河上流の流域が一面の柳樹に覆はれてゐる。北滿には珍らしい景色の一つであるがこの呼蘭河とその支流を中心とし綏化の稍東北に在る慶城と、綏化の西北に在る望奎と、更に慶城の北に在る綏楞とを夫々頂點とする三角形を描けば、この三角形内に抱擁せひる、呼蘭河の流域地方は本沿線に於ける地味最も肥沃な地方で、特に慶城の附近は水田の開發を最も期待せられてゐる所である。

總じて海倫までの齊北沿線には到る所に部落が在り、之を圍む綠の木立があつて、見渡す限り耕し盡された田畑の展望は寧ろ驚異に近い感嘆を喚び起さずにはおかない。地層は凡てつや〳〵とした黑土で、地下幾尺、幾十尺掘り下げても小石一つ出るとは思はれない。盛夏の候には大豆に覆はれた綠の丘が低いうねりを見せて大海の樣に續き、萬里の地平から來る大陸の風が快く綠の波を立ち騷がせる。

綏化を過ぎる頃から車窓の風景は益々變化を加へる。丘あり、小川あり、雜草の密生する草地があり、その間を點綴する部落、放牧の牛馬や、家鴨や、豚の一隊が悠然こして白日の下に戯れてゐる。丘こ云ふ丘が規則正しい畝に耕されて、その遠く地平の線に霞むあたり、全く一幅の活畫である。それは東部蒙古を走る四洮、洮昂線や、南滿地方には到底見るここの出來ない麗はしい自然である。苟くも北滿を語る者は是非この濱北線に一日の旅程を組まねばならぬ。それは限られた二、三の主要都市視察の爲めでは無く、實に滿洲の豐庫たるこの沿線の風物の偉大さに面接せんが爲めである。

海倫は叛將馬占山が三日天下の假政府を置いてゐた所であり、久しく呼海線の終點こして重きを成してゐた地である。海倫以北、北安までは海倫山嶺こ二克嶺この餘波を受けて若干の山地を横切つてゐる。

北安は黑河線の分岐するこころ、その政治經濟的に重きをなす日も近きに在る。

濱江

至 新 站（拉濱線）	二六四粁三
至 北 安（濱北線）	三三二粁三
至 齊齊哈爾（濱北、齊北線經由）	五六二粁七

至	齊齊哈爾（自北鐵哈爾濱驛西部線經由）	二七〇粁
至	新　京（北鐵南部線經由）	二四〇粁
至	綏芬河（ポグラニーチナヤ）（北鐵東部線）	五四六粁
至	滿洲里（北鐵西部線）	九三五粁
至	同　江（哈同自動車線）	六三六粁
至	富　錦（航　路）	六一四粁
至	黑　河（航　路）	一、四一八粁

沿革

濱江は即ち哈爾濱の別名であつて、濱北線濱江驛の名もこゝに由來し、又、北滿鐵路哈爾濱驛とは全く別個のものである。從つて北滿鐵路は哈爾濱への入口を哈爾濱驛に置き、國線は濱江驛に置いてゐる。兩鐵路が又上下相對する松花江大鐵橋を有することも興味ある對象であらう。

哈爾濱は嘗て東洋の巴里と云はれ、自他共に之を許した時代があつた。然し現在の哈爾濱は既に『哈爾濱夜話』時代を遠い過去に葬り去つて、日露滿三國の政治經濟的勢力の最も赤裸々な角逐舞臺でしか無い。勿論そこには尙所謂露西亞氣分が多分に殘つてはゐる。若しそれ大連と、奉天と、哈爾濱とを以て、日本人、滿洲國人及び露西亞人の建設した三大代表都市と觀るならば、哈爾濱は今も露西亞人の町であらう。然し哈爾濱を以て今日もなほ裸踊りとカバレーとの歡樂境と解してゐる旅行者には、眞の哈爾濱の姿は理解出來ない。その歷史的發展の事實と、現在の政治的事情を通じて觀察する時にのみ、哈爾濱はその全貌を旅人の前に曝すのである。そしてその核心を成すものは云ふまでも無く北滿鐵路であり、北滿鐵路を中心とする露支勢力の消長は同時に大哈爾濱の變遷である。三十餘年前の哈爾濱、露西亞革命以前の哈爾濱、奉露協定の成立前後から民國十八年（昭和四年）の露支事件に至る哈爾濱、更に滿洲國成立後の哈爾濱は劃然と區別して觀察されなければならぬのである。

一八九八年五月二十八月、東清鐵道が起工された當時の哈爾濱は松花江岸の全く無人無名の地に過ぎなかつた。露國は舊哈爾濱を根據として鐵道敷設に着手すると共に尨大なる都市計畫を樹て先づ舊市街より埠頭區に至る四千五百七十町步の土地を買收し、一九〇〇年末には更に三千四百二十町步を追加買收し、東清鐵道の完成の一九〇三年には松花江の西方に五千七百十三町歩を買收して合計一萬三千七百町歩に亙る大附屬地を領有した。そこに建設せられた新都市は東洋のモスコーたらしめんとして宏壯善美を極められ、今日見る大哈爾濱の基礎を築いたものである。

東清鐵道完成の翌年、即ち明治三十七年（一九〇四年）日露戰爭勃發當時には數十萬の露軍がこゝに集中せられ、戰捷を夢みてゐた露西亞人間には新企業も大いに勃興したが豫期せぬ敗戰の結果は反動的に商工業を一時全く悲境に陷れた。然し露國の勢力は既に哈爾濱を中心に牢固として拔くべからざるものがあり、大正六年の露西亞革命までは、日支兩國共完全に之に壓倒されて、一指だに露國の權益に觸れる事は出來なかつた。『犬と支那人とは入るべからず』の立札が公園に建てられてゐたと云ふのもこの時代であり、哈爾濱が眞に露西亞人の哈爾濱であつたのもこの時代である。

露西亞革命は遠い極東の果てまで影響して、東支鐵道も亦甚だしい混亂に陷り、遂に列國共同管理の已むなきに至つた。これは主として米國の策動によるものであつたが、支那はこの情勢を好機として東清鐵道への割込みを畫策し、鐵道守備權、警察權等を順次に回收して遂に大正十三年（一九二四年）奉露協定によつて東支鐵道を純然たる一營利機關たらしむるに成功した。哈爾濱市中に於ても大正九年の財界恐慌以來倒產者相次ぎ市況は甚だしい沈滯に陷つた。（然し哈爾濱は極東露領外の安樂地として革命當時露領內よりここに避難する露人多く、一時は之等避難民殺倒によつて當時の長春も甚だしい混雜を極めたものである）

奉露協定成立後は支那側、特に舊東三省政權の最も華やかな時代であつて、松花江航行權を始め、曾ての東支鐵道附屬利權は悉く支那側の暴力によつて回收され、增長し切つた支那側は遂に昭和四年の露支事件を惹起するまで東支鐵道の實力回收運動を最も露骨に敢行した。從つて當時の哈爾濱は全くこの大勢に押され、支那人は時を得顏に橫行し、哈爾濱特有の柔かい情緒も無慘に蹂躪されて終つた。當時の哈爾濱を最も端的に表現するものは露西亞人自身が形容した『哈爾濱は世界の共同便所である』と云ふ一句であらう。

滿洲國成立後はあらゆる情勢が再四一變した。一方では北滿鐵路の讓渡交涉が行はれ一方には日滿人の活動が歷然として活潑となつて來た。今や平和の裡に露西亞勢力は失墜されつゝある。然し露西亞人の後退は決して哈爾濱の衰退を意味しない。のみならず拉濱線の完成は更に哈爾濱の發展を促し、恐らくは近き將來に於て滿洲國最大の市場となるであらう。

哈爾濱がかく僅々三十年の間に人口四十萬の大都市に發達したのは一にその地理的關係の賜物であらう。哈爾濱は吉林省の北部に位し、松花江を隔てゝ黑龍江省に對して居り、そこを中心として東西南北に延びる鐵道と水運とは交通、經濟、產業、政治のあらゆる關係に於て哈爾濱をして最も典型的な國際都市たらしめてゐる。特に交通に於ては全く四通八達、歐亞の連絡に、浦鹽、大連、北鮮三港等との連絡に、地方運輸に、哈爾濱の如く水陸兩路の交通に惠まれた地は尠い。かくて大正五年、露西亞革命前に於て八萬九千に過ぎなかつた人口は今や四十萬に達せんとしてゐるのである。

哈爾濱全市街を大別すれば後述の如く、傅家甸、八區、埠頭區、ナハロフカ、新市街馬家溝、舊哈爾濱の七區となる。從來之等の本市街の行政は北滿特別區（舊稱東省特別區）の管掌する所であつたが、人口百萬を目標とする大哈爾濱市建設計畫の完了と共に特別區より分離し、上記諸市街に松花江對岸の松浦を併せ、大同二年六月一日より哈爾濱特別市公署の管轄する所となつた日本人が最初にこの地に足跡を印したのは明治三十一年であつた。即ち當時建設を開始せられた東清鐵道關係の工事請負人數名が入哈したのを初めとし、明治三十五年頃には多數の娘子軍を加へて約六百三十名の在留邦人があつた。然し當時の露西亞人は日本人の居住を喜ばず、甚だしい壓迫を加へて恥ぢなかつた。日露戰爭勃發に當つて之等の在留邦人は一時全く引き揚げたが、その後再び進出を見、大正八年頃の好景氣時代には約六千を數へてゐた。

滿洲事變前には再び減少して三千數百となつてゐたが、事變後急激に増加し、昭和八年二月現在に於て內地人五千百、朝鮮人五千三百に達した。現在益々增加の勢を示してゐる。

新市街

新市街は露語でノーヴイ、ゴロッドと云ひ、滿洲國語で南崗（ナンガン）又は秦家崗（チンチヤアガン）と云ふ。埠頭區（プリスタン）と馬家溝河との間に横たはる東北から西南にかけての丘陵地帶であつて、主として各國の諸官衙と、北滿鐵路官舍の集る所である。モスコーを模して建設せられたと云ふ街だけに各戶共よく露西亞建築の特徵を有し、道路は石疊を敷いて極めて清潔、一面綠樹に蔽はれてゐる。恐らく南北滿洲を通じて最も感じのいい町であらう乎。

北滿鐵路の哈爾濱驛に下車し、そこに群集する日滿露人の中に交つて伊藤博文公遭難の當時を追想しつゝ、驛頭に出づれば、建國紀念碑の建つ驛廣場の庭園、馬車、自動車の群れ等が一齊に近代都市としての面貌を展げ、南滿地方から眞直ぐに哈爾濱に來る旅人に先づ生々しい印象を與へる。驛を出て正面、中央寺院に通ずる大道を車站街（ワクサルヌイ・プロスペクト）と云ひ、滿鐵哈爾濱事務所、北滿鐵路理事會の宏壯な建物がその兩側にある。中央寺院は略々新市街の中央に位し、之に向つて右、即ち市街の南部には北滿鐵路管理局、同倶樂部、同圖書館、工科大學、北滿鐵路督辦公署、商業學校等の代表的機關を始め、一帶に北鐵官舍が並び『山の手』にも譬ふべき地帶である。中央寺院廣場には博物館があり、更に中央寺院に向つて左、即ち市街の北寄りに入れは新賣買街（ノヴオ・トルゴワヤ）として知らるゝ商業區である。秋林（チユーリン）商會本店、滿鐵クラブ、同理事公館、郵便局、哈市特別區長官公署、各國領事館もこの附近に多い。

秋林から東北に通ずる大道（ボリシヨイ・プロスペクト）を遠く進めば、最も強い異國情緒を味はせる露西亞墓地がある。日本人墓地は更にその先にあつて、この露西亞墓地と奇妙な對象を見せてゐる。猥雜な露西亞情緒を求めるよりも、明朗爽快な新市街の綠樹の蔭を逍遙する方が遙かに哈爾濱に應はしい行動であらう。

埠頭區

埠頭區は露語ではプリスタンで、滿洲語で道裡（タオリー）と云ひ、傅家甸の道外（タイワイ）と對してゐる。この埠頭區は八區（ヴォシモイ・ウチヤストク）によつて傅家甸に對し、北は松花江岸に接し、南部と西部とを鐵道とナハロフカに圍まれた稍々三角形の地帶で、地勢低く、哈爾濱に於ける商業區であると共に凡ゆる享樂機關、暗黒街を持つた、云はば下町である。哈爾濱驛から埠頭區に至る跨線橋（虹晴橋）上に立てば一望にして全埠頭區を俯瞰し得る。その中央を眞直ぐに松花江に通ずる中國大街（キタイスカヤ）は哈爾濱の銀座と云ふべく、モデルンホテル、秋林商會松浦商會等の壯大な建物が櫛比してゐる。このキタイスカヤ街に並行して新城大街がある。數年來急激に發展した街であつて、主として滿洲國人の大商店が多く、キタイスカヤ街を凌駕せんとする勢を示してゐる。

日本人の多く居留してゐるのは石頭道街（モストワヤ）、地段街（ウチヤストコワヤ）、買賣街（トルゴワヤ）の一帶で、朝鮮銀行、國際運輸、商品陳列館等の日本人機關は殆んどこゝに集中されてゐる。

哈爾濱には尙舊露西亞帝國を象徵する寺院が多い。猶太敎寺院、正敎寺院、回敎寺院聖ソフイスカヤ寺院等は皆夫々の特徵をもつて聳えてゐる。

埠頭區の面白さは凡て夜にあり、夜の面白さは暗黑街とキタイスカヤの散步にあるかも知れない。埠頭區は白日のもとに見るべきものを多くは持たないのである。

馬家溝

馬家溝は馬家溝河を距てゝ新市街に對して居り、一部の露西亞人には『皇帝の村（ツアルスコエ・セロ）』とも云はれてゐる。露西亞革命以後白系露人によつて形成された部落であつたが、滿洲事變前後より急に發展して新市街に接續し、今は日滿露人雜居の郊外住宅地となつてゐる。官公衙は殆んど無く、唯哈爾濱學院と飛行場が設けられてゐるのみである。馬家溝のよさはその閑靜さに在り、特に無線電信所のあたり、捨て難い情趣を持つてゐる。

舊市街

舊市街は前述の如く露國の殖民當初に建設せられた街であつて、露語で舊市街（スターールイ・ハルビン）と云ひ、滿洲語で香坊と云ふ。今は工場地帶として新市街から約四粁、中央寺院から殆んど眞直ぐな大道（ショツセ）が通じてゐる。

この舊哈爾濱大道の遙か西方に沖、横川兩氏外四烈士の偉靈を祀る『志士の碑』が建つてゐる。沖、横川兩氏初め六烈士は知る如く日露戰役當時、嫩江の鐵橋爆破を企てゝ成らず、捕へられてこゝに銃殺せられたものであつて、その後哈爾濱日本居留民の義捐と駐屯の我が軍隊の勞力奉仕によつてこの『志士の碑』が建立せられた。碑は北滿鐵路東部線に沿ふ病院街附近、一望千里の平野に嚴として聳え、訪ふ人をして無量の感慨に打たれしむるものがある。毎年秋季盛大な招魂祭が催されるが哈爾濱驛頭に不慮の最期を遂げた伊藤公と共に尊き我が帝國興隆の犠牲者として哈爾濱の有する歴史的光彩である。

この附近は哈爾濱事變當時、反吉林軍の前衛地として彼我の激戰を見た地で、若松第二十九聯隊の戰死者はこの碑の下で荼毘に附された。

傅家甸

傅家甸は埠頭區に隣接して舊北滿鐵路附屬地外に在り、所謂『濱江』は此處である。哈爾濱の發展に伴つて過去僅かに三十年の間に今日の隆盛を見るに至つた滿人街であるこの地は初め傅なる姓の者が一旅舍を經營して附近漁家の聚樂場としてより傅家甸と呼ばるゝに至つたと云はれてゐるが、往年、露國が附屬地内に支那人の居住を許さなかつた關係上、こゝに純然たる支那街として發達した。

傅家甸は頭道街から二十道街まで伸びた大市街である。足を一歩こゝに踏み入れれば乾坤全く一變し、特に主道たる正陽街の雜踏には何人も喫驚せざるを得まい。實に支那人が建設した代表的市街として上海に亞ぐ大市場を成し、建築物の宏壯、人馬の往來は却つてキタイスカヤを凌駕してゐる。將來北滿の農產市場を支配すべき中心地としても必ず一度は視察すべき所である。こゝは吉林省濱江縣公署の所在地で事變前迄は支那側は北鐵附屬地と別にこゝに濱江市を置くべく市政籌備處を設けてゐた。滿洲に於ける支那人文化の近代的に最も發達した處は實に哈爾濱である。こゝから見れば奉天、大連等の支那人は全くの田舍者にしか過ぎなかつた。實に上海の支那人文化は南滿を素通りして直ちに哈爾濱に輸入されて來たのである。

傅家甸の北側は直ちに松花江の江岸となり、鐵路總局關係を初め私營公營の埠頭は殆んどこの江岸に並んでゐる。

ナハロフカ

ナハロフカは埠頭區の內に隣接して低地をなし、滿人間には偏臉子（ピエヌリエヌツ）と呼ばれてゐる哈爾濱の貧民窟であつて、一時は惡の巣窟と見られてゐた地域であるが、近年は白系露人にしてこゝに居を構へる者も多く、人口約三千と云はれてゐる。哈爾濱視察者にとつてはこの白人の貧民窟を覗く事も一興であらう。

ナハロフカの隣接低地には哈爾濱事變當時、狀況偵察に飛來して不時着陸し、單身よく奮戰せるも衆寡せず壯烈なる最期を遂げた淸水大尉を弔ふ記念碑がある。

視察の順序

初めて哈爾濱を視察する旅行者はジャパン・ツーリスト・ビューロー案內所（埠頭區キタイスカヤ大街、電話四七八八及び四五一三）について案內を乞ふが一番よい。又、滿鐵事務所、商品陳列館、商工會議所等で一般の事情を聞いた上で視察にゆくのもよい。

普通に擇ばれる視察順序は次の如くである。

旅館、公會堂（伊藤公胸像安置所）、日本商品陳列館、滿鐵事務所、中央寺院、博物館、北滿鐵路管理局、志士の碑、哈爾濱學院、日本總領事館、秋林商會、極樂寺、傅家甸、日本人小學校、松花江、キタイスカヤ大街、旅館

尙時間の都合によつては市公園、東支俱樂部庭園、バザール（露天市場）、ホルワット邸、（舊哈爾濱）墓地等を視察するのも面白い。

土産物

哈爾濱を代表する土産物は貴金屬、寶石、毛皮類であるが安價のみを目標として漫然之を求むる人は概ね失敗する。これは優良品が常に相當に高價なものである事を無視するからである。又、稅關等の關係も考慮に入れなければ十割稅に苦しむ事になる。土産物の主なるものは大體次の如きものであらう。

ウラル産寶石類……ダイヤ、ルビー、アレクサンドリヤ等
食料品……腸詰、燻製鮨鯡、筋子、火酒、牛酪、蜂蜜、露西亞菓子等
織物類……露西亞更紗、同麻織物、同卓子掛、同壁掛、毛布類、ルバシカ等
毛　皮……羊の腹子、獺、狐、其の他
其の他……舊露國金銀貨、同勳章、骨董品、繪葉書、歐風文房具等

遊　樂

旅行者の大部分が哈爾濱視察の序でを以ていはゆる露西亞情緒を味はんとするのは當

然であるが、邦人にとつては可成りに事情を異にする土地であり、且つは多數外國人の集團する國際都市であるから（哈爾濱には三十餘種の民族が住んでゐる）『旅の恥は掻き捨て』的な行爲は成るべく愼まねばならぬ。和服で外出する場合に足袋を用ふべきことも、些事に過ぎぬやうではあるが、哈爾濱では重要な心掛けの一つである。

前述の視察順序は主として團體視察者に對する早廻りのコースであるから、一人、二人、或は數人連れの旅行者は地圖を相手に散策するのもいいかも知れない。

キタイスカヤの人波を縫ふて、色とりどりの行人の顏を見較べ乍ら松花江岸に出れば涼風が快く額を撫でる。江岸に立つて四顧すれば遠く江を壓する三千二百呎の北鐵大鐵橋、更にその下流に架せられた三千四百三十二尺の濱北線新鐵橋、夏季には江上に浮ぶ無數のボートと、林立する帆柱や汽船、江防用軍艦等、凡てが遺憾なく大江の面影を發揮してゐる。

夏には太陽島の水泳場に人魚の游歩を見るのも異國情緒深く、冬には江上を走る橇も面白い。埠頭區市立公園の夏の夜も亦異彩である。

東支倶樂部は有名なオペラ劇場として、又、紳士淑女の社交場として名高く、露西亞料理の粹を提供する所としても第一流である。哈爾濱の大觀は松浦商會（キタイスカヤ街）の樓上がよいであらう。然し哈爾濱の街の美しさは、夏の夕暮れ、馬家溝の無線電信所あたりから見る新市街の丘の線である。總じて大陸の夏は黄昏時の一、二時間の靜けさがいゝ。くつきりと空に浮き出た綠の樹の丘に夕陽の沒する新市街の遠望は、之に接した者でなければ味ふことのできない壯嚴、神秘な景觀である。

志士の碑前に立つて四顧する大平原の雄大さも、哈爾濱何景かの中に數へてよいであらう。志士の碑に詣ずるには、道は遠いが新市街邊から畑と野道を歩くのが一番よい。それが又志士に對する禮儀であらう。終日こうして視察し歩いて、ほのかな疲勞の中に新市街の秋林前か、キタイスカヤのベンチに小憩すれば、脚、脚、脚――これが哈爾濱情緒の粹かも知れない。夕食をグランドホテルの食堂か、東支俱樂部あたりで濟まして十一時前後からカバレー見物に出かければ、いはゆる異國情緒なるものも大體味ひ盡したと見てよいであらう。その外の夜の行樂については、こゝに案內の限りではない。

滿洲國及びソ聯邦關係官公衙

北滿特別區長官公署、哈爾濱特別市公署、外交部北滿特派員公署、民政部辦事處、護路軍總司令部、東北江防艦隊總司令部、哈爾濱警察廳、北滿特別區教育廳、濱江縣教育局、濱江稅務監督署、哈爾濱鐵路局、北滿鐵路理事會、同管理局、蘇聯邦領事館、同附屬博物館、同圖書館、同中央病院、同商業學校、同植物園、同醫學專門學校、市立病院、工科大學、高等師範學校、東北商船學校、猶太人學校、高等音樂學校、其の他私立大學、專門學校及び中學校、女學校

日本側官公衙及主要機關

日本總領事館、特務機關、師團司令部、航空司令部、警備司令部、憲兵隊本部、衛戍病院、關東軍倉庫出張所、海軍特務機關

商工會議所、商品陳列館、滿鐵事務所、居留民會、朝鮮銀行、正金銀行、正隆銀行、哈爾濱銀行、滿洲銀行各支店又は本店、東洋拓殖會社、三井物産會社、國際運輸會社、三菱商事會社各支店、北滿電氣會社、輸入組合、滿鐵圖書館、日本人小學校、哈爾濱學院

其の他諸外國官公衙

英國、米國、獨逸、佛蘭西、伊太利、葡萄牙、白耳義、瑞典、和蘭、波蘭、丁抹、ラトビア、チエツコスロワキヤ、リトアニヤ各國領事館

旅　館

北滿ホテル　埠頭區新城大街　室料　二・五〇以上（四）

鶴屋ホテル	同斜紋街	室料	二・五〇円以上
名古屋ホテル	同モストワヤ街	宿泊料(二食付)	五・〇〇以上
亞細亞ホテル	同斜紋街	同	同
東洋ホテル	同地段街	同	四・〇〇以上
ナショナルホテル	同	同	同
北興ホテル	同頭道街	(三食付)	五・〇〇以上
滿洲ホテル	同モストワヤ街	(二食付)	四・〇〇以上
商務旅館	同キタイスカヤ街	同	同
花屋ホテル	賣買街	同	
榮屋旅館	水道街	同	
紅葉館	モストワヤ街	同	
佐賀ホテル	新市街大直街	同	

(以上邦人經營旅館)

モデルンホテル　キタイスカヤ大街に在り、同名のレストランと映畫館が附屬してゐる。本ホテルには特に日本人の女中とボーターが居る。

グランドホテル　新市街驛前に在り、北滿鐵路直營

オリアント　新市街新賣買街に在り、同名の映畫館と舞踏場が附屬してゐる。

三棵樹

自濱江　六粁二
至新松浦　六粁九

濱江、三棵樹間は拉濱線の一部であるが現在（大同三年二月）鐵路總局が滿鐵建設事務所からその經營を委託されてゐるものであつて、濱江を起點とする本濱北線の粁程も暫定的性質のものである。

三棵樹驛は拉濱、濱北兩線の接續驛を成し、三棵樹驛より新松花江鐵橋（延長一、〇四〇米）によつて松花江を超えて新松浦に至る。橋梁より見る大松花江の雄大さ、江上に浮ぶ大小船舶の往來、さては橋梁自身の結構、凡て滿洲に於ける鐵道旅行中に接する風

光の白眉であらう。

拉濱線は云ふまでも無く最も重要な經濟鐵道であつて、之が濱北線とこゝに直通連絡して、本營業開始の暁には、北滿中都に産出さるる物資の大部分は拉濱線によつて搬出せらるるであらう。

三棵樹は鐵道敷設によつて發生した新部落である。

新松浦

自濱江　一三粁一
至徐家　八粁五

新松浦も拉濱線との連絡によつて新設せられた驛であつて、松浦驛より僅かに四粁二馬船口に十一粁七である。

松浦はもと松北鎭と稱せられてゐたが民國十五年、呼海鐵路の開通と共に松浦と改稱せられ、此處に呼海鐵路局及同工場が設置されて以來急激に人口を增した。これは呼海沿線が無盡の資源を有するに不拘、之等は古來凡て吉林省に屬する哈爾濱に於て取引せられ、從つて之が利益も專ら吉林省に壟斷せられてゐた爲め、呼海鐵路の開通と共に黑龍江省商民は自家の利益を計らんとして松浦に遠大なる都市計畫を樹て、以て江南の哈爾濱に對抗せんとしたものである。之が爲め當時の呼海鐵路局及び黑龍江省は凡ゆる政策を以て松浦の發展を計つたのであるが、大同元年度の大水害によつて路局及び路局員の大部分は哈爾濱に移轉するの已む無きに至つた。更に滿洲國の基礎定まると共に國際都市たる哈爾濱の擴大計畫進み、遂に大同二年六月一日より松浦も大哈爾濱の中に抱括せらるゝこことなつた。

除家

自濱江	至呼蘭	二一粁六 九粁七

呼蘭

自濱江	至馬家	三一粁三 七粁八

呼蘭は遠く金時代から存在した北滿の古都であつて、淸朝の初期には索倫部に屬してゐたが、その後黑龍將軍は呼蘭八卡倫を設け、雍正十二年（一七三五年）に呼蘭城を置いた。更に乾隆二十七年（一七六二年）に至つて呼蘭城以東を劃して五驛を設け、同治元年（一八六二年）には呼蘭城東北境に呼蘭廳を置いて巴彥蘇々を治めた。光緒十一年（一八八五年）呼蘭廳を改めて府とし、巴彥洲を舊呼蘭廳内に置いたが、更に巴彥を分つて木蘭縣を設け、更に府の西北境に蘭西縣を設けて今日に至つてゐる。

前記の如く呼蘭地方は水運の便と共に人文の最も早く啓けた土地であつて、淸朝以前には專ら滿洲族が農耕に從事してゐたのであるが、漢人の移民は地方の富源を慕つて漸次滿洲民族を壓迫し、遂に完全に先住民族を驅逐して終つた。特に東淸鐵道の敷設以來その經濟的發展目覺しく、北滿有數の大都市となつた。

然し呼海鐵路の開通と共に急激な衰微を來し、城内には倒産、閉店する者續出し、從前三十軒を超えてゐた糧棧や大運送店も大部分綏化や哈爾濱に移轉するに至つた。これは呼海線開通以前に於て康金井、石人城、興隆鎭、綏化、海倫等の各地より呼蘭に集中してゐた物資が、鐵道の開通によつて直接哈爾濱、又は松浦に輸出さるゝに至つた結果

呼蘭西岡公園内の四望亭

呼蘭市街

馬船口渡船場

關帝廟（呼蘭）

西崗公園（呼蘭）

であつて、この傾向は今日尚さしたる變化も無く持續されてゐる。然し濱北沿線隨一の古都市として人口尚二萬六千を有し、呼蘭縣城として重きを爲してゐる。尙鐵路總局經營の自動車が、當地を經由して同江、哈爾濱間に運轉せられてゐる。又、冬季には馬船口間にも乘合自動車の便あり、一日一往復、料金國幣八十錢である。

市街は驛東十數町の處に在り、滿洲に於ける舊支那式都市として殘された唯一の典型である。殊に支那本部及南滿では殆ど廢れてしまつた各種の興味ある招牌（看板）類が立派に殘されて珍奇な街頭美を展示して居る。又街の中央にある關帝廟は建築色彩の壯麗、全滿に其比を見ない。特異の形式を備へた百貨店の模樣も亦民俗研究の好資料である。

官公衙

縣公署、法院、監獄、稅捐局、教育局、實業局、四鄉電話局、電信局、電話局、公安局、消防隊、警務局、農務會、商務會

邦人經營旅館　宿泊料（二食附）　二・五〇圓——四・五〇圓

呼蘭ホテル、美代志旅館

馬家

自濱江　三九粁一
至沈家　七粁九

驛附近には鐵道從業員十數名が居住するのみである。沈家村は西沈家ミ東沈家ミに分れ、西沈家は驛の南方約半粁に在り、人口一千、東沈家は驛東十粁に在つて人口三千の村落である。

沈家

自濱江　四七粁
至康金井　一二粁一

尙、沈家驛の東方四十粁に人口四千を有する西集廠がある。西集廠は巴彥縣ミ呼蘭縣この境界に在り、本驛に集中する物資は專ら同地方から搬出されるものである。更に西集廠より東方二十粁にして巳彥縣城がある。人口二萬、地方經濟の中心であつて、冬季には東沈家より西集廠を經て巴彥に至る自動車の便がある。本自動車路は大同汽車公司の經營にかゝり、西集廠まで哈大洋四圓、巴彥まで同五圓である。

康金井

自 濱 江　五九粁一
至 石人城　一三粁一

石人城

自 濱 江　七二粁二
至 白奎堡　一二粁三

石人城は滿洲の咸豐時代より開墾地として着目され、又、光緒三十年（一九〇四年）には佛人宣教師が同地に宏壯な教會を建立する等、本沿線中の小驛としては文化も早く開けた地であり、本鐵道開通前には綏化、望奎、慶城等の諸縣より哈爾濱に出る通路の要衝として地方物資は何れもこゝを通過して一時は相當の繁榮を見せた土地である。現在人口僅かに二千であるが商業盛んで、附近には大小の部落が散在してゐる。

傳說

古老の言によれば驛の西方二支里に古城子あり、周圍約一粁、城內に男女の石人二體及び石馬等があつたが、一農がこの石人の下半身を切つて打穀臺とした。然るに打穀に取りかゝらんとするや馬が驚いて逸走し、通行人を傷けた爲め、世人は之を石人の祟りとした。この石人は民國八年、呼蘭公園に移され、現にそこに保存されてゐる筈である。石馬は何處にか散逸して無い。石人城の名はこゝに由來するものである。

白奎堡

自濱江　八四粁五
至興隆鎭　一二粁七

白奎堡附近にも頗る部落多く、數十の大小部落が點在して人口も亦稠密である。之等の諸部落は約百年以前より旗領の荒地を開墾せしに始まり、陸續として移住して來た漢族によつて現在の開發を來したものである。かくの如くこの地方が人口と物質に富む爲め、叛旗を飜した馬占山軍は久しくこの一圓の地方に掠奪行爲を恣にしたのである。

傳說

白奎堡驛を距る十五支里、三姓屯に一字の龍母廟がある。土人の語る所によれば、昔同村附近は夏季に入ればば降雹を見るので光緒十八年（一八九二年）こゝに龍母廟を建立し、毎年之を祭る爲めに芝居その他の見世物を催すこと〻なつた。その後は遂に降雹の被害を免れたといふ。

興隆鎭

自　濱　江　九七粁二
至　萬發屯　一〇粁八

興隆鎭は人口約六千、相當な城市である。同治初年始めて數家族の移民がこゝに定着したが、その中に趙湖なる者が居た所から地名を趙湖窩舗と稱した。その後漸次住民を増し、光緒初年の頃には一集市を成して興隆堡と改稱し、統領署を置いた。又、民國二年には縣佐を設けたが間も無く取り消されて今日に至つてゐる。

萬發屯

自　濱　江　一〇八粁
至　泥　河　一〇粁四

泥河

自濱江 一一三粁四
至綏化 一一粁

驛の西方約七支里に車窓から遠望される古城の如きものがある。年代、沿革等は尙不明であるが古色蒼然として掬すべき一種の雅趣を持つてゐる。必ずや由緒ある古城跡であらうと云はれてゐるが、之を踏査、補修する者無く荒廢せるまゝに風雨に委せられてゐる。

綏化

自濱江 一二四粁四
至秦家 一八粁四

綏化も北滿有數の古都である。淸の中葉には呼蘭廳に屬してゐたが光緒年間に獨立して綏化理事通判廳となり、一名を北團林子と呼ばれた。降つて光緒三十一年(一九〇五年)府となり、その管轄區域は餘慶、即ち現在の慶城及び上集廠即ち現在の綏楞縣に及んでゐた。民國二年、府を廢せられて道となり、舊府內は三縣に分たれ、綏化は一等縣となつて今日に及んである。現に綏化縣公署の所在地として濱北沿線中最も重要な都市を成し、人口二萬三千、附近より生産さるゝ大豆は年産額三十六萬石、小麥十二萬石に達してゐる。

綏化には古廟多く、關帝廟、娘々廟、火神廟、龍王廟、鬼王廟、洞雲宮、聚雲宮等凡て縣城附近に在つて春夏の祭日には老若男女が雲集する。市街の樣式、商店の看板等殆ど呼蘭と同樣であるが夏季道路の悪いのが缺點である。

綏化公園は南門外に在り、民國四年の建設にかゝり、園內には草奔、樹木多く、魚池築山等の設備もある。

尙風雅な漢人はこゝにも綏化八景を指定してゐる。即ち

土山遠望　清秋晚渡　葦塘暑嘯　獄院丁香
方針指朔　長橋臥波　蛙珠彩耀　龍井浮水

の八景である。

綏化から慶城、望奎間には冬季自動車の便があり、料金は慶城まで哈大洋五圓七十錢

望奎まで同六圓四十錢である。

官公衙

綏化縣公署、高等法院、公安局、稅捐局、硝礦局、郵便局、電報局、農務會、商務會、省立第二中學校、師範學校、女子師範學校、中央銀行分行

言論機關

滿洲報、泰東日報、盛京時報各分社

邦人經營旅館 宿泊料（二食附） 三・〇〇以上

呼海旅館

秦家 自濱江 一四二粁八

至四方臺 一四粁

四方臺 自濱江 一五六粁八

至張維屯 一五粁八

綏化市街

通北の牌樓

特産の出廻り（穆稜院内）

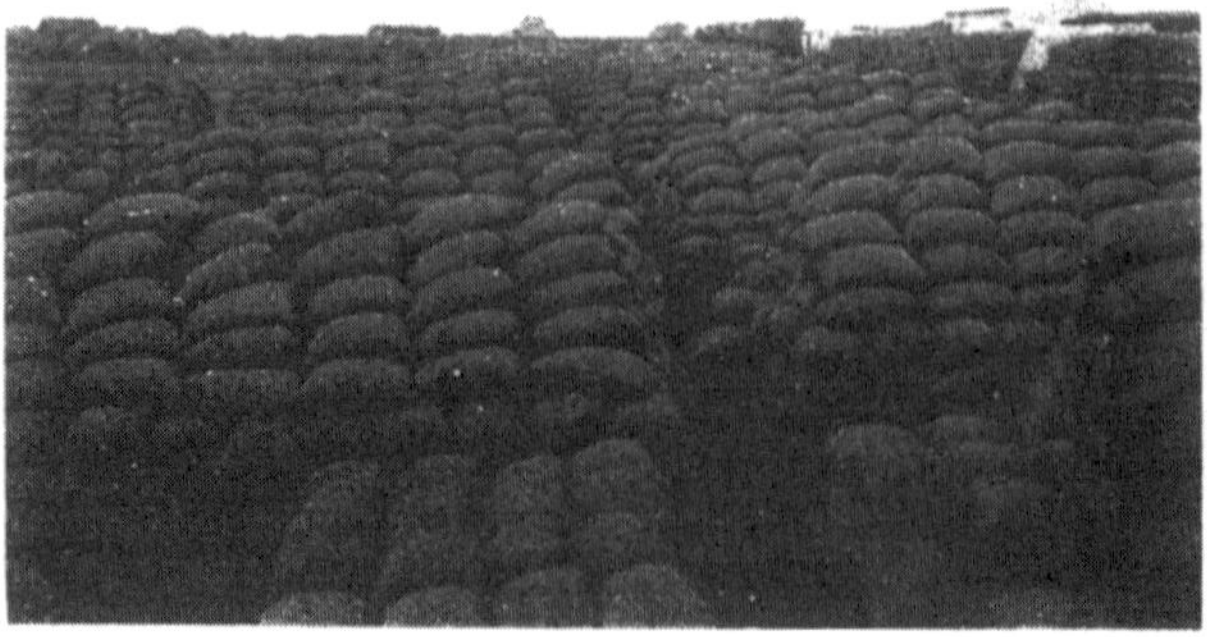

特産の出廻り（大豆の山）

四方臺は人口約三千、全く呼海鐵路開通後に發達した小鎭であつて、特に過去數年間の商勢發展は實に目覺しかつた。

驛の西南五支里、平坦な地勢の中に四方形の岡があり、俗に之を四方臺と云ふ。臺上には樹木茂り、春夏の候には野花咲き亂れ馥郁たる香を放つ。又、臺下に塔形三層の廟がある。毎年四月八、十八、二十八日の祭典には遠近の住民が蝟集して殷盛を極める。傳ふる所によれば金の名將兀求の妹がこの地に於て閱兵したと云ふ。この古事から四方臺は一名を點將臺とも云ふ。

張維屯

自 濱江		一七二粁六
至 克音河		二二粁二

克音河

自 濱江		一九四粁八
至 東邊井		一九粁八

克音河は人口約四千、城內は興農鎭と云ひ綏化縣下の一主要村邑である。東は綏楞縣に接し、西北は海倫縣に境し、その境界を克音河が流れてゐる。地勢平坦、地味極めて肥沃で、民國七年、縣佐を設けて地方行政に當る事になつて以來、人文も急速度に進步した。城內には市政籌備處、警察署、商務會、農務會、稅捐分卡、電話局等がある。

東邊井

自濱江　二二四粁六
至海倫　一一粁七

海倫

自濱江　二三六粁三
至趙家　九粁

海倫は舊名を通肯と云ひ全くの新興都市である。即ち海倫府の開設は今を距る僅かに三十年、光緒三十一年（明治三十八年、西曆一九〇五年）であつて、當時の人口は僅に八十名に過ぎなかつた。其後漸次發達し、民國に入て府を廢し縣が置かれた。當縣は北は通肯河によつて通北縣に境し、西は拜泉、明水の兩縣に接し、東は綏楞縣に、南は望奎、青崗の二縣に連つてゐる。又、東北部には大興安嶺支脈、哈拉巴山を望んでゐる。城內は小波狀に起伏する丘の上に建てられ、その殷盛に赴き初めたのは宣統三年（一九一一年）以降であつて、特に呼海線がこゝまで開通するに及び急激に膨脹した。

海倫は叛將馬占山が假政府を樹立した蟠居地として知られてゐるが、當地の生命は特產市場に在つて、大商人の大部分は特產を取扱ひ、又、油房、燒鍋、製粉業等にも相當の大資本が投下されて居る。而して大同二年五月現在に於て資本金一萬元以上を有する特產商は十四軒に達してゐたが、その殆んど凡ては民國十五年以降當地に進出して來たものである。人口約三萬、邦人約二百、朝鮮人約七百、市街は畑の中に建設された新都市である爲めに道路極めて惡く、晴天には塵埃人馬を埋め、雨期には泥濘車軸を沒して步行甚だ困難である。冬季には當地と三道鎭、拜泉間に自動車の便がある。料金は三道鎭まで國幣三圓、拜泉まで同六圓である。

官公衙

海倫縣公署、公安局、市政局、教育局、長途電話局、四鄉電話局、稅損徵收局、郵政局、電報

局、農務會、商務會、硝礦局、電燈廠、官立銀倉、中央銀行分行
國際運輸會社營業所（日本側）

邦人經營旅館 宿泊料（二食附） 四・〇〇円
海倫ホテル

趙家

自 濱江 二三五粁三
至 海北 一八粁

趙家以遠は事變後の建設にかゝる新鐵道である。

本驛は簡易驛であつて手小荷物の取扱をなさず、また本驛發乘車券は車内にて之が發賣、收集をしてゐる。

斯の如く本驛附近には鐵道從事員數名が居住するのみであるが、驛の北方三十支里には人口四千を有する大鎭興隆屯がある。

海　北

自濱江　二五三粁三
至宋家　一五粁一

海北は一名を大天主堂と云ひ、又、約瑟屯とも云はれる。これは光緒二十八年（一九〇二年）佛人宣教師路平なる者が此處に大規模の天主堂を建立し、爾來布教に努めた所から出た名であつて、海北の象徴であるとも云へる。從つて現在海北の人口九千八百人の內、約九割はその信徒であると云はれ、教養の程度も他都市に比して著しく進步してゐる。この天主堂は車窓からも望まれて、一種異樣の感を抱かしめる。海北附近には朝鮮人が處々に水田を開拓しつつある。

海北は滿洲事變後甚だしく兵匪の掠奪に遭ひ、住民は尙當時を回顧して怖毛をふるつて居る。

官公衙

海倫縣警察分署、稅損徵收分局、農務會、商務會、長途電話局、四鄉電話局

天主教會、養老院

宋　家　自濱江　二六八粁四　至楊家　八粁二

楊　家　自濱江　二七六粁六　至李家　一二粁四

李　家　自濱江　二八九粁　至通北　一六粁六

本驛は趙家驛と同樣に手小荷物の取扱をなさず、又本驛發着乘車券は車內にて之が發賣、收集をしてゐる

通　北　自濱江　三〇五粁六　至白家　一五粁二

通北は海倫以北に於ける最大の都邑である。初め民國四年五月、久安社に二甲六井が設置されたが（俗に一座毛と云ふ）久安社が後に山を控へてゐる關係上常に土匪に惱まされ、一時老街基に移轉した。然し同地も交通不便の爲め現在の通北縣城に移り、民國六年一月より通北縣となつて三等縣に編入された。當時は人口一萬と稱せられてゐたが間も無く一萬八千に達し、民國七年には特に人口の增加が目覺しかつた。然し爾來傳染病、土匪、兵匪等に擾亂せらるゝこと多く、現在人口約一萬七千である。商業も比較的不活潑で商舖は十數軒あるが何れも小賣商の程度に過ぎない。

通北の東三十支里にして小興安嶺山脈に入る。山中には狗、鹿、狼、兎、黃鼠狼、雉等頗る多く、狐、狸、熊等も多數に棲息してゐる。

通北附近の鐵道沿線は小興安嶺に續く高原地帶で展望の雄大全滿隨一、特に春夏の候は姬百合、キスゲ、山菖蒲などの草花が紅紫とりどり咲き亂れてお花畑を作り、雄大と典雅とを兼ね備へまさに仙境に遊ぶの思ひがある。

官公衙

通北縣公署、警務局、城區警察署、電報局、徵收局、商務會、農務會、教育局

白家

自濱江 三三〇粁八
至北安 一一粁五

北安

自濱江 三三二粁三
至齊齊哈爾 二三〇粁四

北安は鐵道敷設以來發展した新都市であつて、濱北、齊北兩線の接續驛である。（一般事情に就いては齊北線の項參照）

哈同自動車線案內

哈爾濱、同江間の哈同線自動車運輸營業は大同三年一月十五日より開始し、現在鐵路總局哈爾濱自動車營業所に於て之が經營に當つてゐる。哈爾濱より下流松花江沿岸にはその航運によつて隨所に新舊の都市が形成され、經濟的にも政治的にも同地方の中心となつてゐる事は衆知の通りで、從つて松花江の水運による以外に、この下流地方との交通路を開拓することは滿洲國の發展上に極めて重要な意義を有してゐる。

哈同線は先づ哈爾濱より松花江對岸の呼蘭に至り、呼蘭より濱北線以東の一重邑たる巴彥縣城を過ぎ、巴彥より木蘭、通化を經て松花江を渡り方正に至る。方正からは松花江の沿岸傳ひに依蘭（舊名三姓）に下り、依蘭より再び松花江を橫切つて湯原に至り、湯原より三度松花江を渡つて佳木斯に達する。佳木斯から樺川、富錦の大都市を過ぎて終端の同江に至るまで全粁程六百三十六粁、滿鐵連京本線の七百餘粁に比較して僅かに六十數粁の短距離に過ぎない。

哈同線自動車營業は主として冬季結氷期に於ける客貨の輸送に當るものであつて、夏季には水運の便があり、又自動車の運行不可能なので一部區間の營業に從事するものである。

哈同自動車線運賃（單位、國幣圓）

自哈爾濱	至呼蘭	〇・九〇円
同	同木蘭	八・七〇
同	同通河	一三・二〇
同	同三姓	一八・九〇
同	同佳木斯	二五・五〇
同	同富錦	三四・二〇
同	同同江	三八・二〇

沿線主要都市案內

木蘭

自哈爾濱（自動車）一四五粁
同　（航路）一六七粁
至通河（自動車）七五粁
同　（航路）七一粁

木蘭は木蘭縣城である。人口約五千、背後の青山嶺方面より年額約六千クーブ（七千瓲）の薪を產し、朝陽山炭坑は年額約一千五百瓲の石炭を採掘してゐる。穀產年額約一萬五千瓲、航業聯合會船舶の燃料補給地であつて、薪の外に鶴立炭の貯炭場がある。

通河

自哈爾濱（自動車）二二〇粁
同　（航路）二三八粁

至三　姓（自動車）九五粁
同　　（航　路）九四粁

通河縣城、人口約三萬、城内には縣公署の外に守備隊、公安局、農務會、商務會等がある。穀物輸出年額約二萬噸、同じく木材約三萬噸に達し、城内には製材工場、油房、石鹼工場等がある。大同元年五月、一度兵火に遭つて燒失したが旣に舊態に復した。岔林河より伐出さるゝ木材は主としてこゝに陸揚され、年額約三萬本、松、柏等が多い。

三　姓

自哈爾濱（自動車）三一五粁
同　　（航　路）三三三粁
至佳木斯（自動車）一一〇粁
同　　（航　路）一〇五粁

有名な三姓淺瀨は三姓の上流に約三十粁に亙つてゐるが、每年の解氷時に稅關の露人によつて測量訂正されるから標識及び浮標は完全である。夜間も亦燈火によつて航行に支障は無い。然し河床が岩板で浚渫不可能であるから減水時の航行は困難ではある。この附近一帶の左岸は緩き傾斜をなし、沿岸は平原であるが、三姓に近づくに從つて兩岸の丘陵が河岸に迫る。

三姓市街は松花江と牡丹江との合流點に在り、城內人口三萬、牡丹江に面し、埠頭は松花江に面してゐる。埠頭の人口約五千、糧棧約二十軒、城內との距離は約一粁半である。

三姓は松花江の沿岸都市中最も古く發達したもので約三百年の歷史を有し、建設當初は主として牡丹江を流下する木材類の集散地であつたが、民國四年頃より農產物の輸出を見るに至り、民國十八年（昭和四年）には大豆、小麥約十二萬瓲の輸出を見た。この外こゝに集散する物資は木材類二萬五千本、薪二萬クーブに達し、又、牡丹江上流の森林地帶には毛皮を產してゐる。

三姓はかくの如く松花江岸に於て淸朝時代の面影を留むる唯一の都市であつたが、大同元年八月（昭和七年）の大洪水によつて殆んど全滅の厄に遭つた。然しその恢復も極めて早く、同年度に於ても七萬五千瓲の大豆類を輸出してゐる。

城内には製粉工場、機械油房、精米所等もあり、國際運輸會社もこゝに出張所を有してゐる。

滿洲國官公衙

依蘭縣公署、依蘭地區警備司令部、税捐局、中央銀行支店、商埠局、高等法院、郵政局、警務局、塩倉、木石税局、電信電話局、商務會、農務會、

佳木斯

自哈爾濱（自動車）四二五粁
同　（航　路）四三七粁
至富錦（自動車）一四五粁
同　（航　路）一七七粁

佳木斯は我が武裝移民團の進出によつて江岸都市中最も邦人に知られてゐる都市である。最近極めて急速な進歩を遂げた新開都市で、人口約三萬五千、市街は埠頭に接し、江に沿ふて東西に長く、二階建洋館等の近代建築物多く、中小學校六、商務會、農務會

教育會、公安局、税捐局、電話局、郵便局等の官公衙の外に電燈會社もあり、製粉工場六（內機械工場二）油房二、煉瓦工場、皮革工場等があり、樺川縣下に於て最も殷盛を極めてゐる都市である。

佳木斯には在留邦人既に二百名を超え、我が軍の駐屯もある。埠頭は江岸水面より三十呎に達し、水深も相當あり、汽船の横着けも容易で、水勢も緩く、江岸を浸蝕さるゝ憂も無い等、沿岸中最良の埠頭と云はれてゐる。

こゝの對岸蓮江口から西北鶴立崗炭坑まで五十六粁の運炭鐵道が敷かれて居る。

本炭坑は民國五年の發見にかゝり、翌六年より開掘され、同八年に至つて官商合辦組織により出炭量の增加を計つたが、同十二年七月に至つて經營難の爲め一時採炭を中止した。その後、北京農商部地質調査所技師の詳細なる調査により炭質、埋藏量共に有望なることが立證せられ、更に黑龍江督軍吳俊陞の後援によつて民國十五年春、官商合辦資本金百五十萬元の鶴立崗煤礦公司が成立した。一方、東支鐵道當局との交渉によつて同年中に蓮江口より鑛區までの運炭鐵道が敷設され、再び採炭に着手し、翌民國十六年より北滿市場に本炭の搬出を見るに至つた。

炭層は六枚、約百三十九尺の厚さを有し、その最優秀のものは第二層及び第五層と云はれてゐる。炭質は粘結性強く良質の骸炭原料となり、熔鑛爐用に適し、又、貯炭するも風化しない。採炭量は年額約十五萬吨であつて、夏季は專ら松花江船舶の燃料に供給されてゐるが、冬期には哈爾濱より濱北沿線を經て遠く齊北沿線主要地にまで販路を延ばし、現在尚その販路擴大中である。

富錦

自哈爾濱（自動車）五七〇粁
同　（航路）六一四粁
至同江（自動車）六六粁
同　（航路）七六粁

富錦は同縣城の所在地で市街もよく整備し、人口三萬、教育局、財務處、稅捐局、市政署、電信電話局等の外に、機械油房工場、燒鍋、皮革工場、石鹼工場、製粉工場等がある。

縣內の土地は極めて豐饒であるが尚充分に開發されず、將來の發展を期待せられてゐる。住民中には漁業に從事する者も相當あり、烏蘇里江に航行して漁獵に從事してゐる富錦附近に生產さるゝ物資は從來多く黑龍江岸に輸移出され、又、露領內との密貿易も相當に行はれてゐたが、最近に至つては漸次哈爾濱地方との取引が盛大に赴きつゝある。當地は又砂金市場として有名であり、阿片の取引も甚だ盛んであつて、專賣制實施後は官許の賭博場と共に市內至る所に阿片吸喫所が簇出した。尚富錦附近には富安（民國十七年）富樺の（民國十八年）二炭礦が發見せられた。

同江

自哈爾濱（自動車）六三六粁
同、（航　路）六九〇粁

同江はなほ人口一千程度の部落で、阿片の產地と密貿易とによつて有名である外經濟的には未だ大した價値を認められてゐない。然し同江は黑龍松花の大江が合流する地點として「ソ」滿兩國關係の將來に極めて重大な意義を附せられてゐる。

鮮滿に關する

旅行、通關、貨物輸送
一般事情講演、活動寫眞映寫、その他——
各種の御質問、御照會は左記へ

南滿洲鐵道株式會社

東京鮮滿案內所（丸ビル）
電話 丸ノ內 **自三一三一**
至三一三五番

大阪鮮滿案內所（堺筋）
電話 本町 **一七〇〇**
一七〇一番

下關鮮滿案內所（驛前）
電話 一九六二番

康德元年四月二十日印刷
康德元年四月廿五日發行
【定價二十錢】
著作兼發行人　鐵路總局
大連市近江町九十一番地
印刷人　山田浩通
大連市近江町九十一番地
印刷所　東亞印刷株式會社大連支店

『哈爾濱読本』

（哈爾濱日本小学校、一九三四年一月）

哈爾濱讀本

哈爾濱尋常高等小學校

哈爾濱讀本

目次

哈爾濱の四季

新年

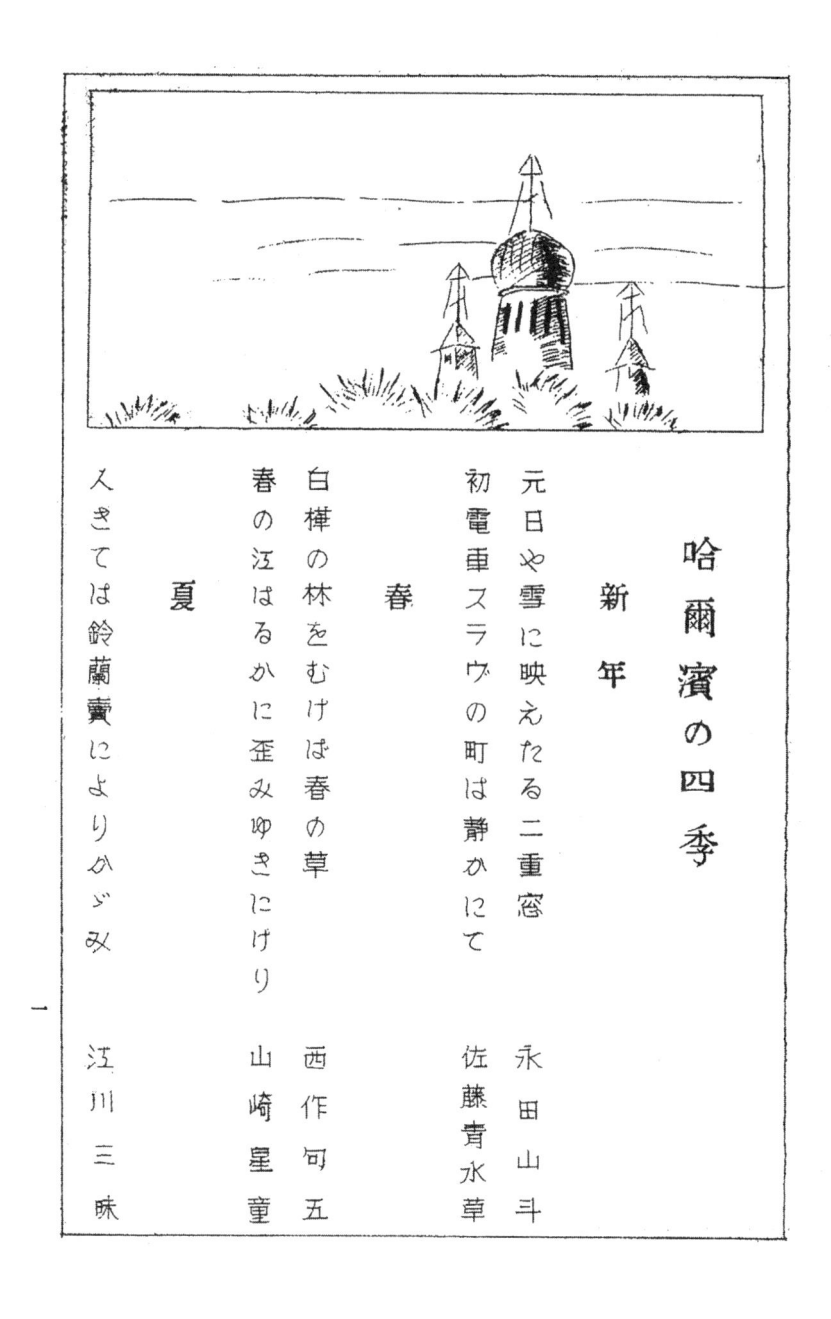

元日や雪に映えたる二重窓　永田山斗

初電車スラヴの町は静かにて　佐藤青水草

春

白樺の林をむけば春の草　西作句五

春の江はるかに歪みゆきにけり　山崎星童

夏

人きては鈴蘭賣によりかゞみ　江川三昧

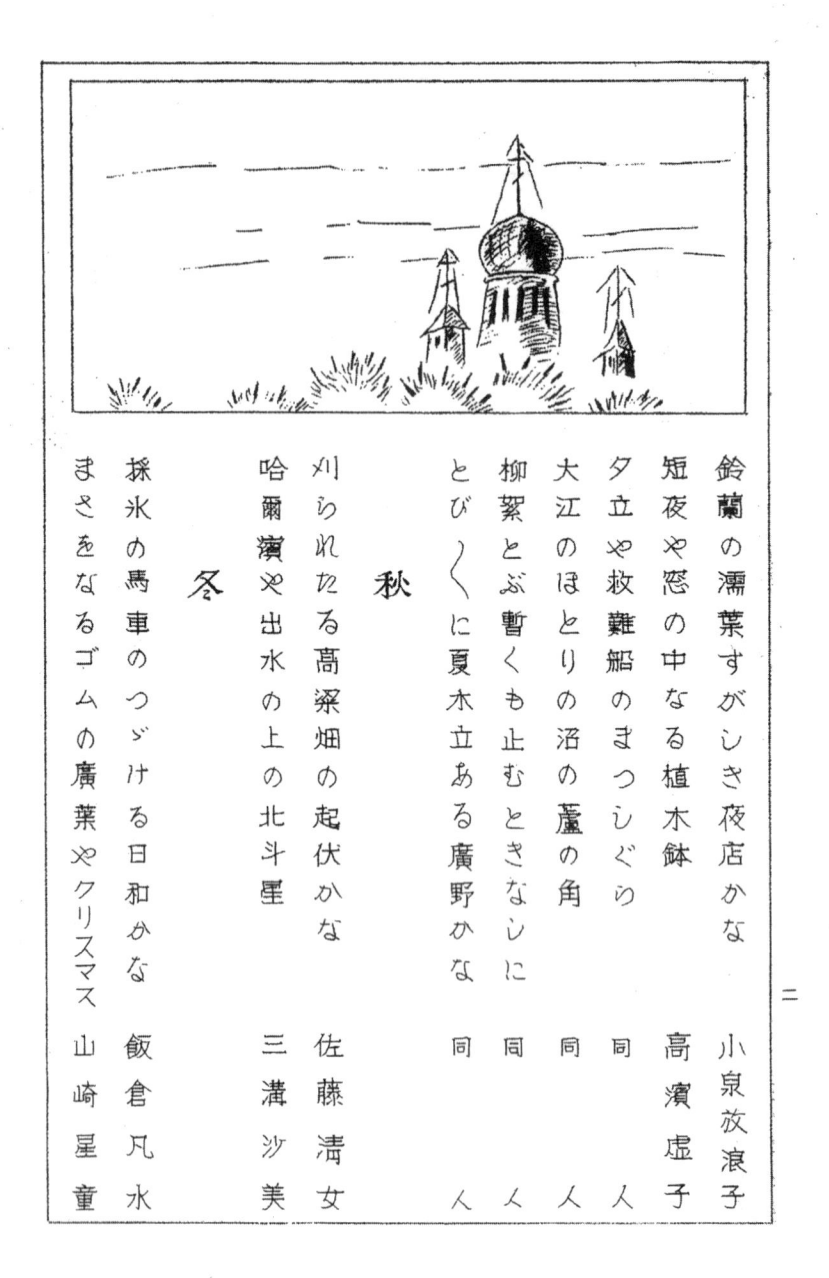

鈴蘭の濡葉すがしき夜店かな　小泉放浪子
短夜や窓の中なる植木鉢　高濱虚子
夕立や救難船のまつしぐら　同人
大江のほとりの沼の蘆の角　同人
柳絮とぶ暫くも止むときなしに　同人
とび〳〵に夏木立ある廣野かな　同人

秋

刈られたる高粱畑の起伏かな　佐藤清女
哈爾濱や出水の上の北斗星　三溝沙美

冬

採氷の馬車のつゞける日和かな　飯倉凡水
まさをなるゴムの廣葉やクリスマス　山崎星童

ハルビンの歴史

はてしなく續くと見える北満の大平野を北に北にと流れて行く松花江・ハルビンを流れる時には一粁近い河幅が本流と合してハバロフスクの町を過ぎ、遠く遠くニコライエフスクを見る頃は河とも海ともつかぬ流となつて、間宮海峡と一しよになるのである。

ハルビンにとつて此の松花江は恐しい水害の想出(おもひで)もあるがしかし四季とりどりのたのしみにはなくてならない河である。

白いヨツトと青い空、赤い夕日に金の波。

夏はわけてもたのしみが多い。

其の上ハルビンの名の起りが網干場や渡場から出てゐると言はれる所を見ても此の河がハルビンの生ひ立ちに深い関係のある事がわ

かる

水草と楊(やなぎ)と、楡(にれ)の木立のこのあたりにかうした近代的の大ハルビンが出來、石だたみの車道に丈高い馬の蹄(ひづめ)の響(ひゞき)、はげしい自動車の往復、ドッシリとした北歐風(ほくおうふう)のキタイスカヤの家なみ。これが僅か四十年たらずに出來たのだと思ふと、本當に急テンポな發展振りに驚かされる。それがやがて新しい市制(しせい)によつては今の何十倍かの大都會となり滿洲國最大の都となつて、昔露國がつくらうとした「第二のモスコー」が新興(しんこう)國の力で、より立派に出來て行くのである。

ハルビンに來て誰しも感じるのは南滿で

は見られない西洋風の町の感じであらう。ロシヤ人の多い事、寺院の尖塔、さうして朝、夕、うちならされる鐘の音がたまらなく異國(いこく)氣分(きぶん)にひたらせる。それ程ロシヤ式である所にも此の町の歴史が物語られてゐる。

港を求めて、東へ東へと進んで來た露國が、浦塩への東支鐵道を敷く約束を結んだのが明治二十九年、ちやうど松花江の河筋ではあるし、鐵道のほゞ中程であるので、根據(こんきよ)を此のハルビンにおいて、ハバロフスクあたりから河をさかのぼつて、多くの鐵道材料や、工夫や、技師たちがやつて來た。邦人の草分の人達(たち)が、露人の仲間に入つてハルビンに來たのも此の頃であらう。

其の頃はまだプリスタンは一面の沼で、新市街の丘から楡の梢越(こずゑ)しに、遙かに松花江の流を望んだ程で、鐵道の材料等も皆今のスタルハルビンに持つて行かれ、こゝがハルビンの最初の町となつた。

技師や工夫たちはふえる、鐵道は出來て行く。家族たちも皆そろつて來たので、それから四年の後には今の新市街が出來初めた。中央寺院の出來たのもその頃で、松花江の大鐵橋も五年目には完成した。豫定の旅順への南部線も出來、愈々ハルビンを中心として全滿洲を一手に入れた露國に、全盛時代がやつて來た。ハルビンの全市は露兵と軍需品で一ぱいだつた。町はますます大きくなつて、プリスタン一体をふくむ大都市が出來たのが明治三十六年。日露戰爭は其の翌年起つた。ハルビンの町は、もう戰勝を夢見たロシヤ人で、上を下への大賑ひ、其の中に邦人は引上げの悲しい想をせねばならなかつた。

あの沖、横川兩志士の壯烈な最後は、戰端が開かれて間もない四月二十一日の出來事である。

惡戰苦鬪の皇軍は、遂に露軍を一掃して、南滿には年毎に日本の勢力が伸びて來、露國が固守したハルビン近くまでも發展の歩が進められて、明治四十二年には伊藤博文公と露國藏相との會見とまでなつたが、不幸にも兇彈のために公は驛頭の露と消えられた。日本が北滿に伸びようとする大切な時に、公の最後はあきらめられないかなしみであつた。

やがて露本國の内乱のすきに、支那はだんだん東支線の勢力を奪ばふとして手をのばし、露國に與へた權利を無理に取りかへさうとして、此處に露、支は滿洲里、ハイラルの國境で戰ひ、支那軍は多大の損害を受けた。

かうした間にも支那は權利回復の爲、一方にはしきりに排日の態度をとつて我國にもせまつて來た。さうして萬寶山事件や中村大尉事件で邦人の血潮を逆流させて、遂に滿洲事變が爆發した。かくて我が將兵は酷寒と戰つて、勇敢にも北滿の曠野に進出し、ハルビン在住の邦人は此處にはじめて日章旗の下に安心して生活することが出來た。しかしこの裏に邦人救ひ出しの最初の犧牲者清水大尉をはじめ幾百の死傷將兵たちの御恩のある事を忘れてはならない。

想ひ起すさへ息づまる樣な籠城の十日の苦しみも、皇軍入城の歡喜も、日滿融和のうるはしい花さき、大同協和の平和な樂土となつた今日から見れば、全く過ぎし日の想出として語られ、日に日に新興の意氣と感激に滿ちて滿洲國は進展して行く

通學におびえ、散歩に逃げかくれたあの頃と全く世界が變つた樣に思はれる。

嗚呼今日もコバルト色の空に爆音が響く。日章マークの銀翼を光らせて九一式戰闘機が群れて飛んでゐる。

四季のスンガリー

僕等がハルビンに來て間もない時のことである。

或日、お父さんが

「今日はスンガリーへ連れて行つてあげよう。」とおつしやつた。スンガリーといふ言葉を聞いて、僕はあまり珍らしかつたのでそのわけをたづねると、

「お前たちは地理では松花江と勉強しただらうが、ハルビンの人はこの河をロシヤ語でスンガリーと言つてゐるのだ。」と教へて下さつた。

僕等を乗せた背の高い馬車が面白いほど、はやく、キタイスカヤを北へ北へと駈け出した。さうして、ちよつとした坂道を上つたと

思ふ頃急に廣々とした海のやうなものが眼の前に展開した。お父さんはすかさず、

「そら、この河だよ、廣いだらう」と、得意さうな顔をしておつしやつた。僕は馬車が止まつたので飛下りた。そして偉大なる河に見とれたまゝ岸邊に停んでゐた。

なる程大きい。僕は鴨緑江を渡る時に、滿洲の河の雄大なのに驚いたが、今又ここに來て、益々その大自然の偉大さにびつくりした。

お父さんは、すぐ右側に見える鐵橋を指しながら、

「それは北滿鐵道西部線の松花江鐵橋で、滿洲里方面に行く時に通過するので、長さが一千米近くもあるが……ずつと河下の方にもう一つかすかに見えるだらう。あれは拉濱線の松花江鐵橋で、ついこの間完成したばかりだが、長さもこれより、もつと長いし、構造もこれと違つて、上部は人や車が通れるし、汽車はその下の方を進

行するやうになつてゐるので、大變便利だ。長さにおいてはたしかに東洋一だね。まあ、その中にあそこにも行つて、詳しくお話を聞くことにしよう」と

お父さんは、色々説明して下さつた。

時はちやうど春で、午近い太陽の光線が小波の上に反射して、のんびりとしたよい氣候だつた。

向ふの島か、岸か分らないやうな丘の上に、赤、青、黄、等の變つた格好の建物が、春日和にくつきりと、あざやかに浮び出てゐる。水の上の都のやうだ。何かに描いてあつた繪でも見てゐるやうに、暫く四方の景色に見とれてゐると、河下の方から一隻の珍らしい汽船が、この濁流を重たさうにして漕ぎ分けて上つてくる。面白い汽船だ。兩側に水車がついてゐる。

「何處へ行くのでせう」。と、たづねると、

「この河の流域はなかなか廣くて、支流だけでも數十はあるし、長さも千八百粁餘だからその間には、ハルビンを始めとして、吉林、三姓、富錦、佳木斯……等の都會があつて、その附近から出る産物を運搬し、又そこへ行くお客を運んだりするのだ」

お客も、數十人は乘つてゐるやうだが、大抵は滿洲人だ。附近に釣りをしてゐたボートが、汽船の波でひつくり返りさうに大きくゆれてゐる。

○

スンガリーの春も、またたく間に過ぎて、やがて樂しい夏がきた。

クラスの友達ともだいぶん仲よくなり、學校が面白くなつた或朝のこと、校長先生が

「來週からスンガリで江岸聚落を始めます……」と、いふお話があつた。

僕はその時、あんな大きな河で泳げるのかしら、あの濁り水で泳いだら體が泥だらけになりはせぬかとさへ思つた。しかし聚落も始まつて、全生徒はスンガリーへスンガリーへと、あこがれ行く日になつた。

酷熱何十度といふハルビンもスンガリーへ行けば、自然と暑さを忘れる。

それに、お母さんから入れてもらつたお辨當もふだんの二倍はたしかにある。モーターボートに乗つて向ふ岸へ着く。テントを張る。

それから泳ぎに、相撲に、砂遊びに、すくひ網に、かうした楽しい仕事が毎日續く。

色は黒くなるし、身体(からだ)は丈夫になるし、御飯はおいしいし、ほんたうに夏のスンガリーが好きになつた。一面、緑になつた夏の自然と、大スンガリーを背景にした僕等の生活は毎日愉快に續いてゆく。

泳ぎつかれて、岸邊の砂原に轉がり、思ふ存分、紫外線を浴びながら、はるか彼方の水平線上を眺めると、爆音たかく白波を蹴立てて進むモーターボート、パンツ一枚になつたロシヤ青年たちの赤銅色の肌、健康そのもののやうな筋肉、伸び伸びとしたその手足、風に帆をはらませたジャンク。岸邊に居並ぶ大公望、朝も早くから釣糸をたれては、ピクの動きを一心に見つめてゐる。鯉、鮒、鯰、などその大きなのは一米にあまるのさへこの附近に棲んでゐるさうだ。

僕は夏のスンガリーを思ふたびに、たまらなく愉快になる。この河はたしかに我等の生命だ。

かうした、たくさんな喜びと、思ひ出を作つてくれたこの河も、九月の聲がかかると、めつきりさびしくなり、やがて人々から忘れられたころになると、もう冬がきてゐるのである。

向ふ岸に住んでゐた人々も、ぼつぼつ荷物をかためて小舟に積込んでは引上げてゐる姿を見受ける頃になると、急に何だかさびしくなつてくる。

○

「スンガリーに氷のかたまりが流れ出した」。

「船が通はないやうになつたさうだ」。

「鐵橋通過を許したさうだ」。などの話が聞え出す。そんな話を聞くとあの大きな、流れの早い河が凍るなんて、想像もつかないほど不思議だつた。

なるほど内地にくらべると、ハルビンの十一月は寒い。でも、私はあんな大きな河がどうして凍るのだらう、と思つて、日曜の朝、お母さんと冬のスンガリーを見に行つた。

おどろいたことには、あの廣い河が一面に氷と雪の原なのである。

河下の傳家甸を眺めると、大小無數の船船が氷の中にはりつめられて、死んだやうになつてゐる。日にきらめく氷の江上に、縱横無盡に、織るが如く駈け廻る橇のみが、この廣いスンガリーでのたつた一つの冬の勝

利者であつた。

博物館

此の間先生につれられて博物館を見に行つた。

行く途中、誰もが

「博物館つてどんなところだらう。どんなものがあるのだらう」。

などゝ話あつた。けれども私たちの仲間には誰も知つてゐる人はなかつた。陸橋を渡つてギガントの前まで行くと、幾人かのお友達は先生に何かお話してかけ出した。後で先生に聞いて見たら、

「ランドセルを置きに歸つたのだ」。

とおつしやつた。そこから郵政街を通つて中央寺院の方へ向つた。

特務機関の横まで行くと先生が

「中央寺院の右に見える立派な建物が博物館です」

と、おつしやつた。今まで静かだつた行列が急にざはめき出した。

誰かゞ大きな聲で
「あそこなら行つたことがある」

といつて居た。

そのうちに博物館の前へ出た。

私たちが外で待つて居ると、先生が支那服を着た滿洲人と二人で出て來られた。先生は
「中に這つたら、せつかく來たのだから、さわがないでよく見る

こと・公共物ですからいたづらはやめて下さい」。
と注意なされた。
中に入ると、何だかうす暗い。廊下を少し行くと硝子戸棚のたくさんある部屋に出た。

こゝはおもにお百姓の作つた物の並べてある所だつた。一番先に目についたのは蠶である。半紙大の紙に二十八個丸く産みつけた卵や、繭から糸になるまでの順序の標本などはほんとうにめづらしかつた。又西瓜やまくわ瓜や梨、林檎なども並べてあつた。とてもおいしさうなので

「あれを一つ食べたいなあ」

といふと、後から先生が

「どうぞおあがり」。

とおつしやつた。よく見たら粘土か何かで作つたのだつた。

どれを見ても感心するものばかりだつた。あまり行き過ぎて誰も居ない所まで來て、少し淋しくなつたので後へ引きかへして來たら、ちやうど先生が大きな黑い木の前でお話をしていらつしやつた。大きな木だと思つたのは石炭だつた。先生は

「この石炭は、今から何萬年か前の木が土の中に埋れて、こんな石炭になつたのです。

　何萬年か前は二此の地球の上に大きな木がたくさんあつた。その時分は水氣が多かつたので、大きなとかげなどがたくさん棲んでゐた。もしこの石炭にお話が出來るなら、きつとその時のことを話してくれるでせう」

とおつしやつて、につこり笑はれた。

　二階へ上ると、金や銀や銅をとる鑛石や、昔のお金や、やじり石などがたくさんあつた。美しい花瓶やすゝけた佛樣もあつた。中で

もよく出來て居たのは蒙古人の家と蒙古人の風俗だつた。去年武田先生から聞いたお話のやうに丸い籠のやうな上のとんがつた家に、ほゝ骨の高い、青い着物や赤い帯の人が、幾人かでまつかな火にあたつてゐた。そして入口には子供が立つて外を見てゐた。よく見るとお家の上の方から電燈が下つてゐる。先生に

「蒙古人も電燈を使ふのですか」

と聞いたら、先生は、

「いやこれはほんとうのとはちがひます。夜になるとあそこへ電燈をつけてよく見えるやうにするのでせう。ほんとうはお家の中も見えないやうに出來てゐるのですが、皆さんによく見えるやうにあんなに造つたのです」

と説明して下さつた。

まだたくさんお人形があつたが、どれもこれも皆よく出來て居た。

その次の部屋には獸がたくさん居た。ほんとに生きてゐるやうだつた。

最後に私は

「私の學校にもこんなところがあつたら勉强するのに便利だのに。」

と思つた。

傅家甸を觀る

夏休みも終りを告げんとする八月の十三日、僕はまだ見ぬ傅家甸を叔父さんに連れられて見物に出かけた。石頭道街の踏切りを越えて僕等を乘せた馬車は、埃(ほこり)や砂煙の中を左に折れ東、北、に進んだ。穢(きたな)い支那服を着た苦力が三々五々、右往左往してゐる。叔父さんは、

「此の附近は、八區といつて、工業の盛な所である、見給へ、あ

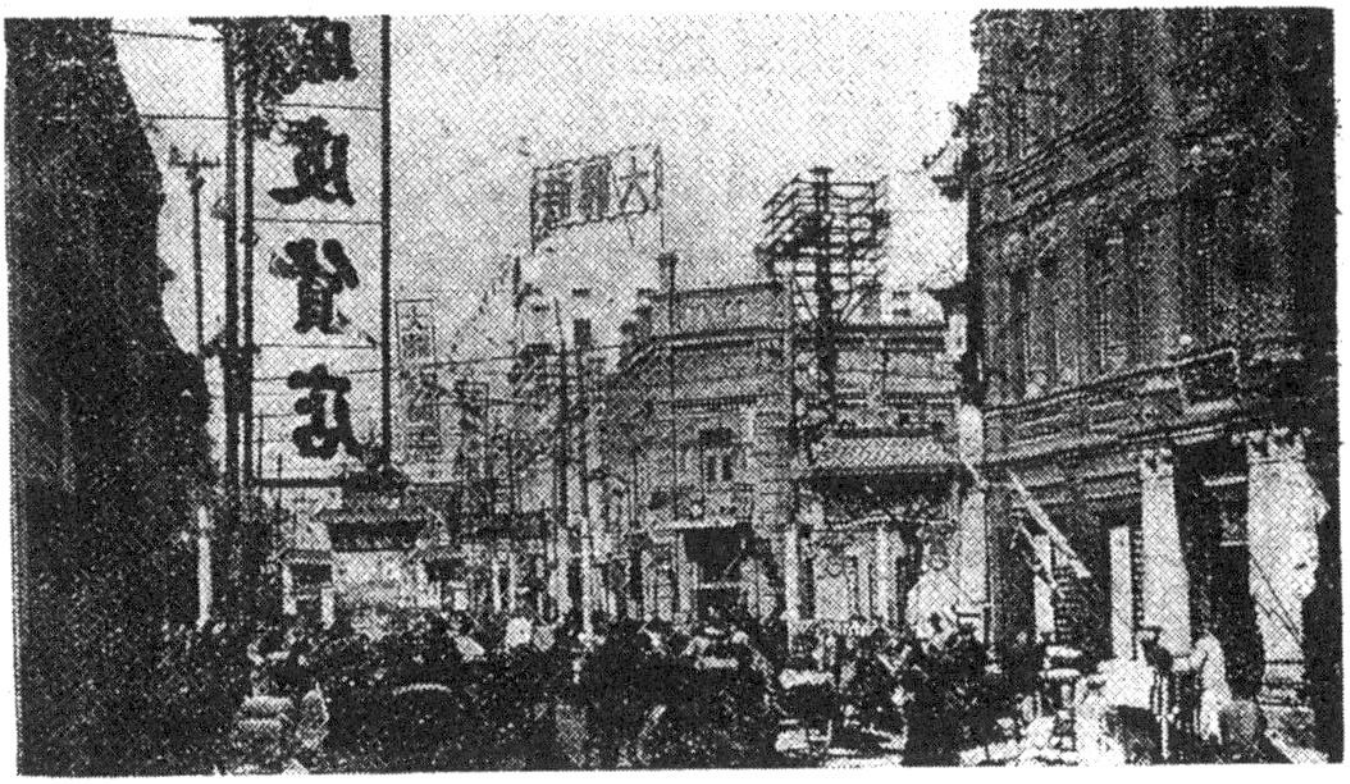

の無數の煙突を。いづれ劣らぬ活氣振りを見せて黑煙を吐き出してゐるではないか、あれは主として油房だ、あの大豆の山はどうだ、全く南滿あたりでは見ることが出來ないだらう」と話して下さつた。

　其の内に馬車は、電車通りに出た。急に賑やかな町に出たので、一寸僕は驚いた。僕は、

「叔父さん、此處は何といふ所」

と聞きますと。

「此處から傅家甸だよ」と教へられた。

馬車は人ごみの間を左に折れて北に進む、外國人は殆んど見當らない、時々、穢い

白い服を着た鮮人労働者を見受ける、内地人にも四五人遭ふた。

「今度の満洲事変以前は、こうして馬車を走らすにも、吾等は遠慮するやうにして小さくなつて居たものだ。自動車などは、領事館の方へ届出て許可を得てから、何時から何時までと時間を切つて見物に来たものだ」

と叔父さんは、何時もの癖の、鼻をくん〱鳴らしながら、ぽつり〱話して下さつた。

「でも叔父さん、日本人の店もあるではありませんか」

と僕がきいたら、叔父さんは、力を入れて、大きな拳を造つて手をたたき
「そこぢや、日本人は依頼心が強くて、軍隊がゐなければ一歩も出て行けぬと、いはれるのだが、然し日本人にだつて元気な人もあづて、ずつと前から此の街で商賣をしてゐたのだ、けれども、事

変前までは、ほんの數軒に過ぎなかつた。それが最近では四百名ばかりゐるさうだ。そして滿洲國人との賣買には、此の傳家甸が一番便利で、而も物價も安いので、日本人の中には、住宅を埠頭區や、新市街において、店舗を此の地におき商業をやつてゐるものも相當あるさうだ。將來は、あの埠頭區の繁華は、こちらの方へ奪ばはれてしまふのではないかとわしは思ふ。何れにしても、今はこうして、吾等はどこまでも大手をふつて乘り入れることが出來る、なんとありがたいことではないか」

と話をされてゐる内にも馬車は道巾の狹い大変賑やかな所を走つてゐる。叔父さんは

「此の町は正陽街といつて一番賑やかな町だ、此の右手の横通りが、頭道街から十七道街まであつて、此の通りが、それらの中心點になつてゐるのだ」。

間もなく馬車は又左に折れてスンガリーの河岸に着いた。

「さあここで下りて見よう」

といつて叔父さんは、先に立つて堤防の上に立ち、

「去年の七月から八月にかけての大水害に第一番に堤防が切れたのはここだ、わしはあの折小舟に乗つて此の道を漕いで見たがそれはそれは實に悲慘なものだつた。何分にも、見給へ、こんなに、水面と、地面と、高低があるのだから、何でも此の堤防が切れた時の光景と來たら、全く目もあてられぬ状態だつた。あつといふ間もあらばこそ、人も物も一時におし流されてしまひ、豚、鶏、馬、牛、等は勿論、眞黒くなつた人間の死体までもたくさん浮いてゐた。どうして屋根に上つたか、四五才の子供が裸体で刻々に迫る危險に恐れて親を呼んでゐるのを見かけて舟に乗せて警察に屆けてやつたこともあつた。少し土地の高い所は、屋内の道具を外に運び出し、戸板

に乗せて避難するもの、頭にのせて逃げるもの、二階三階から刻々に水量の増す道路を恨めしそうな顔をして眺めてゐるもの等、樣々であつた。

そら、見給へ、あの壁を。横線が残つてゐるだらう。あそこまで水が來たのだ」

といつて、隣りの頑丈な赤煉瓦の四階建の家を指さされた。

「さあ、あの屋上に行つて見よう」

といつて叔父さんが刺を通じて參觀を依頼した。屋上には、日章旗が輝やいてゐた。今は滿鐵の經營で松花江の江運一切を掌る所だと係りの人から説明された。四方を見渡すとハルビン市街の大きいのに今更ら驚かされた。三果樹の鐵橋が手に取るやうに目の下に見える。松浦鎮の驛から三果樹へ、汽車の通じるのも遠からざることだらうし、あれから、北部朝鮮に直通するようになつたら、ハルビンの市街も傳家甸が中央になつて來るだらうし、それに河を通じての貨物の集散も此の地が中心をなすやうになるだらうなどと思つた。係りの人に禮を述べて又馬車に乘り、料理店で名高い新世界の前を南に進み、右に折れ、電車道に出た頃は、長い夏の日も余程西に傾きかけてゐた。叔父さんが、

「これで一巡したやうなものだ、どんな感じがしたか。」

と問はれたので、僕は

第一、本當の滿洲國人の作つた町のやうに思ふた。

第二、蠅がたくさんゐたのと、時々、大便の匂ひのする所があつて氣持が悪かつた。

第三、あの人通りの多い町に、人力車、自動車、馬車などが入り乱れて往來する間に立つて交通巡査が上手に指揮してゐるのに感心した。

といつたら、叔父さんは
「そうか」
と、いつたきり、後は、につこり笑つてをられた。

ロシヤの學校を見る

所々に日の丸の旗が朝風にひらひらとしてゐる。俄に空は灰色に曇つた。ボタボタと牡丹雪が降り初めた。

「ア、急に寒くなつたね」

「ハルビンでこんな雪の降ることは珍らしい」

昨日まで紅葉してゐた街路樹は綿を被つたやうに眞白になつた。

電車に乗つて雪の街を走る。陸橋を渡つて停車場・中央寺院、秋林洋行・日本總領事館前を通つて、馬家溝の電車の終點に着いた。

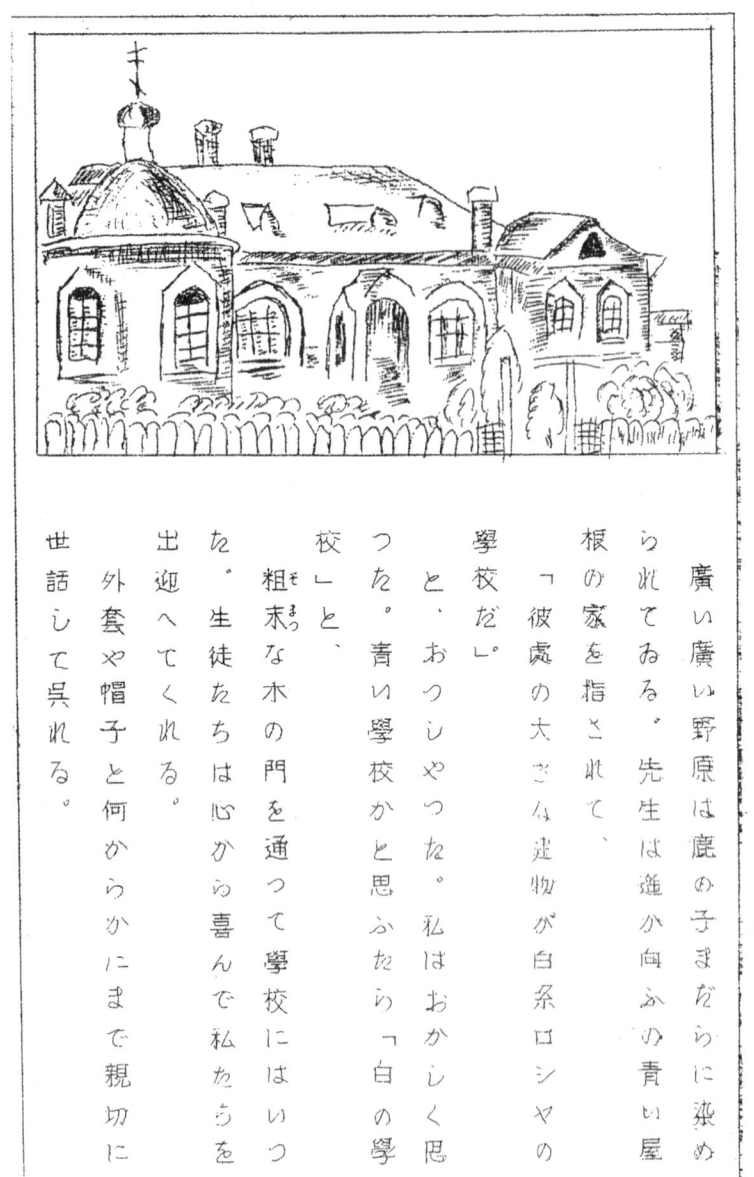

廣い廣い野原は鹿の子まだらに染められてゐる。先生は遙か向ふの青い屋根の家を指されて、

「彼處の大きな建物が白系ロシヤの學校だ」。

と、おつしやつた。私はおかしく思つた。青い學校かと思ふたら「白の學校」と、

粗末な木の門を通つて學校にはいつた。生徒たちは心から喜んで私たちを出迎へてくれる。

外套や帽子と何からかにまで親切に世話して呉れる。

「随分綺麗だね」。

「ほんとうね」。

「あのマストの上の旗が露西亞帝國の旗よ」

と、誰かゞさゝやいてゐる。

見ると正面の壁一面に、燈臺の光が軍艦を照してゐる繪を描いてあつた。一同はこれに見とれて立ち止つた。

暫くして校長先生の奥さんがお出になつた。ルバシカや、靴下や、クッションや、壁かけなどの手藝品を見せて下さつた。

「これを男の子が縫つたのでせうか」

「ほんとに綺麗なこと」

私たちは手に手にそれをとつて、その立派な出來ばえに感心してしまつた。

「こんなによく出來たらどんなに樂しいことでせうね」。

「こんなに出來たら滿點だ」。

など口々に賞めはやした。小母さんも大變滿足さうな顏をして叮（てい）嚀に說明して下さつた。

机の上に手工品の小さな戶棚や、シカフヤ、壁掛などがたくさんならべてあつた。

「あんなに小さな体でどうしてこんなに上手に作れるのだらう」

「寫眞かと思つたら、これは鉛筆畫であつた」

と、皆感心するばかりだ。

小母さんの案內で教室を參觀した。私達が教室に入ると、生徒たちはニコニコとして立つて、「ズドラストウヰッチ」と云つて挨拶（あいさつ）をする。それがすむと熱心に勉強をつゞける。どの教室も同じやうな歡迎（くわんげい）振（ぶり）だ。

禮拜室に入つた。何だか心も身も引き緊るやうな氣に打たれた。邊りの壁に描いてあるイエスキリストの繪は神々しい、御燈明の光が赤く耀いてゐる。

地下室に案内された。炊事場、食堂、寢室がある。丁度、アベーダの準備に五六人の當番の子供が、食堂の方へ食物を運んでゐた。

寢室には九十餘の寢臺が一絲乱れず整頓され、其の各各寢臺にキリストの聖像を祀つてゐる。壁にはレニングラードの夕景や、モスコーの宮殿の風景を初め、帝政時代の歴史畫が到る處に描かれてある。小さい子供の寢室にある、ロシヤの童話の繪は、子供の寢物語に樂しい夢を結ばしめるためであらう。

最後に病院中の校長先生を見舞つた。先生は寢臺の上に坐つて次のやうなお話をして下さつた。

「昨日私の學校の三年生の一人が惡戯をしました。私は「日本の子供のやうに、先生に言はれなくても氣をつけなければならぬ。」
と云つて聞かせたのです。

今日こんなに皆様が來て呉れたので大變嬉しい」

この學校の生徒數は九十人ゐて皆寄宿舍に生活してゐる。
規律、勤勞、禮儀はこゝの校訓で遠方からもこの校風を慕つて入學するものが多數あるといふことだ。

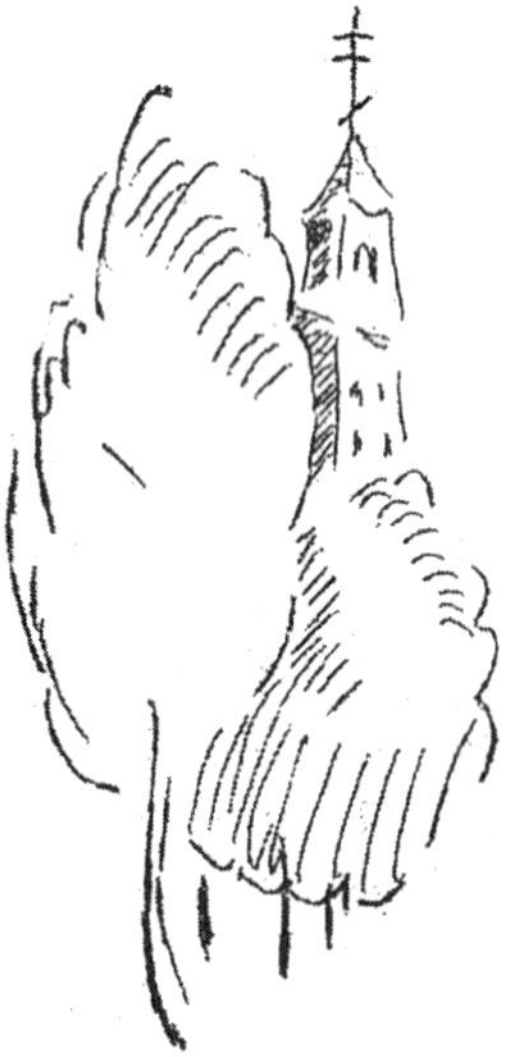

哈爾濱の露

哈爾濱の露

一、國にむくゆる眞心に
如月寒き野をくれば
吹雪はくるふカラチンや
あはれ勇まし君が旅。

二、いそひを雪の野にくれば
春まだ寒きツルチハヤ
かすみのきぬのうすければ
うらみは深しヤアル河。

三、砲のひびきに夕ぐれて
みたまはとはにねむれども
忠烈六士の碑とともに
君がほまれは朽ちざらん。

哈爾濱の露

一

日露の風雲しきりに急を告げた明治三十七年二月の或る夜、北京の北京日本軍守備隊の一室には、此の度特別任務を帯びて出發する一行十二名の壮途を送る爲に、特に會場が設けられた。

待つ程もなく、いかにも強さうな壯漢達が、何處からともなく、一人々々集つて來た。彼等は別室に入る前に、先づ變裝にとりかゝつた。第一には頭髪を支那風に整へることであつた。頭髪と爪とは白紙に包んで各自署名した。これは死後家人に送るべき形見にとの用意である。

或るものは支那服に、或るものは蒙古服に　又或るものはラマ服に、何れも得意の變裝振りである。

「仲々似合ふかう」。

一人が笑ひながらいひかけると、

「貴公も本物ぢやぞ」。

と相手は、嬉しさうに答へる。

やがて爆破薬から軍用銀塊に至るまで一切の必要品を身につけ、用意が十分出來上ると、一同は別室へ案内された。

正面の一段高い所には、皇太神宮が祀られてあり、神前には鏡餅を供へ、燈明が明々と輝いてゐる。一同は椅子に腰を下し容を正して控えた。場内は全く崇嚴そのものである。

やがて、佐藤、木下の兩中尉の手から土器が分配された。しばらくして、守備隊長の先導で正装いかめしい青木大佐が入つて來た。先づ神前で禱を捧げ、それが終ると向き直つて一同を見渡し、自らも土器を取つた。神前の水は酌まれた。一同はそれを盃にうけ、恭しくおし戴いて一息に呑んだ。それから土器は次ぎ次ぎに床上に叩きつけられた。生別の水盃なのである。

青木大佐の重々しい聲が響き渡つた。

「諸君は陸上の水雷だ。諸君の任務は重且つ大である。武運長久を祈る」

室内は森の中のやうな静けさである。

すると、最年長の横川が太い底力のある聲で之に答へた。

「我々十二名の者は、身命をかけて、必ず此の重大な特別任務を遂行する覺悟であります」

かくて一同は別室に導かれ、そこで最後の別宴が張られたが、席上、各志士の唇頭から虹のやうな大氣焔が漏れて、すでに敵を呑むの有様であつた。

勇士の心を知るや知らずや、戸外には二月半のカラ風が吹き荒んで、夜は刻一刻と更けて行く。

二

闇夜に乗じ、他人から氣附かれぬやうに、一人々々北京の街を離れた一行は、郊外の或る地點に集合した。

異様な服装をした十二騎は、其處から唯默々として、北を指して進んで行つた。

はてしない曠野の中に身を切るやうな寒風にさらされながら露営の夢を結ぶこと七晝夜、やがて、道を西北にとつて愈々蒙古地に入つて行つた。行く手には大興安嶺の嶮しい山なみが、灰色の空に、突き立つてゐる。それからは、渺漠起伏の道なき道の枯草を分け、或は雪を踏み越え踏み越え、かくて、憂き寝の幾夜さを重ねて、やうやう喀剌沁（カラチン）王府に辿りついたのは、二月二十八日のことであつた。

此の王府には、以前から王家の家庭教師として入り込んで居た河原操子女史が、すべての手はずを定めて一行の來るのを今や遲しと待つて居た。一行は此處で二三日の休養を取つて元氣を恢復し、又女史の細心な援助によつて本格的な準備を整へ、愈々三月三日、赤峰さして勇ましくも出發した。

前日からの吹雪は、滿目荒涼たる山野を吹き捲つて、人と馬の肌を刺した。行けども行けども、たゞ灰色の野と行く手を遮る砂丘ばかり、恐しい吹雪と、極寒と、飢と戰ひながら進むこと十有幾日、幸にも林西のやゝ北方でチラチンといふ廟を發見した。一同は全く沙漠でオアシスを見つけた思ひで之に辿りついた。

其の夜一同は會議を開いて、吹雪をさけるためと、敵に發見される危險を少くするためとから、愈々明日から二隊に分れて行動をとることにした。一隊の目的地を齊々哈爾に、他の一隊の目的地を海拉爾と定め、何方でも早く任務を達するやうに努力しようと申合せた。

そこで一行は、かねての豫定通り、軍籍にあるものと、さうでないものとの二班に分れることにした。

軍籍者の班に入つたのは、伊藤柳太郎（大尉）、若林龍雄、前田豐三郎、森田兼藏、吉原四郎、大島與吉の六名で、横川省三、沖禎介、松崎保一、中山直熊、脇光三、田村一三の六名は非軍籍者の班であつた。そして班長には伊藤と横川がなり、抽籤の結果、伊藤班は西方の海拉爾へ、横川班は東行して齊々哈爾へ向ふ事となつた。

倶に死を誓つた十二士が別れる時が來た。無人の境に、相抱いて別れを悲しむ樣は、まことに悲痛の限りであつた。一同は吹雪で見え分かぬ東の空を望んで天皇陛下萬歳を叫んだ。

「しつかり頼むぞ」。

悲壮な最後の言葉が互に取り交はされた。
遠ざかり行く兩隊の間に、帽子が振られ、手が振られた。見返り勝ちの、それもつかの間、やがては人も馬も吹雪の中に消えて行つた。

それから十有九日、横川班は進みに進んで、杜爾齊哈（トルチハ）停車場を去る。南八粁、ヤール河との間にある小高い丘の麓に達した。

丘陵に登つて、遥か東方を眺めると、夕靄の底に、あゝ憎や、目指すフリヤルヂーの大鐵橋が平然横はつて居るではないか。

一同の血潮は躍つた。

志士達は成功の近きを神に感謝しつゝ、天幕を張り機の至るを待つた。

三

四月十二日、露國中尉シワネバッフは、部下のコサック兵ゲツジン以下六名から成る巡察隊を編成し、鐵道線路の南方、蒙古方面の巡視を命じた。

巡察隊はトルチハ停車場を出發、線路に沿ふて三粁を巡視し、歸りは遠廻りして、停車場から八粁程離れた所へさしかゝつた。時刻はちやうど五時の頃ほひである。

春まだ淺い北滿の夕陽は、地平の彼方にかくれ、一面の荒野は夕靄に霞みつゝ、唯耳にひゞくものは、六騎の蹄の音ばかり。

巡察隊は、視覺を針の樣に鋭くしながら、左右を見廻はして行くうち、やゝ前方の高地に一個の人影を發見したものがあつた。

「オヤ、隊長殿、前方の丘に人間が居ります。」

「何、人間が居る？ドレ、何處に？」

ゲツジンは雙眼鏡を取つて、其の方を眺めたが、突然眼鏡を外して、

「駐足ツ」。

と號令した。馬のたてがみが、さつと靡き、蹄の響が夕闇の空に高鳴り、影のやうに跳んだかと思ふ間もなく、六騎の姿が早や先刻の丘上に現はれた。しかし、そこには最早人影はない。

「残念た！逃したか！」。

ゲツジンは口惜しがつたが、其の瞬間、彼等の失望を取戻したものがあつた。

「天幕、々々！」。

と二三の者は叫んだ。

六騎はまつしくらに丘を下つて天幕の前に立つた。其處には、騎馬、駄馬取交せ十餘頭と、駱駝が一疋繋がれて居る。

ゲツジンは、ツカツカと天幕の中に入つて行つた。

天幕の中には四名の蒙古人が居た。二人はラマ服を着け、二人は普通の蒙古服を着てゐる。彼等は恰度夕飯の仕度最中であつたが、悪魔の使者、ゲツジンの入つたのを見て別に驚きあはてる風もない。

ゲツジンは

「通譯は誰だ」

と尋ねたが、蒙古人等はそれに答へやうともしない。

ゲツジンは、物をもいはず、彼等の持物を調べ出した。

此の時二人の蒙古人はバケツを提げて何げなく出て行つた。

ゲツジンは、第一の嚢の中から、鉛、紐、糸、針、布を取出し、第二の嚢からは、小形の瓶と、紙に包んだ粉藥様のものを發見した。これは怪しいと今度は行李を探した。

すると、大鋸が出る、地圖と手帳が出る、最後に紐で固く結んだ轡が出た。ゲツジンの疑ひの雲は眞黒になつた。そしてせはしくどなつた。

「オイ、お前達は、今水を酌みに行つた奴等を引つ捕へて來い」

言下に部下は、そこいらの雜木の叢をさがしたが、既に影も形もないので其のまゝ取つて返した。

「オイ、お前達は、此奴二人と荷物だけを早く停車場まで護送せい」

と命ずるや、彼は唯一騎闇の中へ馳せ去つた。

ゲツジンから一切の報告を受けたシワネバツフ中尉は、大いに驚き、時を移さず十人の部隊を編成し自らゲツジンを案内役として、天幕の丘に馳けつけたが、そこにはもう何物の姿を見ることが出來なかつた。

天幕に一夜を明かした中尉は、早朝捜査を始めた。

突然「ウーラー」と叫ばれた。それは煙突の中から綿火藥とダイナマイト用雷管が發見されたからである。

中尉は此の二つの證據品と二人の蒙古人をフリヤルデーの聯隊本部に護送し、司令官の面前で嚴しく訊問した。

二人の蒙古人は初めは堅く口を結んで語らなかつたが、中尉が突つけた二つの品を見ては、もうこれ以上の沈黙は無用であると考へたらしく

「何をかくそう、我々は日本陸軍中佐横川と、大尉沖といふものだ」

一人の蒙古人は重々しい句調でいつた。

「ウーム、目的は何であつたか」

「我々の目的は、東清鐵道の破壞と電線の切斷であつた」

彼等一同は、今更ながら其の大膽な行動に、肝を冷やした。

四

哈爾濱に送られ、露國兵營內の營倉に叩き込まれた横川と沖とは、既に自分等の運命を覺悟して居るもの丶如く、其の生活は何等變りなく靜かであつた。

牢屋の中にも日は遠慮なく過ぎて、四月二十日となつた。此の日は、横川、沖の二人に對して、愈々軍法會議の開かれる日であつた。

法廷は粗末な建築中の屋根もない一棟の中に設けられた。二人はラマ服のまゝ法廷に呼び出されたが、少しも臆する氣色なく、しつかりした歩調で裁判官の前

に進んだ

裁判長の訊問は、形の如くすんで、薄氣味悪い光景の中に死刑の宣告は下された。しかし二人の顔色は少しも變らず、其の唇からは微かな笑さへも漏れてゐる。

軍法會議は終つたが、裁判官の腦裡には二勇士の嚴然犯すべからざる態度が、ピツタリこびり着いて離れなかつた。そしてそれがやがて彼等の心に偉大な人物に對する尊敬の念と變つて行つた。

「敵ながら天晴れなものぢや」

裁判官は先づ感嘆の聲をもらした。

「日本人には果して偉い奴が居りますなア」

他の裁判官も同感した。

「殺すにはまことに惜しい立派な武士ぢや」

裁判官は再び感に堪えぬやうに叫んだ。

死の宣告はしたもの丶、此の二勇士を殺すに偲びず遂に相談の結果、遼陽に居るクロパトキン將軍に宛て、切に特赦を打電した。それにクロパトキンの訓電は、それから一時間許りして屆いた。それには凡そ左の如き意味が書かれてあつた。

「自分は曾て日本に行つたから、日本人の性情はよく知つてゐる。日本人は一度志を決して大任に當つた以上、事破れてオメオメ生きて還るものではない。此の二人もたとへ、軍法會議で赦したにしろ、必ず日本武士道の名譽のために、何所かで切腹して死ぬことは明らかである。野の末、山の端で屍を晒し、野獸の腹を肥やさすよりむしろ、武士を待遇する途を以て、尊敬を拂つて、直に銃刑せよ」。

此の情を盡した返電を二人に傳へると、如何にも、其の選べる死所を得たやうに大きくうなづき、

「結構です。我々は最う既にその準備をして居る」といつた。そして與へられた紙とペンで横川は子供に、沖は兩親に宛て、すらすらと遺書を書いた。書き終ると互に手を取合つて暫く無言のまゝ顔を見合せてゐた。二人の心中は、そも如何ばかりであつたであらうか。

間もなく許可の時間も過ぎて、二人は離れ離れにならなければならなかつた。

今宵は一夜に終る營倉内の横川と沖とは、夜の更けるにつれて、萬感交々至り、流石にまんじりとも出來なかつた。戸外には胡沙吹く風の音のみ聞えて、夜は次第に深く深く沈んで行く。

五、

愈々宿命の四月二十一日となつた。

露國司令官は二人の状態を見る爲に收容所を訪づれた。横川は一

束の手紙を取出して、司令官の前に差出し、

「茲に一千留の手形があります。自分達は、これを遺國の赤十字社に寄附したいと思ふのですが、何とか取計つて下さい。」

と申出ると、司令官は、やゝ意外な面持で
「はゝあ、しかし、それよりも、此の金を君等の家族達に送つた方がよいではないか。」

すると二人はにはかに氣色ばんで、

「いや、我が、天皇陛下は我等の遺族を見捨て給ふやうなことはなされませぬ。」

と容を正し異口同音に應へた。

司令官も二人の氣高い精神にいたく感動して、遂に之を承諾した。

「他に何か望むことはないか。」

司令官はやゝ慈愛に充ちた眼を二人に向けて言つた。

「さうですな、若し出來ますならば、最後の際に一風呂浴びて軀を清めたいのですが」

と沖は註文した。

浴室などのぜいたくなものはなかつたので、司令官は命じてバケツに幾杯かの湯を持つて來させた。

洗ひ終つた二人は

「あゝ、これでこそ心よく死ねる」

といかにも朗らかにいつた。

やがて刑場に引出される時刻は近づいた。露國の僧侶は二人の爲に最後のお祈りを捧げた。

愈々横川、沖を乘せた車が、左右二十四名の兵士に護られながら、静かに動き出した。數百の群集は、爭うて、道を開き、涙を異樣に光らせながら、毅然たる車上の英雄を見送つたはてしない曠野に暮るゝ北満の夕日は、赤く弱く車上の人を照して、其の壮途を悼むかの様である。

程もなく露軍の射的場が目前に現はれた。其所が新に設けられた刑場であつた。

見ると、射的場の前方約二歩を隔てゝ二本の白木の柱が立てゝある。二人は命のまゝに車を降りた。そして最一度、最後の握手を交した後、遥か東天を望んで、恭しく伏し拝み、互にニッコリ笑つた。

観衆は水を打つたやうに静まりかへつた。

やをら立ち上つた二人は、静々と柱の前に進んで行つた。兵士は二人を其の柱に縛りつけやうとした。両人は断然之を拒んだ。

執行司令官は白布を取出して、彼等に眼かくしをするやうにと手渡した。横川は之を受取つて自分で眼をおふて柱の前に直立した。沖は又も之を拒んだ。

死は早や眼前に迫つてゐる。十五米を隔てゝ、二十四挺の銃剣がキラキラと光つてゐる。

時は正に午後六時、あたりは夕闇に閉されたが、白柱の前の志士の姿だけは、クツキリ映し出されてゐる。

瞬又瞬、満洲の野は夕闇の中に沈み、張り切つた氣分が、天地一ぱいに擴がつて行く。

秒は秒と全く息詰る静けさである。

と執行司令官の長剣が、キラリと閃いた。

「ねらへッー」

號令一下、十二挺の剣銃は横川の心臓へ、他の十二挺の剣銃は沖の心臓へ一齊に構へられた。

「撃てッー」

こう然、銃聲がとゞろいた。と同時に横川は左方へ、沖は前方へバッタリ倒れた。

聖ソフィヤ寺院

埠頭區の略中央、水道街の空高く屹立して、行人の目をひく異樣な一大建築物がある。

これが即ち哈爾濱名物の一として數へられる聖ソフィヤ寺院である。

ソフィヤの名はギリシヤ語で至聖を意味し、耶蘇正教徒の教書に於ては、キリストを指すのであるが、現在全世界を通じて、聖ソフイヤの名を冠するものには、コンスタンチノープルの寺院、ノーウゴロトの寺院、キエフのメトロポリ寺院、並に本寺院の四つをあげるに過ぎない。

敷地、一五八平方サーゼン、（一平方サーゼンは我七・四九平方尺）天守の高さ十字架まで二七サーゼン、煉瓦の消費量二百萬枚、大ホールの收容人員二千名、其の規模の大なるはまさしく東洋第一のキリスト教寺院である。

○

そもそも此の聖ソフィヤ寺院は、第二の猶太人として北滿の飢餓線をさ迷へる亡國の白系露人等が、せめては心の天國を築いて慰めを得んものと、其の貧しい生活を割いて零細な淨財を積み、十有餘年の歳月を費して、漸く完成したものであつて、時には資金の缺乏より、工事中止の止むなきに立至つたことも、一再ならずあるにはあつたものゝ、最後には我が邦人の援助まで得て、遂に世界に誇る彼等のあこがれの殿堂を築き上げたのであつた。

然も宗教を否定する赤いソヴエットの第一線の勢力下にあつた當

市に於て、堂々此の大難業を成し遂げ得たことは、全く信仰の賜の然らしむる所であり、今更其の力強さに打たれるものがある。

今や此の聖堂の奥深く、世界の寳典と稱せられる古代稀なパイプルが飾られ、且つとつの大鐘が照る日曇る日の朝な夕な、いんくとして打鳴らされて、在哈五萬の白系露人等に天國の慰安を與へると共に、彼等の懐しく、そして惨ましい故國の夢を呼醒しつゝあるのである。

哈爾濱のバザール

バザールとはロシヤ語で市場のことを云ふのです。ハルビン市中には各所にバザールがありますが、中でも一番規模の大きいのは埠頭區のバザールです。

埠頭區のバザールは水道街と大直街に狭まれたモストワヤ街の両側にあります。キタイスカヤに向つて右側にあるのが北バザールで、左側にあるのが、南バザールです。北バザールを旧バサール、南バザールを新バザールと呼ぶことから、どちらが先に出來たかわかるでせう。

× × ×

北バザールのモストワヤに面したところに白くぬつた壯大な建物があります。あの建物の正面高く「北市場」と大書してあるのに氣付くでせう。嘗てハルビンがロシヤの勢力下にあつたところ、ロシヤはハルビンを東洋に於けるモスクワとする為に市街經營も非常に大規模な計畫を建てたのです。

× × ×

その計畫では、バザール一劃をあの白塗の大建築で包み、理想的な市場を造る豫定だつたさうですが、帝政ロシヤの極東政策の失敗、更に起つた革命と共に、ハルビンに於けるロシヤの勢力も次第に衰へ、バザール經營も未完成のまゝ今日に至つたのです。バザール巡りをして商品を調査するのも面白いことです。

殊にハルビンは國際都市として日露滿人の雜居して居る關係上、そこに集る商品も自ら日本人向き、日滿人向き、ロシヤ人向きと異つてゐるのがわかります。

× × ×

食料品だけについて見ましても、日本人向きの鯛とかまぐろなど賣る店があるかと思ふと、バタやチーズ、カルパス等を賣る店があり、ニンニクや干(ほし)ナマコを賣つてゐる店があるといふ状態です。

× × ×

　商品の原産地を調べても、南方臺灣地方に産するバナヽ、パインアップル等の熱帶の果物もあれば、北方カムチヤツカ方面でとれる鰊（にしん）や鮭の燻製（くんせい）もあります。又商品を製造國別に調査して丶るのも面白いことでせう。古物を賣る店へ行くと、自動車のタイヤのこわれたのや、脚の折れた椅子、空氣のぬけたフツトボール、こはれ自轉車其の他私達（たち）の見て何に使ふか譯（わけ）のわからぬ廢物（はいぶつ）が山と積んであります。

×　　×　　×

　一番奇抜なのは骨董屋（こっとうや）です。帝政ロシヤの勲章が光つてゐるかと思ふと、その横には錆（さ）びた古錢が散らばり、金屬製の古鏡や蒙古の喇嘛（らま）寺の佛像等（など）までであります。物好きな小父さんたちはよく日曜あたり、此所へ掘出物をあさりに行くのを見受けます。

伊藤公の最後

(1) シメイハ オモシー ミ ハカロ シ
(2) ただひと すぢにー く にのた め
(1) オーモキ シメイニ カロキミ ヲ
(2) とうやう へいわの ためとこ そ
(1) ササゲテ クーニニ ムクイン ト
(2) おーいを わすれて おいのみ を
(1) ヲーヲシ ナツカシ イトウコ ウ
(2) こさふく かぜのー まんしう へ

伊藤公の最後

三、満洲の野は霜冴えて
哈爾濱驛の朝まだき
露國藏相と會見の
使命果せし折しもや。

四、不慮の傷手にあなむざん
眠るが如くいき絶えぬ
愚ものよとあはれみの
ただ一言を名殘にて・

五、ああハルビンの朝嵐
憾みはながしさりながら
君が勲は朽ちざらん
平和の塔のいしつえと。

伊藤公

明治四十二年六月、韓國統監を辭したる伊藤公は、同年十月ハルビン訪問を企てられたのである。一行は公の外貴族院議員室田義文、式武官古谷久綱等九人で、其の中有名な漢詩人森槐南を同伴せるなど全く風光遊覽の樣であるけれども、伊藤公の胸中に期せらるゝ所は、恐らく極東平和にあつたことは疑ひない。

二十二日、公は陸行して奉天に着いた。支那官憲の觀迎會に臨んだりして一二日を過し二十五日夕方には長春に着いて、清國道臺の晩餐會に臨んだ。その夜、東清鐵道が特に一行のために仕立てた貴賓車に乗つて、いよいよ最後の目的地ハルビンに向つて出發した。車中には中村滿鐵總裁をはじめ、川上總領事、田中滿鐵理事等の外に、特にロシア側から出迎へに來たアフアナシエフ少將・キンツエ東清鐵道營業部長等數名の護衛士官もゐたので、歡談湧くが如く夜の更けるのを知らなかつた。

これより先、露國大藏大臣ココーツオフは極東巡視の途に上り隨員數名を從へ、十月二十二日既に滿洲里を經由し二十四日午前九時半ハルビンに到着してゐた。

露國大藏大臣の極東巡視は、主として東清鐵道の事業擴張に關する自家の意見を確定するためであると聲明せられたけれども、北京駐在露國公使コロストウエツが特に任地より來哈せることなどから推測すれば、伊藤公と露國藏相との會見は何か他に重大なるものがあつたとも想像される。

車中での伊藤公は終始滿足の態で、愉快に談笑し、非公式ながら次の如く述べられた。

「一度見て置きたいと思つた滿洲に、餘暇を利用し、天皇陛下の御許可を得て、視察の途に上ると、偶々貴國大藏大臣が東洋に御出になるといふことで、途も遠くなし御目にかゝりたいと思ひついて何の計畫するところもなく、たゞ日露親和の緒にもならんかと思つて罷り出で、こゝに諸君にお目にかゝることの出來るのは自分の誠に滿足に思ふところである。從來自分は日露兩國間の親密なる關係を見るの必要を感ずることゝ、至つて切なるものがあつた。どうかこの親和の關係が親しむべき諸君と同席することの出來たこの汽車中に始まつて、ますます鞏固な關係を助長し得ることを期したいのである。今諸君の健康を祝し杯を擧げたい」

ロシア人側は伊藤公の挨拶中にあつた「日露親交が、この汽車中に初まり、ますます鞏固ならんことを望む」云々との言葉に對し深い感銘に打たれたのであつた。

ギンツエ部長は起つて次の様に發言した。

「如何なる障害、如何なる困難のあらうとも、吾人は決して此の困難はた障害のために兩國の親交を害することがあつてはならぬ」

これに對し伊藤公は

「否、障害はた困難の如き、余はさらにこれを認めず、兩國の親交は、この列車の疾走するが如くます〱前進して居るのではないか」と。

そして公は、ヤ、リユブルユウ、ルースキフ（余は露人を愛す）の一句を繰り返し、ひたすら日露親交の希望を語りながら車中に和氣を漂はしたのであつた。

翌朝公が車中に眼を醒したのはもうハルビン着に間のない頃であつた。公は例によつて簡單な朝食を濟ませると、平常寸時も手放さない愛用のハバナに火をつけて、しばらくその高い香りを樂しんで居られたが、やがて着車時間が近づくと服裝を整へて、客室の方へ出て行かれた。

その時ハルビン驛頭には平常の如き雜踏はなく、歡迎者は粛然としてプラットホームに整列し、いづれも禮裝の人々であつた。そして伊藤公の坐乘せられた特別列車の貴賓車は一二等入口の前方に停車させる豫定で、その出入口を後に露國儀仗兵が整列し、その左翼には領事團及びその他の代表者、次に諸國軍隊、その左翼には一般日本人が堵列して歡迎したのであつた。

機関車とも六輛より編成せられた伊藤公の特別列車が十月二十六日午前九時、緩速力を以て、停車場内に進入して來ると、露清兩國の儀仗兵は一齊に軍樂を奏し、捧銃して敬禮を行ひ、列車は豫定の位置にしづかに停車し、最尾の貴賓車は丁度露國儀仗兵の最左翼前

方に停車した。すると露國大藏大臣が先づ客車内に進みこれで初めて日露兩巨頭は握手を交換したのである。藏相は
「ようこそ！高名なる閣下を迎へる光榮を感謝します」と言つた。

「閣下に迎へられることは私に於ても喜びに堪えません。どうぞよろしく！」

これで二人は再び改めて握手したがやがてまた藏相がつゝしんで言つた。

「今日閣下に午餐を差上げる光榮を得たいと思ひます。御承知下さるでせうか」

「有難う、予に於ても、別に先約はないから喜んでお招きに應ずることにいたしませう。」

「實は私は我が露國護境軍團の名譽軍團長であります。部下の軍隊の一部分を、閣下を歡迎するためにプラットホームに整列させ

て居ります。閣下がもし私と共にこれらの軍隊を検閲して下さるならば、私の光栄これに過ぐるものはありません。願はくは私の乞ひを容れて戴きたい」

「喜んで承諾致します。光栄ある露國軍隊を検閲し得ることは私の一生の名譽です」

二人はプラットホームに降り、随員たちを從へて、堵列してゐる軍隊を検閲した。検閲が終ると、藏相は出迎への群集の中から重立つた人々を公に紹介し、公もまた随員たちを藏相に紹介した。

驛頭の交歡はこれで終つた。一行はこれから豫定の宿舎に就くべく、公を先頭に、五六歩出口の方へ歩き出したが、その時、異様に低い銃聲が軍隊の一端群集の中から、連續して起つた。この瞬間伊藤公は銃聲の起つた方向に振り向き、暫時佇立し、低聲なるも極めて力ある聲にて「誰だ！」と一喝したが、急に何物にかもたれか、りたい様子に見えたので、初めて伊藤公の身に異變のあつたのを知り、公と最も接近して立つてゐたココーツオフ藏相は直ちに右手を以てこれを支へ、室田・古谷・中村らこれを抱擁し、藏相の注意により古谷久綱の發言て直ちに列車内のサローンに運び入れた。

交歡の和氣が滿ち滿ちてゐた停車場内におけるたゞならぬ銃聲、しかも室外での拳銃の音は、極めてかすかであつた。故に多くの人々は支那人が爆竹を打ち揚ぐるぐらゐに感じたに過ぎなかつた。然るに四發目が響く頃には何人も一齊に一大不祥事の起つたことを感じ、一同緊張、殺氣の天に漲ぎるやうな氣分に打たれた。露人の口からは「ヤポーネツ、ヤポンツアー」（日本人が日本人を）といふ聲が發せられるのと同時に、露國の儀仗兵中には露國式の大刀を中天に閃めかすものもある。雪崩を打つて伊藤公の遭難地點に寄つて來た人々のうちには、プラットホームから少し低い線路に落込んで倒れるものもあるといふ騒ぎであつた。そのうちにギャア……といふすさまじい苦しみの聲も聞えた。それは露國の兵士に兇漢が逮捕せられた時の聲であつて、前の三發は伊藤公に命中し、後の三發の中一彈は森槐南の腕と肩を貫き、一彈は川上總領事の腕を貫き、更に他の一彈は田中理事の脚部を傷けたのであつた。

車室内に横臥した伊藤公は小山醫師及び出迎への露國醫の應急手當を受けながら、

「大分彈が入つてゐるやうだ、何奴がやつたのだ」と言つた。

「韓國人ださうです」

と中村滿鐵總裁が說明すると、

「馬鹿者ツ」

と言つたが、その時公の顔色が急變して脂汗が流れ出した。小山醫師は、急いでブランデーを取り出して、

「ブランデーを召し上りますか。」

と言つた。

「うん」

公はうなづいて、自分で頭を持ち上げて、飲み干したが、また五分ばかりして、

「今一杯召上りませんか」といふと、今度も頭を擧げて、がぶがぶと飲んだ、それが公の此の世に於ける最後の行動であつた。

公はこれより昏睡状態に入つた。四五分の後、公は低く「うん」と呻きながら、微かに体を捻ぢらせた。それが公の最後であつた。

時正に、明治四十二年十月二十六日午前十時のことである。

この暗殺の下手人が名は安重根。平壌郊外に獵師を営む三十一才の青年であつた。

この日、午前十一時四十分、東清鐵道の貴賓列車は、ハルビン驛

頭哀々たる軍樂の音に送られて、再び滿洲を南下し始めた。諸員の涙にかこまれて、車中に横たはる者は誰ぞ。

三時間前ハバナをくゆらしつゝ北上した、明治の元勳、我等が平和主義の政治家、伊藤博文公その人の變り果てた姿ではないか。悲しみの列車は、驛々の涙に送られて、かつて我が國軍の血に彩られた滿洲を南下した。

列車が大連に着いたのは、その翌二十七日の午前であつた。遺骸は直ちに靈柩に納められ、軍艦秋津洲に移されて、横須賀に運ばれた。それが滿都の悲しみに迎へられて、靈南坂の官舍に入つたのは、十一月一日の午后であつたが、その日横須賀から新橋驛までの汽車中には、特に儀仗兵が附され、新橋驛には諸皇族が出迎へられるなど、すべて皆破格の御取扱ひであつた。

伊藤公のこの凶報が、全世界に傳へられたのは、兇行のあつた日の午後であつた。全世界はこれがために震駭した。勿論、内地では新しい情報が來る毎に、新聞號外が飛んだ。忽ち全國は悲愁の巷と化した。

十一月四日、國葬の礼が、日比谷公園で行はれた。この日、空は雨を含んで、どんよりと薄曇つてゐたが、靈南坂から葬儀場までの沿道には、公を見送らうとする滿都の子女が悲しみをたゝへて滑集してゐた。

午前九時、靈柩は、五十人の雜色に舁がれて、思出多い靈南坂の官邸を出た。柩側に侍する者は、右側に寺内、乃木、大島、兒玉の諸將軍、左側には東郷、山本、齊藤、上村の各海星。靈柩はしづしづと沿道を縫つて、一時間の後、大齋場に着いた。葬儀は我が兩陛下を初め、各國元首、各皇族殿下御下賜の榊、花環などに圍まれて齋主千家尊弘によつて、恭しく行はれた。この日、この盛儀に列する者は、勅使北條侍從、皇后陛下御使、英、米、佛、露、獨、伊、清國各元首の名代、各皇族殿下以下、無慮五千名、實に國を擧げ世界を擧げての大葬儀であつた。

伊藤博文公、行年六十九歳の秋である。

哈爾濱學院

馬家溝は露人の田園都市と稱せられるが、全く以て緑の町だ。舊ハルビン大街を挾んで、樹々の茂みの間から、赤い色、青い色、樣々な屋根が見えかくれする。これらの家々を越えて、遠く高く大街の左側飛行場のあたりに、赤煉瓦三階造の建物が見える。これが即ち北滿唯一の日本人專門學校たる哈爾濱學院である。

學院は故後藤新平子爵が中心となつて、大正九年秋、はじめて開

校せられたもので、初代總理には後藤子爵が就任し、現在は齊藤實子爵がなつてゐる。

目的はロシヤ語を能くする有為の青年を養成するにある。三箇年修業で高商程度の學科に露語を併せて教へるが又一方支那語も重んぜられてゐる。

學生は日本内地の各府縣が、中等學校卒業生中より選拔し、公費生として派遣してゐるが、近時私費生も多く收容されてゐる。

一年生は全部寮生活だが、二年三年は近くの白系露人の家に露語の練習かたがた下宿生活をする。

五月初夏の頃から、校庭は青葉若葉に包まれると、白いユニフォーム姿の學生だちは、テニスコートやグランドで、白い球を追ひ或は蹴球やバスケツトボールに勇ましい跳躍を見せる。

冬季は校前のスケートリングに群れて、凄しい滑走をするもの、或は美しい曲線を描くもの、とりぐの姿態が銀盤上に交錯する。

このやうな樂しい學生々活が此所に営まれて、馬家溝は彼等にとつて、一生忘れ得ない懐しい思出の故郷となるのである。

商品陳列館

先生と一しよに學校を出た。今日はこれから哈爾濱商品陳列館を見物に行くのだ。公園を通つた。花壇は支那人がせつせと手入をしてゐた。

「あゝこれから一ヶ月もたつとこの公園もきれいになる！」

と先生がおつしやつた。

所々にあるベンチはぬりかへて居る。

× × ×

公園の西の電車の停留場へ出た。しばらくして北の方から、電車がやつて來た。

「これだ！さあ乘らう」

僕はロシヤ人の間へ腰をおろした。先生は立つてゐらつしやつたが、つりかはをつかまへて、

「やあ！これはずゐぶん高いネ」

と云つて、手を高くのばしてゐられる、しばらくして、電車から降りた。

「あの三階建の家が陳列館だ」

「あれですか」

見ると電車通の左側に三階建の家があつて屋上には、日の丸の旗がひら〳〵と飜つてゐる。

ドアーを開けて館内へ入つた。すぐ階段を降りて地下室へ行つた。室の入口に大きい白かばの木材が置いてある。それを見ながら

「仲々よく出來てるネ！」

と云ひながら先生は僕に教へて下さつた。

この室は滿蒙の商品が陳列してある。珍らしい麻など僕は初めて見た。豆を原料とする色々の石鹸や油類があつた。又色々の酒類も美しいレツテルをはつて列べてある。

それから二階に上つた。こゝには日本の内地から送つて來た商品が陳列してある美しい陳列窓、目のさめるやうなきれいな商品廣告、僕は吸ひ込まれる樣に次から〳〵へ見て行つた。先生はじつと立つて陳列窓から中の説明を一生懸命讀んでゐられる。僕はすきな自轉車や、野球の道具があつたので、色々しらべて見た。内地から來る立派な商品にはほしくなつて

「先生！僕ほしいものが多くさんある！」

と云ふと、先生はにこ〳〵しながら

「ずい分立派なものがあるネ」

と仰しやつてなほ一生懸命見てゐられた。

×　×　×

三階に上ると、事務室や館長室があつた、此の方の一部には陶器類など陳列してあつた。

それを見てから外へ出た。

「あゝ今日は大變りかうになつたネ」

「こんどは歩いて歸るかネ」

と先生が仰しやつて地段街を北へ北へと足を運んだ。

× × ×

途中先生は陳列館で頂いたパンフレットを見ながら、次の樣な話をきかして下さつた。

「あのネ、商品陳列館はあんなに商品を陳列してゐるばかりでなく、其の外にネ露亜時報や露文雜誌も發行してゐる」

「その雜誌にはどんなことが書いてあるの！」

「それにはネ、この北滿の商賣上必要な色々な事が館員の手で調査研究されて、それがのせてあるのです。その外この北滿向の即ち滿洲人やロシヤ人向の日本の商品の改良指導など色々な仕事がありますo それだけこの陳列館はとても大切な役目をもつてゐるのです」

など、話を聞いてゐるまに、いつのまにかモストワヤを過ぎて學校の玄関の見える所まで歩いてゐた。

あゝ今日はほんとによかつた。

郊外の戰鬪

一月二十八日、長春を出發した多門師團の精兵は、一日も早く籠城中の居留邦人を救はんと、途中幾多の障碍を排除し、至る所で反軍を撃破しつゝ、二月四日午後二時頃哈市を去る南方約十粁の地點、馬架子溝まで進出した。其の頃までの飛行機の敵情報告を綜合すれば南方より哈爾濱市街に入るもの、哈爾濱市街より東進するもの、舊哈爾濱に移動しつゝあるもの等々、尚傅家甸は混乱せる模様であつた。

ここに於て師團長は、敵は退却せるにあらざるかを疑ひ、一擧に敵を哈市より驅逐し、迅速な行動によつて敵をして堅固な市街に據つて抵抗する餘裕を與へざらしめん為、先づ新市街南方を攻略し、次いで敵を市街の東方に追ひまくる作戰を立てた。

命令は下つた。

一、歩兵（第〇旅團第〇聯隊第〇聯隊其他）ハ右翼隊トナリ、直ニ攻撃ヲ開始シ、敵陣地を奪取セバ、一部ヲ以テ舊哈爾濱方面ニ進撃シ、主力ヲ以テ病院街（志士碑附近）ニ集結シテ夜ヲ徹スベシ

二、歩兵第〇〇〇團ハ左翼隊トナツテ直ニ攻撃前進シ、敵陣地ヲ奪取セバ、其ノ一部ヲ以テ顧郷屯ニ敵ヲ追撃セシメ主力ヲ以テ顧

郷屯東方一帯ヲ占領スベシ

三、何々

四、何々

かくて午後三時四十分火蓋は切られた。煙は曠野を包み、砲聲殷々として天地に轟く。

左翼陣地は市街に接し、悉く堅固な煉瓦造家屋に防禦線を張つて頑強に抵抗した。

右翼隊の左第一線の正面の敵も亦、屋内に銃器を配置し、銃眼より我が軍を射撃した。勇敢なる我が軍は雨霰と降る敵弾の中を躍進し、日没前に新市街の南方二キロの小部落を奪取した。此の戦闘に護路軍碑の柵は破壊され、我が将兵の血は雪を染めた。

最右翼の部隊は、何一つ掩護物のない雪の曠野を、敵の猛撃を浴びつゝ進撃し志士碑南方数百米の地点を奪取して夜に入つた。

敵は我が軍の夜襲を恐れ暗闇の中を全線に亙つて間斷なく小銃機関銃の射撃を續け、迫撃砲彈は我が中央部隊の左右前後に炸裂した。

悽慘な夜は明けた。

敵の砲兵は拂曉前より既に猛烈な射撃を開始したが、我が軍は満を持して夜の明けるのを待ち一擧に之を沈黙せしめた。

午前九時四十分、約千五百の敵はインデンダンスキー驛方面から我が中央部隊に向つて逆襲して來たが、我が砲兵の猛烈な砲火と戰車隊の勇敢な反撃にあひ、交戰僅か三十分にして多數の死傷者を捨てて滑走した。

折しも南方より現はれた數台の偵察機、或は高く或は低く敵の頭上を旋回して物すごく爆撃する。戰車のうなり、銃砲の響き、地空相應じて攻撃は愈々猛烈となり戰は今や酣となつた。敵は此の猛撃に堪へかねて午前十時過早くも其の右翼部隊は動搖の色を現はせば、すはつ！とばかり我が軍好機を逸せず直に之に突撃を敢行した。

第○○○聯隊の一隊は、午前十一時病院街附近に進出し、第○○聯隊は砲兵の援護のもとに攻撃をつゞけ志士碑附近を占領し、次いで第○○○聯隊の本隊は午後一時半新市街南端まで肉迫すれば、インデンダンスキー方面も相呼應して遮二無二攻撃を敢行し、遂に此所に日章旗をひるがへしたのである。時に午後二時。

猛撃又猛撃にあつた敵は、算を乱して飛行場の東方或は傅家甸方面に逃げまどひ、更に遠く賓縣及び呼蘭方面へ敗走した。

故清水少佐を偲ぶ

昭和七年一月二十七日清水少佐は松花江河畔に於て悲壮なる戦死を遂げられた。吾々は當時の情況を思ひおこして故人を偲び、英靈に對して心から感謝の意を表したい。

吉林政府に反旗を翻した丁超李杜は、其の大軍をハルビン郊外に集中し、遂に我在留民に對しても敵意を示し、邦人の危期漸く急を告ぐる時、俄然一月二十七日朝現飛行場附近に於て吉林軍と反軍との間に砲火は交へられた。

時しも吾等四千人の生命を心配して飛來したのは皇軍の飛行機三台であつた。吾等は皆感激の極、屋上ベランダに上り大きな國旗を打ち振り萬歳を叫んだ。驚く程大膽な偵察飛行が暫く續いたと思ふかと、銃聲砲聲が到る處に鳴り響いた。すると内一台は中東鐵路中央工場の煙突をかすめて、市街の裏に機影を沒した。

何たることだらう。豫期せざる此の着陸、偵察機七五〇號の清水飛行機であつた。現場に駈けつけた某氏は、數百名の露支人をおしぬけ清水少佐とかたき握手をかはして、再三たちのきをすすめたが

「いや大丈夫です。私には武器があります。最後まで踏み止まります。」

と決心の程を示された。某氏は早速頼まれた電報其他の所用の為後髪をひかれる思ひをしながら車上の人となつた。

「清水大尉はパラシユートを血に染め慘死を遂げた。」

との急報に接したのは其後、まもなくであつた。反軍の騎兵約三十名の襲撃にあひ、機上の英雄は一度は機関銃に手をかけたが、群衆

に的中することを恐れてか、泰然として手を離した時、敵彈顔面に命中、見るに忍びぬ慘殺振だった。

此の日からハルビン市中は、不安に慄いた。皇軍を待つこと十晝夜、四千の我等同胞を案じ、途中飽くなき抵抗を試みた反軍を、撃破して二月五日堂々と入城した當時の哈市の熱狂的歡呼の聲を故清水少佐の英靈は、如何に聞かれただらう。

籠城日誌

一、序言

零下三十度の極寒にハルピン人が、シューバの襟高く氷土の上を踏みしめながら歩いてゐた時だ。——それは、正月屠蘇の香未だ消えやらぬ一月廿六日の朝の出來事である。

×　×　×

反將丁超・李杜の軍勢に、終夜、生命と財産とに對する脅威を受けた傳家甸一帶の地域は、昨夜に至り、外部との連絡を完全に絶たれた。街頭に機銃を据えて良民を脅かし、勢のおもむく所、如何なる情勢に陷るべきか、推測を許さない成行であつた。日本人小學校では、緊急職員會議を開き、其の對策を練つた結果、各學友團毎に兒童を歸宅せしめる事とした。畏くも、御尊影は二度目の總領事館御奉遷に決定、職員の決意眉間にひらめく。

斯くて、在留同胞四千の老若男女は、悉く所定の避難所へ収容せられ、壯年の男女は銃を執りて、天晴れ、同胞の生命財産を死守するために、義勇隊を組織した。各義勇隊は、各避難所に配置せられ、鐵條網をはり、機關銃を据え、歩哨、巡察をおいて、其責務を全う

せんとした。即ち以下は、其の籠城記の断片である

二、死守の苦悩

避難所はむつとするほどの人いきれである。それでも晝間は朗かだ。一旦夜の闇が迫ると、知らず知らず凄惨な氣持におそはれてくる。

「夜がくると胸をおしつけられるやうだ」。

「日が暮れると頭が重くなる」。

夕方になると、皆の口からこんな言葉が洩れてくる。

ここで、或晩の事件を拾はう。

それは、籠城を始めて三日目位な時だつた。

A君は今夜十時から裏門の歩哨に立つために、武装のまま休憩をしてゐたのである。毎夜の睡眠不足は、彼を思はず深い眠りに誘つ

てしまつた。

×　×　×

「A君！起きないか」

「おい！文代だぞ」

同僚は抱へるやうにしてAを起す。歩哨交代のサインが來る。A君と一緒に立つものは、M君K君である。三人複哨で、監視の區域は、AとMは裏門塀全部、Kは兩脇小門と定められた。

分隊長は特別守則を與へた。

「塀を登る者は射殺せよ」

凄い守則である。三人とも異状な興奮をおぼえながら部署についた。氣温正に零下二十八度、足の爪先から浸みこんで來る寒氣をどうする事も出來ない。銃を持つ手も寒さに痛む。しかし、背後の建物の中には、何百の同胞が、我々に一切を委ねて安堵してゐるでは

皇軍入城

ないか！　此の責任を感じなくてばならぬ。

さうだ・三人は懸命になつて、寒さと戰ひながら監視をつゞけた。

M君が小聲でさゝやいた。

「今夜は巡警も通らないね」

「凄いね」　A君の聲

「來たぞ！　自動車が？　トラック？」

「うんと乗つてるね」

支那巡警を乗せた怪自動車は、幾回となく音を立てて通つた。其の後は實に靜かだ。自分の足音が、遠く彼方へ聞えさうな夜。眞の闇夜だ。

「あと二分だ」

「もう交代だね」

「うん」

其時である。實に其時であつた。猛烈な銃聲がつづけざまに彼等の耳を劈いたのである。Mは狼狽した。Kは小門の脇に小さくしやがんで手まねきをしておる。Mは既に裏門の鐵の扉の鍵に手をかけようとしてゐる。そしてあたりは又元の静けさにかへつた。

Mはずり寄つてきた。

「危なかつたな」

「ピストルだね」Kの小さい聲。

Aは如何にすべきかに迷つた。彼は異常ある場合には、報告すべき責務を負つてゐたからである。今こそ本隊に報告すべき時機かも知れぬ。歩哨の位置より本部まで約五十米位はある。然し、報告に行つてゐる間に、事件の再發がないとは保證できぬ。いやきつとあるぞ！　何か起るにちがひない．

×　　×　　×

果して、第二の銃聲が猛烈に而も今度は耳のそばに起つた。危い！　危い！　彼等は心の中で聲をかみしめた。

断然報告だ！　Aは決心した。鐵門の中に三人はもぐりこんだ。焦つてゐる場合だから、鍵が容易にかからない。漸々門扉を閉ぢて彼等は防禦の姿勢をとつた。MとKは、土嚢に銃を架して、内側の兩塀を照準する。然し事態逼迫の場合は、共に本部まで引揚げることに其場で話をきめた。差しあたりAは自分の應急態度をきめなければならぬ。

「よし！行つて來る！」

眼前にポツ！　ポツ！　砂煙があがる。

彈だ！　ピュー！　ポツ！　Aは耳と眼に全心を打ちこんでこの

状況を凝視した。そして、間をおいて、銃聲はきえては又起る。

「今だ！」

叫んだAは伏せて匍匐した。そして思ひ切って立ち上ると猛烈な勢で突進した。一生懸命だ。

× × ×

本部に辿りついた彼はホットして委細を報告した。本部は色めきわたった。Aはそのうちにも頻りにMとKの事を心配した。早く急援してやりたいと思った。

「小銃分隊集れ！」

小隊長の聲に一同どつと押し寄せて整列する。情況報告がある。三歩間隔一列縦隊で、小隊は黙々と暗黒の中を進んで行く。

「止れ！」

総勢九人の小銃分隊は最前線土嚢の蔭に伏せると、後から豫備軍たる拳銃隊及擲弾隊がついてくる。正に堂々たる戰鬪隊形は成立したのである。

×　×　×

怪銃聲の正体は？　一同眼を皿にして状況判明につとめる。

小隊長の聲が聞えた。

「敵が發砲するまで打つな」

「ハイ」誰かがかすれた聲を出した。

續く、續く、靜寂の瞬間。室内の電燈は一齊に消燈せられて無氣味なシーメンス會社の建物がひつそりとそり返つてゐる。これは新市街某避難所の情景である。そして此の情景は幸ひにかくして終末を告げたのである。

×　×　×

翌早朝のテーブルは昨夜の騒動で賑はつた。Aも眠い眼をすりながらテーブルに就いた。彼は誰とも話す氣になれなかつた。然し一局の元氣は昨夜に見られない程盛んなもので、愚な思ひの腕まくり話に花が咲いた。

「若し敵があの時発砲したらどうするんだ」

「無論こちらもやるさ。意氣地なく逃げてしまつたね」

「今晩から特に警戒を厳重にするといふ話だ」

「どんな風にやるんだらう」

「先づ周圍に鐵條網を張りめくらし、土嚢の数を増すんだね」

「それから」

「それから、敵襲の場合の戦闘演習をやるさうだ」

「大いにやるんだね」

× × ×

こんな話は度々あつた。事件は日夜、次から次へと起つた。武装(ぶそう)解除(かいじょ)に來るといふ噂や、夜襲をされさうな氣配は、幾度あつたか知れぬ。而も、毎夜我等の夜を慰むべきラヂオは、徒に皇軍來を傳ふるのみで、待てど暮せど日章旗の光に接しない。監禁同様の四千の同胞は、武器を抱いたまま、焦燥（せうさう）苦惱（くなう）の時を過さねばならなかつた。男子が、老幼婦女を保護するために決死の勇を鼓せば、老幼婦女は男子の足手まとゐとならぬことにつとめ、文字通りの一致協力の眞劔さは、見るも、涙ぐましい情景であつた。

×　×　×

皇軍來らざるか？　日本軍はまだか？

旱天に驟雨を希ふが如き心持で鐵兜（かぶと）の威風を渇仰した。それは眞に長い長い時間であつた。待つ者の氣持は、蓋し待つ者のみにより理解せらるべきものであらう！

皇軍はまだか！

われ等が死ぬか？

それは刻一刻を爭ふ重大問題であつた。

三、皇軍入城

遂に來る可き日が來た。待ちに待つた皇軍の入城日は來たのである。同胞の歡喜は、其の極に達し、文字通り手の舞ひ足の踏む所を知らなかつたのである。

×　×　×

それは忘れもしない二月五日の朝である。今日こそはわれ等の生命と財産は葬り去られるであらう。男子の面上には一抹の殺氣がみなぎり、婦女子は青白い顔に一杯の不安をただよはせてゐた。恐ろしい町の噂は、遠慮もなく義勇隊の本部へ傳はつて來る。最後の日を豫想した隊士の面々は、思ひ思ひに銃を執つて部署についた。これが最後か？残る婦女子はどうなる？　絶望のどん底を思つて居をかんだ。

×　×　×

突如！　屋上監視の叫び聲をきいた。

「見えたぞ！　日の丸が」

「鐵兜が見える」

その聲をきいた時の喜びは永久忘れることが出來ぬ。踊つた。唄つた。跳ねた。そしてどつと一時に表門へ飛出した。

見えるではないか！　皇軍の勇姿が！

勇壯な足音を規則正しく立て乍ら、沈默の皇軍は進んでくる。誰も泣いた。兵士の顔にも涙が光つてゐる。凍傷にやけた手をあげて、兵士は涙を拭つてゐる。涙と涙！　感激と感激！　これこそ終生忘れることの出來ぬ情景であつた。

「皆、無事ですか」。

やさしく中隊長らしい人がきいた。何と有難い言葉であらうか。寒さと飢と敵との爭に疲れ切つてゐながらも、まつさきに同胞の安否を氣づかつてくれる皇軍將士の表情に、又新しい涙を誘つた。

×　　×　　×

かくして皇軍は入城した。一旬の籠城に極度の昂奮をつゞけて來た在留四千の同胞は、今や完全に解放せられた。昨の悲痛は今の歡喜となり、一陽來復のなごやかさが來たのである。よくも我等の精根は續いたものだとお互ひに顔を見合せた。そして誰の眼も、更に皇軍に對する感謝の涙が光つてゐた。

347　『哈爾濱読本』（哈爾濱日本小学校、1934年1月）

昭和九年一月十五日印刷
昭和九年一月二十日発行

非賣品

編輯者　須田亨
発行者　白髪隆孫
発行所　哈爾濱日本小學校
印刷所　東亜商工公司謄寫印刷部

哈爾濱尋常高等小学校学習部 編

『スンガリー』

（哈爾濱尋常高等小学校、一九三四年七月）

スンガリー
哈爾濱尋常高等小學校 9.7.1

【目　次】

吾等教育家の念願

校長　大林惠美四郎

三千年の歴史を有し萬世一系の皇統を戴く世界無比の我が國體をして今後益々强固にし發展せしむる爲には吾々第二國民の教養に携はるものゝ責務重且大なるものある事を痛感す。

『我カ臣民克ク忠ニ克ク孝ニ億兆心ヲ一ニシテ世々厥ノ美ヲ濟セルハ此レ我カ國體ノ精華ニシテ教育ノ淵源亦實ニ此ニ存ス』

と仰せられた教育勅語の中の忠孝の美風は實に我が國體の精華であるから我々教育家としての教育上の狙ひ所或は根本中心點を此に置かなければならない事は申すまでもない。

併して尙建國精神を明かにし、君民一體合作の國家である事も熟知せしめて國家の爲皇室の爲に獻身的努力をなす國民を養成しなければならない。卽ち小我の教育でなくて大我の教育である。小さな個人的利己的教育でなくて大きな全體的『國家卽我』といふ考への大我的教育でなければならない。然して三つ子の魂百までといふから幼少の頃が最も重要である。小學教育の任務重大なる所謂も實に茲に存するのである。

去る四月三日宮城二重橋前の大廣場に於て開かれた全國小學校教員國民精神作興大會に當り陛下の御親閲を賜りし際御下賜の御勅語にも

『國民道德ヲ振作シ以テ國運ノ隆昌ヲ致スハ其ノ淵源スル所實ニ小學校教育ニ在リ事ニ其局ニ當ルモノ夙夜奮勵努力セヨ』

と仰せられてゐる。是を見ても如何に小學教育が重大なものであるかが察せられるであらう。我々は陛下の大御心を拜し奉つて感激し且又恐懼措く所を知らざる有樣である。我々の覺悟と念願とも亦實に此に存するのである。

然して一個人の子供、目に入れても痛くない親の大事な子供であると共に國家の子供、陛下の赤子である子供、尙又將來の國家を雙肩に背負つて立つ子供を教育するのであるから我々の教育目標と着眼點とは他國の個人本位のそれとは餘程違ふのである。此の意味に於て我々の教育は眞劍熱烈にして全我的でなければならない。爲に責任は實に重い。斯くの如き事を痛感して一大信念と願望とを以て教育しつゝあるも身不肖にして完全ならず、缺點だらけのもの故十分の指導は出來ない。それ故に只々子供等と共に修養し、共に研究しつゝ進まんと志す次第である。併して父兄並に社會一般の人々の力を借り或は又父兄方の協力を得て兒童教養の任務を全うせんとするのである。それ故に父兄並に社會全般の人々は學校や教師を攻め又我々の到らぬ處を批難する前に親切な忠告と援助とを與へられん事を望むのである。要は自分の子供本意に一個人の都合主義立場からと、親の我子可愛さの慾目からとのみ眺めたり推察したりした結果の批評攻擊に陷らないで、大局から眺め、國家の子供、陛下の赤子といふ立場から大きく全般的に考察して完全なる教育が出來るやうにせしめて貰ひたいものである。斯くして全國民の總意總努力に依つて第二國民の教育を完成すべく願望する次第である。我々はかの鹿兒島人士の教育法が是に類するものあるを知り感服且つ敬服の外はない。

哈爾賓在住全邦人及び全父兄も此の心持を以て學校教育を援助せられ且又學校と協力してこの大念願大理想を實現すべく切望して止まない次第である。

教育原理としての日本精神に就て

餘りに問題が固苦しいやうですが、現今荐りに高調されてゐます日本精神とは如何なるものであるか、そして又之が教育上如何なる關係を有するものであるかに就いて極く大體申上げて御參考に供したいと思ふのであります。

一體此の日本精神の高調される以所のものは、我が國が明治維新以來追隨模倣して來ました西洋精神の桎梏から脱却して、我が內なる獨自の日本精神に甦り、之を指導原理として國家內外の重大問題を解決せんとする國民的自覺の發現に他ならないのでありましてこは、正しく日本歴史上新時代を劃すべき吉兆であり、邦家の爲め洵に慶賀に堪へぬ次第であります。

我が教育界に於きましても、此の日本精神に立反つて、凡ゆる教育機構を再檢討し依つて以つて國家百年の日本的な教育を樹立すべき時機に際會して居るのであります。

然らば斯くの如き重要なる日本精神とは果して如何なるものであらうか、以下之れに就て解說を加へて見たいと思ひます。

先づ日本精神を形式方面から觀ますると、人間個人に夫々個性のある如く國家日本にも其の構造に於て特異獨自な存在をなしてゐるのでありまして、此の個性的風趣が本精神そのものであると見られるのであります。だが此の見方は靜的外觀であり、之を動的に見る時は日本の生命であると斷ぜられるのであります。なぜならば個性をして獨自の存在たらしめる作用が卽ち生命そのものであるからであります。それ故に日本精神は、國家日本の個性であり生命であると言ひ得られるのであります。而して生命なるものは、本來生々流轉、常に自己の内に自らの理想を追求して無限に進展するものでありまして、國家日本の生命が理想を追ふて參りました跡づけが卽ち日本の歷史であり文化であるのであります。故に日本精神は日本の個性であり生命であると共に、國家日本の歷史文化を生み出す原動力であり、國家日本の理想其のものであると見られるのであります。

旣に日本精神は國家の理想であるが故に當然この精神は我々日本人の生活を指導する原理でなくてはなりません。而して之を敎育上に持ち來たした場合には、兒童生活を指導する本源であり、從つて之れは日本敎育の指導原理となるわけであります。

以上は唯本精神の形式を外觀したに過ぎませんが、然らば此の精神の具體的の中核は果して如何なるものであらうか。以下此の問題に就て論述を進めたいと思ひます。

元來生命なるものは、もとより物自體として存するものでなく、機能として作用としての全一具體的統一であります。

此の生命の具體全一的統一の仕方が西洋と東洋に於いて各類型を異にして居るのでありまして、東洋では消極性が中心となり、積極性が裏にかくれてゐるに反し、西洋では積極性が中核となり消極性が裏にかくれるのであります。卽ち我が陰性が中核、彼は陽性が中核であります。

從つて陽性を中核とする西洋に於ては其の個性なり生命の發展の樣式はどこまでも自我の肯定であり、自我の主張である。之に反して陰性を中核とする東洋に於ては、自我の否定に依つて大我に生きる行き方をする。已れを空しうして價値（理想＝天皇＝親）に仕へまつる形式をとるのであります。同じ東洋でも此の形式を高度に而もいとも鮮明に發現してゐるのが我が日本であるのであります。日本の生命であり、日本の個性である所の日本精神の機構卽ち其の中核は以上述べた如き樣式に於て成されるのでありまして、從つて此の樣式を見逃しては、日本精神の本質眞髓が摑めないのであります。

己れを空しうして價値に仕へまつることは卽ち去私則天とも捨私奉公とも言ひ得られるのでありまして、之が卽ちマコトであり日本精神の中核をなす所のものであります。古來マコトを以て日本精神の眞髓であると言はれたのはもつとものの事柄である。私を去つて天（價値・理想）に則り私心を捨て、普遍妥當なる公に奉じ小我を滅却して大我に生きてこそ眞實のマコトが顯現するのであります。

『義勇奉公』『忠孝』『忠實』をはじめ日本のあらゆる文化制度、さては風俗習慣に至るまで、何れも皆、此の去私奉公といふ根本的統一樣式を以て論理的に鮮明することが出來得るのであります。唯こゝに一言すべきは日本精神とは此の中核のみを意味するものでなく、その中核によつて形成された周邊の諸々の國民性の特徵卽潔白・樂天・優美・寛大・尙武等の屬性ももとより其の一部面であるといふことであります。

甚だ下らぬ事を申述べましたが、以上に依つて聊かなりとも日本精神の骨子が明らかになりましたらこれに過る事はありません。

（須田）

本校の實際活動

學習部より

總て物は部分あつて全體あり、全體あつて部分ある如く、兒童の教育といふ尊い使命もこれを果すためには單に學校の教育によつてのみ盡さるべきものでありません。學校の教育は絶えず家庭の教育、社會の教育と相俟ち三者融合相關一致して始めてその目的完成を望み得るものであります。扨て兒童が日常場所の何處たるを問はず種々の生活をなし、あらゆる經驗に相遇しゆくことはそれ自體既に兒童各自の生命的學習であります。

それは決して學校に於てのみと限定され又盡さるべきでなく、朝夕の途上に或は家庭に於てもその生活自體につれて或る意味の學習を反復し居るものと考へられます。唯然し世の中には數限りなく種々雜多な物が存在し居りますが、或る一つの目的に對しては役に立つ物と然らざる物とあります。又別なる例で一枚の繪を書くにしても赤青黄等色とり／＼に無秩序に彩つてもそれは繪をなさぬ如く、繪になるためにはそこに一つの描寫法に關し形體、彩色の或る約束規則があります。卽ち兒童が兒童としての生活世界に於て果して或る意味ある文化の收得、方法を構じつゝ生活し居るか否かによつて兒童が眞の學習生活をなし居るか如何の問題が起ります。

此の點よりしあらゆる學的根據と、尊い研究に基調して長年月間改善に改善を重ねつゝ其の體系化、實際化に苦心せられて經營なしつゝある現在の學校の教育は、何といつても兒童學習生活の根源であり、中心でありますゝ。卽ちそこには最も系統化されたる指導材と指導法を中心に各教科が各學年別に取扱はれ居りますが、殊にその運用利用のためには常に兒童自身の學習生活を根底として縱に年々反復さるべき行事等は勿論、時事折節と時間的に起り來る大小社會上の種々なる問題を凝視なし、時機適切なる機會の敎育によつて、その問題に對する刺戟、感激、反省等を喚起なし以てその學習態度、學習能力の深化を計ること、及び橫に兒童學習生活の環境たる敎室、學校は勿論、近く鄕土としてのハルビン、滿洲より遠くは祖國日本をも顧みて絕えずこれらの地域場所を如何にして兒童學習の資材中に採りいれ、その整理又は活躍させることによつて兒童學習生活の伸展を望んで一日も忽せにせず綿密考慮以てその發展を期し居るものであります。

故にその爲には總ての分野よりその感興化、能率化、經濟化をモツトーとして各敎科硏究以外、時機適切なる一定又は臨時の大小學習發表會、展覽會、音樂會、實習等が催される事。その他兒童讀物奬勵のために設けられたる兒童文庫の經營によつて新聞雜誌、新刊圖書の紹介。壁面揭示敎育として學校新聞、兒童新聞、成績物、時事問題等の揭載及び鑑賞。映畫敎育としては映畫館と連絡なして優秀映畫の鑑賞奬勵、猶これら以外兒童學用品の品質選擇とその統一化、經濟化等より特に購賣部の經營まで行ひ、斯くして兒童學習生活の充實進展につとめ以て特に與へられたる尊き敎育完成の使命を果すべく計り居るものであります。

訓練部より

『人は敎育によつてのみ人となる』といつた。カントの名言は無窮の生命を持つて居ります。

人物の陶冶を缺いた知識技能は無價値であります。之れのみを教育と心得た教育は已に過去の教育であります。眞に人間魂を陶冶し、之れから必然的に生じ來る生活の行を教育訓練する『教育卽訓練』の境地に至つて初めて眞の人間教育が出來るのであります。

而して祖國の生命線滿洲、殊に國際都市に住む吾等として、國民的自覺のもとに日本魂に生きる强き國民、全人的品性ある大國民を養成せねばなりません。

本校としては之れ等の觀點から先づ、
日本精神の明徵を期すると共に、協同自治、勤勞奉仕、剛毅果斷、純正奉謝の精神、並びに國際觀念の養成を根幹として訓練を進めて行くのであります。

× × × ×

訓練の徹底は、指導事項少くして永續指導するにあります。本年度は特に一事實行主義を週間制により一德目『禮儀』を徹底的に指導する事にしました。
『禮による全人格の陶冶』『國際的に恥ぢざる大國民の態度』『一德達して萬德備る』『週間より習慣へ』之れが本年度の目標であります。

現在まで實行して來ましたものとして、朝の挨拶、廊下の靜肅、通學途上の禮、同輩間の禮、來客者に對する禮、室內出入時の禮、新聞雜誌等記載の皇室に關する御影の取扱等日本精神の强調を主體とし兒童の生活に卽した事項を以て常に教師と兒童と共に共に實踐し、教室を、學校を、うるはしい共生の社會として目的達成に邁進して居るのであります。

尙ほ教育の完成は學校家庭社會の三位一體となつて努力するにあります。特に兒童の躾に至つては家庭に多分の責任があるのであります。學校週報により毎週の訓練事項を御通知申します故、學校の意を汲み家庭にこの努力を切望するものであります。

體育部より

本年度の我校體育施設の大要をお知らせ致します。

新體操の徹底

本年は特に新體操を徹底的に練習して兒童身體の現在と將來の爲に、努力したいと思つてゐます。練習會は第一回を五月下旬、二日間に亙り擧行、全員協力一致、大馬力を以て努力精進してゐます。

ラヂオ體操

毎日朝會時に擴聲器をもつて、朗らかなリズムのもとに實施。

體育時間の特設

一週三時限の正科の時間では特殊的事情にある當地に於ては、兒童の將來が思ひやられ毎日三十分の體育時間を特設してゐます。

江岸聚落

本校夏季體育施設として最も重要視せる江岸聚落は七月上旬擧行の豫定、日光浴砂浴、大氣浴水浴を勵行し全兒童、健康色豐かな黑ん坊となり酷寒積雪の長期間の冬季に對して身體的準備を致したいと思つてゐます。

遠　足

溫暖なる期間中月一回の豫定を以て植物園に志士の碑に、飛行場の郊外に三棵樹の鐵橋其他に見學をかねて、心身の練磨を致してゐます。

其　他

裸體體操に角力、ドッヂボールに野球、陸上競技に劍道に、各方面より努力を經續致してゐます。

現在校舍增築中につき運動場の狹隘を感じ、校舍北側の道路、公園の林間等に至るまで利用してゐる狀態であります。

秋季大運動會九月上旬擧行の豫定

冬季間の體育は特に意を用ひ、戸外生活を奬勵し毎日必ず一回は、防寒服裝をして、散歩外氣に親しみ、スケートを奬勵し、かたはら室內遊戲の研究と相まちて兒童の健康增進に努力せんと豫定してゐます。

以上行事豫定の大要を記しましたが、單に兒童の肉體上に價値あるのみならず、德育に資する點又大なるものがあると考へ諸施設が全兒童の爲、よりよき效果を納めることを念願してやみません。

　そとで運動ほがらかに。
光にあたれ日にあたれ。
清い空氣をいつも吸へ。
なんでもたべよよくかんで。
早寢早起よくねむれ。
ほどよく休んで力を養へ。

からだはどこも清潔に。
はだぎきれいに厚着せず。
正しい自然の姿勢をたもて。
病をふせげ身をまもれ。

衛生部より

學校教育上、近時養護方面のことが甚だ重要視されるやうになりました。滿鐵小學校に於ては、專務學校醫の配置、眼科及齒科診療所の校內設置、衛生婦の常置、又學級編制上にも、養護學級の特設、學校設備の上にも、太陽燈の据付、兒童學校給食、プールの設備、其の他肝油及セメン錠の服用、齒ブラシの選定等、兒童の健康增進、疾患治療については細心なる注意と努力とをなしつゝある現狀であります。

滿鐵沿線から隔つた當校では、養護施設として遺憾ながら其の設備は充分ではありませんが、當地滿鐵醫院の成瀨兼務學校醫並に定期巡回の眼科及齒科診療醫の指導と盡力とにより、養護教育の一面たる學校衛生方面の徹底を期さうとするのであります。

左に學校衛生に關する實施事項二三を擧げることとします。

一、兒童身體檢査

每年四月から五月にかけて全校兒童に施行されるもので、別表または通知書により、保護者に通知されてゐますが、玆に特に視力檢査の結果を記せば、尋四以上の男子檢査人員二三六名に對し八五名、同じく女子檢査人員一九三名に對し七八名の視力屈折異常者即ち、遠視、近視、亂視といふものであります。これを檢査人員に對する步合で見ますと、男子は三六%、女子は四〇%といふ高率になります。

當地の如く冬季間長く室內に籠居する所では、特に視力に注意すること肝要であります。次に其の原因を擧げますれば、(1)採光の不充分、(2)机腰掛の不適當、(3)姿勢の不良、(4)細小なる文字の讀み書き、(5)過度の勉强等。

二、トラホーム兒童と洗眼

現在トラホーム兒童は男子一五名女子二三名で逐年減退の傾向を示してゐます。患者の洗眼は每日衛生婦の手によつて、處置するものでありますから、根氣よく缺かさず洗眼に應じたならば、必ず全治し得ると信じます。

三、肝油服用

六月・七月・八月の夏期は服用を休止し、九月から服用を始める豫定であります。虛弱な兒童の服用を特にお勸めします。

四、衛生檢査

每月一回初旬左記五項目について、全校兒童の衛生檢査を施行するもので、家庭の注意に俟つことが多いのであります。

(1)ハンカチを持たない者、(2)ハナ紙を持たない者、(3)手の爪の長くのばしてゐる者、(4)歯を磨かない者、(5)髮の長くのびてゐる者、(男子)髮の亂れてゐる者、(女子)以上。

第一學年

スンガリー

尋一　テラキ　スミヲ

ケフ、ノリチヤントオトウサントボクトスンガリーニイツテモーターニノツテユカイダツタ。マンナカゴロニナルト、ボートガモーターノウシロヲトホツタノデ、ヒツクリカヘラウトシタ。キシニツイテスコシアルキマスト、ロシヤジンガモグツテハデテキテ、オヨイデヰマシタ。

六月八日　金　ハレ

尋一　齋藤隆一

ガツカウカラカヘツテシマダクンノウチヘイキ、ホンヲヨンデアソビマシタ。オモシロカツタ。ソレカラノダクンノウチニイツテ、チクオンキヲカケテアソビマシタガ、モウヨルニナツタカラカヘリマシタ。(日記帖ヨリ)

ビヤウキ

尋一　ヒグチクニタカ

ボクハズツトマヘ、ビヤウキデトツテモクルシクテタマリマセンデシタ。ミンナノコトヲオモツテ、ミンナトアソビタクテタマリマセンデシタ。センセイノコトヲオモツテハカナシクテナミダガタクサンデマシタ。

イ ヌ

尋一 オホバヤシテルアキ

ボクノウチノピターハボクニバツカリツイテキマス。ダカラボクハニゲマハツテヰマス。トキドキネムツテヰマス。ダカラソノウチニベンキヤウヲシテヰマス。ベンキヤウガスンデカラジテンシヤニノツテアソビニイキマス。シカシピターハオソイカラツイテキマセン。

ビヤウキノトキ

尋一 シマダ ヒロシ

ボクハビヤウキニナリマシタ。ソレハコノマヘアメニフラレタノデス。ソレガモトデビヤウキニナツタノデス。ソレカラフクトミセンセイガオミマヒニキテクレマシタ。ソノアクルヒ、サイトウクンガキテクレマシタ。ソノヒカラボクハヨクナツテ、ゲンキデガツカウニクルコトガデキタ。

キ ノ フ

尋一 スドウ ヒロコ

ワタシガオベンキヨウヲシテイタラキタイスカヤカラマツチヤントタイコチヤンガキマシタカラ、オベンキヨウヲヤメテアソビマシタ。ナハトビシタリオスナニミヅヲイレテハツパヲイレテマゼマシタ。ソシテオダンゴヲコシラヘマシタ。アソンデイタラマツチヤンノオネエサンガキタノデマツチヤンモタイコチヤンモカヘリマシタ。ソレカラアタシハゴハンヲタベテアイスクリームヲタベマシタ。

コウエン

尋一 シンカイイサヲ

キノフセンセイトコウヱンニイキマシタ。

ソシテヲトコトオンナトセンソウヲシテアソビ

マシタ。ソシテガツカウヘカヘリマシタ。

キノフノコト

尋一　ニイミ　トモコ

キノフコウエンデウチノオトウチヤンガサカナヲツル、ヲミテイタノヨ。サカナツリガヲハツテカラ、モストワヤヘイツテオカシトキモノヲカツテキタイスカヤカラバシヤニノツテ、カヘリマシタ。

アサゴハン

尋一　イマイズミタカジ

ケフノアサノゴハンヲタベルトキ、ボクワザトゴハンヲタベルノヲオソクシタラ、ネエサンガガツカウガオクレルトイツテオコリマシタ。

カツドウシヤシン

尋一　ススキ　カズコ

キノフカツドウシヤシンヲミテ、ウレシカツタ。ノラクラノシヤシンヲミテ、オモシロカツタ。

キノフノコト

尋一　ウメワセウゾウ

キノフボクオカアサントコウエンニイツテ、ボートニノツテアソンダ。ソレカラトケイヤニイツテ、ソレカラキタイスカヤニイツテカヘリマシタ。

ヘイタイサン

尋一　ナガヲカ　ミチ

バザーヘイツタカヘリ、リツキヨウノウヘデミテヰルト、キシヤノケムリガ、ミエマシタ。『ココカラミテヰヤウ』ト、オトウサンガオツシヤツタノデ、ミテヰルト、ケムリガ、リツキヨウノウヘマデキマシタ。ビツクリシテシマヒマシタ。キシヤノヤネハ、アカニナツタリ、ミドリニナツタリシテ、一バンヲハリニ、ヘイタイサンガノツテヰマシタ。キヨウコネエサンガテヲアゲルト、ヘイタイサンモテヲアゲマシタ。セツコチヤント、ミチコモテヲアゲマシタ。キシヤハイツテシマヒマシタ。ソノツギノヒニ、オトウサンガ『キノフノヘイタイサンノキシヤヲ、バゾクガヒツクリカヘシマシタヨ』トオツシヤイマシタ。

『ソウ、アノヘイタイサンガ』

ト、ミチコガイヒマシタ。オトウサンガ、オヤクシヨニイラツシヤツテカラ、オキヨサンガ、

『キシヤニノツテタヘイタイサンガ、バゾクトセンソウシタツテ、ゴウガイガキマシタ』

『ソウ、オトウサンガオツシヤツタノヨ』

ト、ミチコガイヒマシタ。シンダヘイタイサンガ二人、ケガシタヘイタイサンガ四人カ、五人デシタ。テヲアゲタヘイタイサンガ、シンダカシナナイカ、シンパイデス。ヘイタイサンハ、ドウシタデセウ。シンパイデス。

ウレシイヒ

尋一 タナカヨシラウ

ウレシイヒ
ケフハボクノ ウレシイヒ
トウサンニ
ケンジツドウグ カツテモラフノ
ウレシイナ。

ヘイタイゴツコ

尋一 キグチ タカシ

キノフ、ウチノウラデ、ヘイタイゴツコヲシテアソビマシタ。テキハ四ニンデス。コチラハフタリデス。ケレド、タタカツテ、テキガマケマシタ。マケテクヤシイモノダカラ、スナヲモツテキテ、カケナガラムカヒマシタガ、タウタ

ウシマヒニハ、マケテシマヒマシタ。

ソノウチ、ダンダンクラクナツテキマシタ。

オカアサンガ、『ヤメナサイ。』トイヒマシタノデヤメテ、ウチヘカヘリマシタ。

ガツカウデアツタコト

尋一　ナカザワサクラ

ケフ、ガツカウデ、オニツカサント、フクシマサント、アヲヤギサント、サトウサント、四ニンデ、イチダンニダンヲシテアソビマシタ、ワタシタチガアソンデヰルト、ソコヘムラカミサンガキマシタ。ソシテ、イロイロフザケテヰマスト、シマヒニケンクワノヤウニナリマシタ。ソシテ、フクシマサンガ、ムラカミサンヲワラヒナガラオツカケテイキマシタ。ムラカミサンハツカマレテ、コウサンシテ、ナカヨクイツシヨニ、アソビマシタ。

マタジヤンケンヲ、シナホシマシタ。コンドハサトウサント、オニツカサンガマケテ、ヒモヲモツヒトニナリマシタ。スコシアソンデヰルト、カネガナリマシタ。

キノフノコト

尋一　ヤベトシコ

キノフ、ウンドウクワイニイキマシタ。ソノカヘリニ、ジドウシヤニノツテ、モストワヤニイキマシタ。ソシテ、ホントオクワシヲカツテモラヒマシタ。

ソレカラカヘツテ、オトナリノウチニ、アソビニイキマシタ。ママゴトヲシテアソビマシタ。スコシアソンデヰルト、オバアサンガ、オクワシヲクダサイマシタノデ、ウチヘミセニカヘリマシタ。ウチデボウヤト、イツシヨニイタダキマシタ。ソレカラマタアソビニイキマシタ。

コンドハ、オニゴツコヲシマシタ。

キノフ、イチニチ、オモシロカツタデス。

第二學年

こうゑんさんぽ

尋二　半田清

ぼくらはせん生と一しよに、こうゑんへ、さんぽに行きました。

入口の近くに、小さな山があります。その山に上りました。しな人も上つてゐました。みんなはへいたいごつこや、おにごつこをしました小さい、げんきなへいたいさんが、下からせめよせて來ました。ぼくらは一生けんめいになつて、ふせぎました。

少しむかふへ行くと、どうぶつゑんがあつてたくさんのどうぶつがゐました。おそろしいかほをしたらくだもゐました。あしは長いときゝましたが、すわつてゐたので、わかりませんでした。

そこからはしつて、ぶらんこの所へ行きました。ぶらんこのそばには、小さいはこがつけてある大きいくわいてんしやがありました。ぶらんこにのつてゐると、ろしや人が來て、なんかいつたので、みんなが下りてしまひました。

そこから左へ、まわつて見ると、もくばに人がたくさんのつてゐました。くる〳〵まわつてとてもおもしろさうでした。ぼくものつて見たくなりました。

ゑんそく

尋二　北澤節子

　土えうに、せんせいにつれられて、花ざかりのしよくぶつゑんに、ゑんそくしました。二年になつてはじめてなので、みな大よろこびでした。

　學校のもんを出たときは、春のうたや、いろいろなうたで、げんきよく、あるいてゐましたが、しばらくするとうたにもあいて、いたづらをしたり、べら〱しやべつたり、また、きつそうにしてゐる人などがありました。

　しんしがいの、りようじかんのまへを下るとすぐしよくぶつゑんです。つくと、みんなは『おべんとうはまだですか。』『なんじごろたべますか。』といつて、大さわぎでした。せんせいは、しかたなく、おくわしやくだものをたべなさい。といつたから、しばらくは、しづかでしたが、また、おべんとうがはじまりました。

　そして、とう〱十時はんにたべました。こんどは、かみなりおとしや、はんかちおとしなどのゆうぎをして、まけた人は、中にはいつていろ〱のなきごゑをして、おもしろかつたです。

　だいぶんつかれたので、お母さんが來てゐる人はすぐわかれをして、そのほかの人はまた花見をしながら、せんせいといつしよに、かへりました。

あかちやん

尋二　柴田哲也

　うちのとなりに、あかちやんがゐます。そのなまへは、けんちやんといふのです。ぼくは、けんちやんが大すきです。なんでも、おはなしができるので、ごはん、くつなどと小さい口からいふ所はとても、かはいいものです。

また、いつもにこ〳〵してゐるし、とき〴〵かはいらしいことをするので、大わらひすることがあります。ぼくは、けんちやんのおもりをするのが、たのしみです。

うちのひよこ

尋二　小出佐（スケ）

ぼくのうちには、ひよこを二ひきだけかひましたが、たつた二ひきでは、おともだちもすくないし、さびしいだらうとおもひました。

けさ、おとうさんが、かなあみと、くぎをかつてきました。ねどこはみかんばこです。

ぼくは、毎日、毎日、學校からかへると、あわや水をのましてあげます。けれど、ぼくが、ばんにあんまり早くねると、ついひよこをねどこに入れることをわすれるので、おとうさんにしかられます。

ひよこは、ぼくのうちになれたので、げんきになりました。このごろは、もうだいぶん、あばれんぼうになりました。けんかをしますし、かなあみから、かほを出して、そとに出ようとしますので、ぼくはこわくなつて、しまひます。けれど、ぼくはひよこが、すきなので、毎日、えさをやつて、ひよこが大きくなるのを、たのしみにしてゐます。

しばい

尋二　尾藤正明

きのふ、みんなでかつどうしやしんの、のらくろしばいを、うちのまへでしました。

にいさんが　はじめに、のらくろになりました。ぼくは、れんたいちようです。

人ずうが、たりないので、一人で三つのやくをした人もあります。ぼくは五つのやくをしました。

のらくろは、ぼくが、きらいなのか、ぼくがやるとすこしもうまくできません。きんじよの人があまりたくさん見るので、みんなが、きまりわるくなつて、やめてしまひました。

おまつり

尋二　勢村昭男

六月八日から、十二月までは、もとゐた、ぼくたちの町のおまつりです。

きよ年の今日は、なかまにはいつて、たのしくあそんだのですが、今年もあとのおともだちが、おみこしかついで、おもしろく、あそんでゐるだらうとおもひます。

ぼくは、まだかついだことがありません。

ぼくのともだちが、きよ年はたくさんうちにきて、たのしくあそびましたが、今年はあそべないのがざんねんです。

すなあそび

尋二　吉武雅子

うちのおにはに、れんがをはこんですなばをつくりました。

私は、やすちやんや、としちやんや、兄さんと、はだしであそびました。すなのおもちやでいろんなものをつくつて、おかしやごつこ、アイスクリムやごつこなどしました。そして、兄さんのあしを、すなでかくしたり、山をこしらへて、トンネルをつくり、きしやをはしらせたりなど、しました。

すなあそびはほんたうにおもしろくて、日のくれるのもわからないであそびました。

第三學年

おかへり

尋三 中澤 翠

私の家のお父様は、ながいこと御しゆつちようでした。けれども六月二日に、おかへりでした。ちやうど私がおべんきようをして居ました時べるがなつたので、ねいやが出ました。戸をあけて見ました。するとお父様でしたので『おかへりなさいませ。』といつたので、私が行つて見るとお父様でしたので、『おかへりなさい。』といひました。私はうれしくてたまりませんでした。するとお父様が、『ねえちやん、たいやん一圓さつ持つて來て』と、おつしやいましたので、私は『はい。』と言つて、お母様の所へ行つて『たいやん一圓さつちやうだい。』といふと、お母様が、たんすのひきだしをあけて、たいやん一圓さつを出して、げんかんの方へいらつしやいました。するとお母様が、お父様に『あら、おかへりなさいませ。』とおつしやいました。私がさつきのたいやん一圓さつをお父様に上げますと、お父様のうしろにゐたロシヤ人の、じどう車うんてんしゆに、そのおかねを上げて、お家の中へおはいりになつて、おうせつ間にいらつしやいました。さうしておちやをおあがりになると、すぐおとなりのかいしやへ、いらつしやいました。

私はおみやげが、うれしいので、はやくおべんきようをすませて、さくらちやんや、すみちやんをよんで、私と三人でおみやげを出しました。お父様がかへつていらつしやいました。

すみちやんが『このかめにのつたお人形をもらつてもいゝでせう。』とお父様におききしました。するとお父様は『はい〳〵』とおつしやいました。さくらちやんは、きんとゝをいただきました。私はすわんをいただきました。

私たちはうれしくてたまらなかつたので、ばんにおふろにはいる時、持つてはいつて、あんがする時、持つてあんがしました。をはり。

小鳥

尋三　池田俊雄

ふと目をさますともう七時だ。大陽の光はへや一ぱいにはいつてゐた。僕はとびおきてやうふくをきてかほをあらひごはんをたべた。僕の心は晴やかだつた。元氣な小鳥は電せんにとまつたりして『ピイチク〳〵』とないてゐた。

僕の家にはうづらがかつてあつて毎朝よくなきました。僕が七つのある夏のことだつた。うつかりうづらをうちの中に入れてやるのをわすれて夕はんをたべてゐた時外の方でひどいはばたきの音がしたのでいそいでまどをあけたらねこがうづらを取らうと思つてかごの中へ手をつゝこんでひき出さうとしてゐた。僕はすぐ手あてをしてやつた。夜中頃までくるしさうにしてゐたがあくる朝おきてみたら死んでゐた。僕はしかたがないので庭にあなをほつてうめてやつた。僕の心の中では『かはいさうな事をした。』といつてゐる。又元氣な小鳥は『ピイチク〳〵』とないた。僕はあついなみだをおとした。

風

尋三　田村久子

風が吹くと木がゆれる
サラ〳〵〳〵ゆれてゐる
池の鯉もゆれてゐる。

春の哈爾濱

尋三　釘田俊男

冬の氷とけてから
ぬくい春がやつて來た
空は白雲春の風
フワリ〳〵白い雲
そよ〳〵吹くは春の風
哈爾濱春は氣持がよい
スーガリーの水がサラ〳〵と
ボート遊をやつてゐる。

お寺の鐘

尋三　緒方文生

お寺の小ぞうさん鐘たゝき
グワン〳〵〳〵鐘たゝき
月夜の空に鐘たゝき

はつのふろ

尋三　本田敏子

今日はうれしい
　はつのふろ
おけやのぎんさん
　たがかへて
ぼうやと父さん
　一の一ばん
とみ子と母さん
　二の二ばん
とんとんからりこ

とんからり
今日のおふろは
はつのふろ

夜のスンガリー

尋三　岡田光隆

松花江の流れ、音もしづか
空の月、黄色にうつり
舟はすうすう走つてゐる。
向岸の家、うす黒く
まどの電氣、明るく見える。

ボート

尋三　高倉光枝

ボートこぎませう
ぎつこら　ぎつこら
なみをおしのけ
ぎつこら　ぎつこら
かいをそろへて
ぎつこら　ぎつこら

ろば

尋三　篠原千枝子

ぽかぽかろばが通ります
お家の前を通ります
これからどこへ行くのでせう
自分のおうちへかへるのよ
ぽかぽかろばが通ります

第四學年

なつ

尋四　小副川隼房

だん／＼なつに近づいた。七月になつたら、すゐえいも出來るし、スンガリーの砂はまで、砂遊びも出來る。けれどもあつくて勉強が出來ません。だから今一生けんめいにするつもりです。あんまり暑くなるとアイスクリームやサイダーがほしくなります。この間修身の時間に先生は『アイスクリームやサイダーなんかを道ばたでのむよりがまんして、家にかへつて湯ざましや、お茶のひえたのをのむ方がいゝ』とおつしやつた。

なつになれば木も青々として小鳥もゐるし、つばめもきます、なつは僕はすきです。

やゆう會

尋四　井口　裕

十日午前九時頃僕たちは志士のひへ向つて家出た。と中お姉さんは

『忘れ物をした！』

と云つて家へ歸つた。

間もなくお姉さんはきた。自動車にのつた。これから志士のひの所であるやゆう會に行くの

だ。行つて見ると、自動車等がたくさんきてゐた。僕はもうはじまつたのではないかとおもつた。僕らは黄組の所へ行つた。

弟はさけんだ。黄色のぼうしをもらひ旗ももらつた。はじまつた。僕はむ中で見た。

『うれしいな――』

その中にお晝になつてべんとうをたべた。すんでから僕らの走りつこだ。そのうちにみんなあつまつてきた。それから一列にならんだ。一年生が出た。二年三年とすんで、いよ〱僕たちの番になつた。僕はスタートに出ておどろいた。八人ではしるのだ。その中に眞中君・ゆうき君・正垣君・高野君・手塚君・宮村君・上村君と僕

『ようい！　どん！』

とぴすとるがなつた。

僕は前を見たらだれもゐない。しめた僕は一等だとおもつた。それから少しはしつてよこを見たら、眞中君と手塚君が出た。『しまつた』と思ふまに正垣君にぬかれて、けつしようへはいつた。四等だつた。

つな引の時には、黄色がかつたので僕はうれしかつた。家へかへつたのはまだ四時前だつた。

初夏

尋四　野原淑子

草木は一雨ごとに、色をまして美しくなりました。道ばたの小さな草も、公園の花壇の草花も、ぽつ〱美しい花を咲かせてゐます。てふてふやみつばちは花から花へ飛びまはつてゐます。公園の池にも舟が浮かび、乗つてゐる人もながめてゐる人も、皆樂しさうに見えます。

この間お母さんと馬家溝へいつたら、たんぽぽの花が一めんに咲いてゐました。

スンガリーの水が、ひろ〲と流れてゐますもうぢきおよげるやうになるでせう。大きな船

が幾そうとなく浮かんでゐます。中には眞黑な煙をはいて、今にも出ようとしてゐるのもあります。

河向ふのべつそうもきれいにぬりかへられて人を待つてゐます。しげつた森のあたりは、去年野遊會のあつた所で、一日のたのしみは思ひ出されます。

內の裏には、にれの葉が青々としげつてたいへん氣持がよく、涼しい風の吹く夕方、よく妹とそこに遊びます。

さびしい夜

尋四　山中千代子

外も內もしーんとしてゐます。風がかほをなでるやうに、すーと吹いてゐます。空には星がたくさん出てゐます。どこの家を見ても、電氣はついてゐません。道を見ても人は一人も通つてゐません。風が吹くたびに、かき根の外の木はやさしくゆーらゆーらとゆれてゐます。

空の星はきらきらとかゞやいてゐます。今流れ星がしました。どこかで犬のほえる聲が聞えます。晝はにぎやかですが、夜はしーんとしてねしづまつてゐます。今晩はなんとさびしい夜であらう。

初夏

尋四　貴島俊郎

晩春もいつしかすぎ去つて、夏がいよいよおとづれた。若葉が雨にぬれてゐるありさまや、青々とした綠の木、何を見ても夏らしくなつて來た。雨の降つた後などは、若葉が一だん色をまし、涼しい風が輕く吹くのは、實にさうくわいである。長い冬の間、氷にとざされてゐた、松花江は、今はボートや、汽船が幾そうも浮びまるで海のやうになつた。樂しい江岸しふらくも、もうすぐである。もゝやりんごの花は散つて、緑の林になつた。緑の中に、白レンガの家や、赤レンガ造の家が見えるのは、よい景色である。青葉の下を、まふもん白てふが目につくこともある。こんな景色をながめると夢の國のやうな氣がする。冬が長いだけ、夏は、ほんとに樂しい。

時間

尋四　矢島邦人

昔から、えらい人は、きつと時間をよく大切に使つたにちがひない。考へて見れば、時間は二度と來ない。今日と言ふ日は永久に來ない。時間を、いかなる金持でも買ふことは出來ない。時間には金持も貧乏人もない。それであるから一分一秒もむだに過してはならぬ。

　渡邊登は、時間を惜しんでよく勉强したから人がうやまふやうになつた。英雄ナポレオンも時間をよく守つた。カントと言ふ大學者も、時間を大切にして、規律正しい生活をしたので有名である。

　少年老ひ易く學なりがたし。少年時代は今にすぎてしまふ。遊ぶときにも時間を忘れてはならぬ。勉强なら時間を忘れる位やらねばなるまい。よい日本人となるには、時間を正しく守ることが大切である。

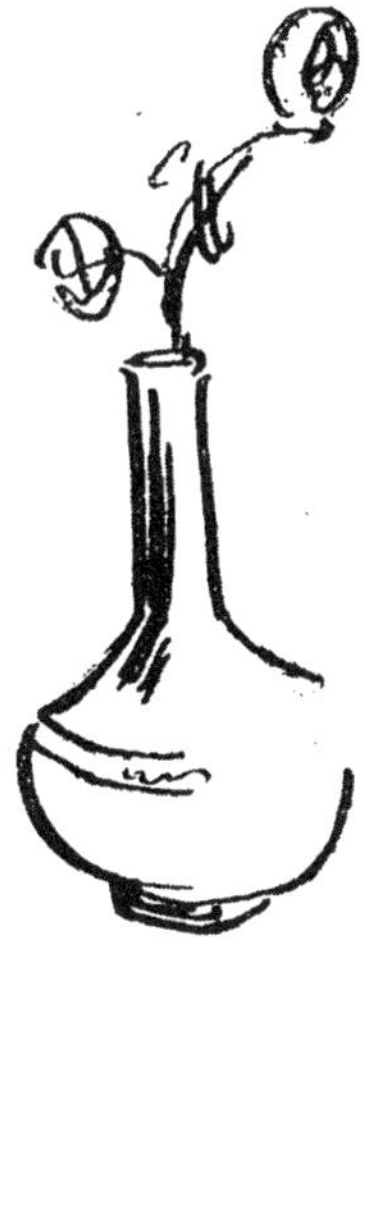

第五學年

スンガリーの四季

尋五　山田實太郎

一、春

だんだんと暖かになつて、若芽が青くなつて來ると、今まではりつめてゐたスンガリーの氷もとけて流れだします。氷は河にかゝつてゐる鐵橋の臺のため大きいまゝでは流れず、小さくわれて流れます。とまつてゐる氷と流れて來た氷、流れてゐる氷どうしがぶつかると『めりめり』とたいへんな音を立ててうすい方がこわれます。それがたいへん面白いので、新聞に、『明日位は氷が流れるだらう』と書いてあると、其の日はそれを見る人たちでかは岸は一ぱいになります。又その頃は舟もそりも通れませんから向岸に家をもつてゐる人の爲めに鐵橋を渡る事が許されます。其の人數の多いのには、幾年も哈爾濱に居る人でもおどろくほどです。

二、夏

暖いのを通り過ぎて暑くなつてくると、魚つりやボート遊び、泳ぎなどが出來ますが其の他とくに面白いのは滿洲人のせんたくです。女はもちろんですが男が三分の一位もゐるのは意外です。晝間は舟つきばなどの特別な所の他はほとんとせんたくをして居ます。又これは女ではありませんが男の中には、日當りのよいのを利用して自分のきていつたきものをぬいで洗ひ、かはくのを待つて着てかへる者もあります。それはこちらの岸ですが、向ふ岸は泳ぐ人や遊ぶ人でいつぱいです。そこは遠淺でもないですが一帶に小魚が多く手ぬぐひですくつてもとれるほどです。スンガリーの遊びは晝ばかりではなく、ロシヤ人等は夜でも出かけて行きます。

三、秋

少し涼しくなつて河が凍りかける頃は春のやうに河が渡れませんので鐵橋を通る事が許されます。

四、冬

冬スンガリーへ行つて見ますと『そりや』がお客を呼んでゐます。これは大人なら四人、子供なら六・七人も乘れる大形のもので、長い棒の先に鐵のかぎのような形のものをつけそりの後の端に乘つて押すのですが大へん上手です。もし僕等がこれをおしたら前にも横にもうごかずたゞ一所で『ぐる〳〵廻り』をするばかりです又氷があつくて丈夫なので、お客をのせたバスや荷物をつんだ貨物自動車が平氣で通れます。

遠足

尋五　兒玉綾子

時計を見るとまだ五時だつた。ふとんの上で空をながめて居ると、

『あや子あんまり早く起きると遠足につかれるからもう少しお休みなさい。』

とお母さんの聲。それからうつ〳〵とねてしまつた。又五時半に目がさめた。いつもより一時間も早いのにあんまりお天氣がよいので七時頃の樣な氣がする。それから急いで仕度をして、いつも起きる頃に御飯をたべて七時十分頃家を出た。出發までまだ二十分程ある。學校へ來て

見ると五年の女子はドッヂボールの眞最中だ。

いよ〳〵朝會がすんで學校を出發した。いつもは遠く感じられた八區の道も、今日にかぎつていくら歩いても疲れない。濱江まで來て見ると、お母さんや田中さんのおばあさんが、もう來ていらつしやつた。今日はお母さんが綾子の方へ來て下さつたかと思ふと、ほんとうにうれしくてしかたがなかつた。

汽車に乘つた。私は平山さんと先生と並んで腰を掛けた。向ふ側にはお母さんやおばあさんがいらつしやる。窓から外を見て居ると、次々と景色が變るのでとても面白かつた。その中に下水の臭ひがして來た。汽車の中は皆のくさひ〳〵と言ふ聲で一ぱいになつた。お母さんも

『田舍に行つたやうな氣がするね』

とおつしやつた。其の中に三棵樹へ到着して、鐵橋を見に行つた。長い〳〵線路道を歩いて行つてやう〳〵のことで鐵橋まで來た。小高い岡のやうな所から下る時はとてもこわくて人にすがりながら下りた。下りてから先生の注意を受けて、川岸で休んで居た。皆は所々にかたまつてお話をしたり、お菓子を食べたりしてゐる。その中に先生が御飯を食べてもよろしいとおつしやつたので、皆一せいにお辨當の蓋をあけた。空は澄みきつて春の日はうらゝかに照つてゐる。

春風はそよ〳〵と顔をなでゝ其の氣持のよいことは何とも言へない。誰かゞつくしを見つけたと言ふので皆でつくし摘みにかゝつた。砂を深くほつてやつと幾本かとつた。お母さんの所へ持つて行くと、お母さんはにこ〳〵しながら

『めづらしいね。』

とおつしやつた。まだ皆は一生懸命でつくしを摘んでゐたが私と小野寺さん等は石の積んである所へメノーを探しに行つた。樣々な石を拾つては先生に尋ねた。大草さん等は二つも見つけてゐるのにさん〳〵探し廻つた私にはやうやく

一つ見つかつただけだ。それから先生に、大きな鐵管の説明をしてもらつて一時頃一同集つて再び汽車に乘つて歸つた。

汽車に乘つた初めての遠足なのでとても樂しかつた。

東郷元帥

尋五　受川素介

海軍記念日に、東郷元帥危篤と聞いたので、家へ歸つてお父さんにお話したら、

『元帥は自分が力の限り戰つた日であるから、滿足してお眠りになるであらう。』

とおしやつた。

五月三十日水曜日に、僕たちは雨が降るので學校の中で遊んでゐたら、先生が黑板に何か書いてゐらつしやつた。見ると『東郷元帥閣下、今朝六時三十五分薨去せらる。』とお書きになつた。僕は胸がどきんとして急に悲しくなつて來た。學校ではそれから直ちに廊下に集合して、默禱をして元帥の英靈をとむらつた。

昨日も活動寫眞で『天覽大角力』を見る時、説明するおぢさんが、『今はなき東郷元帥』と言はれた。それを聞くと、何だか熱いものがこみあげて來た。今日も學校の行きがけに空を見たら、人の顔のやうな雲が見えた。それを見てゐると、やがてほかの雲といつしよになりそうになつた。東郷元帥のお顔が、ぼうーつと頭の中に浮んで來た。そして東郷元帥も、あの雲がかくれて行くやうに、この世をお去りになつたのだと思ふと、東郷元帥のお顔がまた浮び出して來た。

東郷元帥のやうな大英雄がなくなられたことは、日本の國にとつて大きな損失であると思ふ。しかし教室の前のお寫眞の中からは、元帥のおごそかな、しかもやさしいお顔がいつも僕たちを見てゐて下さる。

第六學年

體操

尋六 吉村 裕

『始め！』

先生の號令はかかつた。一番先頭の矢島君が跳んだ、二番、三番、……十番、十一番と飛んだ。見に來られてゐた校長先生が側から、南滿の學校の生徒は二十人位も手を突かずに空中轉回が出來るよと言はれた。それを聞いて佐藤昌君は、よし僕も手を突かずに跳んでやらうと言つたが校長先生は最初から手をつかずにやるとあぶない。だん／＼練習してからでないと駄目だと言つて我々を制せられた。

× × ×

『や！寺田君が手をつかずに跳んだぞ！』

皆囃したてた。それから『よーし、寺田君が出來たら僕もやつてやらう』と云ふ聲が方々に起つた。自分の番が來た。

箱は目の前にある。滿身の力で『うん』と踏み切つたが、跳んだ瞬間はつと思つた。知らず／＼の中に手を突いたのだ。こう云ふのが自己保存の本能かも知れない。僕はこんどこそはと覺悟を決めた。

その中に『や!!今度は多比良君が出來た！』と皆がさわいだ。先生の『よし』と云ふ聲を聞いて多比良君はにこ〳〵してゐる。

愈々僕のオチエレジだ。今度こそはと『パツ』と踏み切つた。同時に先生の『よし』と言ふ聲が聞えた。その時は眞實に嬉じかつた。

一回出來ると、もうその次は何の事も無かつた。なんだこんなことが出來なかつたかとあほらしくなつた。而し世の中の事は皆こんなかも知れない。案ずるより生むは安しつてよく言つてゐると思ふ。

雨

尋六　長　岡　恭

朝から危いと思つてゐた空は、午後になつて益々曇り出した。大空が黑雲におほはれて、段々暗くなつて來た。あたりはしんとして、たゞ生溫い風が音もなく吹いて行く。あきらめておまゝ事をかたづけかけたベランダにも、いつかぽつりぽつりと雨が落ちて來た。急いで逃げやうとした目の先に何かキラツと光つた樣に思はれた。稻光りだ。時をうつさず雷の音、低いうなる樣な音がうす暗い空にひゞく。細かい粒が二つ三つ落ちて來たと思つたら、ザアツと一時に降り出した。廣い大通を歩く人影は全く消えて、時折自動車がブウーツと淋しい警笛をならして走る。博物館の屋根が煙つてうすぼんやり見える。雨は益々ひどくなる。鐘の音が『ヂヤンヂヤン』と聞えて來る。その音さへ雨にけされていつか聞えなくなつた。

急に部屋が明るくなつた樣な氣がした。ハツと思つた一瞬、すさまじいひびき、横なぐりに窓を打つ雨、大きくゆれる木々、トタン屋根の上を何か見えない物がおどつてゐる樣だ。雨は弱りさうもない。

初夏のスンガリー

尋六　佐藤澄子

初夏のスンガリー。ハルビン四十萬の人々はどんなにか、待つてゐたことでせう。

あの氷にとざされてゐた川は、もう夏のすがたにかはつてしまつてゐる。やはらかい初夏の光をうけて水は黄金のやうにうつくしく見える小舟は赤や青ときれいにぬりかへられて、たのしい夏のじゆんびをして待つてゐる。

青空には飛行機が此のスンガリーを守るやうに輪をゑがきながら、愉快さうにとんでゐる。向ふ岸を見るとこんもりとしげつた緑の間から赤青の屋根が見える。そうして下を見れば、さら〳〵した砂がある。この砂を見ると、急に去年の夏の事が思ひ出されてならない。すが〳〵しい朝、朝日を見ながら、散歩をしたり、青葉のかげでブランコをしたり、暑い〳〵眞晝に、日にあたつて體を黒くしだり、たのしく泳ぎまはつたことが、つぎ〳〵に目の前にうかんでくる。そうして夜は虫の音をききつゝゆつくりねむつた日など私の一生忘れられぬことだ。

スンガリー。スンガリーは私達にとつて一番たのしい所である。

一組句集

尋六

窓拭いて青葉若葉のうららかさ　門口コトミ
軒下のほこりに朝顔芽を出しぬ　中村民子
青空に日の丸の旗はためきて　河野スミ
夏の夜やネオンサインの美しさ　工藤啓子
そよそよと吹き入る風に晝ねかな　上野スズ子

夏木立青々と道はさみけり　溝田ケイ子
のどけさや小波よする松花江　津島三枝子
春の空白鳩二つ舞ふてゐる　梅本美津子
うららかや窓に小猫がゐねむりて　秋本文子
春暖や野球場には試合あり　稼木義信
夕立に草木洗はれ生々と　加藤直
急がねばならぬ旅人野路の雨　桑島吉一
すゞらんの花賣ニーヤの黒い顔　佐藤敏夫
夏の空爆音高く飛行機が　杉山信一
日本晴青空高く鯉のぼり　三上博
春雨や綠に香る若芽草　今井滿
夏木影手品師に人たかりゐる　加藤滋一
花賣に足をとめゐる女客　池崎寛
そよそよと小窓に通ふ春の風　佐藤克明
春雨や銀バス通り過ぎにけり　向井眞市
春雨に守備兵さんの銃光る　原田行三
記念日や大空高く日章旗　森園重光
春晴や羊のどかに群れてゐる　荒川亮

夕立が草木を洗つて逃げて行く　田中幹男
音立てて流るる氷や春日和　清水博
靜かなる春の夕暮新市街　岩田敬子
春の校庭(にわ)紅白の帽子一つぱいに　髙倉百合子
夏並木木かげに洋車夫ねむりゐる　內田隆子
春日和波にゆられてボートこぐ　今泉美彌子
そよ風に若葉並木のにほうなり。　時田光子
青葉香る林の中のロシヤ寺　東道子
若葉道紅白帽の小學生　磯金妙子
井の中の虫ぢつとしてゐる眞晝哉　佐藤政春

高等科

此の頃の公園

高一　三浦春雄

圖書の時間學校を出て公園に行つた。

池端のベンチに腰をおろすと、ゆれる木は水にうつつて、其の影がちら〳〵とくだけ、實に美しい、やがて鉛筆を手にして、すら〳〵と書き出した。ロシヤの寺院が青々とした木の間から見へてゐる景色や、空高くキラ〳〵と見へる十字架、ようかん色に美しく、ぬりつぶした屋根等圖書には實によい所だなと思ひながら書き續けた。

其の中に日はかん〳〵と照り出し、ぬく〳〵とした公園はまるで樂園のやうな氣がした。

滿人も何となく嬉しさうに、さわぎながら散歩して居る。ボートを漕ぐ滿洲人や露西亞人は美しい姿を水にうつしながら樂しさうだ。

いつか僕ものりたいと言ふ氣がした。あちこちでは氣持のよい音樂の音が聞へる。

僕はいゝ思を浮べながらまた書き續けた。

時々青くすんだ水面を、風は氣持よくなでて居る。

雨

高二　藤原登喜男

曇つた空、何となく不愉快な日だ。

空を包むどんよりとした雲は、今にも雨を降らそうとして居る。

『復今日も降るのか』

思へば本當にいやな雨の毎日だ、此の天氣模樣では僕等の快活な勢も自然と、淋しく消されて仕舞ふ、僕等の好きな元氣潑溂の晴天は何時來るのだらうか。

僕等の心を知つてか、知らずか決まつたかの樣に午後は降り出す。

雨!! 聯想は故鄕に走つた。時しも雷は
『ゴロ〳〵〳〵』

と雨の音を破つて響く、

『ザ、、、、』

と、復一しきり激しくなつて來た。傘、雨合羽の逃げまどう道行く姿、宿無き雀はさへづりながら逃げ飛んで行く。

眼を轉づれば、綠濃き樹々の葉は、雨にぬれて一段美しさを增して居る。

何時しか雷は過ぎたが、雨だれの音はまだ物淋しく落ちて居る。

何時迄續く雨だらう。何時晴れる雨だらう。

何處の、

『サイレン』

か、雨をなげくかの樣に鳴り響いて居る、

春のハルピン

高二　才尾セツヨ

外へ出ると涼しい風がほうをなでる。

春、春、春、………幾度言つても春はよい。

若芽もふきでてきた。木の芽も一日〳〵とのびてきて、昨日などは病院へ行く途中は、薄綠色の木立にかこまれてゐる白き病棟の、建物までがいつもとちがつて、何とも言えない氣持に思はれた。

八區の鐵道の上に立つて新市街の方を眺めておれば、薄綠色の木立の中に赤・白の家がちら〳〵と見える。かぶらのやうな寺院の屋根、ハルピンの春でなくては見られない風景だ。

植物園にはもう杏や梨の木が薄綠色の木の葉とともに、可愛いゝ白や薄桃色の蕾が一しよについてゐるだらう。

線路づたひに歩みながらスンガリーの岸に立つて向ふを眺めれば、薄綠の樹立にかこまれてゐる、白や赤・綠と色さま〴〵な家や、めつきり黑く聳え立つ大鐵橋の姿など、なんとも言えない氣持がする。

仰げば五月の空は、樹々の薄綠に調和してほんとに氣が晴々する。

春のハルピン！春のハルピン！なんとも言えない美しき眺だ。

編輯餘語

●今年から『スンガリー』と改めました。あの漫々たる水をたゝへて永遠に流るゝ姿は『大江洋々日夜流』の句を思出します。
●增築に增築しても間にあはない本校の兒童數は豫想よりズット早く既に五月半に一千を突破して、只今も日々增しつゝあります。これも我が日本の發展として共に慶んでよい現象と思はれます。
●表紙は鈴木先生の御考案であります。
●この『スンガリー』はこれから每學期一回發刊する豫定であります。
●末筆ですが愈々暑くなりました皆樣お大事に。

（Y・生）

昭和九年七月十日印刷
昭和九年七月十三日發行
（非賣品）

發行人　大林恵美四郎
編輯人　哈爾濱尋常高等小學校學習部
印刷人　大連市加賀町六番地　足立孝
印刷所　大連市加賀町六番地　昭和印刷所
發行所　哈爾濱尋常高等小學校

松宮吉郎

『哈爾濱』

（満鉄鉄道総局営業部旅客課、一九三七年六月）

397　松宮吉郎『哈爾濱』（満鉄鉄道総局営業部旅客課、1937年6月）

中央寺院

哈爾濱案内

哈爾濱の歴史

野つ原たゞいてロシヤ人さんは
ハルビンこゝだと家建てた

野口雨情

人口五十萬を擁し、北滿洲の政治、經濟、文化の中心都市として、また東洋の巴里として特殊の異國情緒を持つ國際都市哈爾濱も、一八九八年五月、東淸鐵道の起工された當時には、松花江岸の、僅かに五、六の民屋が散在する荒漠無名の漁村に過ぎなかつた。哈爾濱の歴史は東淸鐵道の建設によつて初まり、之を中心とする露支兩國の勢力を不斷に反映しつゝ發展する。そして去る昭和十年三月二十三日の北滿鐵路讓渡を契機として、今や更に劃期的な飛躍期に入らうとしてゐる。この間、三十餘年に亘る哈爾濱の歴史は、その建設當時から露西亞革命の前後に至るまでの期間を第一期とし、それより昭和四年の露支紛争事件に至る間を第二期、更に滿洲國成立後に至るまでを第三期として、その政治的情勢の推移と件に觀察するを便とするであらう。

露國は一八九八年、現在の舊哈爾濱を根據として鐵道の敷設に着手し、一九〇三年七月、全線の開通を宣言した。（これは當時に於ける對日作戰のプロパガンダの意味でなされたもので、實際に開通したのは、その翌年であつたとも云はれる）日露開戰の結果、豫期せぬ敗北は露國の滿洲經略に一頓挫を來さしめたが、平和の恢復と共に露國の勢力は漸次牢固として北滿洲に扶殖せられ、大正六年の露西亞革命頃までは、日支兩國は一指だに露國の權益に觸れることは出來なかつた。哈爾濱市中の公園に「犬と支那人とは入るべからず」の立札が建てられてゐたといふのもこの時代である。哈爾濱が名實共に露西亞人の哈爾濱であつたのもこの時代であつた。

志士之碑

露西亞革命の餘禍は遠く極東の果てにまで波及し、東清鐵道を繞る赤白兩系の訌爭は地方治安を甚だしい混亂に陷れ、鐵道自體も亦一時聯合列國に共同管理さるゝの已むなきに至つた。支那側はこの機會を外さず鐵道利權の回收に着手し、鐵道守備權、警察權等を順次奪回して、大正十三年遂に奉露協定によつて鐵道を一營利機關たらしむるに成功した。哈爾濱市中に於ても大正九年の財界恐慌以來倒產者相次ぎ、市況も甚だしい沈滯を續けた。この時代から哈爾濱市中の露國勢力は次第に支那側に蠶食せられ初める。

奉露協定成立後の滿洲は舊東三省政權の最も華やかな時代に入り、松花江航行權、教育權等を初めとして鐵道附屬利權は悉く支那側に回收され、自主權回收の思潮に乘つた支那側は、遂に昭和四年の露支事件を惹起するまで東清鐵道の實力回收運動を最も露骨に敢行した。當時の哈爾濱は全くこの大勢に壓されて、支那人は時を得顏に橫行し、哈爾濱特有の詩的情緒も多くは蹂躪されて終つた。この哈爾濱を最も端的に表現するのは、露西亞人自身が形容した「哈爾濱は世界の共同便所である」の一句であらう。

滿洲國成立後は凡ゆる情勢が一變した。一方では鐵道讓渡交涉が行はれ、他方では王道樂土を標榜する日滿人の活動が活潑となつたが、遂に過般の鐵道讓渡によつて、露國の勢力は平和裡に總退却せんとする有樣となつた。

今日の哈爾濱は最早や「東洋の巴里」でもなく、又「東洋のモスコー」でもあり得ない。その「哈爾濱夜話」時代を遠く過去に葬り去つて、今や新興滿洲國の一心臟として躍動しつゝある。露西亞人の後退は決して哈爾濱自體の衰退を意味しないのみでなく、却つて將來の發展を約束せられてゐるのである。勿論そこには尙多分に異國的な露西亞情緒は發見される。若し夫れ、大連と、奉天と、哈爾濱とを以て、日本人と、支那人と、露西亞人との建設した滿洲の代表的三大都市とするならば、旅行者は哈爾濱の外貌の中に今日も尙「露西亞人の町」の殘骸を見るであらう。然しかの裸體踊りとカバレーの歡樂境としてのみ哈爾濱を知り、その歷史的發展の事實と、今日の政治、經濟的情勢とを理解せぬ者には哈爾濱の眞相は到底把握出來ないであらう。

キタイスカヤ街

ハルピン驛

日本人が最初にこの地に足跡を印したのは明治三十一年であつた。その後東清鐵道の建設に當つて工事請負人數名が入哈したのを初めとし、明治三十五年頃には多數の娘子軍を加へて約六百三十人の在留邦人があつたが、當時の露西亞人は日本人の居住をさほど好まなかつた。日露戰爭勃發に當つて之等の在留邦人は一時悉く引揚げたが、その後再び進出し、大正八年頃の好景氣時代には約四千を算してゐた。滿洲事變前には舊東三省政權の壓迫と不況とによつて在留邦人數は再び三千數百名に減少してゐたが、滿洲事變後は日滿の提携によつて急激に增加し昭和十一年末既に三萬を突破してゐる。

位置、氣候、人口

哈爾濱をして過去僅かに三十年間に人口五十萬を擁する大都に發達せしめたものは一にその地理的關係であらう。

哈爾濱は北滿の略中心松花江岸に在り、そこを中軸として東西南北に延びる鐵道と水運とは、交通、經濟、政治、產業の凡ゆる部門に於て、哈爾濱を最も典型的な國際都市たらしめてゐる。特に交通に於ては全く、四通八達、歐亞の連絡に、浦鹽、大連、北鮮三港との連絡に、地方的運輸に、哈爾濱の如く水陸の交通に惠まれた都市は尠い。更に昭和十年三月、北滿鐵道讓渡交渉の成立後は、滿洲國有鐵道の統一成り、哈爾濱の滿洲に於ける地位は益々重要となりつゝある。

氣候はその緯度から見れば北海道の北端に當り、冬期には零下三十度の極寒にも達するが、平均十五、六度で家屋の防寒設備に依つて比較的耐へ易い。夏季は最高攝氏三十四度にも昇る事があるが、平均二十二度、大陸性氣候の特徵として朝夕は殊の外涼しく、又、酷暑と稱すべき期間は極めて短い。總じて日本內地に於けるよりは夏冬共に却つて暮し易いとも言へるであらう。

昭和十二年一月の調査に據る哈爾濱の人口は左記の如く四十六萬四千八百十三人で、既に滿洲國內に於ける最大の都市であるが、日滿人の進出によつて尚驚異的に膨脹しつゝある。

滿洲國人	七五、二九五戸	三八五、〇〇〇人
內地人	八、六七〇戸	三三、四七二人
朝鮮人	一、五〇七戸	六、六七九人
蘇聯人	二、〇八六戸	六、五六一人
白系露人	九、九三三戸	三一、六三〇人
其他外國人	七四三戸	二、四七一人
合計	九八、二三三戸	四六四、八一三人

＝市街大觀＝

哈爾濱は帝政の世の夢のごと
白き花のみ咲く五月かな
與謝野晶子

哈爾濱市街を大別すれば新市街、埠頭區、馬家溝、舊哈爾濱、ナハロフカ、八區、傅家甸となる。これらの市街は曾て北滿特別區の管下に在つたが、滿洲國成立後に至つて、人口百萬を目標とする大哈爾濱市建設計畫の樹立さるゝと共に松花江對岸の松浦とも合併され、昭和八年六月一日から大哈爾濱市として哈爾濱特別市公署の管理する所となつた。

植物園

新市街　新市街は滿洲語で南崗又は秦家崗と云ひ、哈爾濱市街の中央を、東北から西南にかけて長く帶狀に續く丘陵地帶であり、主として各國の官公衙と諸官舍の集る所である。各建物よく露西亞建築の特徴を備へ、街路井然として清潔、一面綠樹に蔽はれてゐる。總じて露西亞人は綠樹を愛し、新しい市街の建設に當つては必ず街路樹の扶殖に意を用ふるのであるが、建設四十年にしてこゝに見る綠樹は益々その色を增し、新市街一帶をして宛かも一大公園であるかの如き感を抱かしめるに至つた。春夏の候は、南北滿洲を通じて最も感じのよい町であらうか。

哈爾濱驛に下車し、そこに群集する日滿露人の間に交つて、伊藤公遭難の當時を回想しつゝ（ホームに遭難標識あり）驛頭を出づれば、滿洲國建國記念碑の建つ驛廣場である。驛を出て正面新市街中央寺院に通ずる大道を車站大街と云ひ、ヤマトホテルや我領事館等の宏壯な建物が兩側に並んでゐる。中央寺院は新市街の略中央にあり、之に向つて右に大直街を進めば哈爾濱鐵路局、同鐵路俱樂部、同圖書館を第一に、日滿關係の主要官廳と、籬に圍まれた廣大な官舍があり、一帶に「山の手」にも譬ふべき地帶である。中央寺院に向つて左、卽ち大直街を東北に進めば、新賣買街として知られる商業區があり、秋林商會を始め、純露西亞式の商店が並んでゐるが、このあたりには郵便局、哈市特別區長官公署、各國領事館等が樣々な建築樣式を見せて嚴然と立つてゐる。

新市街は散步に最もよい。埠頭區の薄暗い裏小路に奇を漁るよりも、明朗清快なこの新市街の逍遙の方がより深い印象を旅人の心に刻むであらう。

埠頭區　滿人は道裡と云ひ、傅家甸を道外といふ。松花江に接して土地低く、新市街と埠頭區とを結ぶ跨線橋（虹霓橋）上に立てば、一望にして俯瞰される。哈爾濱の商業區であり、凡ゆる享樂機關と、暗黑街とを設けた、いはゞ下町でもある。その中央を眞直ぐに松花江に通ずる中央大街は哈爾濱の銀座ともいふべく、夏の夕暮れの雜沓は東京の銀座にも劣らないであらう。中央大街に並行して新城大街がある。近年、露國勢力の衰退に伴つて急激に發達した街で主として滿人經營の百貨店や大商店が多い。

日本人の多く居住してゐるのは石頭區街、地段街、賣買街の一帶で、この附近は殆んど南滿に見る都市と大差無いまでに日本化してゐる。

埠頭區の魅力は、夏の夕暮れのキタイスカヤの散歩から、夜を徹しての暗黒街の獵奇であらうが、それはこゝに案内の限りではあるまい。

誰れと來たかよ、トロイカ驅けて、キタイスカヤの夜の霧
宵はカバレー夜明けはペチカ、彈けよ戀しのバラライカ
（哈日選歌）

馬家溝（マーチヤーコウ）　馬家溝は一部の露西亞人には「皇帝の村」（ツアースコエセロ）などとも云はれてゐる。主として革命後の亡命露人の集團的部落であつたが、滿洲事變前後から急に發展して、今では全く新市街に接續し、日滿露人の雜居する郊外住宅地となつた。官公衙は殆んど無く、哈爾濱學院と、飛行場と兵營とがある。

馬家溝のよさは、目まぐるしい社會の表面からは取り殘された閑靜な雰圍氣にある。木柵に圍まれた色とりどりの平家と小さな庭とは、全く都會とは思はれぬ牧歌的な情緒を持つてゐる。殊に無線電信所あたりから見る新市街の綠の丘は美しい。

總じて大陸の夏の黄昏は淡い旅愁を唆るものではあるが、くつきりと中空に一線を劃する新市街の綠の丘に赤々と夕陽の沒してゆく新市街の遠望は壯嚴と神秘と哀愁との渾然とした一種名狀し難い印象を行人の胸に刻む。

新市街から馬家溝を突き拔けて舊市街に通ずる大道の散歩も素適である。

秋日落つ荒魂かける曠野にて　亞　濱
たそがれよ中央寺院の鐘よ雲に聽く　惣之助

傅家甸（フーヂヤテン）　傅家甸は埠頭區に接續して鐵道附屬地外に在り、俗に「道外」（タオワイ）と云ふ。いはゆる「濱江」はこゝであり、哈爾濱の發達に伴つて、過去僅か三十餘年にして今日の隆盛を見るに至つた純然たる滿人街である。この地は初め、傅なる姓の滿人が一旅舍を經營して、附近の漁業者の聚樂場として以來、傅家甸と呼ばるゝに至つたといふが、往年の露國が鐵道附屬地内に支那人の居住を許さなかつた關係上、こゝに純然たる支那街として發達したものである。

傅家甸は頭道街から二十道街まで、街路井然として伸びた大市街である。足を一歩こゝに踏み入るれば乾坤忽ち一變する。特に正陽街の雜沓には何人も喫驚せざるを得まい。實に支那人が建設した代表的市街として、上海に亞ぐ大市場を成し、人馬の往來は却つてキタイスカヤを凌駕してゐる。現在、北滿の農產市場を支配してゐる經濟的中心市場としても一度は視察すべき所であらう。滿洲に於て近代支那文化の最も發達したのは實にこの傅家甸である。こゝから見れば大連、奉天等の支那人は全く田舍者に過ぎなかつた。上海の支那人文化は、南滿洲を素通りにして、直ちにこの哈爾濱に輸入されたのである。

松花江

傅家甸の北側は松花江の江岸となり、鐵道總局を初め、公營私營の埠頭は殆んどこゝに並んでゐる。江上高く濱洲線三千二百呎の大鐵橋も望まれ、江上に浮ぶ無數の帆船や、汽船、江防艦隊等は遺憾なく大江の偉觀を展開して全く海港に似た感じを抱かしめる。

舊哈爾濱

ナハロフカ　八區

舊哈爾濱は露國の殖民當初に建設された街で滿人は香坊といふ。新市街から約四粁、中央寺院から殆んど眞直ぐな大道が通じて居り、今は主として工場地帶となつてゐる。

ナハロフカは埠頭區の西に隣接して低地を成し、滿人は偏臉子と呼んでゐる。哈爾濱の貧民窟で、一時は惡の巣窟とも見られてゐたが、近年白系露人にして此處に居を構へる者も多く、約三千の居住民が雜居してゐる。時間があれば、この貧民窟を視察するのも一興であらう。

八區は埠頭區と傅家甸との間に介在し、油房、工場、倉庫等多く、工業地區であると同時に鐵道貨物の取扱所で、八區一帶に引込線が網狀をなしてゐる。

馬車で行かうよ傅家甸、可愛姑娘は猫柳
春は驅走バスハの頃は、バツクミラーの片笑くぼ
（哈日邇歌）

鋪道に憩ふ露人達

◇在哈主要日滿官公機關

濱江省公署　哈爾濱郵政管理局　濱江商務會
哈爾濱特別市公署　哈爾濱電業局　日本總領事館
哈爾濱警察廳　濱江稅務監督署　日本人居留民會
哈爾濱稅關本署　哈爾濱日本高等女學校　哈爾濱鐵路局
哈爾濱江防艦隊本部　哈爾濱學院　濱江省高等法院
濱江省地方法院　哈爾濱日本中學校　哈爾濱商務會
濱江專賣署　哈爾濱航政局

◇在哈各國領事館及代表公館

英國、獨逸、伊太利、葡萄牙、蘇聯邦、佛蘭西、米國、白耳義、和蘭、丁抹、チエッコスロバキヤ、ラトビヤ、波蘭、エストニヤ、リトビヤ各領事館。

◇在哈各國主要金融機關

滿洲國側　滿洲中央銀行支店・益發銀行支店

日本側　横濱正金銀行・滿洲興業銀行支店・東洋拓殖會社支店・哈爾濱貯金信託會社

白系露人の子供達

英國系銀行　香港上海銀行支店・チヤータード銀行支店

米國系銀行　紐育ナショナルシティ銀行支店

露西亞系銀行　遠東銀行・遠東借款銀行・猶太國民銀行・遠東猶太商業銀行

支那側　中國銀行・交通銀行支店・金城銀行支店・大中銀行支店

◇在哈日本側主要會社其他

東洋拓殖會社・國際運輸會社・鴻業公司・北滿興業會社・航空輸送會社・滿鮮運輸會社・札免公司・哈爾濱土地建物會社・三井物產會社・三菱商事會社・日滿製油會社・北滿製油會社・東洋綿花會社・日滿釀造會社・滿蒙毛織會社・大倉土木會社・東亞土木企業會社・大倉商事會社・日本商品陳列館・日本商工會議所・大同酒精會社・哈爾濱洋灰公司・哈爾濱不動產信託會社

◇在哈各國新聞社及通信社

漢字新聞　大北新報・國際協報・哈爾濱公報

邦字新聞　哈爾濱日日新聞・哈爾濱新聞

露字新聞　ハルビンスコエウレーミヤ・ザリヤー・ルスコエスローウウ・グンバオ・ルーボル・ナーシプチ

通信社　日蘇通信社

其他　滿洲日々新聞社・大阪毎日新聞・滿洲弘報協會・同盟通信社・大阪朝日新聞

英字新聞　ハルビン・オブザーバー新聞社

哈爾濱鐵路局

一遊覧の哈爾濱一

青やかに楡の花散る路ゆきぬ
ロシヤ少女の軽き白靴　　與謝野晶子

大松花江の洋々たる流れを抱いて、北滿の眞中に忽然として生れ出たやうな哈爾濱の、その僅かに三十年の歴史の跡に、苔蒸す舊蹟や名勝を求める方が無理であらう。然しそうした古蹟名勝は無くとも、哈爾濱はなほ遊覧に價する都である。また日本人として一度は訪れねばならぬ歴史の跡もあるのである。

伊藤博文公胸像　明治四十二年十月二十六日、明治の元勳伊藤公が、日韓合併の礎石となつて哈爾濱驛頭に遭難せられた歴史的事件は、滿洲國成立の今日、更に悲痛な回想を呼ぶ。大正十四年、日露協會と居留民會との發起によつて浄財二萬圓が募集され、公の青銅の胸像が製作された。この胸像は居留民會樓上の公會堂内、大理石の台上に安置せられてゐる。

志士の碑　新市街から舊市街に通ずる並木の大街道、その中央から遙か西南方に、忠靈塔及沖、横川兩氏を初め、脇、中山、田村、松崎六烈士の偉靈を祀る「志士の碑」がある。日露戰爭當時、露軍の輸送路を斷たんが爲め、嫩江鐵橋爆破の重命を帶びた六烈士は、喇嘛僧に身を俏し、内蒙古を經て富拉爾基附近まで潜入したが、事露見して成らず、沖、横川兩氏は捕へられて哈爾濱に護送され、軍事探偵として此處に銃殺された。他の四氏は遁れて西に走り、更に鐵道破壊と敵狀視察との使命を果さんとしたが、途中、土匪に襲撃されて憤死した。これら護國の鬼と化した六烈士の碑は、その後、哈爾濱日本居留民の義捐と、我が駐屯軍の勞力奉仕によつて建立せられ、濱綏線に沿ふ病院街の近く、一望千里の平原中に嚴然として聳えてゐる。毎年春秋の二季には盛大な招魂祭が擧行されるが、この志士の碑こそ、哈爾濱驛頭に不慮の最期を遂げられた伊藤公と共に、我が帝國興隆の尊き犠牲として、哈爾濱の有する歴史的光彩である。又附近に同じく日露戰爭當時軍事探偵として此の地で銃殺されたる小林、向後二烈士の碑がある。

博物館　新市街の中央寺院に向ひ合つた商品館内に在り、露西亞人には「モスコー館」と呼び慣されてゐる。大陸科學院の所管で、商工部、人類學部、生物學部、醫學部等の部門に分れ、東清鐵道建設當時から蒐集された貴重な滿蒙關係の參考資料が網羅されてゐる。初め露西亞は新市街の建設に當つてその中央部に一大殿堂を建築し、これにモスコー一流商店の支店を出させ、勸商場として商業的發展の基礎たらしめんと計畫したのであつたが、その漸く緒に就かんとする秋に至つて革命となり、遂に之を完成しなかつたのである。

極樂寺と文廟　極樂寺は新市街と傅家甸との中間に在り、哈爾濱に於ける唯一の支那寺院で、一九二二年、時の東省特別區長官が哈爾濱に支那寺院の無い事を嘆き建立したものである。前門に刻した極樂寺の文字も長官自身の筆に成り、寺院の華美、壯嚴の點では滿洲の支那寺院中屈指と云はれる。

文廟は極樂寺の南方數町に在り、外觀の美も極樂寺に劣らない。この二つは哈爾濱に於ける景物中の異色である。

外人墓地　哈爾濱に遊ぶ人の目的によつて遊覽の場所も異るであらうが、この墓地を見學してゆく事も決して無駄ではない。新市街大直街の北端、廣大な地域に亘つてスラヴ人墓地、韃靼人墓地、タタール人墓地がある。夫々宗旨を表はす十字架と、シナゴーガと、弦月とは、深い印象を刻むであらうが、春夏綠葉の候には好適の散策地ともなる。或る意味では最も異國的な場所であらう。

松花江（スンガリー）　哈爾濱をそこはかとなく柔かい情緒に包むものは夏の綠樹と、この大松花の流れである。松花江は夏によく冬にもよい。自らボートを操つて中流に放歌するもよし、水浴に半日の行樂を費すのもよければ、魚釣りに俗塵を避けて、冷たいクワスに渇を醫すのも亦よい。冬の松花江は一面の氷原と化する。その氷上を、或は橇で或は氷上ヨットで馳驅するのも一興であるが尺餘の氷を割つて冬魚を釣るのも興深い。松花江は哈爾濱の母である。

寺　院　哈爾濱の市街美に大きな役割を果してゐるものゝ一つは露西亞寺院の大伽藍である。露西亞人の生活の中には久しい間宗敎が根强く培はれて來た。現在の蘇聯邦國内では宗敎撲滅運動の爲めに無數の寺院が破壞され或は博物館等に變つたが、哈爾濱には尙二十餘の寺院が帝政露西亞の名殘を留めてゐる。隨所に見えるその尖塔は陽に映えて、五彩のガラス窓の奥に燈明のあげられる頃は、昔ながらの鐘の音が祈る人にも、旅人にも、一しほに寂しい餘韻を傳へるのである。

夜の歡樂境

ニコライエフスキー大寺院（サボール）は邦人には中央寺院と呼ばれ、露西亞人は單にサボールといふ。新市街に在り、舊北鐵從事員の寄附によつて建立せられた寺院で、様式は古代ギリシヤの寺院建築を模倣したものであるといふ。

ソフイースキー寺院は石頭道街（キタイスカヤ）に在り、中央寺院が鐵道從事員の寄進に成つたのに對して、この寺は亡命露西亞人の零細な淨財によつて竣工した。

イエルスキー寺院は埠頭區士官街に在り、義和團事變と日露戰爭との犧牲者追善會の爲めに建立せられたものである。

ウクラインスキー寺院は新市街大直街に在り、舊北鐵建設の犧牲者及びその功勞者追善の爲めに建立されたもので、その附屬墓地は、この關係者、その後の犧牲者又は功勞者のためのみの墓地となつてゐる。

猶太人寺院は埠頭區砲台街と斜紋街との二箇所に在り、結束の固い猶太人は、この寺院を中心にして相互扶助的な連絡をとつてゐる。この寺院の外形は他に見る基督教の敎會とは異り、圓屋根の瀟洒たるものである。

以上の外に主要なものとしてはマホメット敎寺院、バプチスト寺院等があり、何れも哈爾濱の都市美に一段の光彩を與へてゐる。

鋪道スナップ

彼等は宗教なしには一日も生きてゆけない民族である。そしてその壯嚴華麗な色々の儀式は彼等の宗教に必要缺くべからざる役割を勤めてゐる。左にその主なものを擧げてみやう

基督洗禮祭（クリスチエーニエ）　露暦の一月六日（陽暦一月十八日前後）、ちやうど北滿が極寒の頂上にある時、凍結した松花江上に氷の祭壇、氷の十字架、氷の浴槽を設け、各寺院から金幟を先頭に金繡の法衣を纏つた僧侶を先頭に數萬の善男善女の行列が繰出して式を行ふ。儀式が高潮に達すると寒氣肌を刺る江上で水着一つの男女は先を爭つて氷の浴槽に飛込み洗禮の式を受けて法悦に震ふ。

此の儀式は今日世界で此處にだけ行はれる特異な宗教儀式である。

基督復活祭（パスハー）　陽暦四月二十五日から五月二日迄の間の日曜日で、露人は之をパスハーと呼ぶ。彼等にとつては最大の祭である。柳の芽の吹き出す頃、基督の復活を謳歌する人々は各寺院に集り聖堂も揺げと讃美歌を合唱し、眞夜中の十二時一齊に打鳴らす鐘の音を合圖に老ひも若きも知るも知らざるも歡喜の接吻をする。

基督降誕祭（クリスマス）　露暦によるクリスマスは陽暦一月八日前後に行はれる。基督の降誕を祝ふ市內各寺院では敬虔そのもの、如き態度で壯嚴な祝賀の儀式を行ひ、夕となれば近親者一家に集ふて、歌と踊りに夜を明かす。

観察コース

観察コースは種々あり、また團體以外の旅行者は、地圖を片手に歩く方が面白いかも知れない。團體の観光客はジャパン・ツーリスト・ビューロー（埠頭區キタイスカヤ街、電話四七八八番　四五一三番）に依頼すれば斡旋してくれる。普通選ばれる遊覽コースは次の通りである。

哈爾濱站（又は旅館）—郵政管理局—濱江省公署—哈爾濱神社—博物館—中央寺院—花園小學校—飛行場—忠靈塔—志士の碑—小林、向後二烈士の碑—露人小學校—ミルレル兵營—鐵路俱樂部—鐵路局—師團司令部—秋林ウォッカ工場—哈爾濱鐵路苗圃—孔子廟—露人墓地—極樂寺—ロパート煙草工場—警察廳—正陽街—滿人百貨店—平康里—航業聯合局—傅家甸魚市場—油房—製粉工場—公會堂—モストワヤ街—埠頭公園—松花江ヨツト俱樂部—キタイスカヤ街—秋林洋行—バザール（市場）—ソフイスキー寺院—地段街—站又は旅館

市內交通機關及料金　（金票も國幣も同じ）

電車及乘合バス　一區四錢（馬家溝、新市街、埠頭區、傅家甸、各區內は一區）

タクシー　一臺一圓前後

ニコライ堂の夕陽

埠頭區公園

遊覽バス 埠頭區のジャパン・ツーリスト・ビユーローを發著地とし五月より十月まで毎日九時、十四時の二回、所要時間約三時間、料金大人一圓五十錢、軍人學生一圓。

團體視察の場合は普通二十人乘バスを使用してゐるが料金は最初の一時間四圓、以下三十分增す每に一圓五十錢である。言語不明の者は左記邦人經營自動車を利用するとよい。

北滿ホテル自動車部（電四七一七番）
明治タクシー（電三六二四番）
日の丸タクシー（電三八〇八番）
昭和タクシー（電三六一三番）
サクラタクシー（電二四七六番）
ツバメタクシー（電三〇六五番）
ハルビンタクシー（電四二九三番）
青葉タクシー（電三六三六番）

土産物

寶石類　ウラル產ダイヤ・ルビー・アレキサンドリヤ等
食料品　腸詰・ハム・筋子・バター・チーズ・燻製品・蜂蜜
織物類　ロシヤ更紗・麻織物・卓子掛・毛布・ルバーシカ等
毛皮類　羊の腹子・獺・狐・貂・カンガルー等
骨董類　舊露國金銀貨・舊露國勳章・繪葉書・食器類
其他　酒類・煙草類・露西亞菓子類

行樂の哈爾濱

踊り場を出でて踊れば石だたみ
楡を通して夜の白みゆく　　與謝野晶子

旅行者の大部分が視察の序でを以ていはゆる露西亞情緒なるものを味はんとするのは當然であるが、邦人にとつては可成り事情を異にする土地であり、且つは多數の外國人の居住する國際都市であるから「旅の恥は搔き捨て」的な行爲は愼まねばならぬ。和服で外出する場合に足袋を用ふるが如きも、些事のやうであるが、哈爾濱では重要な心掛けの一つである。

キタイスカヤの人波を縫ふて、色とりどりの行人の顏を見較べ乍ら松花江岸に出づれば涼風が快く頭髮を吹く。江岸に立つて四顧すれば、下流遠く江面を壓する三千數百尺の大鐵橋がある。夏季には江上に浮ぶ無數のボートや林立する帆船や、江防艦隊等が遺憾なく大江の風貌を發揮し、對岸から太陽島にかけて、人魚ならぬ人魚の群れ遊ぶ條を見るのも面白い。冬季には江上一面は大氷原と化し、トラックや橇がそこを馳驅する。

埠頭區市立公園の夏の夜は又エトランゼには懦ましい風情であらう。附近にあるバザール(市場)は骨董品に類する家具、食器、裝飾品を陳列して、帝政露西亞の俤を現時に傳へてゐる。蓋し哈爾濱名物の一つであらう。

哈爾濱の大觀はキタイスカヤの松浦洋行の樓上からがよい。然し哈爾濱のよさは郊外にもある。そこには木柵に圍まれた廣い庭と、樣々な樣式や色彩を持つた住宅があり、牛を追ふて行く露人の姿も散見されて、可成り强い露西亞の田舍情緒を見せてゐる。

孔子廟

志士の碑前に立つて見渡す大平原の雄大さや、空の美しさも哈爾濱何景かの中に數へてよいであらう。

新市街大直街のはづれにある露西亞墓地も是非一度視察し度い所である。そこには珍らしい正教信者の墓地や、ユダヤ教徒の墓地や、タタールの墓地がある。終日こうして視察し歩いてほのかな疲れの中に、新市街の秋林前かキタイスカヤのベンチに小憩すれば脚—脚—脚—、これが哈爾濱情緒の粹かも知れない。夕食をグランドホテルか、鐵路俱樂部あたりで濟まして、十一時前後からカバレー見物にでも出かければ、いはゆる異國情緒なるものも大體は味ひ盡したと見てよからう。その外夜の行樂については旅館のポーター等に尋ねれば適當に案內することゝ思ふ。

日本料亭　武藏野・矢倉・金六・市の家・玉廼家・井筒・千早登・千草・朝日・七福・醉月・新福・永樂・大吉

支那料理　（道裡）宴賓樓・新華樓・（道外）新世界・厚德館

露西亞料理　鐵路クラブ・グランドホテル食堂・モデルンホテル食堂・アメリカンバー・ヨツトクラブ

コーカサス料理　ギドリヤン・タートス・ロゴジンスキー・イベリヤ

カバレー　ファンタージイア・ヤール

ダンスホール　明星會館・フロリダ・セントラル

劇　場　鐵路クラブ・哈爾濱座・平安座・中央劇場・哈爾濱會館

映畫館　モデルン・カピトール・アメリカン・パラス・オリアント・スター・アジア

公園に遊ぶ露人達

旅　館

◇邦人經營

滿鐵直營哈爾濱ヤマトホテル　新市街東站街

驛より徒歩で僅か三分の所に最近デヴューした豪華を極めた近代的ホテル（歐式）三、五〇—三五、〇〇（米式）八、五〇—四〇、〇〇食事料（和洋）朝一、五〇 晝二、〇〇夜二、五〇

中央寺院

花屋ホテル	埠頭區賣買街五三	四、〇〇―七、〇〇
哈爾濱ホテル	同　一〇七	五、〇〇以上
北海ホテル	新市街義州街四三	四、〇〇―六、〇〇
北滿ホテル	埠頭區新城大街	三、〇〇以上
北興ホテル	同　外國頭道街一四	五、〇〇以内
東洋ホテル	同　地段街二〇	五、〇〇―八、五〇
中央ホテル	同　キタイスカヤ街	五、〇〇―一〇、〇〇
大陸ホテル	同　モストワヤ街	四、〇〇―六、〇〇
大星ホテル	同　水道街	四、〇〇―六、〇〇
鶴屋旅館	同　斜紋街	四、〇〇―六、〇〇
名古屋ホテル	同　モストワヤ街八六	五、五〇―一〇、〇〇
ナショナルホテル	同　地段街一一九	四、五〇―一二、〇〇
滿洲ホテル	同　モストワヤ街九六	五、〇〇―七、〇〇
二葉旅館	同　透籠街七號	三、〇〇―五、〇〇
富久屋旅館	新市街義州街	四、〇〇―七、〇〇
紅葉館	埠頭區モストワヤ街	四、〇〇―七、〇〇
國際ホテル	同　外國三道街二二	四、〇〇―七、〇〇
朝日旅館	同　モストワヤ街	三、〇〇―五、〇〇
亞細亞ホテル	同　斜紋街九八	四、五〇―一二、〇〇
佐賀ホテル	新市街大直街	四、〇〇―六、〇〇
榮屋旅館	埠頭區水道街六九	五、〇〇―七、〇〇
松花ホテル	同　中國六道街三五	三、五〇―七、〇〇
敷島旅館	同　二道街二四	四、〇〇―六、〇〇
都ホテル	新市街郵政街九一	四、〇〇―六、〇〇
商務旅館	埠頭區中國四道街	三、〇〇―五、〇〇
日隆旅館	同　外國二道街	四、〇〇―五、〇〇
日の丸旅館	新市街義州街九三	三、〇〇―五、〇〇
昭和旅館	埠頭區賣買街	三、〇〇―五、〇〇
滿平ホテル	同　斜紋街	三、〇〇―六、〇〇

◇外人經營

モデルンホテル（キタイスカヤ）

モデルンホテルには同名の映畫館とレストランとが附屬して居り、日本人支配人及女中、ポーターも居る。

オリアントホテル（新市街義州街）

このホテルにも同名の映畫館と舞踏場が附屬してゐる。

カバレーの踊子

○左記に於て朝鮮滿洲の旅行、通關、貨物等に關する御質問竝に事情講演、活動寫眞映寫等の御需めに應じます。

東京鮮滿案内所	丸ビル	電話	自二三一一 至二三一五
	赤坂區葵町 滿鐵ビル內（分室）	電話 赤坂	二一一一
大阪鮮滿案内所	東區堺筋 安土町	電話 本町	一七〇〇 一七〇一
下關鮮滿案内所	下關驛前	電話	一九六二
門司鮮滿案内所	門司西海岸通	電話	二四七七

○滿洲に於ける鐵道に關する事項の一切に就ては

奉天滿鐵　鐵道總局旅客課に御照會下さい。

○滿洲一般事情に關しては、左記に於ても照會質問に應じて居ります。

滿洲事情案内所	新京中央通	電話	四九三八 五五三〇

○滿洲旅行に際しては左記「ジャパンツーリストビューロー」を利用せられるがよい。

大連	伊勢町五四	電二四七一三 二五五五四
鞍山	北二條町一六	電　二九六八
奉天	宮島町一（驛前）	電三九一四・二八六三
新京	北廣場（驛前）	電三三九三・四七七二 六四〇八
安東	大和橋通二丁目一	電一〇〇六
營口	南本街一九	電八八〇
撫順	中央大街一一	電二五四八
吉林	大馬路一七三	電三〇五八
圖們	春風街三四ノ一	電三四五
牡丹江	太平路一二	電五一
清津	埠頭船客待合室內	電四四〇
羅津	羅津驛內	電九三〇八
哈爾濱	中央大街七八	電四五一三・四七八八
齊齊哈爾	正陽大街三九八	電二二五九・二四四二
滿洲里	三道街ニキチンホテル內	電六六
錦縣	大馬路（站前）	電一五〇
承德	火神廟街 日本商工會內	電六五六
山海關	南關中街 七四號ノ二	電九九

昭和十二年六月二十日印刷
昭和十二年六月二十五日發行

發行人　奉天市白菊町八―五　九里正藏
著作人　奉天市紅葉町二一清風寮　松宮吉郎
印刷人　奉天市工業區四馬路　關眞
印刷所　奉天市工業區四馬路　興亞印刷局
發行所　奉天市春日町　滿鐵鐵道總局營業局旅客課

哈爾濱市街圖

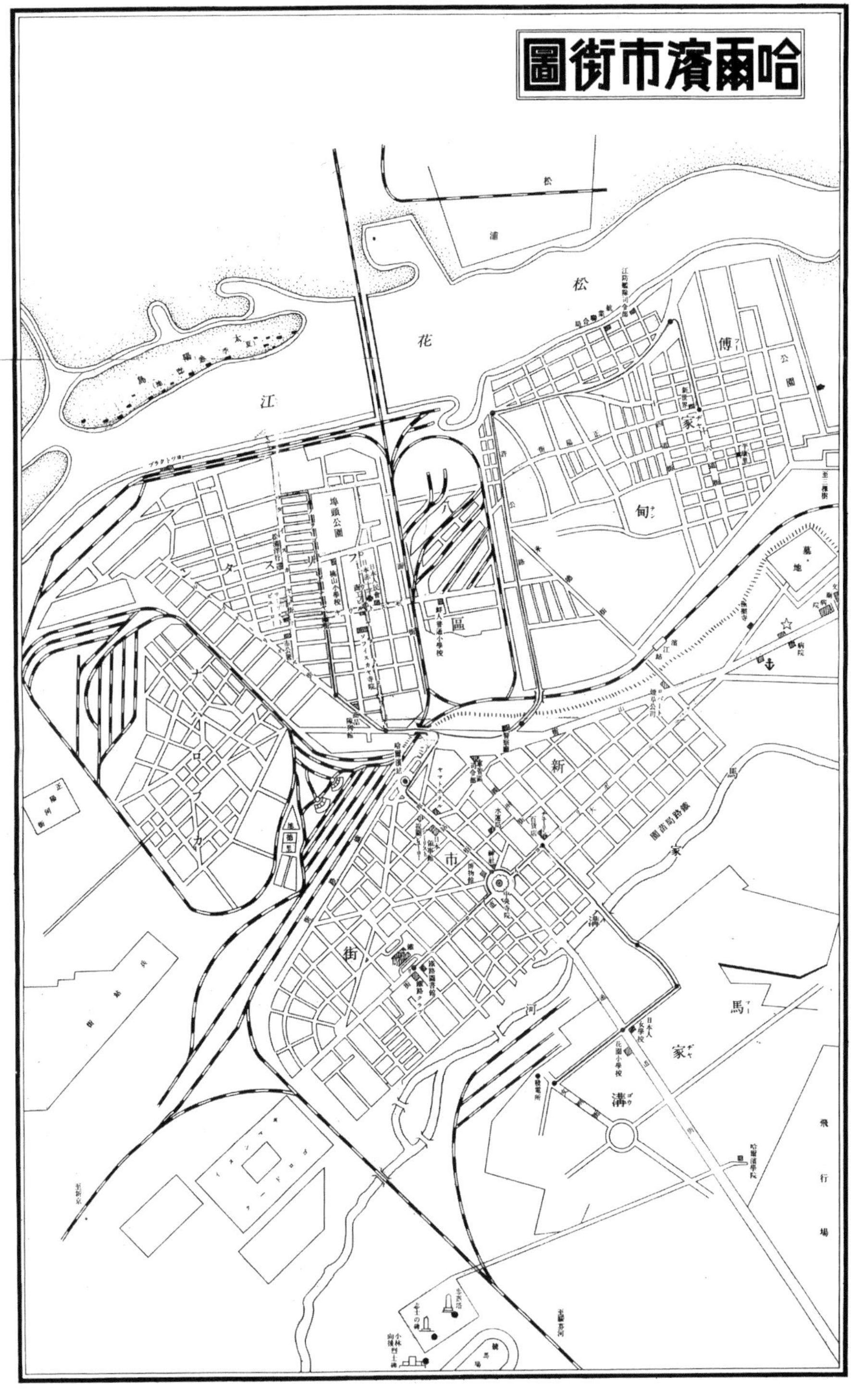

松花江
傳家甸
公園
墓地
埠頭公園
新市街
博物館
鐵路圖書館
鐵路局官舍
日本人女學校
花園小學校
哈爾濱學院
馬家溝
飛行場
至新京

哈爾濱遊覽案內圖
ヨツトクラブ
松
花
江
太陽島遊覽地
ソフィスカヤ寺院
市公署
埠頭區公園
バザール
虹晴橋
哈爾濱驛
建國記念塔
哈爾濱鐵路局
鐵路クラブ
忠靈塔
志士之碑
二勇士之碑
航業聯合局
ヤマトホテル
中央寺院
神社
圖書館
ゴルフリンク
競馬場
軍管區司令部
チューリン
鐵路局苗圃
濱江驛
新世界
平康里
公園
極樂寺
露人墓地
孔子廟
飛行場
バス遊覽路線
電車路線
鐵道線

『哈爾濱輸入組合の沿革』

（哈爾濱輸入組合、一九三八年六月）

昭和拾參年六月

哈爾濱輸入組合の沿革

哈爾濱市埠頭區買賣街第四八號

哈爾濱輸入組合

（以印刷謄寫）

哈爾濱輸入組合ノ沿革

目次

八、大藏省預金部資金關係統計諸表

哈爾濱輸入組合ノ沿革

一、緒　言

回顧スレバ昭和三年八月八日我ガ哈爾濱輸入組合ノ創立セラレテ以來星霜ヲ經シコト玆ニ拾有一年、爾來財界ノ波瀾尠カラザルモノアリ、其間ニ於テ昭和六年九月拾八日ノ柳條溝事件ニ端ヲ發シタル滿洲事變ノ善後處置漸ク其ノ緒ニ就キタルノ際、昭和拾貳年七月七日突發シタル蘆溝橋事件ノ擴大ニ依ル支那事變ハ日滿兩國ヲシテ戰時體制整備ノタメ凡百ノ方面ニ一大革新ヲ斷行セシムルノ已ムナキニ至リ、現在ノ情勢ハ既ニ日滿經濟ブロックノ語ハ過去ノモノトナリ今ヤ東亞經濟ブロックノ組成ニ向ツテ準備ヲ進渉セシメツヽアリト云フヲ得ベキナリ、斯カル情勢下ニ於テハ我ガ輸入組合又ハ組合員ガ種々ナル困難ノ立場ニ遭遇スルコトアルハ自然ノ趨勢ニシテ、其ノ間ニ處シ之レガ對策ヲ誤ルコトナク、順調ナル發達ヲ見タルハ同慶ニ堪ヘザル處ナリ、然ルニ滿洲國ニ於ケル經濟統制ノ餘波ハ遂ニ我ガ輸入組合ヲ改組シ滿洲國商人ノ加入ヲ可能ナラシムルト共ニ事業中仕入斡旋竝ニ金融業務一切ハ之ヲ滿洲輸入株式會社ニ移讓シ一元化スルコトニ決シ昭和拾參年七月一日ヲ期シ之レガ手續ヲ完了スルモノナリ、玆ニ於テ我ガ

二

哈爾濱輸入組合ニテハ拾年史ヲ編纂セント準備ヲ進メ居タルモ偶々聯合會ニ於テ大規模ノ組合拾年史編纂ノ計劃ヲ發表セラレタルヲ以テ重復ヲ避ケンガタメ地方的ノモノ而已ヲ採リ組合ノ諸統計表ノ收錄ニ止メ哈爾濱輸入組合ノ沿革ト題シタル次第ナリ、之等ノ統計表ニ依リ將來組合關係事業ノ運用ニ當リ溫故知新ノ資トモナルヲ得バ望外ノ幸トスル所ナリ。

昭和拾參年六月參拾日

哈爾濱輸入組合理事

久末吉次

二、沿革

昭和參年八月八日　創立委員長　谷口益太郎、　創立委員　藤井忠次、山本六太郎、光武邦一荒木幸七郎、古澤鉦一、村澤新作ノ諸氏ニ於テ創立事務ヲ完了シ本日公會堂ニ於テ創立總會ヲ開催シ組合定款竝貸付規定ヲ議決シ役員ヲ選任セリ

　理事ニ横田提壽ヲ選任即日就任ス

　組合事務所ヲ地段街東洋ホテル内ニ設置ス

昭和三年九月八日　組合事務所ヲ石頭道街八拾貳號ニ移轉ス

昭和四年壹月廿七日　組合事務所ヲ石頭道街九拾四號ニ移轉ス

昭和六年七月三十日　組合事務所ヲ地段街百貳拾壹號ニ移轉ス

昭和八年七月廿日　新京輸入組合哈爾濱支部ヲ組合事務所内ニ設置ス

　支部理事トシテ理事横田提壽兼任セリ

　大藏省預金部低利資金ノ取扱ヲ開始ス

昭和十年七月三十日　買賣街四八號哈爾濱貿易會館ノ管理ヲ輸入會社ヨリ委託セラレタルヲ以テ同日ヨリ組合事務所ヲ同會館内ニ移轉ス

昭和拾貳年五月貳拾參日　横田理事大連輸入組合理事ニ就任ノタメ哈爾濱輸入組合理事竝新京輸入組合

哈爾濱支部理事ヲ辭任ス

元新京輸入組合理事久末吉次哈爾濱輸入組合理事竝新京輸入組合哈爾濱支部理事ニ選任即日就任ス

昭和拾參年五月三十一日

第拾回定時組合員總會ノ決議ヲ經テ組合ヲ改組シ日滿商ヲ加入セシムルコトニ改メ仕入斡旋保證及金融業務ヲ輸入會社ニ移讓スルコトニ決定シ之レガ實施期日ヲ七月一日ト定ム

昭和拾參年六月三十日

組合ノ改組ヲ機トシ創立以來ノ顧問竝ニ組合役員ニ對シ左記感謝狀ニ添ヘ記念品又ハ慰勞金ヲ贈呈シ感謝ノ意ヲ表セリ

感謝狀

殿

我組合カ哈爾濱ニ於ケル中小商業界振興ノ目的ヲ以テ昭和三年八月八日創立以來其間ニ在リテ貴殿ニ於カレテハ｛顧問・評議員・監事｝トシテ組合業務ノ運行ニ御協力ヲ忝ウシ業界ノ發展ニ寄與セラレタル處甚大ナリ、今般日滿一德一心ノ國是ニ順應シ滿洲國商人ノ加入ヲ可能ナラシメンガ爲メ組合ヲ改組スルト共ニ光輝アル拾年ノ歷史ヲ殘シ我カ組合ハ商店經營ノ合理化事業ニ專念シ仕入斡旋竝金融業務ヲ滿洲輸入株式會社ニ圓滿ナル移讓ヲ行ヒ兩機構ノ特長ヲ互ニ發輝シ業界振興ノ目的達成ニ邁進スルニ至リタルハ偏ニ諸賢ノ獻身的御援助ノ賜ニシテ寔ニ感謝ニ堪ヘザル處ナリ茲ニ{記念品／慰勞金}ヲ贈呈シ感謝ノ意ヲ表ス

昭和拾參年六月參拾日

哈爾濱輸入組合　理事　久末吉次

昭和拾參年七月二十八日　第八回臨時組合員總會ノ決議ヲ經テ改組ノ組合定款ニ依リ役員ヲ選任セリ

三、設立事情

日滿貿易ノ振興ト在滿邦商ノ發展策ハ大正九年ノパニツク以來俄カニ抬頭シタ命題デアツタガ、當時創設サレタ滿鐵社員消費組合ト華商トノ狹擊ニ逢ヒ疲弊困憊ノ極ニ陷リタル在滿邦人小賣業者ハ窮狀打開ノ方法トシテ專ラ消費組合撤廢ヲ高唱シ、各地商工會議所モ亦本邦商品ノ滿洲輸入增進策トシテ小賣業者ノ救濟ヲ要路ニ建議シ、大正拾參年ヨリ滿鐵會社ハ之レニ關スル廣汎ナル調査ヲ行ヒ、約二箇年ノ日子ヲ費シテ漸ク輸入組合設立ノ大綱ヲ定ムルニ至ツタ、茲ニ於テ大連商工會議所ハ大正拾五年五月大阪ニ開カレタル全國商工會議所聯合會ニ日滿貿易振興ノ一策トシテ、輸入組合設立ノ件ヲ提議シ其賛同ヲ得テ、更ニ同年七月奉天ニ於ケル全滿會議所聯合會ニ提案シテ其ノ決議ヲ經タガ、之レガ實行ハ種々ノ事情ニ依ツテ遷延シタ、然ルニ小賣商ヲ中心トスル商店協會ヤ實業會ハ一刻モ猶豫ナラズトシ、昭和二年六月第一回全滿輸入組合創立協議會ヲ奉天ニ開催シテ大ニ氣勢ヲ擧ゲ、愈々輸入組合ノ設立ヲ具体化スルニ至ッタ、一面會議所側ニ於テモ急速ニ其ノ具体案作成ノ必要ニ迫ラレ、同年九月第八回全滿會議所聯合會ニ於テ始メテ成案ヲ作リ、滿鐵社長山本條太郎氏ノ諒解ヲ得．金五百萬圓迄ノ無利息資金ノ融通ヲ受クルコトトナリ、同年十二月大連ニ於テ全滿商工會議所及實業團体ノ協議會ヲ開キ組合設立ノ骨子案竝ニ標準定款ヲ決定シ、之ニ依ッテ漸次各地ニ輸入組合ノ設立ヲ見ルニ至ッタ次第デアル、斯ノ如キ南滿各地ノ情勢ニ伴ヒ哈爾濱ニ於テモ輸入組合設立ノ機運ノ醸成ヲ見タリ、然レドモ哈爾濱ハ北滿ノ特有性ヲ多分ニ持ツ都市ニシテ南滿各都市ト同一定款ニテハ其ノ利用價値ノ發揮ニ不便ナリトシ賛否ノ議論續出シ互ニ之ガ對立ヲ來タシ、爲メニ設立機運ノ熟シタルニ拘ラズ、創立ニ至ラズ屢次ノ接渉ニテ遂ニ滿鐵會社ノ斷固タル意見ニ追隨ノ已ムナキニ至リ、南滿各都市ト同一定款ト爲スノ外ナキモノトノ結論ニ到達シ、漸ク昭和參年八月八日ニ創立總會ヲ開催シ、創立ヲ了シタルモノナリ

四、輸入組合ノ目的事業竝滿鐵ノ援助

1 組合ノ目的

哈爾濱輸入組合ハ定款所定ノ如ク日滿貿易ノ增進竝在滿邦商ノ振興ヲ圖ルタメ組合員ニ對スル仕入資金ノ貸付竝保證、商店經營、商習慣ノ改善、運賃諸掛ノ低減、仕入ノ斡旋、販路ノ擴張等ノ事業ヲ行フヲ目的トシ

滿鐵會社ノ絶大ナル援助ヲ得、昭和三年八月八日ニ設立シ全滿各地六箇所ノ輸入組合ト齊々哈爾及錦洲ノ二商業組合ト共ニ聯合會ヲ組織シ聯合會ノ投資ニ依リ滿洲輸入株式會社ヲ設立シ之レガ出張所ヲ日本内地ノ各都市ニ設置シ、互ニ連繋ヲ保チ仕入ノ斡旋竝保證ヲ行ヒ且ツ仕入資金ノ決濟ニ使用スル資金ノ融通ヲ爲シ、仕入商品ノ原價ヲ低減セシメ以テ滿洲國内ニ於ケル消費經濟ノ合理化ニ寄與シ又商店經營ノ合理化、商習慣ノ改善、販路ノ開拓等ニヨリ本邦商業移民ノ發展ヲ助長シ日滿貿易ニ寄與シ來タリタルモノナリ

2　組合ノ事業ト收入

輸入組合ハ仕入統制ニ依リ公正ナル市價ノ調整ニ努メ居ルモノニシテ若干ノ仕入斡旋手數料ヲ徴スルガ爲メ一見營業收入ノ如キ誤解ヲ招ク虞レアルモ手數料ハ全ク實費ノ一部ヲ補フニ過ギザル狀態ニシテ、又金融業務ニ於テモ一般金融業ト其ノ趣キヲ異ニシ現金貸付ヲ認メズ仕入商品代金ノ決濟資金ノミニ局限シ取引ノ改善ヲ圖ルモノナルヲ以テ本資金ノ貸付利息ノ如キモ一般金利ヨリ遙カニ低率ニシテ組合經費ノ一部ヲ償フ程度ノモノナリ

3　滿鐵會社ノ援助

輸入組合ハ其ノ事業收入ノミニ依リ組合經費ヲ支辨シ得ザルヲ以テ滿鐵會社ハ其ノ不足ヲ補ヒ且ツ將來ノ危險補償竝ニ健全ナル發達ニ備ヘシメンガ爲メ我ガ哈爾濱輸入組合創立以來拾箇年間ニ渉リ多額ノ補助金ヲ

交附セラレ其金額ハ金貳拾壹万五千八百五拾八圓ノ巨額ニ達シタル次第ニシテ、組合ノ剩餘金ハ畢竟滿鐵會社ノ補助金ヲ蓄積シ將來ノ危險補償ニ充當セントスルモノニ外ナラザルナリ、之レガ補助金ノ内容ヲ示セバ左ノ如シ

創立以來ノ補助金總額

創立費補助	金參千五百圓也
經費補助	金壹万貳千九百八拾六圓也
理事費補助	金四万八千六百四拾五圓也
融通金利息	金拾五万七百貳拾七圓也　（平均年利六分）
合計	金貳拾壹万五千八百五拾八圓也

五、組合役員

1　現任役員

（昭和拾參年六月三十日現在）

理事　久末吉次
監事　谷口益太郎
同　荒木幸七郎

評議員 藤井忠次
同 相見幸八
同 島田運一
同 島崎龜鐵
同 久保田俵治
同 石川治郎一
同 澤田佐市
同 籾井留吉
顧問 加藤明氏

2 創立以來ノ元役員

氏名	一期	二期	三期	四期	五期	六期	七期	八期	九期	十、十一期	期數
兼田彌市	評議										一
古澤鉦一	評議	評議									二
後藤定吉	評議	評議									二

荒木幸七郎	評議	評議				評議	評議	監事	監事	監事	八
相見幸八	評議	評議	評議		評議	評議	監事	評議	評議	評議	一〇
光武邦一	評議	評議	評議	評議	評議	監事					六
藤井忠次	監事	監事	監事	監事	評議	評議	評議	評事	評議	評議	一一
山本六太郎	監事		評議		監事	監事	監事	監事			六
横田三麿		監事	監事								二
村澤新作		評議	評議	評議							三
田中重次郎		評議									一
谷口益太郎		評議	評議			評議	評議	評議	監事	監事	八
島田運一			評議			評議		評議	評議	評議	六
中村房市			評議								一
森本又吉			評議	評議							二
水上多喜雄				監事	監事						二
島崎龜藏				評議		評議	評議	評議	評議	評議	七
井上折平				評議							一

和田幸司				評議	評議						二
西牧榮治				評議							一
山本藤吉				評議							一
川路吉藏					評議						一
鐘ヶ江利三郎					評議						一
岩田節三					評議		評議	評議			三
久保田俵治					評議				評議	評議	四
日下良吉						評議					一
吉村三郎						評議	評議				二
加藤米吉							評議				一
大島治太郎							評議				一
石川治郎一								評議	評議	評議	四
光武時晴								評議			一
澤田佐市									評議	評議	三
籾井留吉									評議	評議	三
合計 三三名	八	一〇	一〇	一〇	一〇	一〇	一〇	一〇	一〇	二〇	一〇八

備考　十期及十一期ハ同一役員ニ付同欄トセリ

3 顧問

勤務個所	職名	氏名	推薦月日	辭任月日
哈爾濱商工會議所	會頭	加藤明氏	三、八、一〇	
哈爾濱商品陳列館	館長	森御蔭氏	三、八、一〇	六、四、二三
國際哈爾濱支店	店長	剛崎虎雄氏	三、八、一〇	一二、六、一〇
滿鐵哈爾濱事務所	所長	古澤幸吉氏	三、八、一〇	四、六、一九
帝國哈爾濱總領事館	總領事	八木元八氏	三、八、一〇	六、五、一〇
滿鐵哈爾濱事務所	所長	築島信司氏	四、八、八	八、四、二八
帝國哈爾濱總領事館	總領事	大橋忠一氏	六、六、一六	七、三、二六
哈爾濱商品陳列館	館長	川角忠雄氏	六、六、一六	一二、六、三〇
滿鐵哈爾濱事務所	所長	金井清氏	八、四、二八	一〇、五、二九
帝國哈爾濱總領事館	總領事	森島守人氏	八、四、二八	一〇、六、五

4　組合役員及組合員ノ諸會合

種別 / 年度別	組合員總會 定時	組合員總會 臨時	役員會合 役員會	役員會合 監事會	役員會合 懇談會	組合員會合 部門委員會	組合員會合 懇談會
昭和三年度	(創立)八月八日	九、三〇	九回				
〃四年度	五、二三		一三回	五、一一		八、七	
〃五年度	五、一七		九回	四、二五			
〃六年度	五、九	八、八 一一、二八	一四回	五、二五	一〇、七		三、二 三、一九
〃七年度	五、二八		七回	五、二五	六、三		九、二八
〃八年度	五、三〇	八、五	一〇回	五、二四			
〃九年度	五、三〇	八、一五	五回	五、二三	四、六		
〃十年度	五、二八		八回	五、二〇	一、一八		
〃十一年度	五、二八	一一、二〇	四回	五、一五			
〃十二年度	五、二三	八、一〇	一〇回	五、一二			
〃十三年度（六月三十日迄）	五、三一	七、二八	五回	五、二七			五、一六 五、三一
合計	創立一 定時一〇	八	九四	一〇	四	一	五

六、組合從事員

（昭和拾參年六月三十日現在）

採用年月日	分擔事務	職名	氏名
一〇、一一、二五	總務係主任	書記	松本五彦
一三、六、三	タイピスト	雇員	本田秀子
八、七、二七	小使	傭員	趙殿餘
一〇、一一、二五	勸業係主任	（兼務）	松本五彦
一三、六、一三	邦商係	書記	笠原正三
一三、四、七	滿商係	書記	欒世忠
一一、三、二五	會計係主任	書記	手島直定
一〇、六、六	記帳係	書記	奥村行夫
一〇、五、一〇	金融係主任	書記	性全茂一
一二、一、二〇	店員指導	囑託	（兼）林隆久

七、哈爾濱輸入組合關係諸統計表

1 組合員出資口數拂込金額年度末現在表

年度別	人員	普通出資 口數	普通出資 金額	特別出資 口數	特別出資 金額	合計 口數	合計 金額
昭和三年度	七六	二、一八四	八八、六七七.八八	―	―	二、一八四	八八、六七七.八八
〃四年度	七五	三、〇一七	一四九、〇六七.三三	―	―	三、〇一七	一四九、〇六七.三三
〃五年度	七一	三、一三一	一五四、六七七.六五	―	―	三、一三一	一五四、六七七.六五
〃六年度	七〇	二、六九〇	一三四、五〇〇.〇〇	五五三	二五、八八八.四四	三、二四三	一六〇、三八八.四四
〃七年度	六八	二、六六五	一三三、二五〇.〇〇	八〇三	三八、五一九.一〇	三、四六八	一七一、七六九.一〇
〃八年度	六五	二、二五五	一二七、七五〇.〇〇	九九三	四七、九五八.九四	三、五四八	一七五、七〇八.九四
〃九年度	六六	二、五九四	一二九、七〇〇.〇〇	一、一七四	五七、一一五.五一	三、七六八	一八六、八一五.五一
〃十年度	六五	二、五七八	一二八、九〇〇.〇〇	一、三五〇	六五、七八七.二三	三、九二八	一九四、六八七.二三
〃十一年度	七三	二、六五八	一三二、九〇〇.〇〇	一、五三五	七五、一一五.〇三	四、一九三	二〇八、〇一五.〇三
〃十二年度	七五	二、六九四	一三四、七〇〇.〇〇	一、六九四	八二、八四七.三九	四、三八八	二一七、五四七.三九

昭和十三年度（六月三十日現在）	七〇	七〇	三、五〇〇〇〇	ー	ー	七〇	三、五〇〇〇〇

備考　特別出資金ハ組合員ニ對スル配當金ヲ出資金トシテ積立タルモノニシテ昭和三年度ヨリ五年度迄ハ普通出資金中ニ積立タルモノナリ。

2　普通出資金年度別増減表

年度別	新規加入及増口 人員	新規加入及増口 口數	新規加入及増口 金額	脱退及減口 人員	脱退及減口 口數	脱退及減口 金額	年度末現在 人員	年度末現在 口數	年度末現在 金額
昭和三年度	八五	二、五〇五	九四、三九二八八	九	三二	五、七一五〇〇	七六	二、一八四	八八、六七七八八
〃　四年度	九	一、〇三四	六九、八八六八二	一〇	二〇一	九、四九七三六	七五	三、〇一七	一四九、〇六七三三
〃　五年度	一	四二〇	二〇、七五三一八	五	三〇六	一五、一四三八六	七一	三、一三一	一五四、六七七六五
〃　六年度	二	一八六	九、一五九七九	三	六二七	二九、三三七四四	七〇	二、六九〇	一三四、五〇〇〇〇
〃　七年度	ー	ー	ー	二	二五	一、二五〇〇〇	六八	二、六六五	一三三、二五〇〇〇
〃　八年度	二	六四	三、二〇〇〇〇	五	一七四	八、七〇〇〇〇	六五	二、五五五	一二七、七五〇〇〇

3 特別出資金年度別増減表

年度別	新規加入及増口 人員	新規加入及増口 口數	新規加入及増口 金額	脱退及減口 人員	脱退及減口 口數	脱退及減口 金額	年度末現在 人員	年度末現在 口數	年度末現在 金額
昭和六年度	七〇	五五三	二五、八八八 四四	—	—	—	七〇	五五三	二五、八八八 四四
〃 七年度		二五五	三、八三七 四六	二	五	二〇六 八〇	六八	八〇三	三八、五一九 一〇
〃 八年度	二	二三八	二、六九八 九六	五	四八	二、二五九 二三	六五	九九三	四七、九五八 九四
〃 九年度	二	一八五	九、三三六 七三	一	四	一八〇 一六	六六	一、一七四	五七、一一五 五一
昭和九年度	二	五〇	二、五〇〇 〇〇	一	一一	五五〇 〇〇	六六	二、五九四	一二九、七〇〇 〇〇
〃 十年度	二	二〇	一、〇〇〇 〇〇	三	三六	一、八〇〇 〇〇	六五	二、五七八	一二八、九〇〇 〇〇
〃 十一年度	八	八〇	四、〇〇〇 〇〇	—	—	—	七三	二、六五八	一三二、九〇〇 〇〇
〃 十二年度	九	二三九	一一、九五〇 〇〇	七	二〇三	一〇、一五〇 〇〇	七五	二、六九四	一三四、七〇〇 〇〇
〃 十三年度（六月三十日現在）				五	二、六二四	一三一、二〇〇 〇〇	七〇	七〇	三、五〇〇 〇〇
合計	一三〇	四、五九八	二二六、八四二 六六	五〇	四、五二八	二二三、三四二 六六	七〇	七〇	三、五〇〇 〇〇

昭和十年度	二	一九四	九、四九九.七四	三	一八	八二八.〇三	六五	一、三五〇	六五、七八七.三三
〃十一年度	八	一八五	九、三二七.八一				七三	一、五三五	七五、一一五.〇三
〃十二年度	八	二七二	一三、一七五.九二	六	一三	五、四四三.五六	七五	一、六九四	八二、八四七.三九
〃十三年度（六月三十日現在）	—	—	—	七五	一、六九四	八二、八四七.三九	—	—	—
合計	九二	一、八八二	九一、七六五.〇六	九二	一、八八二	九一、七六五.〇六	—	—	—

4 組合員出資金繰入額表

年度別	出資金利息	貸付金利息拂戻	繰入總額	增口數
昭和三年度	一、六六五.四七	九六二.四一	二、六二七.八八	一〇三
〃四年度	六、七八七.五三	五、一五五.二七	一一、九四二.八〇	二四四
〃五年度	八、二八〇.五五	六、四五八.二五	一四、七三八.八〇	三一四
〃六年度	八、二九五.四三	六、七四四.六六	一五、〇四〇.〇九	三〇二
〃七年度	八、八九五.五一	三、九四一.九五	一二、八三七.四六	二五五
〃八年度	九、二八三.九四	一、九二七.二九	一一、二一一.二三	二二八

昭和九年度	九、三三六七三	—	九、三三六七三	一八五
〃　十年度	九、四九九七四	—	九、四九九七四	一九四
〃　十一年度	九、三三七八一	—	九、三三七八一	一八五
〃　十二年度	九、〇七三八九	—	九、〇七三八九	一八七
合計	八〇、四四六六〇	二五、一八九八二三	一〇五、六三六四三	二、一九七

備考

1　昭和九年度以降ハ貸付金利息拂戻制度ヲ廢シ一方貸付金利息ヲ低減シタルモノナリ。

2　昭和十三年六月三十日ニ於ケル決算ニテハ出資繰入ヲ行ハズ利益金全部ヲ缺損補償準備金ト共ニ組合員ニ配分金トシテ分配セリ

5　貸付金年度末現在高表

年度別	直接信用貸	經由信用貸	担保貸付	合計
昭和三年度	一一五、八九四六七	—	三、一五〇〇〇	一一九、〇四四六七
〃　四年度	二三九、五六一三三	—	一九、九三一八八	二四九、四九三二一

昭和五年度	二四三、〇五〇	三三	一		三六、三五二	一四	二七九、四〇三	三六
〃六年度	二三〇、五七一	六二	三、三四三	八一	三五、五六九	〇〇	二五九、六八四	四三
〃七年度	二一八、七八五	二三	一五、三三三	七二	三六、九四四	〇〇	二七一、〇五二	八四
〃八年度	二三一、八六二	一五	二一、一六七	〇〇	六四、三三四	五三	三〇七、三五二	六八
〃九年度	二三七、三六二	二一	二六、八三三	四八	三五、一七二	〇〇	二八九、三六六	六九
〃十年度	二三三、一六〇	七二	三〇、二六四	九八	四三、三七六	一〇	二九五、八〇一	八〇
〃十一年度	二二三、〇七七	二五	二七、三三六	二六	五九、六二一	〇〇	三一〇、〇二四	五一
〃十二年度	二二四、四〇一	〇〇	六七、一五〇	〇〇	一		二八一、五五一	〇〇
〃十三年度（六月三十日現在）	八四、一五五	〇〇	七九、一六〇	五〇	一		一六三、三一五	五〇

備考

1　昭和六年度ヨリ經由信用貸ノ制度ヲ創設シテ組合經由取引ヲ獎勵シタルモノナリ。

6　直接信用貸付金貸付竝回收表

年度別	貸付金			回收金			年度末現在		
	件數	金額		件數	金額		件數	金額	
昭和三年度	二七六	三一六、四〇三	一六	一六五	二〇〇、五〇八	四九	一一一	一一五、八九四	六七
〃　四年度	一、〇三〇	一、三二八、五六六	三〇	九六四	一、一一四、八九九	五四	一七七	三二九、五六一	四三
〃　五年度	一、一一八	一、三九〇、五五六	四三	一、一五六	一、三七〇、〇六七	五三	二〇九	三五〇、〇五〇	三三
〃　六年度	一、一五九	一、二三九、四三四	〇八	一、一八七	一、二二五、九二三	六八	一八一	三三〇、五七一	六二
〃　七年度	八二三	一、二〇八、四五六	八二	九四〇	一、二二六、二四三	三二	一二四	三一二、七八五	一二
〃　八年度	七六九	一、一七七、九九六	九二	七六三	一、一七四、九二〇	八九	一三〇	三二一、八六一	一五
〃　九年度	六六五	一、一六〇、六八五	四四	六七三	一、一五五、一八四	四八	一二二	三二七、三六二	一一
〃　十年度	五七六	一、一七五、六二二	一七	五九一	一、一七九、八一四	一六	一〇七	三二三、一六〇	七二
〃　十一年度	五八九	一、一五五、一〇八	七一	五九一	一、一五五、一九二	一八	一〇五	三二三、〇七七	二五
〃　十二年度	五七七	一、〇九九、八二七	三一	五八五	一、一〇八、五〇三	五六	九七	三一四、四〇一	〇〇
〃　十三年度（六月三十日現在）	一三〇	二三七、六一〇	五〇	一五三	三六七、八五六	五〇	六四	一八四、一五五	〇〇
合計	七、八三二	一一、三九〇、二五八	三三	七、七六八	一一、三〇六、一〇三	三三	六四	一八四、一五五	〇〇

7 經由信用貸付金貸付竝回收表

年度別	貸付金 件數	貸付金 金額	回收金 件數	回收金 金額	年度末現在 件數	年度末現在 金額
昭和六年度	二三	八、三六六 九二	一三	五、〇二三 一一	一〇	三、三四三 八一
〃　七年度	九五	五八、三八五 四三	八二	四六、四〇五 五二	二三	一五、三二三 七二
〃　八年度	一三〇	一二六、〇一一 六六	一三五	一二〇、一六八 三八	一八	二一、一六七 〇〇
〃　九年度	一〇六	一一九、四一九 三九	一〇二	一一三、七五二 九一	二二	二六、八三三 四八
〃　十年度	一三二	一七九、〇八四 八八	一三二	一七五、六五三 三八	二二	三〇、二六四 九八
〃　十一年度	一七九	一九九、六七七 九四	一六九	二〇二、六〇六 六六	三二	二七、三三六 二六
〃　十二年度	二三六	二五五、五一七 九一	二一三	二一五、七〇四 一七	五五	六七、一五〇 〇〇
〃　十三年度（六月三十日現在）	六八	八九、三五七 五〇	六二	七七、三四七 〇〇	六一	七九、一六〇 五〇
合計	九六九	一、〇三五、八二一 六四	九〇八	九五六、六六一 一四	六一	七九、一六〇 五〇

8 直接担保貸付金貸付竝回收表

年度別	貸付金 件數	貸付金 金額	回收金 件數	回收金 金額	年度末現在 件數	年度末現在 金額
昭和三年度	七	五、〇七五 〇〇	五	一、九二五 〇〇	二	三、一五〇 〇〇
〃四年度	六二	一六三、七二三 一五	五四	一四六、九四一 二七	一〇	一九、九三二 八八
〃五年度	八四	一六八、六八八 四三	七三	一五二、二六八 一七	二一	三六、三五二 一四
〃六年度	一〇二	二七一、八二八 八六	一〇五	二七二、四二二 〇〇	一八	三五、七六九 〇〇
〃七年度	七五	二五、四四二 二六	七〇	二一四、二六七 二六	二三	三六、九四四 〇〇
〃八年度	一一四	五七二、四二九 四八	一一七	五四五、〇四八 九五	二〇	六四、三三四 五三
〃九年度	五一	二二一、三一六 四〇	六一	二四〇、四六九 九三	一〇	三五、一七二 〇〇
〃十年度	五六	一九一、四五二 二〇	五二	一八四、二四七 二〇	一四	四二、三七六 一〇
〃十一年度	八一	二九六、四三九 四〇	八一	二七九、二〇四 五〇	一四	五九、六二一 〇〇
〃十二年度	五七	二二一、一六七 九二	七一	二六〇、七七八 九二	—	—
〃十三年度（六月三十日現在）	—	—	—	—	—	—
合計	六八九	二、三〇七、五六三 二〇	六八九	二、三〇七、五六三 二〇	—	—

備考　拾貳年貸付ノ內五件（九、五六一、八九）仝上回收ノ內五件（九、五六一、八九）ノ經由担保貸付ヲ含ム

決濟方法明細表

決濟方法											
銀行爲替		送金		引換郵便		鐵道便		地場仕入		運賃	
170.089	08	33.185	71	10.995	07	—		100.274	81	6.933	49
531.326	67	73.364	60	66.481	88	—		687.703	07	33.413	13
779.719	60	186.933	39	106.705	48	15.300	00	435.157	08	17.429	29
691.885	70	180.130	53	94.429	01	19.300	00	524.645	52	9.239	11
451.600	86	71.807	48	103.210	36	19.835	00	808.991	89	26.838	92
566.394	63	56.222	35	100.747	41	9.720	00	1·119.516	04	23.837	63
522.523	60	97.227	63	79.944	00	—		737.005	00	19.117	00
446.813	03	123.677	63	55.417	30	4.595	00	905.721	89	9.926	00
459.903	35	284.691	53	17.085	00	1.811	74	877.506	43	10.228	00
375.730	51	225.382	15	—		—		964.010	48	1.390	00
84.837	50	37.760	00	—		—		204.370	50	—	

9 貸付金仕入地並

年度別	貸付金額		仕入地							
			地場		內地		大連		滿鮮其他	
昭和參年度	321.478	16	100.274	81	80.108	58	70.192	37	70.902	40
四年度	1392.289	35	687.703	07	494.219	40	100.137	49	110.229	39
五年度	1559.244	84	453·157	08	740.319	53	229.648	56	136.119	67
六年度	1519.629	87	524.645	52	743.941	17	136.762	14	114.281	04
七年度	1482.284	51	808.991	89	480.517	29	120.162	88	72.612	45
八年度	1876.438	06	1119.516	04	569.516	04	159.161	30	28.718	00
九年度	1455.817	23	737.005	00	447.821	40	204.937	73	66.053	10
十年度	1546.149	85	905.721	89	486.256	21	96.279	45	57.892	30
十一年度	1651.226	05	877.506	43	564.673	22	160.307	20	48.739	20
十二年度	1566.513	14	964.010	48	429.137	41	157.118	00	16.247	25
十三年度 4月—6月迄分	326.968	00	204.370	50	90.665	50	28.540	00	3.392	00

商品別明細表

八年度	九年度	十年度	十一年度	十二年度	4月ヨリ6月迄分 十三年度
59.435 00	49.545 00	48.870 00	51.300 00	460.046 00	17.260 00
—	1.439 00	465 00	—	—	—
15.136 74	28.271 50	39.392 73	45.542 98	39.775 09	3.070 00
—	—	—	—	—	—
90.510 00	90.530 00	2.250 00	—	—	—
46.880 00	55.600 00	38.100 00	62.550 00	56.060 00	10.950 00
7.035 00	19.270 00	11.702 24	.645 00	2.345 00	—
26.224 01	41.163 00	57.093 40	45.805 00	80.143 50	18.200 00
1.970 00	3.502 00	5.780 00	1.360 00	6.600 00	—
21.196 45	24.300 49	32.987 80	30.201 85	21.262 35	2.000 00
153.088 29	99.173 00	114.884 39	177.326 92	216.624 53	38.590 00
187.402 43	121.901 88	119.167 80	116.477 31	69.860 40	14.900 00
254.563 72	191.245 48	218.736 53	226.679 52	308.212 60	52.369 00
—	—	—	.500 00	—	—
39.950 00	83.200 00	34.300 00	25.768 10	54.770 20	1.570 00
57.118 00	18.024 00	82.380 00	201.230 08	125.346 20	28.210 50
4.554 00	2.610 00	1.315 00	—	—	—
944 00	2.080 00	8.662 15	11.649 00	6.124 00	730 00
2.720 00	1.000 00	700 00	19.055 48	47.511 25	2.738 00
287.751 50	191.651 65	286.428 00	118.241 00	131.259 20	26.234 50
344.979 07	165.444 14	139.734 40	223.870 91	158.964 38	53.430 00
26.145 60	107.200 00	10.334 84	86.590 43	39.020 01	5.598 00
136.859 12	147.269 36	134.600 84	116.586 30	100.895 65	28.792 00
392 00	—	2.170 00	5.373 50	1.349 15	—
57.091 29	37.737 92	55.571 95	67.737 12	40.764 63	13.150 00
6.330 00	9.085 00	—	4.555 00	2.673 00	5.780 00
48.161 84	61.053 81	100.522 77	12.180 55	10.906 00	3.396 00
1876.438 06	1455.817 23	1546.149 85	1651.226 05	1566.513 14	326.968 00

備考　本表中昭和參年度ハ統計表ノ作成ナキタメ之ヲ掲記シ得ス

10 貸付金仕入

品種	四年度		五年度		六年度		七年度	
米、雑穀	47.270	00	92.475	55	82.124	00	86.144	00
薪炭	—		130	19	268	42	—	
食料、雑貨	60.651	76	21.657	90	9.033	55	12.729	92
海産物	—		—		—		—	
蔬菜果實	53.150	73	53.244	64	70.001	92	78.527	72
砂糖	85.374	00	96.667	90	45.002	00	24.248	00
菓子及原料	—		11.076	00	8.051	98	8.265	00
和洋酒	—		9.072	55	10.905	31	17.417	98
和洋煙草	—		3.840	67	6.402	04	12.249	12
呉服	25.128	85	21.038	61	21.820	11	26.959	78
綿糸布棉花	355.351	19	345.211	94	233.036	69	203.378	41
絹糸布	126.260	25	107.107	89	79.868	23	109.925	22
毛織物	16.588	68	36.571	12	34.049	84	164.780	40
麻袋	—		20.718	37	19.710	00	10.000	00
建築材料	63.463	69	54.134	78	74.403	38	42.555	18
金物機械	22.668	24	55.666	52	37.203	55	54.824	62
硝子	—		400	00	—		4.778	52
時計貴金属	4.685	00	4.040	00	4.848	00	2.747	26
皮革	—		3.590	53	—		3.352	00
靴、履物	77.899	10	187.017	39	390.285	32	194.310	14
圖書、文具、紙	165.478	80	164.952	30	176.415	21	200.813	12
小間物、化粧品	—		13.071	06	10.680	33	3.424	10
藥種	76.618	10	121.458	72	120.651	49	117.898	41
世帯道具	—		2.305	67	1.010	00	1.528	47
和洋雑貨	65.549	98	83.439	41	13.434	59	37.957	15
玩具，運動具 樂器，寫眞機材料	15.730	00	11.843	00	8.156	16	12.550	00
其他	130.420	98	38.512	13	62.267	75	51.019	99
合計	1392.289	35	1559.244	84	1519.629	87	1482.284	51

11　組合經由仕入斡旋高表

年度別	内地仕入			滿洲仕入			合計		
	件數	金額		件數	金額		件數	金額	
昭和三年度	三六	三、五三二	二〇	―	―		三六	三、五三二	二〇
〃四年度	一一五	二八、八六一	八九	五	三九〇	〇〇	一二〇	二九、二五一	八九
〃五年度	二二六	三八、二一八	二七	六	一、〇七七	二六	二三二	三九、二九五	五三
〃六年度	一七九	二九、一三七	二四	四	一三五	四九	一八三	二九、二七二	七三
〃七年度	三四四	五五、四九七	一五	三四	六、五三六	五二	三七八	六二、〇三三	六七
〃八年度	二二七	八〇、四一七	三一	二五	四、七〇一	六〇	二五二	八五、一一八	九一
〃九年度	二八三	九四、七五一	四六	二六	九、九〇八	〇八	三〇九	一〇四、六五九	五四
〃十年度	一九七	七九、五一一	八八	一〇八	一二九、四一三	〇八	三〇五	二〇八、九二四	九六
〃十一年度	一〇	二、一八八	五五	一三三	一六六、九三四	二七	一四三	一六九、一二二	八二
〃十二年度	二六	一三、〇五五	九三	七	五、〇〇五	〇〇	三三	一八、〇六〇	九三
〃十三年度（六月三十日迄分）	三	二八六	七一	―	―		三	二八六	七一
合計	一、六四六	四二五、四五八	五九	三四八	三二四、一〇一	三〇	一、九九四	七四九、五五九	八九

12 輸入會社經由仕入斡旋表

年度別	内地仕入 件數	内地仕入 金額	滿洲仕入 件數	滿洲仕入 金額	合計 件數	合計 金額
昭和十年度	二二一	八六、二八七三〇	九	二、八九六四九	二三〇	八九、一八三七九
〃十一年度	五六九	二七二、一四八八五	五二	二四、一六三七九	六二一	二九六、三一二六四
〃十二年度	七七四	四〇八、九三二五五	二二三	三九七、八八四四五	九九七	八〇六、八一七〇〇
〃十三年度（六月三十日迄分）	二六二	一三五、四四八二七	九九	一八四、三三六一五	三六一	三一九、七八四四二
合計	一、八二六	九〇二、八一六九七	三八三	六〇九、二八〇八八	二、二〇九	一、五一二、〇九七八五

備考　昭和十年度ヨリ輸入會社ノ設立ニ依リ會社經由取引ヲ創メタルモノナリ。

13 火災保險取扱高表

年度別	契約高 件數	契約高 金額	解約高 件數	解約高 金額	年度末現在 件數	年度末現在 金額
昭和四年度	二	一四六、五〇〇〇〇	―	―	二	一四六、五〇〇〇〇

昭和五年度	一八	一八七、五〇〇.〇〇	一一	一四六、五〇〇.〇〇	一八	一八七、五〇〇.〇〇
〃六年度	一四	一〇〇、五〇〇.〇〇	一七	一八〇、五〇〇.〇〇	一五	一〇七、五〇〇.〇〇
〃七年度	一〇	七七、〇〇〇.〇〇	一五	一〇七、五〇〇.〇〇	一〇	七七、〇〇〇.〇〇
〃八年度	一五	一五三、〇〇〇.〇〇	一〇	七七、〇〇〇.〇〇	一五	一五三、〇〇〇.〇〇
〃九年度	一四	一七五、〇〇〇.〇〇	一九	二〇五、〇〇〇.〇〇	一〇	一三三、〇〇〇.〇〇
〃十年度	一七	一九一、五〇〇.〇〇	一三	一六四、〇〇〇.〇〇	一四	一五〇、五〇〇.〇〇
〃十一年度	二五	二三一、〇〇〇.〇〇	一八	一八五、〇〇〇.〇〇	二	一八六、五〇〇.〇〇
〃十二年度	二七	三二六、〇〇〇.〇〇	二四	二〇七、一〇〇.〇〇	二四	三〇五、四〇〇.〇〇
〃十三年度（六月三十日迄）	一	三、〇〇〇.〇〇	三	五六、〇〇〇.〇〇	三	二五二、四〇〇.〇〇
合計	一五二	一、五八一、〇〇〇.〇〇	一三〇	一、三三八、六〇〇.〇〇	三	二五二、四〇〇.〇〇

三〇

14 貸付金利息分配表

年度別	組合員	銀行	聯合會	組合	合計
昭和三年度	九六二.四一	八一四.三五	二二二.〇九	一、七〇二.七五	三、七〇一.六〇

昭和四年度	五、一五五	二七	四、四三二	七一	一、二〇八	九一	九、三五一	七三	二〇、一四八	六三
〃五年度	六、四五八	二五	四、五二五	二七	一、五〇八	四一	一二、六四八	四二	二五、一四〇	三五
〃六年度	六、七四四	六六	三、〇八七	一三	一、五五七	六七	一四、五七一	六九	二五、九六一	一四
〃七年度	三、九四一	九五	一、四七三	〇五	一、四七三	〇五	一五、二五四	二三	二二、一四二	二八
〃八年度	一、九二七	二九	一、九五二	一〇	一、九五二	一〇	二〇、一七三	五六	二六、〇〇五	〇五
〃九年度	—		一、六〇六	七二	一、六〇六	七二	一八、二一〇	三九	二一、四二三	八三
〃十年度	—		一、七八三	〇六	一、七八三	〇六	一八、八六四	八〇	二二、四三〇	九二
〃十一年度	—		一、五九五	四三	一、五九五	四三	一九、二三五	八六	二二、四二六	七二
〃十二年度	—		一、二一三	八五	一、七三七	一二	二〇、二九九	七八	二三、二四九	八四
〃十三年度（六月三十日迄分）	—		二五七	八四	三八六	七五	四、四四四	五三	五、〇八九	一三
合計	二五、一八九	八三	二一、七四〇	五〇	一五、〇三一	四〇	一五四、七五七	七四	二一七、七一九	四七

15 商團表

年度別	商團數	人員數 總人員	人員數 加入員	人員數 百分比	出資口數 總口數	出資口數 加入口	出資口數 百分比	出資金額 總出資	出資金額 加入者分	出資金額 百分比
昭和三年度	二一	七六	六七	八八%	二、一八四	二、〇八九	九八%	八八、六七七	八五、四六三	九六%
〃四年度	二一	七五	六九	九二%	三、〇一七	二、九八〇	九八%	一四九、〇六七	一四七、三九五	九八%
〃五年度	二一	七一	六七	九四%	三、一三一	三、〇八六	九八%	一五四、六七七	一五二、五三二	九八%
〃六年度	二〇	七〇	六四	九一%	三、一四三	三、一七一	九八%	一六〇、三八八	一五七、〇〇六	九八%
〃七年度	一九	六八	六一	九〇%	三、四六八	三、三八〇	九八%	一七一、七六九	一六七、五三三	九八%
〃八年度	一八	六五	五八	八九%	三、五四八	三、四五九	九七%	一七五、七〇八	一七一、四四四	九七%
〃九年度	一八	六六	五九	八九%	三、七六八	三、六七六	九七%	一八六、八一五	一八二、三三五	九七%
〃十年度	一七	六五	五六	八六%	三、九二八	三、八一〇	九七%	一九四、六八七	一八八、九二六	九七%
〃十一年度	一八	七三	五三	七二%	四、一九三	三、八七四	九二%	二〇八、〇一五	一九一、九九三	九二%
〃十二年度	一九	七五	六二	八二%	四、三八八	四、一七四	九五%	二二七、五四七	二〇七、六四六	九五%
〃十三年度（六月三十日現在）	一九	七〇	六一	八七%	七〇	六一	八七%	三、五〇〇	三、〇五〇	八七%

16 商團積立金受入竝拂戻表

年度別	積立額 人員	積立額 金額		拂戻額 人員	拂戻額 金額		年度末現在 人員	年度末現在 金額	
昭和四年度	六二	六、六三一	五〇	—	—		六二	六、六三一	五〇
〃五年度	四	一二、〇二一	三七	—	—		六五	一八、六五二	八七
〃六年度	四	一〇、三九四	二八	五	一、六八六	四四	六四	二七、三六〇	七一
〃七年度	—	一一、八七二	四九	三	六七二	五九	六一	三八、五六〇	六一
〃八年度	五	一二、八一六	五三	七	三、〇七二	四八	五九	四八、三〇四	六六
〃九年度	—	一一、四八八	四七	一	四九七	五〇	五八	五九、二九五	六三
〃十年度	—	五、八六三	五一	四	一、二六〇	一四	五四	六三、八九九	〇〇
〃十一年度	—	八、八三二	八七	五	五、六六九	九七	四九	六七、〇六〇	九〇
〃十二年度	一〇	二四、九一三	九六	四	四、八〇二	八四	五五	八七、一七二	〇二
〃十三年度（六月三十日現在）	五	六、〇九六	二六	一	二、四二二	〇一	五九	九〇、八四七	二七
合計	八九	一一〇、九三〇	二四	三〇	二〇、〇八二	九七	五九	九〇、八四七	二七

17 貸借對照表

(單位圓) 但シ十三年度分ニ限リ銭位トス

科目＼年度別	昭和三年度	〃四年度	〃五年度	〃六年度	〃七年度	〃八年度	〃九年度	〃十年度	〃十一年度	〃十二年度	〃十三年度 六月卅日現在
資產之部											
拂込未濟組合員出資金	一八、〇〇〇	一、七八二	一、八七二	一、七六二	一、六三〇	一、六九一	一、五八四	一、七二二	一、六三四	一、五七六	―
信用貸付金(普通)	一二五、八九四	二三九、五六二	二四三、〇五〇	二三六、五七一	二二八、七八五	二三一、八六一	二三七、三六二	二三三、一六〇	二三三、〇七七	二二四、四〇一	八四、一五五 〇〇
信用貸付金(特種)	―	―	―	三、三四三	一五、三三三	二一、一六七	二六、八三三	三〇、二六四	二七、三三六	六七、一五〇	七九、一六〇 五〇
担保貸付金	三、一五〇	一九、九三二	三六、三五二	三五、七六九	三六、九四四	六四、三二四	三五、一七二	四二、三七六	五九、六二二	―	―
別段預金(普出資)	八八、六七七	一四九、〇六七	一五四、六七七	一三四、五〇〇	一三三、二五〇	一二七、七五〇	一二九、七〇〇	一二八、九〇〇	一三二、九〇〇	一三四、七〇〇	三、五〇〇 〇〇
別段預金(特出資)	―	―	―	二五、八八八	三八、五一九	四七、九五八	五七、一一五	六五、七八七	七五、一一五	七三、七七三	―
諸預金	一、二二八	一〇、二六三	一九、一六九	五三、二二七	七一、三三九	九三、七二五	一一四、三七九	一二八、八五二	一五三、四三六	一五八、二三〇	一八二、三二七 三七
假拂金	六	―	―	二六	三	二〇一	六七	一三三	三三二	一八六	一四、〇一
未收入金	―	―	一三八	―	―	―	九三五	五四五	四二五	四、二三三	二、六五三 四三
保證金	一〇	一〇	一〇	一〇	四〇	六二	六二	六二	六二	―	―
支拂承諾見返	―	―	―	―	―	―	―	二七、七三三	五九、八二五	一七六、三三九	一九七、九〇二 八七
現金	二一四	二六	一二〇	一八三	一四七	九三	一九七	二〇八	一二四	七〇一	二九二 〇〇

三四

別段預金（利息）	營業用什器	振替貯金	聯合會預ヶ金	合計
一、〇四〇	七五	―	―	三八、二九六
二、四一三	七五	―	―	四一三、一三二
三、〇三三	七五	―	―	四五八、四九九
二、五五七	―	―	―	四八三、八三九
二、一八七	―	―	―	五一八、一七二
二、六八九	―	―	―	五八一、五三五
二、一五二	―	―	―	五九五、五六一
―	―	―	―	六四〇、九九八
―	―	―	―	七三三、八七二
二、二六五	―	九	一三九、五〇〇	九七三、〇四七
―	―	―	一三九、五〇〇	六八九、六三八
			〇〇	七六

18 貸借對照表

科目＼年度別	昭和三年度	〃四年度	〃五年度	〃六年度	〃七年度	〃八年度	〃九年度	〃十年度	〃十一年度	〃十二年度	〃十三年度（六月卅日現在）
負債之部											
普通出資金	一〇六、六七七	一五〇、八五〇	一五六、五五〇	一三四、五〇〇	一三三、二五〇	一二七、七五〇	一二九、七〇〇	一二八、九〇〇	一三二、九〇〇	一三四、七〇〇	三、五〇〇 〇〇
特別出資金	—	—	—	二七、六五〇	四〇、一五〇	四九、六五〇	五八、七〇〇	六七、五〇〇	七六、七五〇	七五、三五〇	—
缺損補償準備金	—	一、〇〇三	九、四四六	一七、八一三	二三、〇九〇	二七、六八八	四四、三八五	五三、七六二	六二、六七八	五七、八四三	—
聯合會借入金	一二九、〇四四	二四九、四九三	二七九、四〇二	二六五、六八四	二七一、〇五二	三〇七、三五二	二六一、五六二	二六一、五六二	二五二、八四三	二四四、二一四	二三五、四〇五 〇〇
銀行當座借越金	—	—	—	—	—	—	二七、八〇四	三四、二三九	五七、一八二	三七、四二七	—
組合員積立金	—	—	—	二七、三六〇	三八、五六〇	四八、三〇四	五九、二九五	六三、八九九	七四、八六五	八七、一七二	九〇、八四七 二七
職員積立金	一〇〇	四三六	—	—	—	—	—	五三	三〇一	六二〇	七八三 五三
未請算利息	九	三八	二五	八	三	一〇	三	五	一六	—	—
假受金	—	二三	二〇六	三一七	二六	四〇六	三一五	一、六一八	一、六三〇	三、一二一	三六 五六
未拂金	四三〇	四六九	七九三	七九二	七三	九八七	八〇〇	一九九	三六〇	二八六	一九、一八五 四五
未經過利息	一、〇三〇	二、三七四	三、〇〇七	二、五四八	二、一八四	二、六七九	二、一四八	一、三四〇	二、三六四	二、二六五	一、三七四 八三
支拂承諾	—	—	—	—	—	—	—	二七、七二三	五九、八二五	一七六、三二九	一九七、〇六〇 一三

三六

當期利益金	一、〇〇三	八、四四二	九、〇六七	七、一六三	一、五八五	八、二六〇	一〇、八四六	八、九一六	三、一六五	一四、三一八	—
特別準備金	—	—	—	—	—	八、四三六	—	—	—	—	—
輸入會社借入金	—	—	—	—	—	—	—	—	—	一三九、五〇〇	一三九、五〇〇〇〇
未清算手數料	—	—	—	—	—	—	—	—	—	—	一、九四六〇〇
合計	三三八、二九六	四二三、一三二	四五八、四九九	四八三、八三九	五一八、一七二	五八一、五二五	五九五、五六二	六四〇、九九八	七三三、八七二	九七三、〇四七	六八九、六三八七六

19　損益計算表

科目／年度別	利益之部 利息	出資金利息	貸付金利息	諸預金利息	手數料	取扱手數料	低資取扱料	會社手數料	諸口手數料	雜收入	加入増口料	雜入
昭和三年度	五、四三一.五七	一、六六五.四七	三、七〇一.六〇	六四.五〇	―	―	―	―	―	四二.五八	―	四二.五八
〃四年度	二七、四〇九.六三	六、七八七.五三	二〇、一四八.六二	四七三.四八	二一六.七二	一三九.〇六	七七.六六	―	―	四四七.八七	三〇九.〇〇	一三八.八七
〃五年度	三四、三二九.〇七	八、二八〇.五五	二五、一四〇.三五	九〇八.一七	二四七.三七	一四五.八四	一〇一.五三	―	―	二四三.〇二	八〇.〇〇	一六三.〇二
〃六年度	三五、二七〇.三一	八、二九五.四三	二五、九六二.一四	一、〇一三.七五	二六五.七二	一九八.五〇	六七.二二	―	―	三二三.七〇	二五二.五〇	七一.二〇
〃七年度	三二、三三八.四八	八、八九五.五一	二二、一〇九.六二	一、三三三.三五	四六八.〇一	四六八.〇一	―	―	―	一四五.五一	―	一四五.五一
〃八年度	三六、六三〇.二六	九、二八三.九四	二六、〇〇五.〇五	一、三四一.二七	七三三.六五	六九〇.八〇	四二.八五	―	―	四四一.二七	一八〇.〇〇	二六一.二七
〃九年度	三四、〇三五.〇五	九、三三六.七三	二一、四二三.八三	三、二七四.四九	七三一.七一	六六六.三三	一三.七六	―	五一.六二	七七六.二一	六二五.〇〇	一五一.二一
〃十年度	三四、九三一.一五	九、四九九.七四	二二、四三〇.九二	三、〇〇〇.四九	一、九八八.六二	一、八五二.三七	八四.二七	―	五一.九八	九八六.四八	二五〇.〇〇	七三六.四八
〃十一年度	三五、三四一.六四	九、三二七.八二	二二、四二六.七二	三、五八七.一一	五、五〇七.三〇	五、〇六八.五〇	三三一.六八	―	一〇七.一二	二、三三三.三二	一、〇〇〇.〇〇	一、三三三.三二
〃十二年度	三五、四五一.四二	九、一三四.五八	二三、二四九.八四	三、〇六七.〇〇	一〇、五五六.七五	八、七九八.九四	二二八.二六	―	一、五二九.五五	二、三四五.四一	七五〇.〇〇	一、五九五.四一
〃十三年度（六月卅日現在）	八、〇〇九.三五	二、二一七.二三	五、〇八九.一一	七〇三.〇一	三、一六九.九三	二、七三七.二五	一七九.二八	一二三.四〇	一三〇.〇〇	一、六九三.六八	―	一、六九三.六八

三八

補助金	理事費	組合經費	創立費	補填金	合計
一一、八四二〇〇	四、〇一三〇〇	四、三三九〇〇	三、五〇〇〇〇	—	一七、三一六一五
一一、〇七一〇〇	六、〇三〇〇〇	五、〇五一〇〇	—	—	三九、一四五三三
八、九〇六〇〇	六、〇三〇〇〇	二、八八六〇〇	—	—	四三、七二五四六
六、二四〇〇〇	五、五二〇〇〇	七二〇〇〇	—	—	四二、〇九九七四
五、二四四〇〇	五、二四四〇〇	—	—	—	三八、〇九六〇〇
五、二四四〇〇	五、二四四〇〇	—	—	—	四三、〇四九一八
四、八八四〇〇	四、八八四〇〇	—	—	—	四〇、四二六八七
三、六〇〇〇〇	三、六〇〇〇〇	—	—	—	四一、五〇六二五
三、六〇〇〇〇	三、六〇〇〇〇	—	—	—	四六、七七二二五
三、六〇〇〇〇	三、六〇〇〇〇	—	—	—	五一、九五三五八
九〇〇〇〇	九〇〇〇〇	—	—	七二、一六一八八	八五、九三四八四

20 損益計算表

科目＼年度別	昭和三年度	〃四年度	〃五年度	〃六年度	〃七年度	〃八年度	〃九年度	〃十年度	〃十一年度	〃十二年度	〃十三年度（六月卅日現在）
損失之部											
人件費	六、八五七　七六	一〇、三五〇　四〇	一〇、七四六　〇〇	一三、七一三　五三	一一、五六五　三四	一二、四二七　一二	一三、五二八　五四	一三、七四三　五八	一三、五七二　八七	一五、〇七六　三〇	一九、三五二　五二
物件費	二、二九〇　一〇	二、七六八　二九	三、一三九　八〇	二、五二八　二六	三、二〇二　六〇	三、三四一　九四	三、五〇六　三七	四、〇六〇　三三	四、二〇一　三六	四、八一六　〇八	三、七三九　〇〇
雑件費	三、六六四　三三	一七、五八四　四二	二〇、七七二　四八	一九、六八四　八八	一五、七八三　五六	一五、一一五　四三	一三、五四五　五〇	一四、七八六　三三	一六、八三三　二八	一七、七四三　〇六	六二、八四四　三三
聯合會費	二三三　〇九	一、二〇八　九一	一、五〇八　四一	一、五五七　六七	一、四七三　〇五	一、九五二　一〇	一、六〇六　七二	一、七八三　〇六	一、五九五　四三	一、七三七　二二	三八六　七五
銀行手數料	八一四　三五	四、四三二　七一	四、五二五　二七	三、〇八七　一三	一、四七三　〇五	一、九五二　一〇	一、六〇六　七二	一、七八三　〇六	一、五九五　四三	一、二二三　八五	二五七　八四
會社手數料	—	—	—	—	—	—	—	一六三　四一	九二　一八	二、四八七　九二	七八六　五五
支拂利息	—	—	—	—	—	—	九九五　三三	一、五五八　〇六	三、四〇二　四三	三、一三二　一九	五五三　九九
出資繰入金	二、六二七　八八	一二、九四二　八〇	一四、七三八　八〇	一五、〇四〇　〇九	一三、八三七　四六	一一、三二一　一三	九、三三六　七三	九、四九九　七四	九、三二七　八二	九、〇七三　八九	—
配分金	—	—	—	—	—			—	—	—	六〇、八五九　二〇
當期利益金	一、〇〇三　九七	八、四四二　二一	九、〇六七　一八	七、一六三　〇七	七、五四四　五〇	一三、一六四　六九	一〇、八四六　四六	八、九一六　〇三	一三、一六五　七四	一四、三一八　一四	—
特別準備金	—	—	—	一、五八五　八九	二、九四六　一〇	三、九〇四　二〇	—	—	—	—	—
缺損補償積立金	一、〇〇三　九七	八、四四二　二一	九、〇六七　一八	五、五七七　一八	四、五九八　四〇	八、二六〇　四九	一〇、八四六　四六	八、九一六　〇三	一三、一六五　七四	一四、三一八　一四	—

四〇

創立費	三、五〇〇.〇〇	—		—	—	—	—	—	—	—	—
設備費	二、一一〇.〇〇	—		—	—	—	—	—	—	—	—
諸經費	一、三九〇.〇〇	—		—	—	—	—	—	—	—	—
合計	一七、三一六.一五	三九、一四五.三三	四三、七二五.四六	四二、〇九九.七四	三八、〇九六.〇〇	四三、〇四九.一八	四〇、四二六.八七	四一、五〇六.二五	四六、七七一.二五	五一、九五三.五八	八五、九三四.八四

21 缺損補償準備金積立拂出表

年度別	積立額	拂出額	現在額	備考
昭和參年度	一、〇〇三 九七	—	一、〇〇三 九七	
〃 四年度	八、四四三 一一	—	九、四四六 〇八	
〃 五年度	九、〇六七 一八	—	一八、五一三 二六	
〃 六年度	五、五七七 一八 一、五八五 八九	七〇〇 〇〇	二四、九七六 三三	書記退職慰勞金
〃 七年度	四、五九八 四〇 二、九四六 一〇	三〇〇 〇〇	三三、三二〇 八三	同上
〃 八年度	八、二六〇 四九 三、九〇四 二〇	—	四四、三八五 五二	
〃 九年度	一〇、八四六 四六	—	五五、二三一 九八	
〃 十年度	八、九一六 〇二	一、四七〇 〇〇	六二、六七八 〇〇	書記退職慰勞金
〃 十一年度	一三、一六五 七四	—	七四、八四三 七四	
〃 十二年度	一四、三一八 一四	一七、〇〇〇 〇〇	七二、一六一 八八	理事退職慰勞金
〃 十三年度（六月三十日現在）	—	七二、一六一 八八	—	配分ノタメ
合計	九一、六三二 八八	九一、六三二 八八	—	

備考　本表中六、七、八年度ノ積立額併記ノ金額ハ特別準備金トシテ積立テタルモノナリ。

八、大藏省預金部低利資金關係諸統計表

新京輸入組合哈爾濱支部

1　支部組合員出資口數拂込金額年度末現在表

年度別	人員	普通出資 口數	普通出資 金額	特別出資 口數	特別出資 金額	合計 口數	合計 金額
昭和八年度	六五	六五	三、二五〇〇〇	六五	四〇二〇	一三〇	三、二九〇二〇
〃九年度	六六	六六	三、三〇〇〇〇	六六	一五七三三	一三二	三、四五七三三
〃十年度	六五	六五	三、二五〇〇〇	六五	三二一一三	一三〇	三、五七一一三
〃十一年度	七三	七三	三、六五〇〇〇	七三	五〇五五一	一四六	四、一五五五一
〃十二年度	七五	七五	三、七五〇〇〇	七五	四九〇七二	一五〇	四、二四〇七二
〃十三年度（六月三十日現在）	七〇	七〇	三、五〇〇〇〇	―	―	七〇	三、五〇〇〇〇

備考　昭和八年七月二十日ヨリ新京輸入組合哈爾濱支部ヲ設置シ大藏省預金部低利資金ノ取扱ヲ開始シタルモノナリ

2　支部組合員普通出資金年度別増減表

年度別	新規加入及増口 人員	新規加入及増口 口數	新規加入及増口 金額	脱退及減口 人員	脱退及減口 口數	脱退及減口 金額	年度末現在 人員	年度末現在 口數	年度末現在 金額
昭和八年度	六五	六五	三、二五〇〇〇	—	—	—	六五	六五	三、二五〇〇〇
〃九年度	一	一	五〇〇〇	—	—	—	六六	六六	三、三〇〇〇〇
〃十年度	—	—	—	一	一	五〇〇〇	六五	六五	三、二五〇〇〇
〃十一年度	八	八	四〇〇〇〇	—	—	—	七三	七三	三、六五〇〇〇
〃十二年度	九	九	四五〇〇〇	七	七	三五〇〇〇	七五	七五	三、七五〇〇〇
〃十三年度（六月三十日現在）	—	—	—	五	五	二五〇〇〇	七〇	五	三、五〇〇〇〇
合計	八三	八三	四、一五〇〇〇	一三	一三	六五〇〇〇	七〇	五	三、五〇〇〇〇

3　支部組合員特別出資金年度別増減表

年度別	新規加入及増口 人員	新規加入及増口 口數	新規加入及増口 金額	脱退及減口 人員	脱退及減口 口數	脱退及減口 金額	年度末現在 人員	年度末現在 口數	年度末現在 金額

昭和八年度	六五	六五	四〇.二〇	—	—	—	六五	六五	四〇.二〇
〃九年度	一	一	一一七.〇二	—	—	—	六六	六六	一五七.二二
〃十年度	—	—	一六六.三一	一	一	二.四〇	六五	六五	三二一.一三
〃十一年度	八	八	一八四.三八	—	—	—	七三	七三	五〇五.五一
〃十二年度	五	五	一九五.七九	七	七	一四.七九	七一	七一	六八六.五一
〃十三年度（六月三十日現在地）	—	—	—	七一	七一	六八六.五一			
合計	七九	七九	七〇三.七〇	七九	七九	七〇三.七〇			

4 低資信用貸付金貸付並回收表

年度別	貸付金		回收金		年度末現在	
	件數	金額	件數	金額	件數	金額
昭和九年度	二	五、七〇〇.〇〇	—	—	二	五、七〇〇.〇〇
〃十年度	四	八、四〇〇.〇〇	—	—	六	一四、一〇〇.〇〇
〃十一年度	一八	五四、〇〇〇.〇〇	—	五、七七五.〇〇	二四	六二、三二五.〇〇

5 貸借對照表

科目＼年度別	拂込未濟出資金	別段預金（普出資）	別段預金（特出資）	別段預金（低資）	別段預金（利息）	信用貸付金	諸預金
資産之部							
昭和八年度	—	三、二五〇〇〇	四〇二〇	九九、九六二一九	—	—	—
〃九年度	—	三、三〇〇〇〇	一三五二三	九四、三〇〇〇〇	五〇一六	五、七〇〇〇〇	—
〃十年度	—	三、二五〇〇〇	三二一三	八五、九〇〇〇〇	一三五〇	一四、一〇〇〇〇	三五六九〇
〃十一年度	—	三、六五〇〇〇	五〇五五一	三七、六七五〇〇	四〇〇六八	六二、三二五〇〇	一、二八八二九
〃十二年度	三、〇五九二八	三、七五〇〇〇	四九〇七二	三七、一〇〇〇〇	七七二二六	六二、九〇〇〇〇	三、六〇五三七
〃十三年度（六月卅日現在）	—	三、五〇〇〇〇	—	四〇、九〇〇〇〇	七四三五五	五九、一〇〇〇〇	三、九九三九九

〃十二年度	〃十三年度（六月卅日現在）	合計
六	—	三〇
三三、四五〇〇〇	—	一〇一、五五〇〇〇
六	—	六
三二、八七五〇〇	三、八〇〇〇〇	四二、四五〇〇〇
一四	一四	一四
六二、九〇〇〇〇	五九、一〇〇〇〇	五九、一〇〇〇〇

未收入金	—	六一 四四	一四六 七三	六一 三九	二六八 八六	六〇三 八三
假拂金	三七 八一	—	—	—	—	—
合計	一〇三、二九〇 二〇	一〇三、五四六 八二	一〇四、二〇八 二六	一〇五、九〇五 八七	一一一、九四六 四九	一〇八、八四一 三七
負債之部						
支部組合員出資金	三、二五〇 〇〇	三、三〇〇 〇〇	三、二五〇 〇〇	三、六五〇 〇〇	三、七五〇 〇〇	三、五〇〇 〇〇
同特別出資金	四〇 二〇	一五七 二二	三二一 一三	五〇五 五一	三、五五〇 〇〇	—
缺損補償準備金	—	二四 二七	三二一 七〇	九〇七 〇一	二、四九四 九八	二、八三一 〇四
特別準備金	—	一 四一	八五 八六	八五 八六	九八八 六五	—
預金部資金	一〇〇、〇〇〇 〇〇	一〇〇、〇〇〇 〇〇	一〇〇、〇〇〇 〇〇	一〇〇、〇〇〇 〇〇	一〇〇、〇〇〇 〇〇	一〇〇、〇〇〇 〇〇
未拂金	—	一三 七六	九六 〇七	三五六 八一	三九〇 六〇	一、七六六 七八
未經過利息	—	五〇 一六	一三三 五〇	四〇〇 六八	七七二 二六	七四三 五五
合計	一〇三、二九〇 二〇	一〇三、五四六 八二	一〇四、二〇八 二六	一〇五、九〇五 八七	一一一、九四六 四九	一〇八、八四一 三七

6 損益計算表

科目＼年度別	昭和八年度	〃九年度	〃十年度	〃十一年度	〃十二年度	〃十三年度（六月卅日現在）
利益之部						
出資金利息	四〇 二〇	一一七 〇二	一六六 三二	一八四 三八	二〇〇 三五	四五 五二
貸付金利息	—	八九 〇一	四三七 三二	一、三一〇 七七	五、八二三 五五	一、二三三 二八
諸預金利息	—	四、五五〇 〇七	四、六四七 五六	四、二二二 四四	一、七七五 一六	五〇七 八九
雑收入	—	一 四一	一八	二五 一三	—	—
補塡金	—	—	—	—	—	九八八 六五
合計	四〇 二〇	四、七五七 五一	五、二五二 三六	五、七三二 七二	七、七九八 〇六	二、七七四 三四
損失之部						
銀行支拂利息	—	四、六〇一 〇五	四、六一八 九〇	四、六〇六 二二	四、九九〇 六〇	一、一四六 六〇
出資繰入金	四〇 二〇	一一七 〇二	一六六 三二	一八四 三八	一九五 七九	—
缺損補償準備金	—	二四 二七	二九七 四三	五八五 三一	一、五八七 九七	三三六 〇六
組合經費繰入金	—	一三 七六	八四 二七	三五六 八一	—	一七九 二八

特別準備金	—	一四一	八四四五	—	九〇二七九	—
諸經費	—	—	—	—	一三〇九一	八五五〇
配分金	—	—	—	—	—	一、〇二六九〇
合計	四〇三〇	四、七五七五一	五、二五一三六	五、七三二七二	七、七九八〇六	二、七七四三四

7 缺損補償準備金積立拂出表

年度別	積立額	拂出額	現在額	備考
昭和九年度	二四二七	—	二四二七	
〃 十年度	二九七四三	—	三二一七〇	
〃 十一年度	五八五三一	—	九〇七〇一	
〃 十二年度	一、五八七九七	—	二、四九四九八	
〃 十三年度（六月三十日現在）	三三六〇六	—	二、八三二〇四	

8　特別準備金積立拂出表

年度別	積立額	拂出額	現在額	備考
昭和九年度	一.四一	—	一.四一	
〃　十年度	八四.四五	—	八五.八六	
〃　十一年度	—	—	八五.八六	
〃　十二年度	九〇二.七九	—	九八八.六五	
〃　十三年度（六月三十日現在）	三八.二五	一、〇二六.九〇	—	配分濟
合計	一、〇二六.九〇	一、〇二六.九〇	—	

9 組合員持分計算表

商團番號	氏名	組合及支部普通出資金	普通出資金貸付金相殺額	現金拂戻△拂込金額	拂戻金及配分金 組合特別出資	拂戻金及配分金 組合配分金	拂戻金及配分金 支部特別出資	拂戻金及配分金 支部配分金	輸入會社株引受 株數	輸入會社株引受 金額
一號	兼田彌太郎	九〇〇.〇〇	八〇〇.〇〇	△三六.三六	五二六.八三	三八五.一七	一〇.三九	一三.九七	一八	九〇〇.〇〇
同	中村房市	八五〇.〇〇	—	△七五四.一三	三九五.三七	三三四.四〇	一〇.三九	一三.九七	一五	七五〇.〇〇
同	前田利男	八五〇.〇〇	—	△七五四.一五	三九五.三八	三三四.四一	一〇.三九	一三.九七	一五	七五〇.〇〇
二號	岩田節三	三、〇五〇.〇〇	二、九五〇.〇〇	一七八.六六	二、三一一.一七	一、四八五.八一	一〇.三九	一三.九七	八〇	四、〇〇〇.〇〇
同	川路吉藏	一、一五〇.〇〇	一、〇五〇.〇〇	二四三.八六	三三一.三六	四〇〇.四二	一〇.三九	一三.九七	二〇	一、〇〇〇.〇〇
同	正垣厚之助	六〇〇.〇〇	五〇〇.〇〇	△三三.八五	三一六.九六	二四二.五三	一〇.三九	一三.九七	一一	五五〇.〇〇
三號	久保田俵治	二、八五〇.〇〇	二、七五〇.〇〇	△七八.二八	二、一二五.八九	一、三七八.〇三	一〇.三九	一三.九七	六九	三、四五〇.〇〇
同	荒木幸七郎	二、八〇〇.〇〇	—	△二、六九五.二五	一、五二四.九六	一、一九五.九三	一〇.三九	一三.九七	五五	二、七五〇.〇〇
同	和田幸司	一、七〇〇.〇〇	一、六〇〇.〇〇	△三三.六二	八一八.六五	六九〇.六一	一〇.三九	一三.九七	三〇	一、五〇〇.〇〇
四號	加藤伊之藏	六五〇.〇〇	五五〇.〇〇	三〇.一三	四一二.三三	二八三.一九	一〇.三九	一三.九七	一五	七五〇.〇〇
同	谷長三郎	一、二〇〇.〇〇	九〇〇.〇〇	△二九.六一	七六八.五四	五三六.七一	一〇.三九	一三.九七	三〇	一、五〇〇.〇〇

商團番號	氏名	組合及支部普通出資金	普通出資金貸付金相殺額	現金拂戻△拂込金額	拂戻金及配分金 組合特別出資	組合配分金	支部特別出資	支部配分金	輸入會社株引受 株數	金額
四號	櫻井長市	六〇〇〇〇	五〇〇〇〇	△一四一八	三七九七三	二六〇〇九	一〇三九	一三九七	一三	六五〇〇〇
同	苅部清四郎	六五〇〇〇	五五〇〇〇	△二八三	三四〇六九	二六三二六	一〇三九	一三九七	一二	六〇〇〇〇
八號	横田三麿	四、四五〇〇〇	三、七〇〇〇〇	△一三三五六	二、五三二八一	一、九三六三九	一〇三九	一三九七	一〇〇	五、〇〇〇〇〇
同	泉猶八	一、〇五〇〇〇	—	△五九四五	一二二四四	三二三七二	一〇三五	一三九四	二七	一、三五〇〇〇
一〇號	矢田磯二	一、二〇〇〇〇	一、一〇〇〇〇	△一九二七	五六五一二	四七九八〇	一〇三九	一三九七	二一	一、〇五〇〇〇
同	吉村三郎	一、六五〇〇〇	一、五五〇〇〇	二〇六九七	六四一五九	六二七〇八	一〇三九	一三九七	三〇	一、五〇〇〇〇
同	田中彦四郎	六五〇〇〇	五五〇〇〇	△五一七二	三五九〇七	二六八二九	一〇三九	一三九七	一二	六〇〇〇〇
同	土岐終五	六〇〇〇〇	五〇〇〇〇	△五三〇九	三七二〇七	二五七六六	一〇三九	一三九七	一二	六〇〇〇〇
一三號	熊澤洋行 島田運一	五、六五〇〇〇	五、五五〇〇〇	△一三七四六	四、一七七七五	二、七三五三五	一〇三九	一三九七	一三六	六、八〇〇〇〇
同	松浦洋行 水上俊比古	五、五五〇〇〇	五、四五〇〇〇	△九三九一	三、八一三九五	二、六〇五六〇	一〇三九	一三九七	一二七	六、三五〇〇〇
同	新矢小一郎	一、〇五〇〇〇	—	三、一五八三二	四九九一四	四〇八一九	一〇三九	一三九七	一〇〇	五、〇〇〇〇〇
一四號	古澤浦雄	一、八〇〇〇〇	—	△一、八三二〇七	八七三七二	七三三九九	一〇三九	一三九七	三〇	一、五〇〇〇〇

五二

一四號	日下良吉	二、九〇〇〇〇	二、八〇〇〇〇	△七六三	一、九五七〇六	一、三四七七九	一〇三九	一三九七	六五	三、二五〇〇〇
同	加藤明	一、一五〇〇〇	―	△一、〇三三七〇	五〇九一七	四五〇一七	一〇三九	一三九七	二〇	一、〇〇〇〇〇
一五號	村澤新作	一、二〇〇〇〇	一、一〇〇〇〇	△三九三八	七七六一七	五三八八五	一〇三九	一三九七	二七	一、三〇〇〇〇
同	山本藤吉	五、三五〇〇〇	五、二五〇〇〇	△九七二一	三、五〇八五四	二、四六四二二	一〇三九	一三九七	一一八	五、九〇〇〇〇
ナシ	三宅忠次郎	六〇〇〇〇	―	二八〇七	二三九五一	二一八〇六	一〇三九	一三九七	二〇	一、〇〇〇〇〇
ナシ	大島治太郎	五五〇〇〇	―	△二九五七	三三四五五	二三〇六六	一〇三九	一三九七	二〇	一、〇〇〇〇〇
一八號	福富芳太郎	五五〇〇〇	四五〇〇〇	二七四	三二七二	一四九〇三	三一六	一三三五	四	二〇〇〇〇
同	若松甚之丞	五五〇〇〇	―	△四四七二六	三二七二	一四九〇三	三一六	一三三五	四	二〇〇〇〇
同	池田喜代松	五五〇〇〇	四五〇〇〇	二七四	三二七二	一四九〇三	三一六	一三三五	四	二〇〇〇〇
二〇號	井上折平	三、七〇〇〇〇	三、六〇〇〇〇	△六三〇八	二、五五三三三	一、七三五三九	一〇三九	一三九七	八五	四、二五〇〇〇
同	杉山光武	九五〇〇〇	八五〇〇〇	△六五二四	六九四七五	四四六一三	一〇三九	一三九七	二三	一、一〇〇〇〇
同	安齊喜藏	一、〇五〇〇〇	九五〇〇〇	△一五四九	一六六一七	三三六二三	九三六	一三七三	一〇	五〇〇〇〇
二一號	藤井金十郎	六五〇〇〇	五五〇〇〇	△二二四四	二五七二六	二三九八二	一〇三九	一三九七	一〇	五〇〇〇〇
同	辰巳猪造	一、一五〇〇〇	―	△一、〇八二六六	五四六六五	四六〇六五	一〇三九	一三九七	二〇	一、〇〇〇〇〇
同	山本義之	三、五五〇〇〇	三、四五〇〇〇	△一〇九八	一、九五九三五	一、五二七二七	一〇三九	一三九七	七〇	三、五〇〇〇〇

商團番號	氏名	組合及支部普通出資金	普通出資金貸付金相殺額	現金拂戻△拂込金額	拂戻金及配分金 組合特別出資	組合配分金	支部特別出資	支部配分金	輸入會社株引受 株數	金額
二二號	安齊忠輔	五五〇〇〇	四五〇〇〇	△一二三七	四三四七	一五二〇三	四二七	一三六〇	四	二〇〇〇〇
同	加島甲子太郎	五五〇〇〇	四五〇〇〇	△一二三七	四三四七	一五二〇三	四二七	一三六〇	四	二〇〇〇〇
同	小林俊也	一、〇五〇〇〇	九五〇〇〇	一四〇三六	四九二五	二九三五二	四二七	一三六〇	一〇	五〇〇〇〇
二四號	島崎龜藏	一、八〇〇〇〇	一、七〇〇〇〇	△六三二四	一、二二〇六三	八二八二五	一〇三九	一三九七	四〇	二、〇〇〇〇〇
同	清水松之助	一、七五〇〇〇	一、六五〇〇〇	△二九三八	一、一二六九七	七八八〇五	一〇三九	一三九七	三八	一、九〇〇〇〇
同	藤岡吉助	一、〇五〇〇〇	九五〇〇〇	△四九二〇	四三九八	二九二〇五	一二五	一二九二	六	三〇〇〇〇
二六號	水上俊比古（昭和盛）	五、三五〇〇〇	五、二五〇〇〇	△一一六八五	三、六八〇二四	二、五二二二五	一〇三九	一三九七	一二三	六、一〇〇〇〇
同	手塚義雄	五、二〇〇〇〇	五、一〇〇〇〇	△二六七八八	三、七五二九一	二、四九〇六一	一〇三九	一三九七	一二〇	六、〇〇〇〇〇
二七號	山崎一	一、二〇〇〇〇	一、一〇〇〇〇	△六二四八	五九八〇九	四八九〇三	一〇三九	一三九七	二一	一、〇五〇〇〇
同	加藤米吉	六〇〇〇〇	五〇〇〇〇	△九五一四	三三五七八	二四五〇〇	一〇三九	一三九七	一〇	五〇〇〇〇
同	籾井留吉	六〇〇〇〇	—	△五三五四四	二七九一四	二三二九四	一〇三九	一三九七	一〇	五〇〇〇〇
二八號	富永秀之	五五〇〇〇	四五〇〇〇	△二二〇一	一三九二	一四三七六	一三八	一二九五	三	一五〇〇〇

五四

二八號	下吹越英吉	五五〇.〇〇	四五〇.〇〇	五七九.六七	一三.四	一四三.六三	一.三三	一二.九三	一五	七五〇.〇〇
同	横山豊	五五〇.〇〇	四五〇.〇〇	八三〇.七八	一三.五九	一四三.三九	一.三一	一二.九三	二〇	一、〇〇〇.〇〇
二九號	白水七三郎	六五〇.〇〇	―	△二五.一六	三三八.三二	二六二.四九	一〇.三九	一三.九七	三三	一、一五〇.〇〇
同	鐘ヶ江利三郎	一、八〇〇.〇〇	一、七〇〇.〇〇	△四三.八五	一、一七三.四	八〇二.一五	一〇.三九	一三.九七	三八	一、九〇〇.〇〇
同	長野峯繁	六五〇.〇〇	―	△三九.二八	三四九.三四	二六五.五八	一〇.三九	一三.九七	三三	一、一五〇.〇〇
ナシ	川上庄太	六〇〇.〇〇	―	△四九八.七五	二五〇.四六	二三三.九三	一〇.三九	一三.九七	一〇	五〇〇.〇〇
ナシ	森本又吉	六〇〇.〇〇	―	△五二一.九一	二六八.五六	二三八.九九	一〇.三九	一三.九七	一〇	五〇〇.〇〇
ナシ	田中重治郎	五五〇.〇〇	―	七三.四九	二四四.〇一	二〇八.一四	一〇.三九	一三.九七	二〇	一、〇〇〇.〇〇
ナシ	鈴木忠	五五〇.〇〇	―	△二六.二四	二四三.八〇	二〇八.〇八	一〇.三九	一三.九七	一八	九〇〇.〇〇
ナシ	西牧桀治	五五〇.〇〇	―	△四七七.〇三	二四四.四二	二〇八.二五	一〇.三九	一三.九七	九	四五〇.〇〇
ナシ	石川治郎一	五五〇.〇〇	―	△四八二.〇七	九三.〇七	一六五.九一	九.三六	一三.七三	五	二五〇.〇〇
ナシ	登喜和百貨店 島田運一	五五〇.〇〇	―	△八.五三	七四.六七	一六〇.七七	九.三六	一三.七三	一四	七〇〇.〇〇
ナシ	大塚富男	五五〇.〇〇	―	△六二.三七	四三.四七	一五二.〇三	四.二七	一三.六〇	三	六〇〇.〇〇
六號	藤井忠治	五、八五〇.〇〇	七、四〇〇.〇〇	△一一八.八五	四、〇〇二.二八	二、七四二.二一	一〇.三九	一三.九七	一〇〇	五、〇〇〇.〇〇
同	相見幸八	五、七五〇.〇〇	六、八〇〇.〇〇	△一〇八.八四	三、六二五.六二	二、六〇八.八六	一〇.三九	一三.九七	一〇〇	五、〇〇〇.〇〇

商團番號	氏名	組合及支部普通出資金	普通出資金貸付金相殺額	現金拂戻△拂込金額	拂戻金及配分金 組合特別出資	拂戻金及配分金 組合配分金	拂戻金及配分金 支部特別出資	拂戻金及配分金 支部配分金	輸入會社株引受 株數	輸入會社株引受 金額
六號	光武時晴	五、八五〇.〇〇	—	△七、二三七.八八	三、七七四.九一	二、六七八.六一	一〇.三九	一三.九七	一〇〇	五、〇〇〇.〇〇
八號	南海洋行 谷口犇太郎	五、六〇〇.〇〇	七、三〇〇.〇〇	△一三三.五二	四、一七七.七八	二、七二二.三八	一〇.三九	一三.九七	一〇〇	五、〇〇〇.〇〇
一五號	澤田佐市	五、九五〇.〇〇	九、三〇〇.〇〇	△一六〇.二四	五、四一九.二八	三、一六六.六〇	一〇.三九	一三.九七	一〇〇	五、〇〇〇.〇〇
二六號	高岡號 相見幸八	五、三〇〇.〇〇	六、二〇〇.〇〇	△一二六.二二	三、六二〇.三五	二、四八一.五〇	一〇.三九	一三.九七	一〇〇	五、〇〇〇.〇〇
同	鑫昌盛 谷口犇太郎	五、三五〇.〇〇	六、七〇〇.〇〇	△一三二.〇〇	三、九六五.五七	二、五九二.〇七	一〇.三九	一三.九七	一〇〇	五、〇〇〇.〇〇
三號	木村左馬輔	一、六五〇.〇〇	—	△三、三九二.二三	九九二.五八	七二五.二八	一〇.三九	一三.九七	六月三十日脫退	
ナシ	下河邊正直	六〇〇.〇〇	—	△一、二四一.五六	三六二.〇五	二五五.一五	一〇.三九	一三.九七	同	上
ナシ	三瀬武夫	五五〇.〇〇	—	△七六二.三七	四三.四七	一五二.〇三	四.一七	一二.六〇	同	上
ナシ	滿蒙毛織公司 永田修二	五五〇.〇〇	—	△八〇八.五三	七四.六七	一六〇.七七	九.三六	一三.七三	同	上
ナシ	三井物產會社 大山專一	五五〇.〇〇	—	△九七五.七一	二〇四.三三	一九七.〇三	一〇.三九	一三.九七	同	上
合計	七五名	一三八、四五〇.〇〇	一二四、八五〇.〇〇	△三二、九七〇.〇〇	八二、八四七.三九	六〇、八五九.三〇	六八六.五二	一、〇二六.九〇	（三、七八一株）	一三九、〇五〇.〇〇

五六

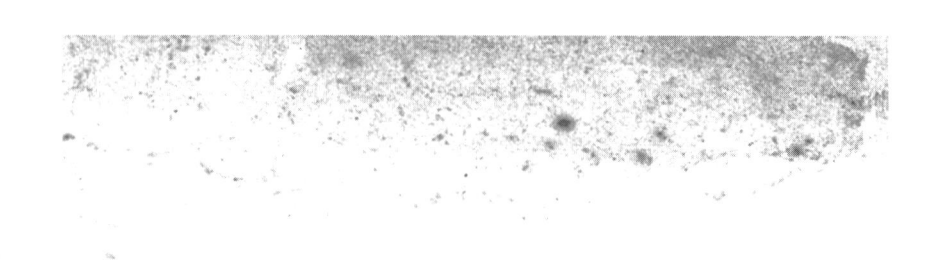

『はるぴん観光』

（哈爾濱交通株式会社、一九三九年頃）

はるびん観光

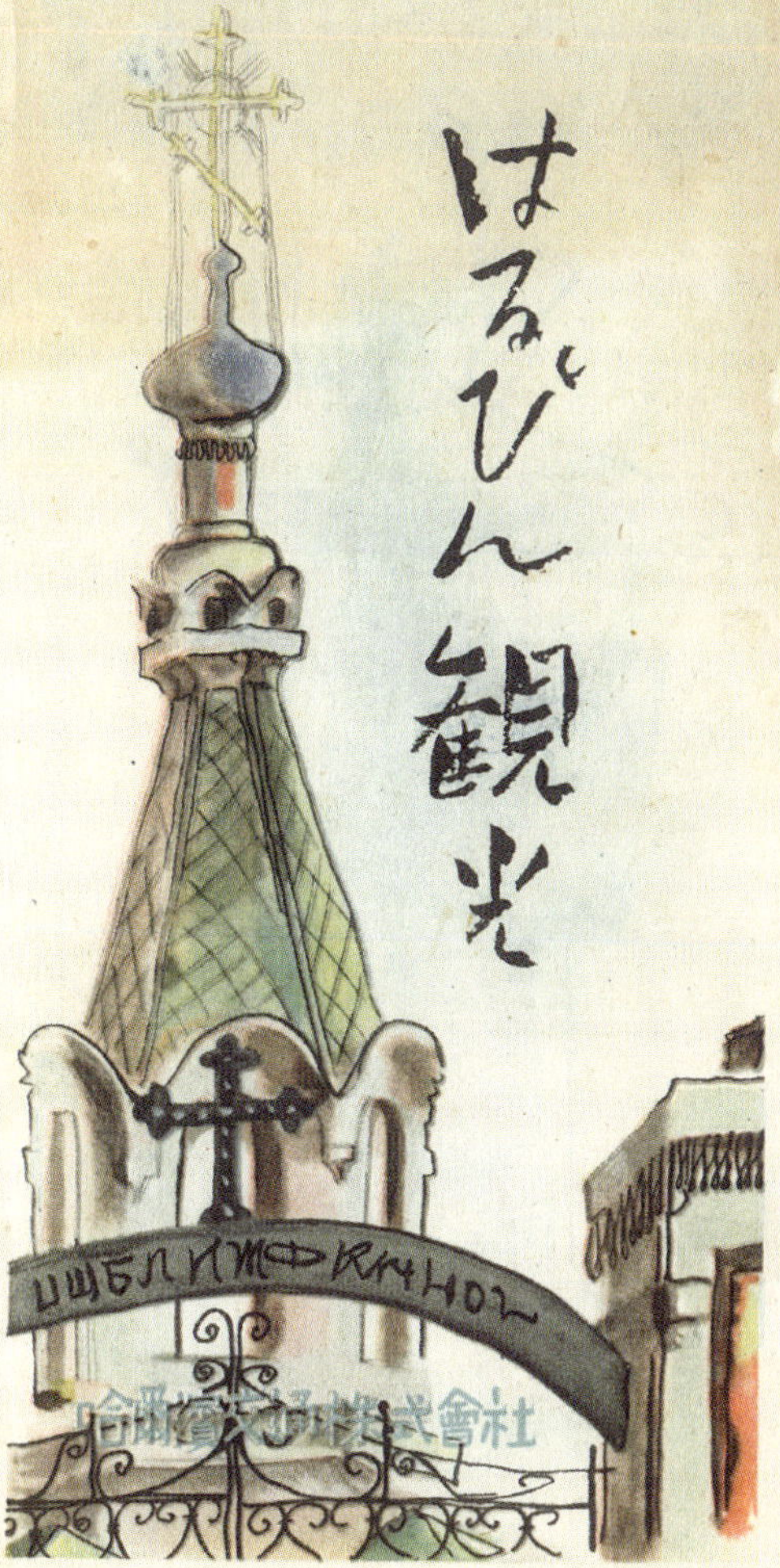

志士の碑

明治三十七年始め日露國交風雲急を告げる頃、在北京の憂國の志士達は露國膺懲の熱に燃え身を以つて露軍の交通、通信機關の破壞を企て、特別任務班十二名が組織されて二月二十一日の未明に變裝して出發した。途中二隊に別れて横川班は酷寒と戰ひつゝ約五十日、四月十一日齋々哈爾に近きフラルジ鐵橋に到達した。翌朝未明横川、沖を殘して四名が鐵橋偵察に出かけた留守中二人は敵の巡察隊に發見されハルピンに送られ四月二十一日ハルピン郊外の露と消えた。その從容る態度には露軍一同驚嘆した。

他の四名は止むなく一時逃れんとしたが三日の後に蒙古部落で匪賊として射たれてしまつた。一同は目的を達しないうちに悲壯な最後を遂げたが、露軍は日本軍の後方攪亂を怖れて大部隊を割いて鐵道警備に當り、その後の作戰に大いに影響した功績は永久に讃えらる可きである。

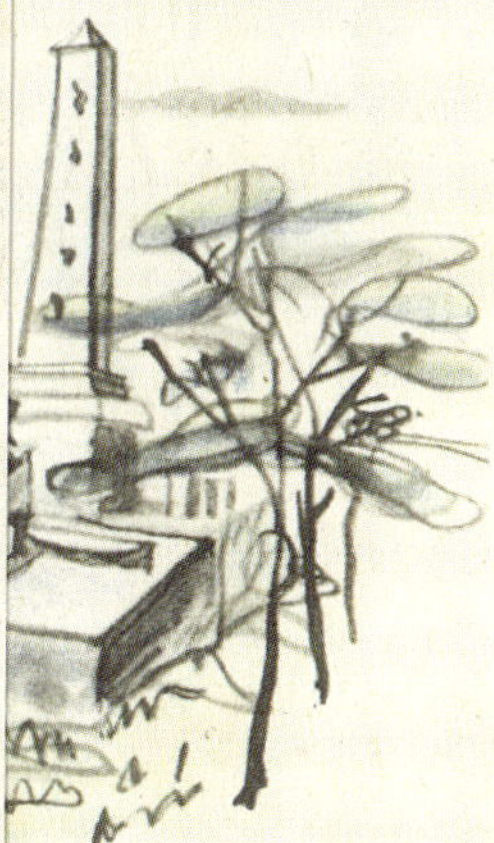

ロパート高臺

傅家甸に臨んでそゝり立つ南崗の高臺で松花江及び商工業の中心地を一眸におさめる事が出來る。

傅家甸

治村長の率ゆる青年同志十數名が、高粱飯に舌鼓を打つて荒地を拓きつゝ農民魂の鍛錬に沒頭したのが滿蒙開拓哈爾濱訓練所の始りである。

その後第一次第二次開拓團に先遣隊を送り年々各地の開拓團へ幹部や先遣隊を送り、昭和十四年四月當地に移轉して四年間に約七百名の拓士を送つた。

後者は昭和十三年七月、六百名の訓練生を迎へ次々に或は送り或は迎へ、十五才より二十才までの青少年約二千名の隊員は酷寒炎暑と戰つて滿洲建國の聖業を達成せしむ可き開拓農士の訓練を受けてゐる。何れも驛の東方十四粁の地點にあり數百町歩の土地を道場として自給自足してゐる。

樂園の演奏にその設備 芬
園氣と共にハルビンの魅力
である。

忠靈塔

昭和十一年九月二十三日に建てられ高さ六十七米の全滿一の忠靈塔である。日露戰爭、シベリヤ出兵滿洲事變等の戰死病沒者三千七百柱を合祀されてゐる。近くに六志士、二烈士の碑がある。

博物館（大陸科學院哈爾濱分院）

大正十一年東支鐵道が展覽會を催した會場の一部が博物館として使用されてゐる滿蒙の地質學的考古學的貴重資料が幾多の標本と共に陳列されてゐる。

孔子廟

大正十五年、時の東省特別區長官張煥相氏の發起により赤化思想の流入を阻止せんと三年半、七十三万元を費して建立され孔子の遺業東洋道德を宣揚した。全滿随一の莊麗な孔子廟である。

極樂寺

大正十二年、時の東省特別區長官朱慶瀾大將の發起により建立された滿洲第一の大寺院で輪奐の美は孔子廟と伯仲し、春の灌佛會に參詣する善男善女數十万に上る。

昭和十五年九月一日印刷　發行人　奉天市大和區春日町二九　野間口英喜
昭和十五年九月五日發行　編輯人　奉天市大和區春日町二九　佐藤眞美
印刷人　大連市紀伊町八五　河島成光
印刷所　大連市紀伊町八五　細谷眞美館大連出張所
發行所　滿洲鐵道總局營業局旅客課

489　『大松花江』（満鉄鉄道総局営業部旅客課、1940年9月）

松花江

松花江はその源を遠く滿鮮國境長白山脈中の秀峯・白頭山々頂の天地湖に發し、はじめ西北に流れて、輝發、伊通、飲馬等の諸流を收め、大賚縣附近で、興安嶺の諸溪流を統轄して西北より來る嫩江を容れ、折れて東北に向ひ、更に拉林河、呼蘭河、瑚什河、牡丹江等の支流を收めつゝ、北滿の曠野を橫斷して黑龍江に注ぐ蜿蜒六百余邦里、哈爾濱から下流に至つては、優に二千噸級の汽船が航行し得る東亞屈指の大河である。

その悠々として流れるところは、概ね肥沃なる平野をなし、北滿の穀倉地帶と稱されるところ。またその沿岸には幾多の大小都市を生み、育て、發達せしめた。中でも齊々哈爾、吉林、哈爾濱、佳木斯、三姓、富錦等はその代表的なもので、松花江こそは、實に北滿文化經濟の母と云つても過言ではない。

松花江の名稱は、古くは「スオヤツイウラ」「クートウンウラ」「ギリンウラ」「ズンガリウラ」―ウラは河の意――など、各樣の名稱があつたが、時代の變遷と共にそれ等の名稱は影を沒し、今では、日本語で「せうかこう」滿洲語で「すんはわじやん」露西亞語で「すんがりー」等の呼稱が用ひられてゐる。

はるぴん
ХАРБИН

野つぱら叩いてロシヤ人さんは
ハルピンこゝだと家建てた

野口・雨情

中央寺院

キタイスカヤ街

ハルピンの馬車

未知の人々にとつては、滿洲の大平原の眞只中に港があり、汽笛が響き、銅鑼が鳴り、黑煙を吐いて日夜上下する汽船のあるといふことは、想像だにされないことであらう。

松花江の女王・はるびん丸
總噸數1・700噸　收容人員　1等21名　2等51名　3等780名

水辺點描

埠頭風景

船が埠頭に着くと、住民たちは都のニュースをきかんものと、船をめがけて集まり山をなす、船客相手の小市場も開かれる。

洗濯風景

松花江の水は色こそ濁つてゐるが、水質は極めて漂白性に富み、沿岸の人々は好んでこの水で洗濯をしてゐる。滿人、露人、鮮人の中に日本人も交り、それぞれの風習に從ひ方法を異にし、江岸に並んで洗濯する様は面白い

出帆

船尾

『大松花江』（満鉄鉄道総局営業部旅客課、1940 年 9 月）

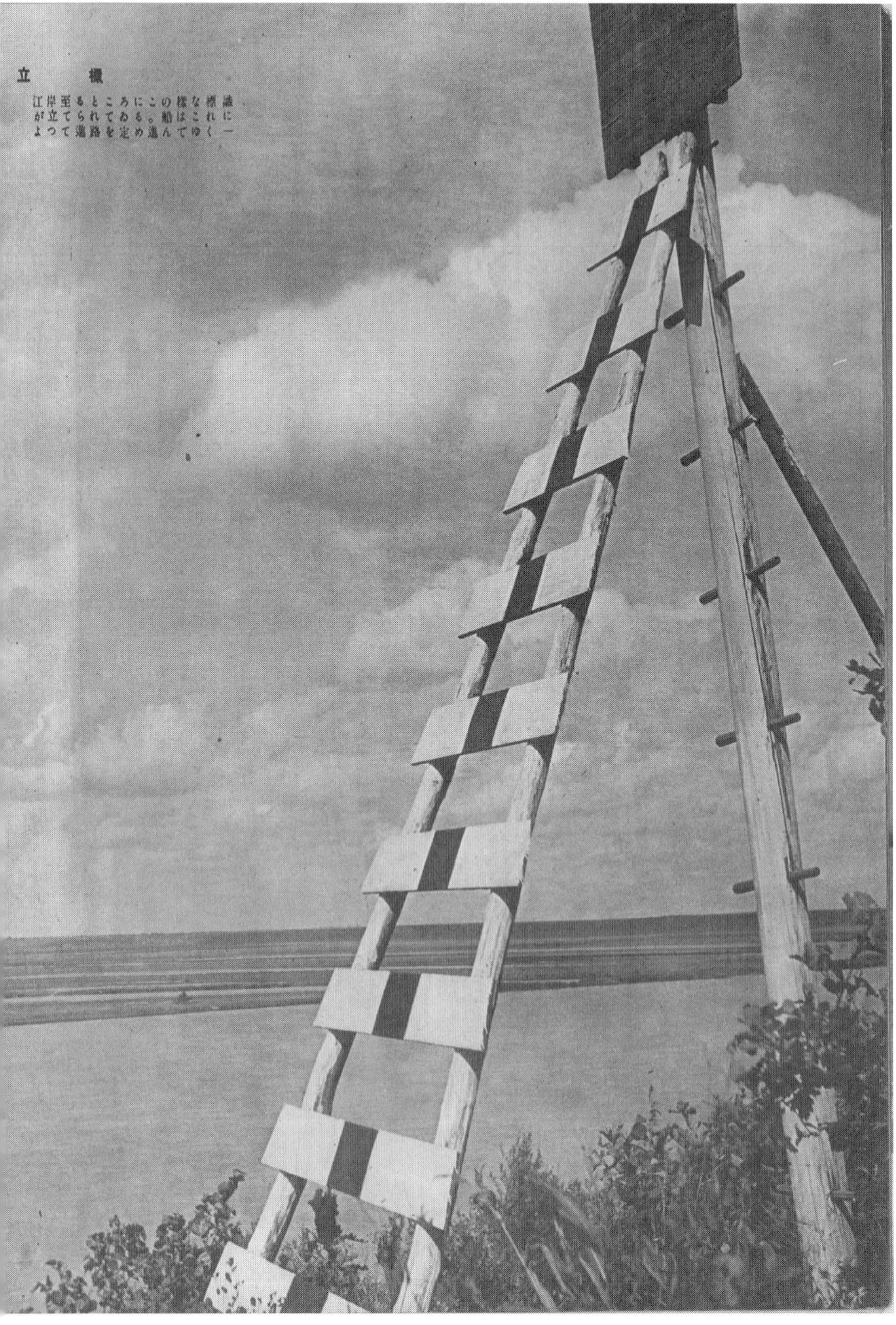

立　標

江岸至るところにこの様な標識が立てられてゐる。船はこれによつて進路を定め進んでゆく一

水路安全

水位告知板

水量の増減は船の運航に影響する。
要所々々には水位告知板或は告知柱が設けられ、
日々の水位を報知してゐる

石炭積込（蓮江口埠頭）

特産積出
—佳木斯埠頭—

みのり

來　多

貨物輸送には專らこの樣な船が用ひられる。これ等の船の中には、優に1·000噸の積載量をするものもある。

旅愁

501　『大松花江』（満鉄鉄道総局営業部旅客課、1940年9月）

古都三姓

三姓は別名依蘭とも謂ひ、松花江と牡丹江の合流するところ、八百年の古き歴史をもつ都。街の所々に建つ古塔碑や寺廟は古色蒼然として過ぎし往時を物語顔である。

古　塔

三性の街

牡丹江合流點

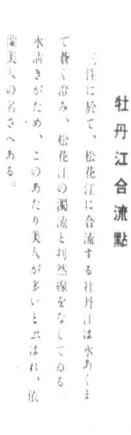

三性に於て、松花江に合流する牡丹江は水あくまで蒼く澄み、松花江の濁流と判然線をなしてゐる。水清きがため、このあたり美人が多いといはれ、依蘭美人の名さへある。

古刹景雲寺

木　蘭　忠　魂　碑

過ぐる滿洲事變の際、江筋一帶は馬占山軍との間に激戰の交へられた所、江岸ところどころに建てられた忠魂碑は當時の模樣を物語つてゐる。

彌榮村種畜場

青少年義勇隊

千振小學校

開拓地

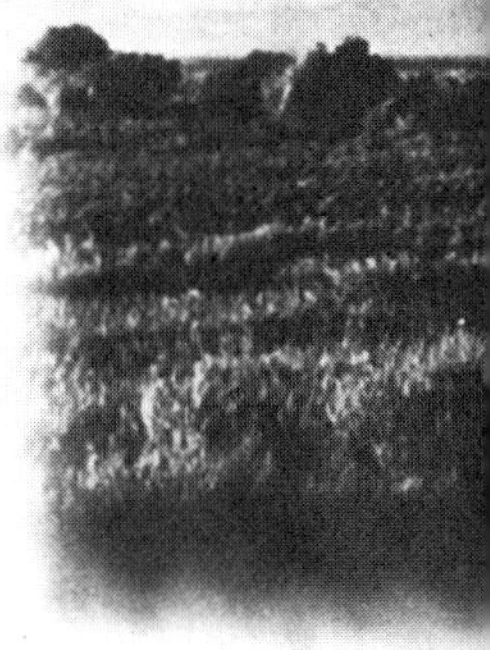

彌榮村にて

彌榮秋田村にて

松花江の魚

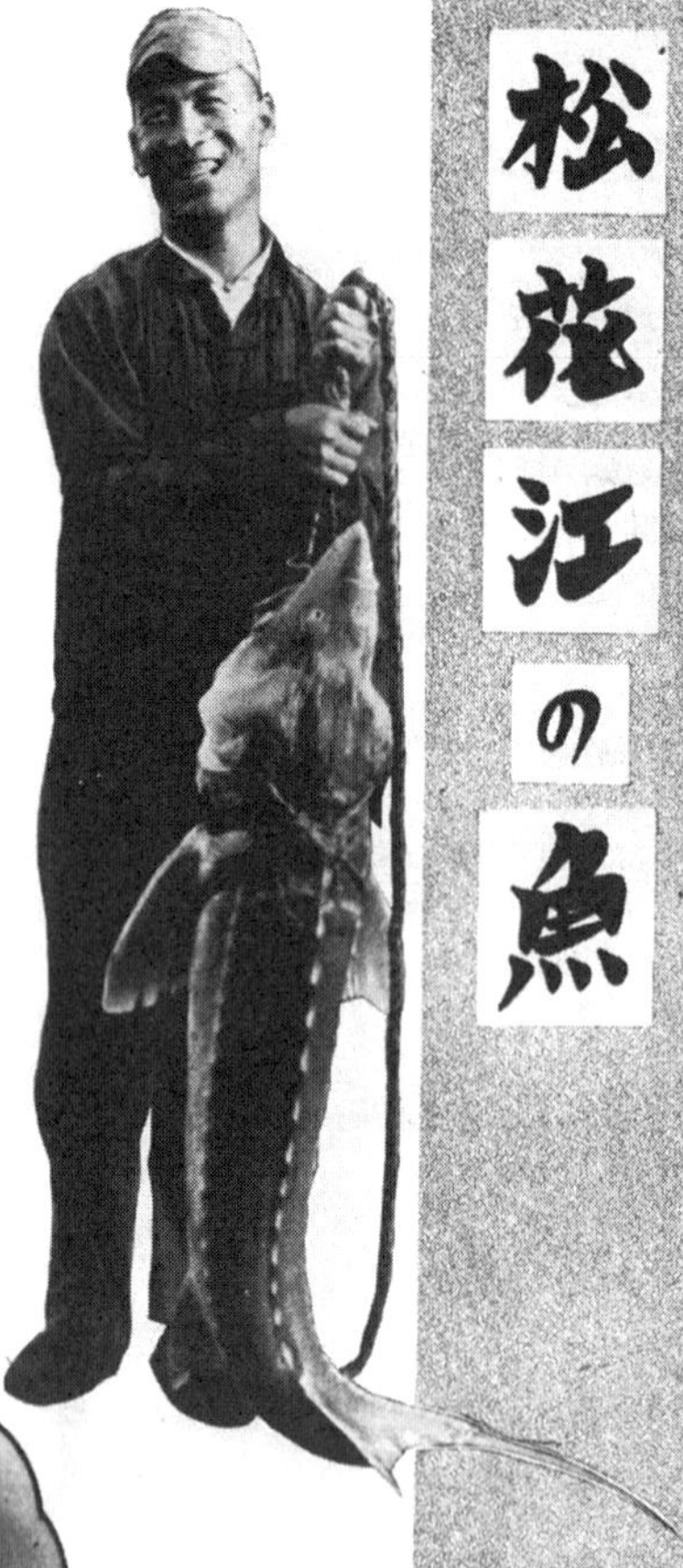

松花江の川鮫

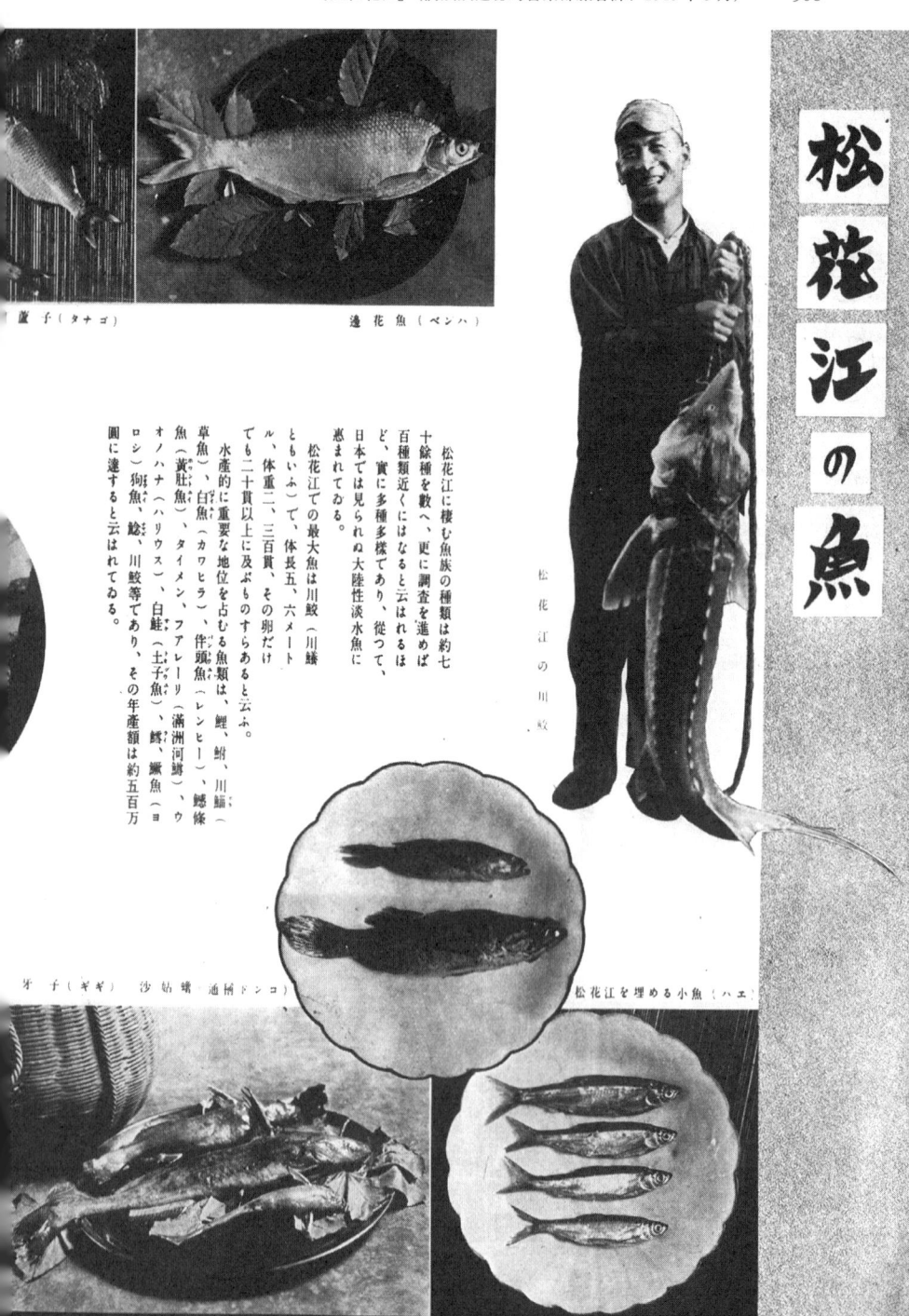

松花江に棲む魚族の種類は約七十餘種を數へ、更に調査を進めば百種類近くにはなると云はれるほど、實に多種多様であり、從つて、日本では見られぬ大陸性淡水魚に惠まれてゐる。

松花江での最大魚は川鮫（川鱘ともいふ）で、体長五、六メートル、体重二、三百貫、その卵だけでも二十貫以上に及ぶものすらあると云ふ。

水産的に重要な地位を占むる魚類は、鯉、鮒、川鯿（草魚）、白魚（カワヒラ）、伴頭魚（レンヒー）、鰷條魚（黃肚魚）、タイメン、フアレーリ（滿洲河鱒）、ウオノハナ（ハリウス）、白鮭（土子魚）、鱒、鱖魚（ヨロシ）狗魚、鯰、川鮫等であり、その年産額は約五百万圓に達すると云はれてゐる。

蘆子（タナゴ）

邊花魚（ペンハ）

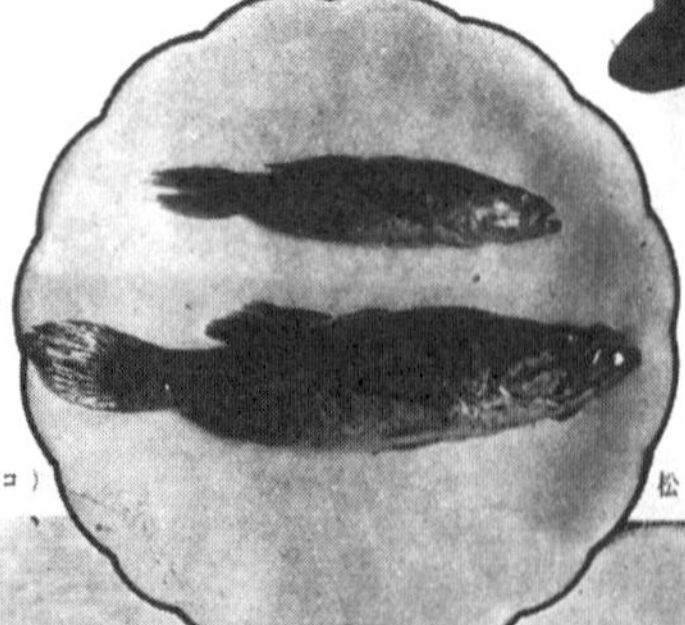

沙姑蟾　通稱（ドンコ）

牙子（ギギ）

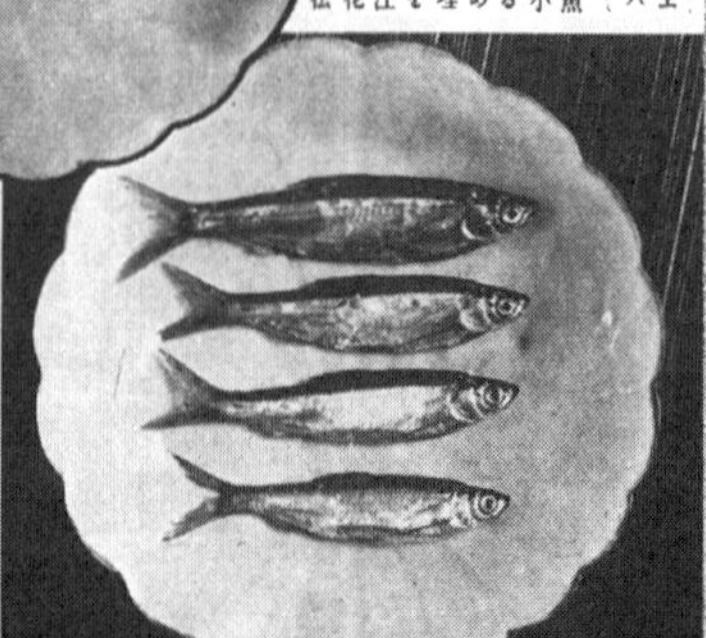

松花江を埋める小魚（ハエ）

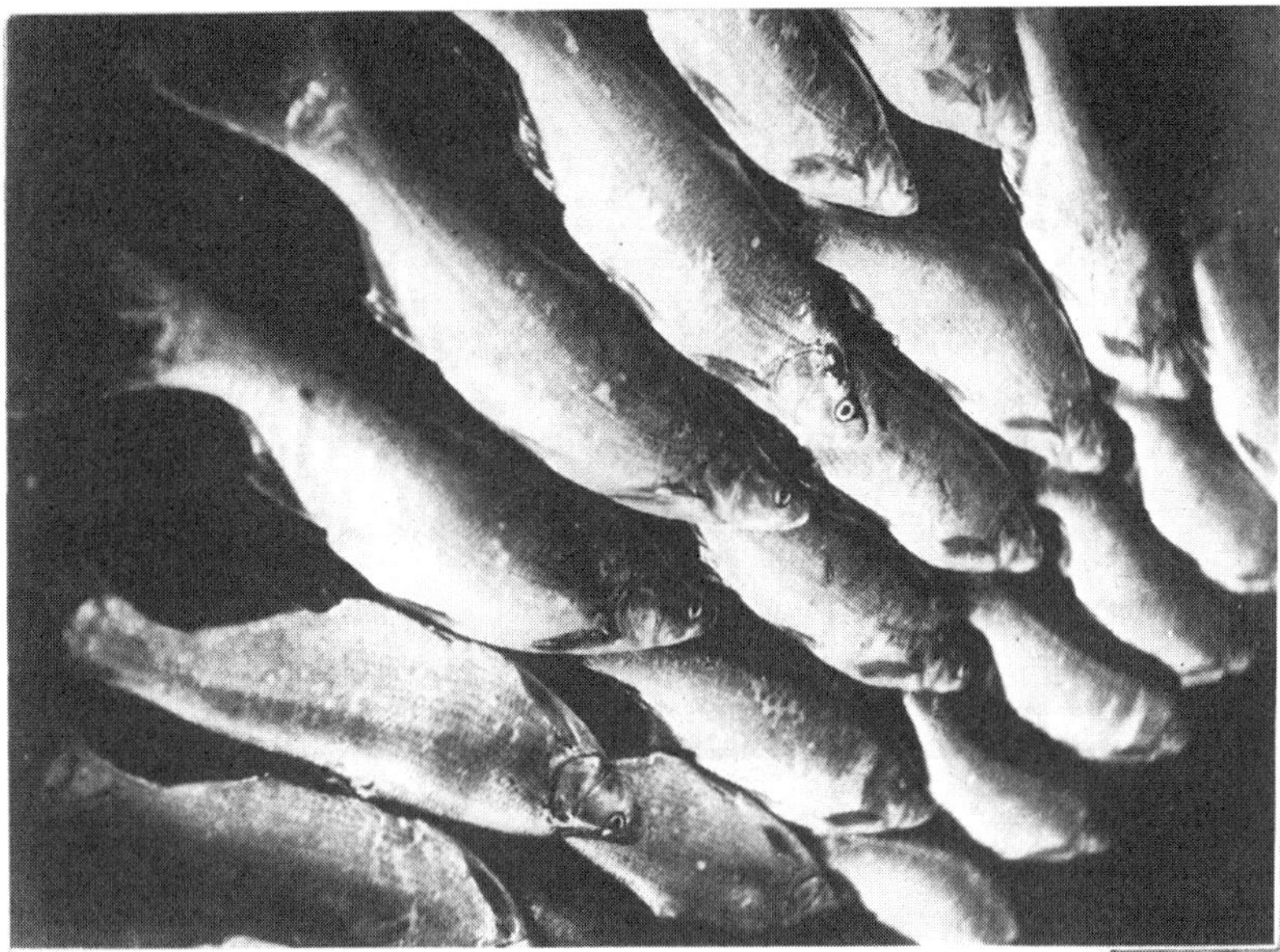

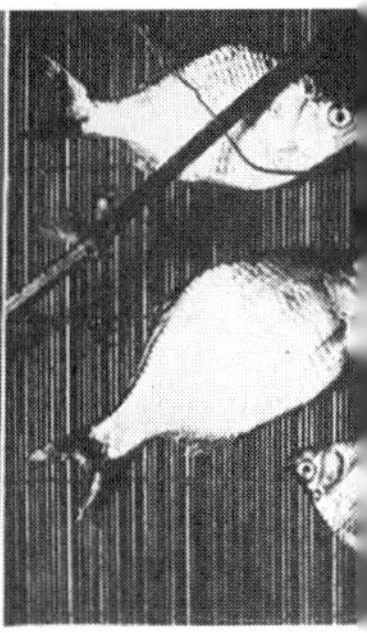

紅　尾　把（アカヒ
河白魚ともふはれ

鯉

鱤　魚（ヨロシ）

草　根　魚（河ボラ）

夏のスンガリー

太陽島界隈

冬の松花江

氷に張詰められた松花江はそのまゝドックとなり、船の改装修理が行はれる

ホツプスレー

流　　氷

氷上洗禮祭

ハルピンのエミグラント

夜のハルピン

大松花江

滿鐵鐵道總局　滿鐵北滿江運局

『大松花江』

（満鉄鉄道総局営業部旅客課、一九四〇年九月）

北野邦雄

『ハルビン点描』

（光画荘、一九四一年一二月）

519　北野邦雄『ハルビン点描』（光画荘、1941年12月）

ハルビン點描

北野邦雄著

光畫荘版

ハルビン點描　内容

作品　二十四點
裝幀　山久緒

ハルビン點描

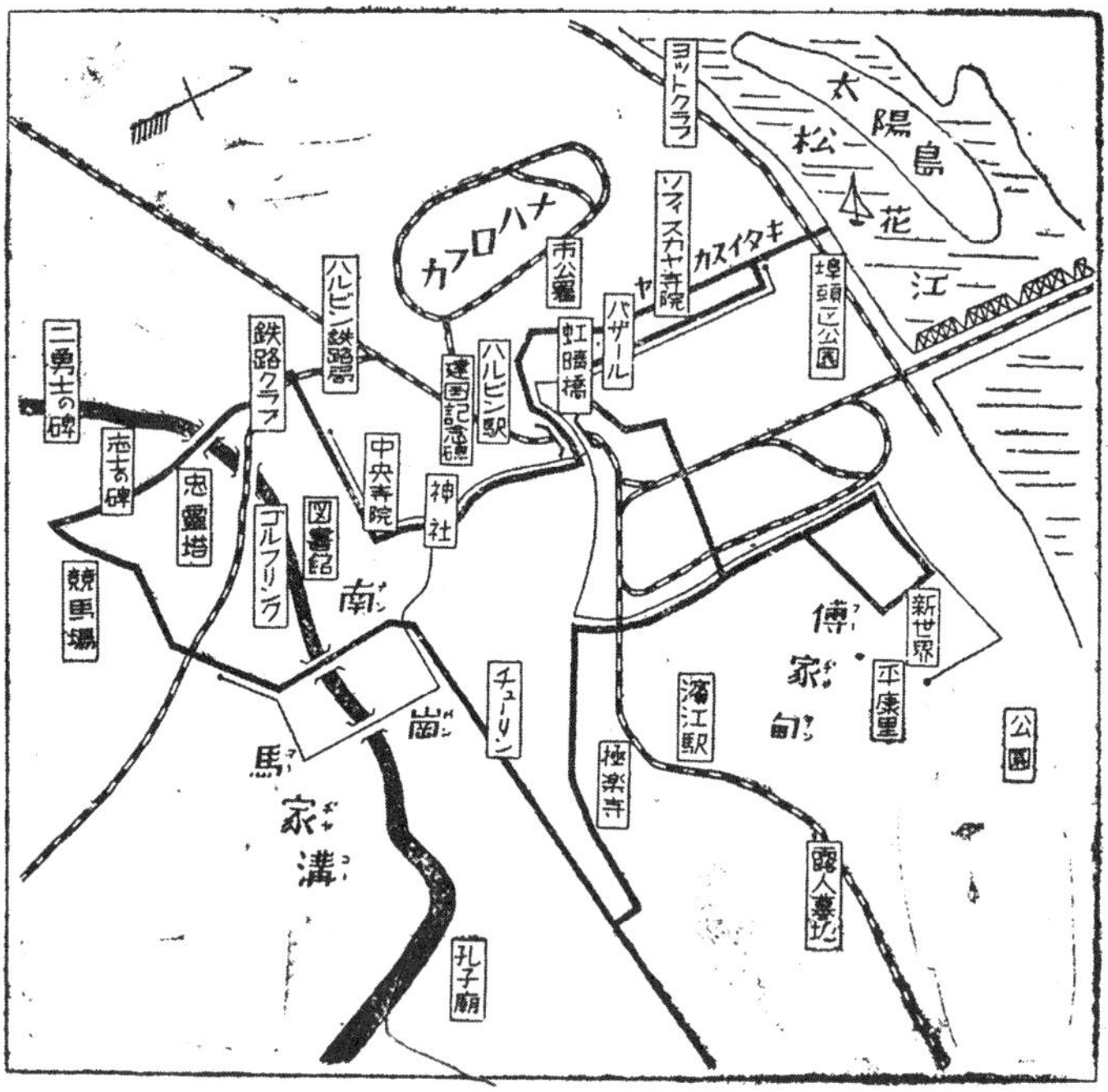

太陽島
松花江
ヨットクラブ
ナハロフカ
市公園
ソフィスカヤ寺院
キタイスカヤ
埠頭区公園
ハルビン鉄路局
鉄路クラブ
ハルビン駅
虹橋
バザール
二勇士の碑
中央寺院
神社
忠霊塔
図書館
ゴルフリンク
競馬場
南崗
馬家溝
チューリン
極楽寺
濱江駅
傅家甸
新世界
平康里
公園
露人墓地
孔子廟

埠頭區

ハルビンの街は、新市街、埠頭區、馬家溝、舊ハルビン、ナハロフカ、八區、傅家甸となるが、この中で、最も殷振を極めてゐる商業區が埠頭區であつて、有名なハルビンの銀座とも稱すべきキタイスカヤ（中央大街）はこの中央にあり、松花江に通じてゐる。キタイスカヤの通りを歩いてゐると、天津や上海の町を歩いてゐるやうな感じである。それは、ロシヤ人の町とも、日本人の町ともつかないコクテール型があるからであり、これも亦古いハルビンを懷かしむ人達に惜しまれてゐるところである。たとへば、マルスの食堂は、日本人が經營してゐるとは言へ、昔ながらに入口も內部も外國風であるが、同じキタイスカヤの明治製菓にゆくと、女の子がロシア人である他は、內地の明菓と變るところがない。

キタイスカヤを中心として、この邊りには凡ゆる享樂機關と暗黑街が設けられてゐるのださうである。

併し、如何な享樂機關と雖も、スンガリーべりのプロムナードや、地上の樂園にも譬へられる太陽島の快さ、美しさには及ぶまいと思ふほど、この二つは素晴らしい。

ホテルから、キタイスカヤまでタクシーで來て、キタイスカヤの「銀ぶら」をし、どこかで喉をうるほしてからスンガリーに出る。河とは言つても向ふ岸が遙か彼方に見えるなど海のやうなものであるから、或る知名の士がここに立つて向ふ岸を見、「ロシアが見えた」と言つたさうだが、それも滿更嘘ではあるまい。上海に行つたとき、揚子江に入つてゐながら、これが揚子江だと言はれても、どうしても海としか思へなかつたのを思へば、スンガリーが河であることは疑もない譯だが、それにしても實に大きい。

滿人のボートが澤山ゐて、旅行者を見つけると、ワイワイ騒ぎ出す。俺のボートに乘つて太陽島にゆかうと言ふのである。かう澤山ゐて競爭されては、むしろ危險な位である。これは恰度、數年前の支那各地の人力車夫の如きものである。いや實に五月蠅い。

だが一度これに乘つて太陽島に渡ると、先に書いたとほり、ここは樂園である。少し前までは、夏になると誰でもロシア人は素裸でスンガリーに飛びこんで水浴をしてゐたさうで、全裸の美しいロシア娘が、朝陽、夕陽を浴びて水に入つてゐる姿は、さながら水精(ニュンフ)の形容がぴつたり當てはまるものだつたと言はれる。

私の行つたのは初夏ではあつたが、もう太陽島をめぐる河の中には老幼男女入り亂れて水浴をし、或ひはヨットに興じ、ソーダファウンテンに、或ひは廣い芝生の上に「夏姿」

が惜しみなく展開されてゐた。

誰と來たかよ
トロイカ馳けて
キタイスカヤの夜の空
宵はカバレー
夜明けはペチカ
彈けよ戀しのバラライカ

南崗

新市街とも言ひ、驛を始め、官公衙、官舍、寺院、ホテル等があり、綠樹が多く、建物も揃つて立派であり、空氣も靜かであつて、一番落着いた市街である。大直街はその名の示すとほり、全く一直線に引かれた道路で、鐵路クラブ、鐵路局のあたりから始まり、中央寺院、これをめぐる廣場を中心として、ホテル・ニユウ・ハルビン、秋林洋行を過ぎ、更に進めば極樂寺を經てロシヤ人墓地に至つてゐる。これを歩くと相當の道程ではあるが、街路樹も美しく、路幅も廣く、案內書の記すとほり明朗淸快であつた。

夏の宵
中央寺院（サボール）の鐘よ
旅の空

馬家溝

マーヂヤゴウは、主として革命後の亡命ロシア人の集團的部落であつたが今では日滿露人の雜居する住宅地になつてをり、この邊りに、日本人女學校や、ハルビン學院、飛行場、兵營などがある。案内記によれば、馬家溝のよさは、目まぐるしい社會の表面からは取り殘された閑靜な雰圍氣にあり、木柵に圍まれた色とりどりの平家と小さな庭とは、全く都會とは思はれない牧歌的な情趣を持つてゐる。更に言ふ。

「總じて大陸の夏の黄昏は淡い旅愁をそそるものではあるが、くつきりと中空に一線を劃する新市街の綠の丘に赤々と夕陽の沒してゆく遠望は、壯嚴と神秘と哀愁との渾然とした一種名狀し難い印象を刻みこむ」

まことにさうであり、必らずしもハルビン獨特とは言へない、大連も青島も、天津も北京も變りなくかうした風景を持つてゐるのであるが、ハルビンのそれは、一層强いものがあるやうにさへ思はれるのである。

秋日落つ荒魂かける曠野にて　亞浪

傳家甸

フーヂャデンは純然たる滿人街である。滿人の經營する商店が櫛庇し、映畫館あり、遊廓ありで仲々賑やか。兎に角人口三十萬の滿人がゐるのであるから、人馬の往來はキタイスカヤの比ではないし、奉天、天津、上海に充分比肩し得る繁華さである。滿洲に於て近代の支那文化が最も發達したのは、實にこの傳家甸だと言はれる。上海の支那文化は、奉天、大連を素通りしてここに移されたと言ふのである。同じやうな表現は、我國にもあり、東京の文化は仙臺、盛岡を素通りして札幌に移されると言はれるから、この間の事情がどんなものであるかは充分に理解出來る。

一旦この傳家甸に足を入れると、ハルビンと云ふ氣は全然無くなるから不思議である。言葉なり、表現を逆にすれば、ハルビンにはロシア人の作つたハルビンらしいハルビンと、ロシア人が自分達の作つた町に足を踏みこませず、滿人だけの町を作らせたために出來上つたハルビンらしからぬ、支那の町の如き一劃もあると言ふ譯。しかも既に三四十年の歷史を持つてゐるだけに、建物にも、施設にも見るべきものが多い。不潔であり喧騷であるのは支那町の特徴であるから、傅家甸からこの二つを取り去れば、立所に傅家甸ではなくなるだらう。

馬車で行かうよ傳家甸
可愛いあの娘は猫柳
春は御馳走
バスハの頃は
バックミラーの片笑くぼ

ナハロフカ

埠頭區（プリスタン）の西方一帶の平地で、一時は惡の巢窟と見られてゐた貧民窟であり、主として白系露人が居を構へてゐる――と言ふ案內記の言葉に興味を惹かれて、二度程足を運んでみた。併し貧民窟とは言ふものの、野澤富美子の「隣近所の十二ケ月」の舞臺となつてゐる蒲田六鄕あたりのそれとも、豐田正子の綴方敎室のそれとも全く違つたところで、路の幅も廣く、建物も土造ながら、どうして立派なものが多い。その中に生活してゐるロシア人の多くが見すぼらしい格好をし、子供たちが裸足で走りまはつてをり、家も近寄つて見ると如何にも貧民窟らしいのであるが、惡の巢窟などと言ふ感じは微塵もなく、平和鄕である。

ただ、場所が場所であるだけに、ツルゲーネフや、ドストエフスキーの小說が頭に泛び、その中の人物がそのまま、ここに登場して來るやうに思へて仕方なかつた。罪と罰のラスコーリニコフと淫賣婦ソーニアが、いま眼の前に現はれても、ちつとも可笑しくも奇妙でもないやうな印象である。

勿論そんなのが全部ではない。アレキサンドル等と言ふ寫眞館もあつた。これは寫眞館と言つても、普通の「しもた家」の入口に寫眞をはさんだ額を下げてあるに過ぎないのだが、これで結構商賣になつてゐるのだらう。その寫眞も、隋圓形のマスクの中に、カイゼル髭（ひげ）にシルクハツトを冠つた男と、白い結婚衣裳を着込んだ花嫁の一組と言ふやうなのが多く、しかも大抵はＰＯＰか、鷄卵紙ではなからうかと思はれるセピア色の光澤紙であつて到底いま時のものではなささうである。

ナハロフカの端れの方に出たとき、肥つたロシア女が長い杖をついて家鴨の群を追つて來るのに出遇つた。これは全くグリムの童話である。なんとか撮らうと思つて二三枚シヤターを切つたが、殘念ながら面白いものにはならなかつた。

次の機會に、若しゆつくり出來るやうなことがあれば、ナハロフカは獨立したルポルタージュの對象としたいものである。

滿鐵の川瀬尊弘氏にナハロフカに行つた話をしたところ、それならば鐵路局の前に行つて御覽なさい、もつと貧民窟らしい貧民窟がありますとのことで、翌日早速早朝から出かけてみた。ここは先に書いた野澤富美子型の貧民窟で、極端に言へば、便所か豚小屋か判らない、いや同じやうな建物が、便所であり、豚小屋であり、人間の住居になつてゐるし、家と家とに綱を張つて洗濯物を乾し、その下を裸足の男女が通り、豚や家鴨の啼聲がロシア語に混じつて聞こえてくる大變なところ。それだけに撮影には面白いのだが、それを發表する氣には一寸なれない位、陰慘な感じを受けた。

ハルビンの歷史など

野つ原たゝいてロシヤ人さんは
ハルビンこゝだと家建てた

野口雨情

人口五十萬を擁し、北滿洲の政治、經濟、文化の中心都市として、また東洋の巴里として特殊の異國情緒を持つ國際都市哈爾濱も、一八九八年、東淸鐵道の起工された當時には、松花江岸の、僅かに五、六の民屋が散在する荒漠無名の漁村に過ぎなかつた。哈爾濱の歷史は東淸鐵道の建設によつて初まり、之を中心とする露支兩國の勢力を不斷に反映しつゝ發展する。そして去る昭和十年三月二十三日の北滿鐵路讓渡を契機として、今や更に劃期的な飛躍期に入らうとしてゐる。この間、三十餘年に亘る哈爾濱の歷史は、その建設當時から露西亞革命の前後に至るまでの期間を第一期とし、それより昭和四年の露支紛爭事件に至る間を第二期、更に滿洲國成立後に至るまでを第三期として、その政治的情勢の推移と伴に觀察するを便とするであらう。

露國は一八九八年、現在の舊哈爾濱（スタールキーハルビン）を根據として鐵道の敷設に着手し、一九〇三年七月、全線の開通を宣言した。（これは當時に於ける對日作戰のプロパガンダの意味でなされたもので、實際に開通したのは、その翌年であつたとも云はれる）日露開戰の結果、豫期せぬ敗北は露國の滿洲經略に一頓挫を來さしめたが、平和の恢復と共に露國の勢力は漸次牢固として北滿洲に扶殖せられ、大正六年の露西亞革命頃までは、日支兩國中の公園に「犬と支那人とは入るべからず」の立札が建てられてゐたといふのもこの時代である。哈爾濱が名實共に露西亞人の哈爾濱であつたのもこの時代であつた。

露西亞革命の餘禍は遠く極東の果てにまで波及し、東淸鐵道を繞る赤白兩系の訌爭は地方治安を甚だしい混亂に陷れ、鐵道自體も亦一時聯合列國に共同管理さるゝの已むなきに至つた。支那側はこの機會を外さず鐵道利權の回收に着手し、鐵道守備權、警察權等を順次奪回して、大正十三年遂に奉露協定によつて鐵道を一營利機關たらしむるに成功した。哈爾濱市中に於ても大正九年の財界恐慌以來倒產相次ぎ、市況も甚だしい沈滯を續けた。この時代から哈爾濱市中の露國勢力は次第に支那側に蠶食せられ初める。

奉露協定成立後の滿洲は舊東三省政權の最も華やかな時代に入り、松花江航行權、教育權等を初めとして鐵道附屬利權は悉く支那側に回收され、自主權回收の思想に乘つた支那側は、遂に昭和四年の露支事件を惹起するまで東淸鐵道の實力回收運動を最も露骨に敢行した。當時の哈爾濱は全くこの大勢に壓されて、支那人は時を得顔に横行し、哈爾濱特有の詩的情緒も多くは蹂躙されて終つた。この哈爾濱を最も端的に表現するのは、露西亜人自身が形容した「哈爾濱は世界の共同便所である」の一句であらう。

滿洲國成立後は凡ゆる情勢が一變した。一方では鐵道讓渡交渉が行はれ、他方では王道樂土を標榜する日滿人の活動が活潑となつたが、遂に過般の鐵道讓渡によつて、露國の勢力は平和裡に總退却せんとする有樣となつた。

今日の哈爾濱は最早や「東洋の巴里」でもなく、又「東洋のモスコー」でもあり得ない。その「哈爾濱夜話」時代を遠く過去に葬り去つて、今や新興滿洲國の一心臓として躍動しつゝある。露西亜人の後退は決して哈爾濱自體の衰退を意味しないのみでなく、却つて將來の發展を約束せられてゐるのである。勿論そこには尙多分に異國的な露西亜情緒は發見される。若し夫れ、大連と、奉天と、哈爾濱とを以て、日本人と、支那人と、露西亜人との建設した滿洲の代表的三大都市とするならば、旅行者は哈爾濱の外貌の中に今日も尙、「露西亜人の町」の殘骸を見るであらう。然しかの裸體踊りとカバレーの歡樂境としてのみ哈爾濱を知り、その歷史的發展の事實と、今日の政治、經濟的情勢とを理解せぬ者には哈爾濱の眞相は到底把握出來ないであらう。

日本人が最初にこの地に足跡を印したのは明治三十一年であつた。その後東清鐵道の建設に當つて工事請負人數名が入哈したのを初めとし、明治三十五年頃には多數の娘子軍を加へて約六百三十人の在留邦人があつたが、當時の露西亞人は日本人の居住をさほど好まなかつた。日露戰爭勃發に當つて之等の在留邦人は一時悉く引揚げたが、その後再び進出し大正八年頃の好景氣時代には約四千を算してゐた。滿洲事變前には舊東三省政權の壓迫と不況とによつて在留邦人數は再び三千數百名に減少してゐたが、滿洲事變後は日滿の提携によつて急激に增加し昭和十一年末既に三萬を突破してゐる。

哈爾濱をして過去僅か三十年間に人口五十萬を擁する大都市に發達せしめたのは一にその地理的關係であらう。

哈爾濱は北滿の略中心松花江岸に在り、そこを中軸として東西南北に延びる鐵道と水運とは、交通、經濟、政治、產業の凡ゆる部門に於て、哈爾濱を最も典型的な國際都市たらしめてゐる。特に交通に於ては全く、四通八達、歐亞の連絡に、浦鹽、大連、北鮮三港との連絡に、地方的運輸に、哈爾濱の如く水陸の交通に惠まれた都市は尠い。更に昭和十年三月、北滿鐵道讓渡交涉の成立後は、滿洲國有鐵道の統一成り、哈爾濱の滿洲に於ける地位は益々重要となりつゝある。

氣候はその緯度から見れば北海道の北端に當り、冬期には零下三十度の極寒にも達するが、平均十五、六度で家屋の防寒設備に依つて比較的耐へ易い。夏季は最高攝氏三十四度にも昇る事があるが、平均二十二度、大陸性氣候の特徴として朝夕は殊の外涼しく、又、酷暑と稱すべき期間は極めて短い。總じて日本内地に於けるよりは夏冬共に却つて暮し易いとも言へるであらう。

昭和十二年一月の調査に據る哈爾濱の人口は左記の如く四十六萬四千八百十三人で、既に滿洲國内に於ける最大の都市であるが、日滿人の進出によつて尙驚異的に膨脹しつゝある。

滿洲國人	七五、二九五戸	三八五、〇〇〇人
內地人	八、六七〇戸	三二、四七二人
朝鮮人	一、五〇七戸	六、六七九人
蘇聯人	二、〇八六戸	六、五六一人
白系露人	九、九二二戸	三一、六三〇人
其他外國人	七四三戸	二、四七一人

合計　九八、二二三戸　四六四、八一三人

北野邦雄『ハルビン点描』（光画荘、1941年12月）

COMPAGNIE
INTERNATIONALE
ET DES

557　　北野邦雄『ハルビン点描』（光画荘、1941年12月）

ДЕНЬ РУССКОЙ
МАСКАРАД

北野邦雄『ハルビン点描』（光画荘、1941年12月）

563　北野邦雄『ハルビン点描』（光画荘、1941年12月）

565　北野邦雄『ハルビン点描』（光画荘、1941 年 12 月）

567　北野邦雄『ハルビン点描』（光画荘、1941 年 12 月）

569　北野邦雄『ハルビン点描』（光画荘、1941 年 12 月）

北野邦雄『ハルビン点描』（光画荘、1941 年 12 月）

宗　教

南米貿易をしてゐるKさんのお話では、南米の住民たちは、植民地的な意味で悪いところもあり、悪いことをする者もあるが、彼等は、そんな後では定まつてお祈りをし、神様に謝まり、それで罪が贖はれたと思つてゐるのださうで、これ程宗教を利用してゐる者もあるまいとのことである。宗教なり寺院なりが、そんなために存在してゐるのでないことは言ふまでもないが、ハルビンでは特にその感を深くする。即ちロシア人は甚だ信心深い國民であるとの印象が強かつた。どの寺院に行つても禮拜堂には幾人かのロシア人が額き、一心に祈禱を捧げてゐる。誠に敬虔な姿である。

日本人は、哈爾濱神社に額くことを怠らず、日本人らしい敬虔さをここに見られる。併し、ロシア人の寺院と對照して考へられる日本のお寺は、內地同様、お葬式のための出店位にしか見られてゐないらしい。滿人には、先づ少數の佛教、基督教信者を除いて、宗教が無いと言へるさうである。

ハルビン名物となつてゐるロシア人の寺院はその全部がギリシア・カソリックの教會で

あり、善男善女の寄進によつて建てられたものが多いと言はれるが、その數は二十餘、何れも帝政ロシア時代の俤を殘すもののみであり、尖塔が美しく輝き、五彩のステンド・グラスを以て描かれた聖母子の姿は旅人の胸に多くの訴へるものを持つてゐる。

ニコライエフスキー大寺院（サボール）は邦人には中央寺院と呼ばれ、露西亞人は單にサボールといふ。新市街に在り、舊北鐵從事員の寄附によつて建立せられた寺院で、樣式は古代ギリシヤの寺院建築を模倣したものであるといふ。

ソフィースキー寺院は石頭道街（モストワヤ）に在り、中央寺院が鐵道從事員の寄進に成つたのに對して、この寺は亡命露西亞人の零細な淨財によつて竣工した。

イエルスキー寺院は埠頭區士官街に在り、義和團事變と日露戰爭との犧牲者追善會の爲めに建立せられたものである。

ウクラインスキー寺院は新市街大直街に在り、舊北鐵建設の犧牲者及びその功勞者追善の爲めに建立されたもので、その附屬墓地は、この關係者、その後の犧牲者又は功勞者のためのみの墓地となつてゐる。

猶太人寺院は埠頭區砲臺街と斜紋街との二箇所に在り、結束の固い猶太人は、この寺院を中心にして相互扶助的な連絡をとつてゐる。この寺院の外形は他に見る基督教の教會とは異り、圓屋根の瀟洒たるものである。

以上の外に主要なものとしてはマホメット教寺院、バプテスト寺院等があり、何れも哈爾濱の都市美に一段の光彩を與へてゐる。

彼等は宗敎なしには一日も生きてゆけない民族である。そしてその壯嚴華麗な色々の儀式は彼等の宗敎に必要缺くべからざる役割を勤めてゐる。次にその主なものを擧げてみやう。

基督洗禮祭(クリスチエーニエ)　露暦の一月六日(陽暦一月十八日前後)、ちやうど北滿が極寒の頂上にある時、凍結した松花江上に氷の祭壇、氷の十字架、氷の浴槽を設け、各寺院から金幟を先頭に金絲の法衣を纏つた僧侶を先頭に數萬の善男善女の行列が繰出して式を行ふ。儀式が高潮に達すると寒氣肌を刺る江上で水着一つの男女は先を爭つて氷の浴槽に飛込み洗禮の式を受けて法悅に震ふ。

この儀式は今日世界で此處にだけ行はれる特異な宗敎儀式である。

基督復活祭(パスパー)　陽暦四月二十五日から五月二日迄の間の日曜日で、露人は之をパスハーと呼ぶ。彼等にとつては最大の祭である。柳の芽の吹き出す頃、基督の復活を謳歌する。人々は各寺院に集り聖堂も搖げと讃美歌を合唱し、眞夜中の十二時一齊に打鳴らす鐘の音を合圖に、老ひも若きも、知るも知らざるも、歡喜の接吻をする。

基督降誕祭（クリスマス）　露暦によるクリスマスは陽暦一月八日前後に行はれる。基督の降誕を祝ふ市內各寺院では敬虔そのものゝ如き態度で壯嚴な祝賀の儀式を行ひ、夕となれば近親者一家に集ふて、歌と踊りに夜を明かす。

579　　北野邦雄『ハルビン点描』（光画荘、1941年12月）

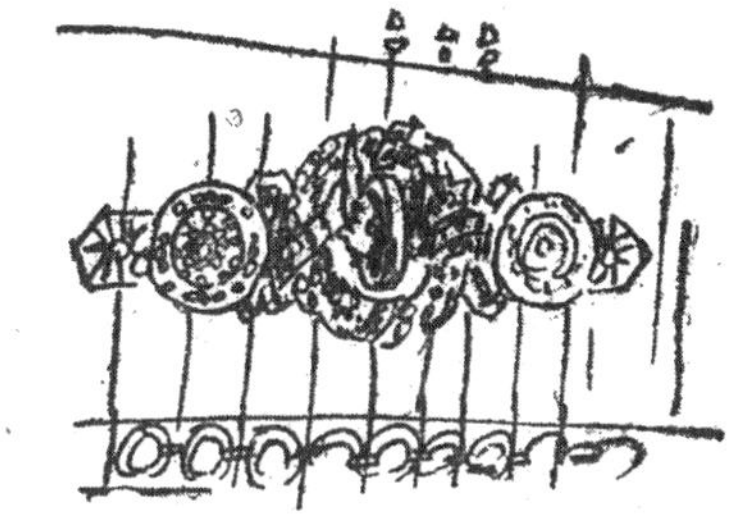

言葉

日本人と満人と露西亞人の入り亂れてゐる國際都市であり、おまけに、ドイツ人やアメリカ人もゐるのであるから、言葉の錯綜してゐることは想像以上のものがある。内地にゐたつて、學生の寄宿舍などでは、鹿兒島産と仙臺産が寄り合つて話がとんちんかんになる程であるが、これはまだ同じ日本語であるため、初めから終りまで通辯なしには用を足せないと言ふ程のものではない。併し全然語系の異る日・滿・露の三國語では、いざと言ふときにはどうにも仕方があるまい。

この町も古い時代には、民族別に判然と居住地域が區分されてゐたので、左程の不便、不都合は無かつたさうだが、この數年來の住宅難から、すつかり入り亂れて、裏町や郊外に出ようものなら、とても面白い珍風景に出會して、微苦笑を禁じ得ないと言ふ。たとへば、一院內に相當數の複合世帶のある場合、子供の常用語は多數決で中心語となり、あとは、手眞似足眞似表情で判斷し、意味を疎通させることになる。從つて、何事も表情本位であり、「當然の結果として畫の方が夜よりも諒解率が高い」のである。勿論、子供と言はず、大人と言はず喧嘩となれば、一番自分の身についてゐる自國語が派手に飛び出すだらうことは言ふまでもないし、これが最後の判決を與へるものは腕力であることも言はずとしれたことであらう。

街の名稱も、この邊の事情をよく物語つてゐるのであつて、同じ街の名でありながら、

國課街　（日）
クオカジエ　（滿）
ゴゴレフスカヤ　（露）

と三通りあるが、これは必ずしも國課街に限らない。たとへば滿人の挽く車に乘る場合には滿語の名で言はなければ、先づ通じないと言つてよい。尤も自動車はタクシーと言はず、バスと言はず、殆ど全部がロシヤ人の手により運轉されてをり、車掌も亦ロシヤ娘であるが、彼等は日本語をよく理解し、又話す。しかし、バスの客は日本人に限らず、滿人、露人共にある譯だから、三通りづつ言はなければならない、誠に不便極まりないところがあり、可憐なロシヤ娘が國防色の制服を着用して、母國語を話せず、先づ日本語で言ひ、續いて露、滿、の三通りに言ふときは、一寸可哀想な氣がしないでもない。

又、滿洲國になつてから、滿人好みの名稱に變へられたものが多く、文化街、慶雲街、

極樂街等々になつてゐると言ふが、そんな良い名前のところに限つて非文化街であり、ぬかるみ街であり、地獄街であると言はれる。それに、こんな文字を當てても、滿人の多くは文字を讀めないらしいし、國際都市らしいところは面白いと思ふが、複雜にされてゐるだけのやうな氣もする。

　かうは言つても、ロシヤ人、滿人共に、日本人の行くやうなところにゐる者は必らず流暢な日本語を話すから、食事であらうと買物であらうと困ることはない。それに近い將來には言葉の問題も或る程度までなんとか解決されるのではあるまいかと思はれる。

語調は、なだらかな日本語に比較して、ロシヤ語のゴツゴツしてゐるのは、「馬の言葉」と言はれるドイツ語に近く、如何に贔負眼に見ても快よい響を持つてゐるとは思はれない。これを端的に表はしてゐるのは、諾（イエス）を示す「ダーダー」だらう。殊に、アクセント、抑揚の堅いのは、ロシア語獨特のものではないだらうか。ロシア語の發音をドイツ語に近いとすれば、滿語の與へる響きはフランス語に近いと言へるが、抑揚の甚だしく強い點ではロシア語に劣らない。

食物

ハルビンは緯度から言つて非常に寒いところであり、これに所謂「大陸的」氣候が手傳つて、寒暑の差も甚だしい譯であるから、緯度で判斷する以上に寒さも劇しいのである。かうした寒國の食事が刺戟の強い、味の濃厚なものになり勝ちなことは先づ常識であらう。

ところで、日、滿、露の主食を順位に書いてみると、

日　米、魚、野菜、肉

滿　麵、肉、魚、野菜

露　パン、肉、野菜、魚

であり、淡白な食事を主とする日本料理が、このやうな寒國に適してゐないことは充分に判る。殊に、支那料理が世界第一の珍品と言はれ、これはロシヤ料理も及ばぬものであつてみれば、壓倒的となることは當然かもしれない。

キタイスカヤや地段街あたりには、壽司、天麩羅、壽喜燒を始め、關西料理を看板にしてゐる日本料理店が非常に多く、なに一つ食べられないものはないし、支那料理やロシヤ

料理は本場と言つても過言ではあるまい。

　私が訪ねたときには、誰一人として日本料理をと奨めなかつたが、A氏はそこを見込んで、毎日ロシヤ料理攻めだらうからと言ふので、太陽島の或る料亭に案内し、美味しい（と言つても本當の味を味はふだけの舌は持ち合はせてゐないのだが）日本酒と、久し振りの日本料理で歡待してくれた。このときは非常にうまいと思つたが、ハルビンから歸つた當座はやはりロシア料理が思ひ出され、新宿の中村屋などを訪ねて偲んだものである。私は所謂ロシヤ料理との區別をよく知らないが、イベリア、ギドリアン、タートス、ロゴジンスキーなどと言ふコーカサス料理専門の店もある。變つてゐて美味である點では他に劣らぬと言へよう。土地の人の話では、肉も野菜も一緒くたに煮てスープとし、スープを呑み、さてその中の肉を取り出して喰ふロシヤ料理の如きは、土地でこそ珍らしけれ、決して上等の料理とは言へず、料理としては下等の部に屬するとのことだが、朝も晝も夜も馬鈴薯ばかり喰べ、お客を招待しても、薯の料理を出して、

「ヴイタミンがふんだんにある（ガンツフイールヴイタミン）」

などと奨めるドイツ料理に勝るとも劣らないと思ふがどうだらう。

乞食

　街を歩いて、ひどく眼につくのは乞食の多いことであるが、その全部と言つてよろしい程、「洋服」を着たロシア人である。尤も、ロシア人が和服を着込んで乞食商賣をしてゐる譯はないので、必らず我々の言ふところの洋服を着用してゐる筈であり、少しの不思議もないが、子供のとき、「外國では乞食まで洋服を着てゐるのだ」と聞かされて、その頃は何とはなし奇妙に感じたことがあり、それを思ひ出して我ながら可笑しくなつてしまつた。

　この街に來て、誰しも思ふことは、どうしてこんなに乞食が多いのだらう、彼等は何故普通の生活が出來ないのだらうと言ふことに違ひない。その詮索をするまでもなく、これが亡國の民の一つの姿であることに氣がつけば、理解も同情も出來る。富める國アメリカ、ドルの都ニユウヨオクには浮浪民も多いと言はれるが、イースト・サイドを埋める彼等は決して亡國の民ではないから、乞食の生活はしてゐないし、氣力の點でも常人と變りがないのであらう。

眼の悪いアコーデイオン彈きの男は、ハルビン點景として餘りにも有名であつたが、今は姿を消してしまつたさうだ。スンガリーの河岸にも半身不隨の男がゐた。又、日本の神社佛閣の境內に多く見かけるやうに、ハルビンの寺院や墓地には必らずと言つてよい程幾人づつか蹲つてゐた。ところで日本人の乞食は一人も見なかつたし、滿人もゐなかつたやうである。滿人の方はどうでもよろしいとして、同胞のそれがゐないことは、それが、奉天、新京あたりと違ふ事實であるだけに奇異に覺えたので、土地の人に尋ねてみたところ、やはり恥かしいので居られないのだらうとのことだつた。

一體にロシア人の生活程度は非常に低くなつてゐるらしいが、衣服の着こなしの見事な點は流石にと感心させられるし、色彩にしても、スタイルにしても左程馬鹿にしたものではない。たとへば女學生の制服にしても、カトリツクの尼さんのやうな、白と黑だけではあるが品のあるものである。又、小學生の帽子なども、古いロシアの「時代」が殘されてゐると思ふ。しかも次第に亡國色が濃くなり、乞食が增えてゆくやうになつてゐるのではあるまいか。

馬車

夜八時から、ヨットクラブで食事。先輩であり、小型寫眞の方では可成り有名なO氏の招待により、ロシア料理に舌鼓を打つ。舌鼓と言ふものは、語感からは、なにかパチャパチャ音を立てるやうに聞えるが、實際、あのこつてりした料理では、日本料理のやうに物靜かにゆつくり頂戴する譯にはゆかない。いかに美味くつても日本料理、殊にそれが宴會などでは喧騒に至らぬまでも、あまり音をたてるのは失禮とされよう。尤もそれがお茶になると、舌鼓ではないが、音をたてる方が、「私はおいしく頂いてゐる」ことになり、紅茶やコーヒーでは啜る音は禮を失したことになると言はれるが、ロシア料理は、それもハルビン、いやヨットクラブあたりで夏の夜召上る段になれば、鼓よりはむしろ太鼓位を打ちたくなるだらう。但し、美味いとか、不味いとか言ふ相對的な形容は、そのときの生理的、環境的狀況によつても大いに左右されるものであるから、必らずしもヨットクラブの提灯を持つのではない。

O氏は甚だ面白い、と言つては失禮かもしれないが、愉快な人生觀を持ち、老巧な話術を持つ方である。さる外國公館に勤めてゐる外交畑の人であつてみれば、それも亦敢へて不思議とするに足らぬかもしれないが、さう言つてしまつては身も蓋もない。自分から、外國公館の館員は、村役場の書記のやうなものですよと言つた世界觀を持つてをり、言ふこと爲すことが「村役場の書記」の形容でピッタリする御仁である。

さて、料理と共に夏のビールを飲むほどに醉ひしれて――と言ひたいところだが、相手は斗酒なほ辭せずの酒豪で、醉を知らず、こちらは全くの下戸で醉ふを得ず、二人とも正氣を失はないが、話がいかに機んでも深更まで踏み止まることも出來ないので歸ることになり、ホテルまで送つて下さるとの話で馬車に乘つた。これは馬車でなくともよろしいので、タクシーもあつたが、そこは〇氏のことである。

「ハルビンの馬車、それも夜更けて眞暗な路を走らすのもいいものですよ」

と言ふので馬車をとつた。馭者は定まつてロシヤ人である。

「ホテル・ニユウ・ハルビン」

黑ニス塗り、中央に紋章の入つた豪華な馬車。馬は白。このコントラストは甚だしく寫眞的であり、夜目にも非常に美しく、仲々氣に入つたが殘念ながら、これまで撮ることは出來なかつた。今でも別段惜しいとは思つてゐないが、あの美しさはいつまでも燒付けられてゐる。

奉天にも大連にも新京にも馬車は多い。ハルビンにも隨所に見られる。唯變つてゐるのはハルビンだけは、ロシア人の獨占事業である點で、これは乘る方から言へば有難いことである。と言ふのが、滿人の馭者は大蒜(にんにく)を喰べるのと、不潔なために、客の方に鼻持ちならない惡臭をふんだんに撒きつける。それがロシア人には無い。車も時々綺麗なのがある。

さて以下は車中に於けるO氏の話。

「馬車もいいものですな。私がまだベルリンにゐた頃には、馬車に乘らうと思つても、一寸乘れないのですね。乘つてゐる本人は嘸かし良いだらうと思ふので、乘りたいと思つても、上流社會の連中が夜會や觀劇にゆくときの乘物で、まあ難かしいのです。

それがここぢや、昔の貴族連中の乘りまはしたらしい、紋章入りの馬車、いや現にこの馬車もさうですが、そんなのに乘れるのですから惡くありませんな」

夏の夜風に頰をまかせて、眞闇の路に蹄の音を響かせながら、宿までの三十分は快よかつた。

街頭寫眞師

と言つても東京に見るスナップ屋さんではない。東京のスナップ寫眞屋は遠からず姿を消すことになるらしいが、あれは、古い映畫用カメラを改造して、レンズの前に普通のセクター・シヤターをつけ、映畫用の三十五ミリフイルムを入れて一枚づつ順次撮影し、その度毎に注文用のハガキを渡すものである。レンズは大抵五十ミリを使つてゐる。中には國産のヴエスト半截判カメラについてゐるレンズを使つてゐるのもある。シヤターはアンスコもあれば、アグフア、イブソール、ヴアリオなどといろいろであるが、考へてみれば相手は歩いてゐるのである。緩速度シヤターの必要は無く、五十分の一秒だけでもよい譯だ。若し素人が簡單にあの眞似をしたければ、昔のスタンダード・シネ撮影機で、十五フイート用、しかも一齣撮りの出來るセツトと稱するフランス製のカメラが一番良い。一枚撮れば一齣分送られ、直ちに次の撮影が出來る。

ハルビンを始め、奉天、新京、大連等の滿洲各地は勿論北支等でも見られるあちらの街頭寫眞師は、內地のそれとは凡そ對蹠的な慢々的であり、そこが如何にも大陸的でもあるやうに思ふ。即ち、相手が歩くなどは以ての外で、どんなにカンカン照つてゐても一秒や二秒は直立不動でなければならない。併し仲々良いところもあるのであつて、待つてゐる間に渡してくれるから、考へ方によつては、慢々的ではなく、快々的かもしれない。惡い見方をすれば、彼等は文字を理解することが少なく、金錢的に信用が無いので、相手を信用することもなく、直接その場での取引が一番確實なので、長年の商習慣上から言ふ方法が出來上つてゐるのではなからうかとも思はれる。

何はともあれ、首からカメラを吊つて一時間に百枚も撮り、命中率五パーセントを狙つて活躍するスナツプ屋さんとは違ひ、雨の日の休業こそ變りは無いが、晴れた日でも、別段勸誘して撮らうなどと言ふのではなく、カメラを投げ出して煙草でもスパスパやり、客があればやをら立ち上つて「營業にとりかかる」のである。

その昔――と言つても左程古いことではないが、我々の子供の頃、緣日に「早取寫眞」と言ふのがあつた。これはつい五六年前まで淺草にも殘つてゐたやうに記憶してゐるが、一坪か二坪程の天幕を張り、表に早取寫眞の看板と共に寫眞見本を出して客を集める。カメラは普通の組立であり、濕板を使ふから、早取と言つても、進歩した寫眞館のスタヂオで撮るやうに早く寫らないことは言ふまでもない。撮影が濟むと直ちに現像し、定着水洗して燒付に移るから、一枚の寫眞として渡すまでに一時間そこそこである。
大體滿洲の街頭寫眞師のはこれと變りがない。唯變つてゐるのは、寫眞機の背部や、下方に、仕上道具が一切合切くつついてゐて、冠り布のやうな暗室の中で仕上げてくれる。この姿はエンゲルの寫眞史に出て來る初期の出張寫眞師の格好そつくりである。撮影は昔の早取寫眞師のやうに、硝子のコロデオン濕板を使ふものではないが、同じく感光度の遲いブロマイド印畫紙を使ふのであるからシヤターの世話にはならない。レンズキヤツプを取り、再び手早く蓋をすれば濟む。それでも明るいところでは可成り早いものと見えて、につこり笑つてゐる女の子の寫眞などがカメラの横に「撮影見本」となつて下げられてゐる。

硝子原板を使はないこの撮影法の要領は、大體一尺角位のカメラの中に、カメラ本體と印畫紙、現像液、定着液、水洗の水などが一切入つてゐるのであつて、後ろに冠り布と赤窓があり、ここから覗きながら現像する。仕上げるまでの順序を書けば、先づ後ろから覗きながら焦點を合せ、焦點面にブロマイド印畫紙を當て、レンズキヤツプで露出して、この印畫紙を現像し、定着、水洗する。水洗と言つてもジヤブジヤブ一二度洗ふだけで濟むのだが、兎にも角にもこれで一枚のペーパー・ネガチヴが出來上つた譯。

今度は、カメラのレンズの前に枠を立ててこの枠に今のペーパー・ネガを濡れたままで貼りつけ、レンズを前に繰り出して焦點を合せ、再びブロマイド紙に複寫の撮影をする。なんのことはない、カメラが撮影用にも複寫用にもなる譯である。そして、このブロマイド紙を現像、定着、水洗し、日向に出して乾かせば普通の寫眞が出來上るのであつて、若し澤山の寫眞が要れば、同じことを繰返せば、一枚の原板から幾枚でも印畫が出來る。そんな譯であるから、待つてゐる間に渡して貰へる重寶なものである。ネガは保存などしない。その場限りで捨ててしまふ。この方法ならば、印畫を持つてゐて、燒増が欲しければ、ペーパーネガを作り直せばいいのだから、ネガを保存しておくことも要らないのだらう。

支那や滿洲の各地で見られるこのプロセスは、フランスやイタリーを始め、歐洲各地にも普及してゐるらしい。それが何故か日本には見られない。不思議なことだとも、當然あつてもいいとも思ふ。フイルムや乾板を使はないだけでも「時代向」である。

同じことは、普通のカメラでも試みられる。尤も、複寫をするには、蛇腹が伸びて焦點の合せられるものでなければならない。

異國情緒

キタイスカヤの街並に邦人の店が進出し、料理店の廣告提灯が澤山下り、日本色なり日本趣味が濃くなつて來て、これが「昔のハルビン」をそのまゝ殘しておきたい人士の悲憤するところとなり、慷慨するところとなつてゐるとは言へ、異國情緒はまだまだ至るところで味はへる。

眞夜中のキャバレー、これがハルビンに於ける異國情緒の全貌を語るもののやうに言つたり、觀念づけられてゐるものとすれば、私には到底これを語る資格は無い。併し私は決してそんなものだとも思つてゐない。勿論、話によれば、內地からの視察團は必らず一度は訪ね、ここで滿洲旅行の中で一番深い印象を刻まれて歸るとか、或る小學校の校長が、「長生の甲斐があつた」と喜んだとか、某名士は旅行日程を數週間延ばしたなどと言ふやうな、まことしやかな宣傳挿話もあるし、寫眞關係でも、學生撮影隊の一行中の或る者が、奥地にゆかず、ハルビンに於てスキャンダルを殘したと言ふことを耳にして新しいところではあるが、すべて話半分と思へば間違ひは無からうと思ふ。

私に言はしむれば、ハルビンそのものが、誠に異國情緒たつぷりであり、これは驛に降り立つたときから、充分味はふことが出來るのである。海を渡り、滿洲國に入つた時にも、空氣と種族と、風俗と言葉に於ける多少の相違は、いづのまにか自分をエトランゼにしてしまつてゐるのだが、これはそれほどのものでもなく、滿鐵の誇る特急アジアのシートが自由自在、思ひの方向に向くとか、廣軌の乘心地よい車、洋畫に出るやうなプラツトフオームの無い小驛などに僅かばかりの違ひを覺える程度にすぎない。それが、ハルビンでは試みに驛前に出れば、ロシア人の馭する馬車、丸い廣告燈など、今のヨーロツパにもあまり見られないやうな古い姿を見せつけられるのである。

ホテルに着くと、ホテルの前には、エミール・ヤニングスの「最後の人」のやうな肥滿巨大な、この風景には誠に相應しい、そしてまるで「この仕事のために生れて來た」やうなドアマンがゐて(勿論ロシア人)、鮮かな日本語で「いらつしやいまし」とやつてくれる。歐洲旅行をして一番嬉しく、一番旅情を覺えるのは、こんなところに日本語を話す者はゐない筈だと思はれるやうなところで、毛唐から日本語で挨拶される時ださうである。ハルビンの場合は決してさうではなく、彼等が日本語を話すのは「常識」であるが、やはり一應は嬉しく面白く、一應は一抹の旅愁を覺えさせよう。殊にそれが夕方、灯ともし頃であれば尚のことである。

夕方の露人の語る日本語は寂しいものである。

リフト・ガールもロシア娘。但し用語、態度共に甚だしく日本的であるから、餘り期待すると失望させられる。

大直街、中央寺院からチューリン百貨店まではゆつくり歩いても十分程のプロムナードであり、美しい街路樹、廣々とした路、趣味豐かな建物と共に、美しく印象に殘つてゐる。この路にも、キタイスカヤの通りにも、歩道の端に澤山のベンチが置いてあつて、路ゆく人々の歩みを止め、疲れを休めさせる。私の持つてゐるドイツ、フランス、スペインなどのステレオ寫眞には、歩道にベンチを置いてあるものが多いし、中には、机と椅子を置いてコーヒーを飲ませるやうに出來てゐるものも多い。公園のベンチ、これは當り前のものであつて、ハルビンでもスンガリ河畔や各公園には必らず置いてある。歩道のベンチ、これは散歩者のためには嬉しいものであり、殊に、大直街のチューリン洋行前のやうに、人通の混み合はないところでは特に快適である。私も度々ここに腰を下ろし、前を歩む日滿露人の脚を見て過ごした。

踊り場を出でて歸れば
石だたみ
楡を通して
夜の白みゆく　　晶子

カメラの店

森洋行の支店が地段街にある。これは內地の材料店と少しも變るところがない。それよりも秋林（チューリン）洋行のカメラが有名であり、ドイツ製の高級機が、以前は隨分低廉に買えたものださうだし、殊に爲替と、エーゼントの關係でイハゲーのカメラは低廉に豐富に揃つてゐたらしいが、今では昔のことになつてしまつてゐて、フイルターとか引伸レンズ位が殘つてゐるに過ぎなかつた。別段特に興味を惹くやうなものもなかつた譯である。この外に、古いカメラを扱ふ店は無いものかと探して步いたら、キタイスカヤ街から、ヂヤゴナーリヤ街に出たところに二軒程あり、古い乾板用の大陸手札判ドイツ機や、アメリカ製のフイルム用カメラなどがあつた。併しこれも別段大したものではない。骨董的價値が無い。同じ古物でも、カビネのレフとか、全紙の組立、サンダーソン、十二枚落し式のアドレークやソホ、エルゴ、十七ミリ半のエルネマンのやうな古物は嬉しいのだが生憎見當らなかつた。尤も見當らないのは當然で、ハルビンにも仲々のマニアがゐて、珍品は見逃がさないらしい。唯一つ、ロシヤ製らしいステレオカメラがあつた。六×十三センチの大判ステレオで、箱型のもの。革張りもボロボロになつてゐたが、これは珍品である。單玉のついた粗末なカメラに過ぎないが、ステレオの好きな自分にとつては、充分食指を動かせるだけの資格があつた。併し、こちらが欲しいとなると、滅法な値段を言つたことと、一つには、買つて歸つても、カメラの戸棚を狹くするだけで、このサイズの乾板はどうにも手に入らず、切るとしても半端で始末の悪いことを考へて、斷念して歸つたが、今になつては、六×十三のステレオは一つも持つてゐないのだし、市場に出ることも少いので、買つておけばよかつたと思ふ。

その後友人のH君からの報らせでは、黑のコンタツクスや、九ミリ半のオイミツヒカメラ、その他「名の知れない」のがいろいろこの方面の店に出てゐるとのことだつた。コンタツクスやオイミツヒなどは珍らしくも欲しくもないが、「名のしれない」と思はせぶりに書かれたカメラは瞼の母のやうなもので一度は會つてみたいのが人情であり、H君も罪なことを書く男だと恨んだ。

珍らしいカメラ、廉いカメラは內地よりも外地の方が多い。ライカやスーパーシツクスを五百圓足らずで買つたのも滿洲であるが、前の旅行では、十九圓でフオークトレンデルのベツサを求めたが、これは內地で六十圓餘り。青島で見付けた最新型の新品エルゴは五十圓だつたが、歸つてから小西六のショウケースに出てゐるのを見ると三百圓以上になつてゐた。

ハルビンも、今ではドイツ製のカメラが全く入らないが、澤山入つた頃は、ライカやオートマートの最新型が五百圓足らずだつたから、カメラを買ふために滿洲旅行に出かけた者も多かつた筈である。

獨ソ戰直前に入つた最後の品は、ローライが百襾餘、ツアイスものが相當數で、價格を五百圓以下に制限されてゐるのと、爲替の關係でテッサー付は無かつたらしいが、それでもスーパーセミ、イコフレックスⅢ型等の他にいろいろ新型が入荷したらしいし、それが何れも內地の闇値の何分の一かだとすれば、カメラの滿洲の名殘りとは言へ、羨ましいような話であつた。

哈光クラブの人達

別段誰の世話になるつもりもなく、ぶらりと出かけて行つたのであるが、大連の森洋行に、その年明大を出たばかりの知人がゐて、大連をいろいろ案内され、ここの主任をしてゐる伊藤さんからハルビンの主任氏を紹介していただいた。ホテルの方は、行く前に讀んだ旅行記にヤマトホテルも良いが、新しいホテル・ニユウ・ハルビンもサアビス一切よろしいとあつたので、このホテルに落着き、紹介をいただいた手前、地段街の森洋行に立寄つて挨拶をした。ところが、早速翌日になつて哈光クラブの澤田、川瀬の兩氏がホテルに見えられ、いろいろ案内して下さるとのことであり、これには全く恐縮した。

澤田さんは全然知らない譯ではない。それは同氏が、高溫微粒子の研究家として寫眞雜誌上に屢々有益な發表をしてをられたからである。非常に溫厚な方で、今でもこの方面の研究を續けてをり、他にも軍關係の素晴らしい研究がある。これは後から聞いたことであるが、高溫微粒子の中の或るものに反對態度を示してゐた私に反感を持つてゐた同氏は、議論をし、場合によつては腕力の行使をも辭せぬ程の硬骨ぶりだつたさうだが、會つて話をしてゆく内に、そんな氣持はなくなつたのだと言ふ。私にしても、あの謹嚴で溫厚な澤田さんにそんなことは出來ないと思ふ。

川瀬會弘氏は滿鐵の關係で、ハルビンを訪ねる人達を必らず案内する役目を承はつてゐる、外交家肌の紳士である。私は滿鐵に關係はないが、寫眞の同好者と言ふ譯で、非常に忙しいところを朝夕御厚意を賜はつた。この川瀬さんに初めて合つたとき、はてこの方はどこかで會つたことがあると思ふのだが、仲々思ひ出せない。話ははずむのだが、思ひ出せないのが迚も氣にかかつて、そのまま話を呑み込めないのには閉口したが、やつと思ひ出した。「橫山エンタツ君」。

いくら川瀬さんの話がうまいからと言つて、眼鏡と眼付とマスクが似てゐるからと言つて、漫才師のエンタツ氏を思ひ出したとあつては川瀬さんが憤慨し給ふかもしれないが、或ひはその反對に、エンタツ氏の方が……かもしれない。いやその位似てゐるのだから、どうか惡く思はないでいただきたい。寫眞もうまいが筆も仲々達者、辨舌も巧みであつて、その點大いに敬服してゐる存在である。

哈光クラブの歡迎會をして下さつた、その歸り途、キャバレーへ案內しようと言ひ出したのが好漢、有井渾治氏である。この名前をコンヂと讀んで、雜誌に寫眞を發表するときド・ARII としたところ、渾治はグンヂが本當だと訂正を申込まれた。蓋し哈光クラブでは最も愉快な方であり、豪傑である。澤田さんの溫厚とは凡そ對蹠的である。キャバレーの一件は、そんなところに案内してはと言ふ澤田さんの言葉で中止になつたから御安心ねがひたい。

尤もこの後日談もある。有井さん始め、ハルビンの誰方も上京の度に訪ねてくれるのであるが、有井さんの上京が一番多く合ふほどに話すほどに、左の方が大分上手であることを知り、去るところに御案内申上げた。そのとき、これを證明するものを澤田さんの許に送りつけ、溜飲を下げられた。お蔭で、澤田さんと私は「溜飲を上げた」と言ふ譯。

望月太八郎氏も熱心な寫眞家で、この人の名前についても、八太郎と重大な誤謬を犯し、八太郎氏ではない、太八郎であると訂正されたので、よく記憶してゐる。

私の行つたときには出張中であつたが、大石重好氏も非常に明朗な方であり、文字どほり哈光クラブの重鎭をなしてゐる。

その他熱心な方ばかりであり、何よりも驚いたのは、當時はまだ珍らしい部類に屬してをり、內地には全部合はせても數十名を數へるに過ぎなかつたロライフレックスのアオトマートが、會員のカメラ中十臺以上に及んでゐたことであつた。

611　北野邦雄『ハルビン点描』（光画荘、1941年12月）

ハルビン旅行餘談

哈爾濱は
帝政の世の夢のごと
白き花のみ咲く
五月かな
　　　　　――晶子

私の印象のみで判斷するならば前後二回の滿洲旅行で、大連、奉天、新京の町は日本の都會の延長でしかない印象が變らぬどころか新開地的な臭ひが一層强くなつてをり、餘り感興を覺えない。その上大連は要塞地帶として許可證がなければ撮影が許されない。そこで大連から奉天、新京等の大都會では日本人の滿洲しか見られぬ譯だが、恐らく、この都心から一歩離れるならば、滿人の滿洲の姿がカメラ・アイに依つて美しく且つ面白く描かれることであらう。

たとへば大連郊外の星ヶ浦邊の風景の滿洲的な美しさは未だに忘れることが出來ないものである。

併し、私は急に思ひ立ち、又僅か二十日程で往復しなければならぬ所から、ハルビンだけを目的地とすることにした。

×

撮影旅行案内風に書くならば、支那を含まぬ限り、卽ち滿洲のみの旅行ならば、軍、警察等の旅行許可は不要。ツーリスト・ビューローあたりで切符を逃めるだけでよいのである。

コースは、神戶から大連に船で往き、大連から滿洲國に入るものと、下關から釜山に關釜連絡船で渡り、朝鮮經由で滿洲國に入るものと二通りあるが、何れにしてもハルビンまで直行して五日程を見なければならない。

汽車で疲れなければよろしいが長過ぎて困ると言ふ方は航空路を利用することも出來る。私は往復のコースを變へ、往きは船、歸りは汽車とした。他にハルビンだけならば、清津から敦賀に出るコースもある譯である。

神戶から大連までは三日目。大連一泊。奉天と新京に各一日滯在してハルビンに着いた。ハルビン以外のホテルは、全部ヤマトホテル。これは滿鐵經營のコムフオタブルなホテルであるから、豫約してでも室を取つておくのが便利であることを痛感した。と言ふのは、例の南京虫であるが、出發のとき大阪で一泊したところ、ニユー大阪、大阪等のホテルが滿員のため、止むなく某ホテルに泊り、夜中南京虫の襲撃に遭ひ、午前三時頃、眞赤に腫れ上つた身をかきむしり乍ら神戸で乘船、船上の三日程は、その手當のために辛苦した苦い經驗があるからして、言はば南京虫の本場の滿洲では一層の要心を必要とするのではないかと思ふのである。その大阪の女中との會話――

「蚊がゐて寢苦しいから部屋を變へてくれないか」

「旦那樣、この邊には蚊はゐませんが……それぢや蚊取線香をお持ちしませう」

それから一時間後にベルを鳴らして再び女中を呼ぶ。

「君、これや蚊ぢやないね。何だらう。南京虫らしいと思ふが」

「さあ、南京虫はゐませんが困りましたね」

さう言ひながらも、これをおつけなさいと言つてアルコホル樣の痒み止めの藥を持つて來たところを見ると、こんな藥を常備してあるものらしい。

ハルビンでの宿はホテル・ニユウ・ハルビンに決めた。現在のところハルビン第一の豪華な建築でサアビスも仲々ゆき屆いてゐたし場所もよろしかつた。この他、滿鐵のヤマトホテルその他澤山の安心して泊れる宿があるやうである。

×

話の序に、今から十餘年前の支那旅行の際、天津ホテルで經驗した南京虫事件（？）を御參考までに記しておかう。

その時分はまだ學生のこととて大した豫備知識も無いので半ば冒險的な一人旅だつたし、昭和六年と言へば滿洲事變の年のこと、しかも九・一八事件直前の七月と八月の夏であつたから、この旅行は非常に危險でもあり、いろいろと話の種を作つて歸つたのであるが、兎に角その様な譯で天津でも、最初から約二週間程滯在する考へで、日本租界の芙蓉館を選んだ。ここで約三四日過したが、或る日のこと、當時天津に居られた現滿洲國皇帝の令弟が突然訪ねて來られ、天津ホテルに一室取つておいたから明日にでも引越してくれと言ふのである。離宮の方は堅苦しいだらうからとの親切も有難かつたので、早速その方に移つた。やはり日本租界にあつたホテルである。

移つてみると仲々豪奢である。デスク、化粧机、ダブルベツト、洗面所、浴室と一切揃つてゐるのだから浦島太郎の様な氣がしたものである。とても學生の泊る様なところではないと感じたのであつた。

しかるに、如何にベツトの四圍に吊蚊帳をめぐらしても、夜になると痒くつて堪らない。

それでも晝間の見物の疲れで、ぐつすり寢るので、眠れないことはないが、二三日經つと、その痒さが何とも言へない。居ても立つてもゐられないとでも言ひ度い痒さ。

やうやくにして、ははあこれは南京虫であるわいと氣付いた譯である。さう氣が付いてみれば、それまで毎日つけてゐたメンソレータムでは手溫いと思はれて來たし、これは一番ホテルのボーイに訊けば南京虫の良藥を知つてゐるだらうと思つたのでボーイを呼ぶことにした。僕の性質として普通ならば、かうと判れば眞夜中でも飛び出すのだが何しろこのホテルは先樣の御厚意によるものなので喧嘩を花々しくやつて出る譯にもゆかない。

斷つておくが、この天津ホテルは支那人の經營で、全部支那人。僕は支那語は餘り得手ではない、買物をしたり、車に乘つたりする程度しか出來ないので、僕の部屋には英語の少し解る支那人のボーイが來ることになつてゐた。但しこの支那人の英語は、書くと解らない位だから、少しこみ入つたことは駄目である。そんな譯で、毎日の食事も成るべく、支那語の會話書を手離さず、「鮮果子アンドニューナイ（牛乳）を持つて來てくれ」と言ふ樣な調子であつた。さてボーイが來た。

僕は支那服の袖をまくつて見せた。お腹も擴げて見せた。そして英語で言つた。

「ベットバッグに刺されて痒いが藥はないか？」

英語を專攻した譯でもないのに南京虫といふ英語を知つてゐたのは譯があるが、長くなるので省略するとして、獨逸語ではワンツエと言ふことも附記しておく。かうして覺えてゐるのも面白い故事來歴のあることだが……。

ところがボーイ君、ベツトバツグが棲らない所か、腫れて赤くなつてゐる南京虫の狼藉した跡が判らないらしい。大阪の宿の女中は不都合にも知らぬ顔の半兵衛さんだつたのだが、このボーイ君本當に判らないのであつた。大體赤く腫れ上つたからと言つて南京虫と斷定してよろしいとは言へないが、腫れたところに、針で刺したやうな孔が二つ並んでゐたら南京虫と思つてよろしい。

まあ判らないものは仕方がないので筆談することにした。

「沒有南京虫的藥」

これで南京虫の藥は無いかと書いたつもりである。併し困つたことにその答は、

「南京虫とは何か」

といふ意味らしい。南京虫が判らないのでは困ると思つたが、腹を立てる譯にもゆかない。冷靜に考へてみれば、日本でこそ南京米とか南京虫と言ふが、本場ではさうは稱してゐないかも知れないので、若しさうとすれば判らないのは當り前なのである。

閑話休題、判らぬものは仕方がないが、ボーイ君は下に降りてゆき、他の同僚を伴れて來た。そして僕の身體を見せて暫し論議の末言ふのである。

「あゝ、シューチウ」そして筆を取り上げて書いた。「臭虫驅除藥」

これで見ると、南京虫のことはチャン語で臭虫と書き、シウチウと言ふらしい。そして曰く、角の日本人の藥店にこの紙を持つてゆき身體を見せて相談するのが一番だらうと。

角の藥屋が呉れたのは一オンス程のアムモニアに樟腦を混ぜた藥と、「今津臭虫驅除藥」であつた。除虫菊から作り、內地で今津の蠅取粉として有名な藥が、支那では同じ容器、同樣のデザインでありながら、何故臭虫驅除藥となつてゐるか——その答。諺にも言ふ——「所變はればシナ變る」

×

隨分長い「話の序」になつて了つたが、次に、カメラの携行等について記せば、神戸から乘船の際に、稅關で持出證明書を貰はなければならなかつた。この證明書は大連で上陸する時も、關東州から滿洲國に入るときも全く無關係で、唯、再び歸國した場合、課稅されぬために必要な書類となる譯であるから失つてはならない。

旅行の目的等については、汽車・汽船・往復共、それぞれ數回に亘り移動警察によつて調べられるが、これは非常に叮重なものである。

大連でイゾパンを多數見つけて約三十本入手。鞄につめてゐたが大連驛で正直に携帶品の申告をして、滿洲國の稅關から一本一圓の二割、つまり一本について二十錢の稅金を課せられた。總じて滿洲國の滿人官吏の態度は良い印象を與へない。課稅されたので言ふのではないが、同じ稅吏でも日系の方が親切である。

歸りの車中も安東で一度、釜山で一度、下關で一度と仲々嚴重な稅關檢査がある。併し、旅行案內に出てゐる程度の知識と用意で少しの心配も要らない。買物をする場合に、稅率等よくその店で聞いておくことである。

そんなことよりも滿洲國の貨幣を日本貨に兩替するのが難しいことで、これは餘程うまくしなければならない。大體、滿洲國では日本の紙幣でも貨幣でも大威張で流通するどころか、歡迎されるのであるから、滿洲國內で使用する以上は兩替しないことである。滿洲紙幣は朝鮮では紙屑同樣だし、朝鮮銀行の紙幣なども日本國內に持ち込んでも特殊の銀行でなければ兩替を喜ばないし、兩替する度に損をする。

×

撮影地としてのハルピンが如何に寫材に惠まれてゐるか、滿洲でも唯一のロシア的な都會であるか等は、滿鐵あたりで發行してゐるハルビンの案內パンフレットを一讀すれば誰にでも想像がつく。

人口五十萬と言はれるが、その大部分は滿人で、ハルビンの一角に大都會を築いてゐる。ここには日本人も露西亞人も尠ない。ここの情緒は、天津とか上海あたりの繁華さを想はせるし、寫眞を撮つても支那の街で拾つたやうなものになる。

約三萬のロシア人と、殆ど同數の日本人は舊ハルビンと新ハルビンの廣大な都市を建設してゐるがそのどの地域にも、日本人の街と言ふよりはロシア人の街としての香りが强いのは否めないし、これが非常にエキゾテイツクで、豐富な寫材を與へてゐる譯である。寺院巡りをしても、海のやうなスンガリ（松花江）に出ても、その中に浮いてゐる太陽島に渡つても、露人墓地に行つても、キタイスカヤ（中央大街）を漫步しても、何處と言はずカメラを向け度くなるところだらけで、とても五日や十日では撮り盡せない。

夏のハルビンは非常に日が長いからして、午後の八時頃まで明るい。たとへば午後の八時にイソパンISSをつめて、F8で百分の一秒のシヤツターで撮影したと言つても誰も本當にしないだらうが、嘘ではない。だからして、午後の四時頃、勤めが終つてからスンガリーに出ても、勤め人すらなほ四時間の長い時をエンヂヨイ出來るのがハルビンである。

ハルビンと言へば、なにかかう歡樂の街の様な印象を持つてゐる人も多いらしいが、我我寫眞人にはそれはどうでも宜しい。そんなこと無しでも、ハルビン程寫眞的に樂しいところを他に知らない――日本、滿洲、支那に限定して――。

あとがき

ハルビン旅行も、もう二年前の初夏のことになつてしまつた。そろそろ記憶の薄らいでゆく頃である。否、既に薄ぼんやりして來てゐる。「櫻の國」の作者によれば、生理的には白血球が血を淨めてくれるやうに、精神的には忘却と言ふ有難いことがある、若し記憶ばかりで忘却が無ければ、これまでにかけた電話番號だけでも覺え切れまいと言ふのだが、實際、覺え切れないと言ふやうな現實だけでなく、記憶と忘却の關聯に於て我々は、その美しいところだけを殘す特權を與へられてゐる。それだけに、美しく印象づけられてゐるハルビンを、一層美しく頭の中に描きながら、筆を進めてゆくことが出來るやうに思ふ。

大體に於て地誌的な紹介を中心としたが、ハルビンの歴史の一項は案内記をそのまま轉載した。それが一番正確だからである。

その他の部面の紹介でも、僅か數日の滯在によつて見たところを言葉少く傳へてゐるのであるから、皮相的であり誤謬であるところも多からうと思ふ。

これも亦旅行記の一つである。旅行記と言ふものは甚だ面白いものもあるが、又甚だしく退屈なものも尠しとしない。私の場合、面白可笑しく書くのが目的でないから、退屈には違ひなからうと思ふが、それは、私自身が巡り歩いたところの所謂「名所」が、御多聞に洩れず、退屈なものであつたがため、當然の歸結だとこぢつけておく。併し、幸ひにして、寫眞と結びつけられたハルビンの姿が少しなりとも傳へ得れば幸である。

ハルビンには極めて强力な寫眞團體として哈光倶樂部がある。この會員諸氏が何彼と御便宜を計つて下さつた。上梓に當り、感謝の意を表明しておきたいと思ふ。

昭和十六年秋

北野邦雄

昭和16年12月10日印刷
昭和16年12月15日發行

ハルビン點描
定價(停)三圓二十錢

著者　北野邦雄
發行者　北野邦雄
東京市京橋區木挽町五の二
印刷者　萩原芳雄
東京市牛込區山吹町一九八
印刷所　共同印刷株式會社
東京市小石川區久堅町一〇八
發行所　光畫荘
東京市京橋區木挽町五の二
振替東京二三三二九番
電話銀座七三三〇九番
配給元　日本出版配給株式會社
東京市神田區淡路町二ノ九

昭和　　年　　月　　日

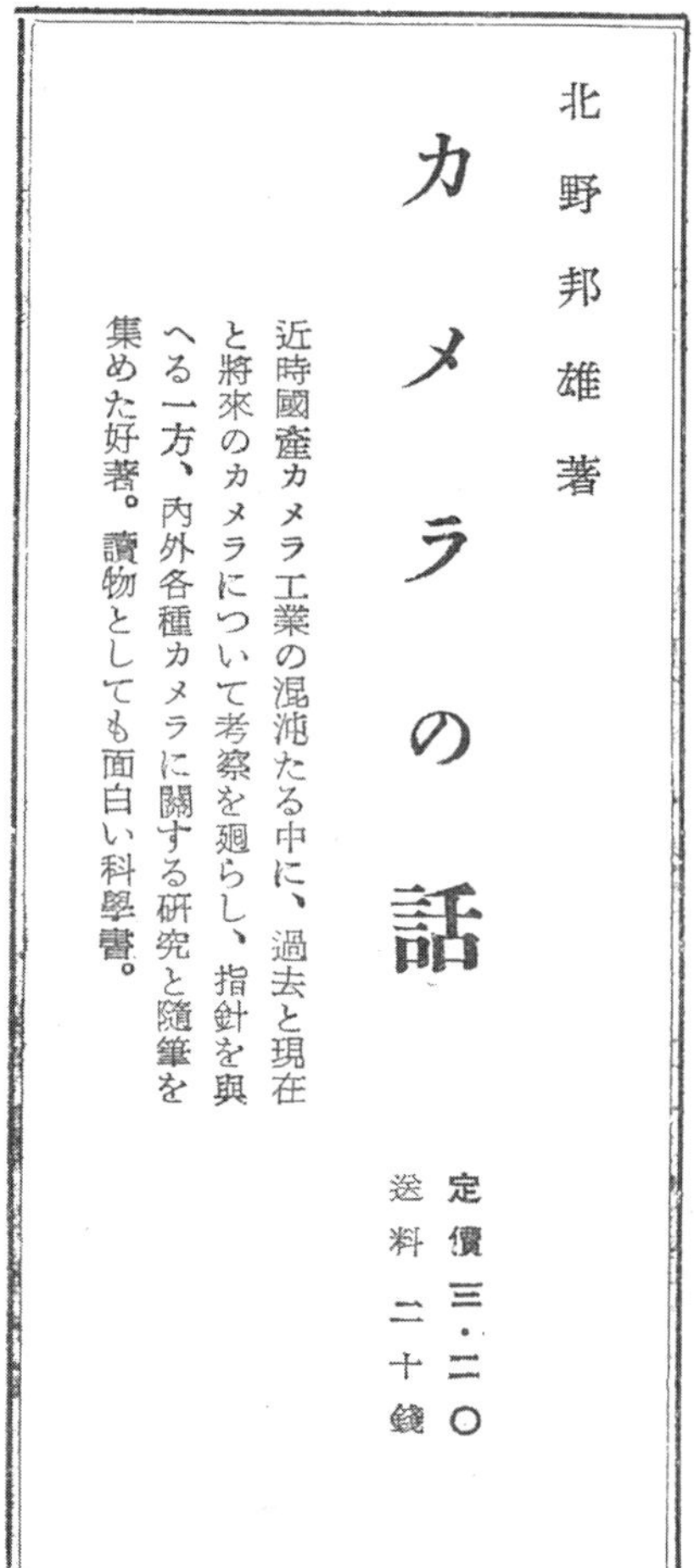
北野邦雄著
カメラの話
定價三・二〇
送料二十錢
近時國產カメラ工業の混沌たる中に、過去と現在と將來のカメラについて考察を廻らし、指針を與へる一方、内外各種カメラに關する研究と隨筆を集めた好著。讀物としても面白い科學書。

北野邦雄著

標準寫眞處方集

一つ一つの處方は權威と實用價値あるもののみを採り、これを使ひこなすために使用上の細かな注意を書き上げたものであつて、全體を通じて寫眞する處方の書たらしめた暗室必備書。

定價二・〇〇
送料十錢

尾崎三吉著

ポートレート・アルバム

美しい女性ポートレート四十點を厚手の特アート紙に二度刷とし、これに數十頁の解說を附した寫眞集。原畫の味をよく傳へる印刷によつて鬼才尾崎三吉氏の藝術を御讀畫ねがひたい。

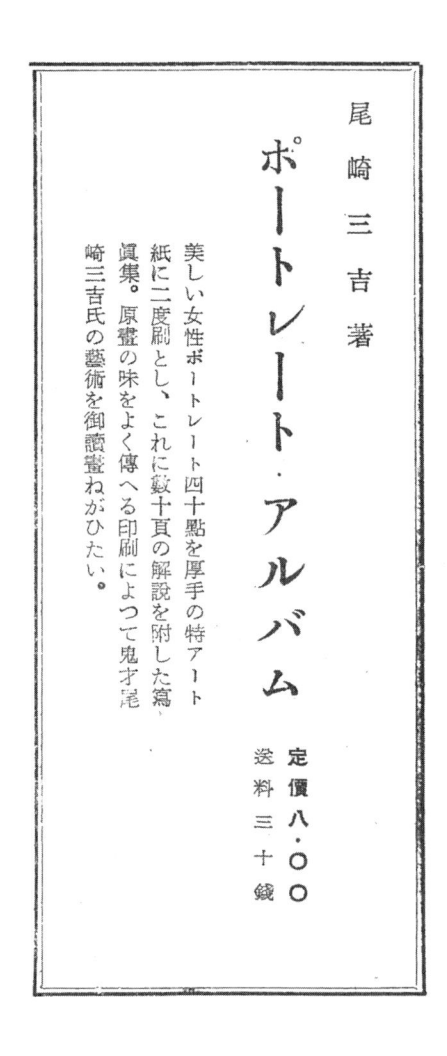

定價八・〇〇
送料三十錢

哈爾濱満鉄厚生会文芸会 編

『黄風』

（哈爾濱満鉄厚生会文芸会、一九四二年九月）

訂正

五七頁　志士の碑へ観光バスや春の颪

六七頁　包車つらねし民に雁かへる

七三頁　蝕まれゆく炎帝を仰ぎけり

1

序

厚生會俳句會の出來上つたのは昭和十五年の暮であつた。それから今日迄の作品を中心として會員の各々が三十句を自選して此の集を成した六〇〇に近い句の中には多年の修練による十分の自信を貯へてゐるものも少くはないが、入門日淺く自然觀察の態度、表現技巧の點に於て尙いまだしの感なきを得ないものあり、また其の趣向必ずしも同一ならざるものもあるけれども、會員全員が現時局下客貨輸送の繁劇な業務に携はる鐵道人であり、長期總力戰に耐へ得る心の糧としての、粘著力養成

2

の方策としての健康なる作句を目指すところに本集の特異性は見出し得らるであらふ。

「俳句は強く生きる道である」と、まことに至言である。これに就いて左に風生氏の近著「草木愛」中の言葉を借りて次の段階への飛躍を期し、吾々の魂のもり方に資したいと思ふ。

「俳句の心は自然に順應する心である。これをおしひろめて、凡そ人生の如何なる葛藤にも、自分を順應させて自分を生き抜く精神である。これより強い生き方はない。逃避の消極に反して、順應は積極だ。順應し得たことは、勝利を得たことだ。未曾有の難局に直面して、いまわれわれが求められてゐる強さは、ポキッと折れる棒の强硬さではない。粘つて撓む藤蔓の强靱さである」

昭和十七年四月一日

豐永利一

3

黄風目次

俳句は強く生きる道である

高濱虚子

1

俳句を作るといふことには一つの利益があります。利益といふととかく我田引水の嫌ひがあり、何々十德等と稱して自分のやつてゐることを吹聽することと混同せらるゝ嫌がありますか、私が常に確信してゐる一つのこと、特にこういふ土地にある人々には自信を以て申し上げられると思ふこと、それは「强く生き得る」といふことであります。

今日我々が生活してゆく場合「强く生きる」といふことが特に重要で

2

ありますが、俳句を作る道は世に強く生きる一方法であるといふことが言へると思ひます。俳句は日本に於きまして四百年來今日まで續いてゐる獨特の文藝でありますが、この俳句が如何にして育てられ、今日に及んだかと言ひますと、それは日本の國の世界に稀な美しい自然から生れ出たのであります。

日本の氣候は春夏秋冬が規則正しく循て來ます。少くとも文明の開けてゐる國の中では、日本程四季の變化の正しく行はれてゐる國はあまりないやうであります。

その國で四季の變化の美を讃えるために養はれて來た思想が俳句となつて現れて來たのであります。然もこの俳句が新天地である滿洲國に於

3

ても熾んに歡迎せられつゝあることは、矢張り我々の先祖から受繼ぎ且蓄積せられて來た我々の血液の中の俳句を愛好するといふ考が、かくの如き結果をもたらしたものであらうと思ひます。さてその俳句が一體どう言ふ思想を持ち、如何なる感情に依り育つて來たか、といふことを考へますとこれは凡てのことを一切自然の攝理にまかせ安んじて、その自然のうちに自然の姿のまゝに生存しようといふことであります。樂天的と言ひますか、とにかく自然に順應して決してこれに逆らはず、その中に住するといふ思想が根底となつてゐると言つて差支へないと思ひます。

とかく人々は芭蕉に對し、彼は厭世主義だと言ひますが、決して今日言ふごとき世の中が嫌ひだと言ふやうな思想ではなく、また一茶の思想

4

にしても、一應は厭世的だと言へないこともないのですが、しかし一茶とて決して厭世主義ではなく、自然に順應し自然を讃美するといふ側の人であつたと思ひます。

一茶は非常に可哀そうな境遇でありましたけれども、決してその境遇から來るものに負けることなく、強く生きた人であります。

つまり俳句を作つて居つたがために、自然に對する優しい心を持つて四季の中に生きてゐたといふことが言へるだらうと思ひます。また人世に對しても敢て反抗しない。多少反抗するかに見えても、それは矢張り人生そのものの自然性には常に順應してゆく思想があるものと思ひます。若し一茶が俳諧道の人でなかつたら、恐らくニヒリストになつてゐたかも知れないが、幸ひ彼は俳句にかつてニヒリストにならず、俳諧者となつて世を終つた。

少くともあのさびの反面また愉快な反面をもつた人として、この世を終ることが出來たのだと思はれます。

斯様に俳句を作る思想は春夏秋冬の變化に對して極めて敏感であると共に、その四季を讃美し、これに順應して生活を樂しむといふところに特長がありますが、この反面を持つために世の中に處しては飽くまで戰つて強く生き、強き人として奮闘することが出來るのであります。卽ち俳人は普通人の持たない別の天地を常に持つてゐて、世の中に處して行くために強く生き得ると言ふことが言へるのであります。

6

例へば普通の人であればこの頃の様に草木が生ひ繁つてゐる姿は一應美しく感ずるでありませうが、蒙古風が吹いて黄塵が立つたり、雨期の長雨が降つたりすることは如何にも厭なことでありませう。然し俳句を作る人は樹々の茂りにも又別の深い感情をもち、人々の厭ふ黄塵や吹き狂ふ風雨にも、その中に、自ら面白味を感じ愉快な一面を見出すのでありまして、俳人はそういふ別天地を持つてゐると言へるのであります。これが人生を力強く生きるために最も必要なことであると言つて好いと思ひます。

近頃の俳人の中にはロシヤ文學等の影響をうけた思想を持つものもありますが、そういふ人は俳句本來の性質と違つた傾向をもつ一部に過ぎないのでありまして、傳統的俳句の眞の姿は何處までも自然に對して反抗せず、順應してゆく、然も自然に順應するごとく人生に對しても順應し、快活に力強く生きてゆくと言ふところにあるのであります。

偖次に近頃の俳句について一言致しますが、それは言葉の無理といふことであります。

近頃は日本語そのものが非常に使用範圍が廣くなつたと言ひますか、又は無理な使ひ方が多くなつたと言ひますか、とにかく俳句の姿にしましても詠つてゐる思想は大變好いが表現は面白くないものが多い樣に思はれます。これは藝術品としては出來上つてゐないもので未完成品と言ふわけになりますが、假令一字一語にしてもその言葉使ひに無理があ

8

る。即ち言葉が奇矯で生々し過ぎて思想にそぐはなかつたり、言葉のみが飛躍しすぎてゐたりすると、折角の想が死んでしまふことになります。特に言葉、文字を以て表現手段とする俳句にあつてはその扱ひ方が甚だ大切であつて、とかく若い人は思想のみ發展して言葉の斡旋がお留守になる傾向が見られる樣に思はれるのであります。例令言葉遣ひは平凡の樣に見えても、思想が正しくゆがめられず表現されてゐればよろしいので、それが素直な平明な言葉使ひに依つてより高く、より大きな思想がそのまゝそつくり表現せらるればそれは立派な藝術品であると私は思ふのであります。

(昭和十六年六月七日哈鐵厚生會館に於ける講演速記)

滿洲行

高濱虛子

六月三日。大連著。遼東ホテルに入る、星ヶ浦の關東州俳句作家協會愛媛人有志午餐會に列席、滿鐵の講演會に望む。

入港の慌しくも明易し

大連も外ッ國ならず明易し

西園亭大連俳句會。

滿山の木をゆすぶりて青嵐

六月四日。「あじあ」にて出發、鞍山驛にて土地の俳人諸君に面接。新京ヤマトホテルに投宿。

牛も馬も人も橋下に野の夕立
遼陽の白塔見ゆる夏野かな

新京俳句會の兼題に「網戸」あり。

客となる總理の邸の網戸かな
網戸嵌め只強くこそ住みなせり

六月五日。新京ヤマトホテル滯在。國務院、新京神社忠靈塔、康德會館、日滿商事を歷訪し、光風莊といふ週步の住居に招かれ午餐。

箸を先づ蕨につけてリラの卓
柳絮飛ぶ吾に心のある如く

11

南湖に吟行。中銀クラブに於ける滿洲新報座談會に出席。
放送局にて放送。中銀クラブにて週歩主催の歡迎宴。

柳絮飛ぶ南湖のほとり我は立つ
涼しさや立ち竝びたる雲の峰
寄せ書の葉書の上を柳絮飛ぶ

關東軍司令部に梅津司令官を訪ふ。

司令部の門前柳絮ゆるやかに

總理官邸に招かれ午餐。白菊會館にて謠一番。哈爾濱
に向ふ。ニューハルピンに止宿。

玻璃窓に殘る驟雨のあと涼し
沼ありて大江近き夏野かな

12

大夏野傾き汽車はカーブして

松花江流れて夏野中斷す

大陸にまだ夏の日の沈まざる

六月七日。忠靈塔、志士の碑、孔子廟を通過し、ロシヤ墓地を見、北滿學院を訪ひ、ヨット倶樂部にて午餐舟遊。大橋鐵道局長邸にて謠一番。滿鐵厚生會館にて講演。

蒲公英を踏まへ忠靈塔に立つ

ロシヤ人の遠く馬車驅る夏野かな

雲の峰辻の眞中にロシヤ寺院

鈴蘭の卓や大きな皿に菓子

燕やヨットクラブの窓の外

江上の燕は緩くボート迅し

大和ホテルにて晩餐會。

部屋涼し奏樂起り著席す

階上も階下も棕櫚の鉢すゞし

ビクトリヤ女王の持ものなりしとか。

由緒ある時計の針の音涼し

六月八日。哈爾濱出發。奉天に行く、鳴鹿春に於ける晩餐會。鈴木夫妻も來る。滿洲醫科大學講堂にて講演續て句會。奉天ヤマトホテル止宿。

氾濫の水たまりありねぢあやめ

炎天の砂丘ならぶや江のほとり

14

鵲も稀に飛ぶのみ大夏野

人家無しよく耕されをる夏野

松花江流れて丘は避暑地とや

晝寢覺め又大陸の旅つゞく

「九年母」十五周年といふに車中より句を送る。

哈爾濱の鈴蘭送るすべもなし

六月九日。午前北陵に行く。

綠蔭を暫し辿りて北陵へ

綠蔭に入り北陵の側門へ

夏草は生ふまゝ松は枯るゝまゝ
北陵の内庭草の茂るまゝ
龍彫りし陛の割目の夏の草
燕の我れ旅人に低く飛ぶ
飛燕にも心ありとも思はるゝ
亂れ飛ぶ飛燕かなしと見やりけり

16

満洲旅吟

高濱年尾

新京

旅たのし柳絮しきりにとべばなほ
雲の峰たちはだかれる國都かな
夜の水の柳絮浮べてしづかなり

特急「あじあ」號にて哈爾濱へ

日落つる夏の曠野は淋しからず
夕燒雲大平原に橫はる

哈爾濱

リラの卓スズランの卓旅たのし

大江の岸の夏野に續きたる

奉天

アンペラを一枚敷いて綠蔭に

急行「ひかり」にて平壤に向ふ

柳絮とぶ驛に停車や下りて見る

ハルピンの街

高濱虚子

ハルピンの街にも十二年の歳月はめぐるましい變化のあとをぢつと内に湛へるやうに示してゐた。

私の「一二三片」では白系露人に多く觸れてゐたが今度行つてみるとそれらの人々の消息も大方聞かれなかつた。ソ聯に歸つて行つた人も多いやうであつたが、ナハロフスカの街區を再び訪ねようといふ氣持も起らず著るしくロシヤ色の拔けて慌しい哈爾濱の道を私も慌しい旅人の一人として歩いて來た。

スンガリーの水のみが天地の悠久を傳へるものであろうか、北滿の國境近くかつて十日あまりもすごして來た哈爾濱の街と、そして異國的な夜のハルピン、また白系露人の踊子をたづねて渡つたスンガリーの小島などに思ひを馳せつ、旅は今度も私の心を若く、明るくさせてくれた。

(「柳絮とぶ」中より拔萃)

作品

壁爐

望月龍

民族の榮枯壁爐に刻みあり
ストーブにとぼしき薪をもてなせり
シユーバーを脫ぎて薄着の白露の娘

毛皮着て開拓村の娘たち

焚火してソの女囚等は土運び

匪報あり雪の車窓の燈を消しぬ

此の邊り北緯五十度雪に佇つ

大熊座ソ領の空に凍てゝをり

スンガリの江心碧く凍りをり

25　龍

春雪に胡同の往來おとろへず

降りかくす大鐵橋や春の雪

民族の服それぞれに風は春

春風に鞭弄ぶロシヤ馬車

帝政の髯をたくはへ馭者の春

霾去りて天長節のハルピン市

草の芽や殉職社員碑野に古りぬ

乳をのむ仔馬に馭者は緑蔭に

母を追ふ仔馬に荷馬車とまりけり

柳絮とぶッ岸に近く航行す

國境の宿の網戸と蠅叩

月涼し松花江堤散策路
古ロシャのもの賣る店の日覆古り
向日葵や監視の兵の通りすぐ
新緑にかくれアムール流れをり

27　龍

先住の植へしシベリヤ林檎熟る

龍　38

コスモスに水遣り戎克炊ぎをり

國難の面てに立たん秋風裡

秋雨や鐵橋監視巡羅兵

サボトルに十字を切りて落葉掻く

屯小春馬車を止めたる孕豚

野火明り

豊永慢遙

行く雁を讀經さなかに仰ぎけり

搔き揚げし竿の若布を舟べりに

小樽郊外オモタイ

斷崖に亭あり夏の海濃く

室蘭

炎天にカータンバーはゆるくまふ

（カータンバーは貨車を廻轉せしめて石炭を船積する裝置）

奥入瀬溪流一句

倒れたる朴が橋にて瀑涼し

夏潮に船は煙の影おとす

白服の事務長海を眺めをり

辨當がら鳴らして歸る花野かな

31　慢遥

煖房や鑛山の圖面の線多き

片隅に花札ありて炕ぬくし

大いなる煖爐燃えつゝ膝冷ゆる

節分の鬼追ひ出せる小窓かな

甍落ち春聯の門傾ける

慢遥　32

霾や驛燈光りなく點けり

前任の丹念にせる目貼はぐ

アカシヤの群れ咲く下にベンチ在り

梅雨晴に機銃の響久さに聞く

庭うれし大角豆(ささげ)の莢の青涼し

33　慢遙

丘に來て秋の花もつ草に座す
松花江夜空を染むる野火明り
秋涼し白樺簷にふれ戰ぐ
ビルの窓夜の新樹を眞下にす
花あやめ地平の彼方包見ゆる
夕焼けてヨットの描く水脈ながし

慢遥　34

屯あれば楡の森あり黄葉せる
野火明り尖塔遠ちに浮びたり
ひねもすを東風吹く楡の青き空
蒲公英や江船岸を離れたる
風の帆の夏野の遠ちに見え來る
草茂り路なき岸に舟つきぬ

樂土

林周平

桃李咲き治安の憂既になし
出帆旗街より見えて江開く
種蒔くやスカート赤きユダヤ婆

36 周平

耕すや舊露の農具老ひし馬

興安の頂といふ燒野かな

大野火にソの兵出でゝ騒ぎをり

日もすがら霾風に鳴る窓は憂し

帝政の頃のルパシカ着て得意

37　周平

ブラゴエの白夜の兵舎燈さず
泊船の燈もブラゴエの燈も涼し
驛一つあるばかりなり白夜の野
瓜買ひに國境監視兵來る

綠陰に僮茶を賣る術を置きぬ

周平　38

大楡の緑蔭廣く辻樂士

リラ散つてヨツトクラブは既に秋

庭でする一家の夕餉楡の秋

大陸に俳諧史なし獺祭忌

屯の井戸遠く花野の中にあり

39　周平

楡落葉やうやく多し石だゝみ
まどかなる月に照らされ江凍てぬ
風寒き道に詩を書き物乞へる
いささかの凍魚を並べ賣れるのみ
灯し古る舊露のランプ冬の蜘蛛
炕の土間よろこびごとの人満てり

周平　40

あけくれの警備に芦は枯れにけり
木々枯れて彼我の望樓對すのみ
匪の憂焚火を圍む皆にあり
雪中の停車匪襲にあらざりき
大枯野國境守備路貫ける
凍江の中洲までわが領土たり

永き冬

喜多村　巖

空にただ夕空があり春を待つ
ひたすらに春を待ちつゝ妻病めり
病む妻に目貼はぐ日の遅れつゝ

昭和十六年夏虚子先生に従ひて奉天、京城、釜山へと旅をつぐ。

奉天にて 二句。

葭切や柳京の雨こまやかに

草茂る北陵の四壁龍を彫る

京城

蝌蚪の池秘苑拜觀終りたる

東萊溫泉

旅の汗いでゆに流したるところ

釜山棧橋に師を見送り我爾び滿洲さして北上す。

こゝからはひとりの旅や麥の秋

43　殿

支那芝居いでゝ白夜のその邊を

スラブ婆大夕燒に牛を守る

歸省　三句。

秋の雨身を横へてあれば樂

秋風に岩ごろ〱とあるばかり

杉の苗植はりをるなり草紅葉

巖　44

ハルピンの空ゆ寒月いびつなり
ハルピンに來てペーチカの夜が好き
葉牡丹や露西亞づくりの應接間
嘗て露人薪を焚きたる壁爐とや
寒燈やそのほかの窓みな暗く
カーテンを引きて冬の燈冬の夜

採氷をしてをり警備ゆるみなく
採氷や鐵橋に日落ちかゝり
橇次第に大きくなつて近づきぬ
鐵橋が見えてゐるのみ凍てたる野
氷江の月をまともに狩の宿
トランプをやめて皆立つ火事の鐘

毀　46

驛の名の沙河とよばれてしぐれをり

雪の驛遲着遲發の日々の汽車

腰に鷄羽ばたゝせつゝ雪野ゆく

冬の霧人の生活はじまれり

裘脱いで阿片の女たり

わがまへにいつか師走の來て立てる

四温

大石曉座

雲北へ北へながるゝ四温かな

城壁も街もきたなし鳥曇

春泥や羊をつれて轎の列

燭ふけぬ復活祭（パスハ）の火酒に主婦も醉ひ

ラードニツツア（精靈祭）

墓に禱り乞食にあたへうららかに

婢のパスハの休暇ながかりし

春の驛聖ニコライに燈しあり

花賣に五月は白き花多く

49　曉座

夜の新樹クラブは樂を燈を漏らし
白服の男女々々と席につく
祖國なき人等に夜涼ダンスあり
踊りぬく人等に白夜ふけやすく
ダンスいつ果つべくもなし楡の月
地下室を出でゝ白夜の馬車を呼ぶ

曉座　50

柳絮とぶ胡沙はこびくる風もなく
泳げるはおほかた露人われら漕ぐ
道祠ふんころがしがまへとほる

いく千の鴉がわたり高粱暮るゝ
幌の中まつくらがりや月の馬車

51　曉座

もりあがりもりあがりつゝ江凍てぬ
氷原となりつゝ芦の絮とべり
平原にあまねき冬日力なく
氷上を走ることあり枯野バス
汽車來るを愉しみとしぬ枯野驛
橇の道夕まぐれんとしてつゞく

帝政旗樹氷にかゝげ學舍あり

哈鐵倶樂部

バザーありオペラがありて冬館
冬霧のこもれる街のオペラの夜
北窓をふさぎてベッドのみの部屋
ドア開いて降誕祭の鐘きこゆ

去年今年

姫野碧子

國境の去年今年なき任にあり
凍江をへだて默せり彼我の壕
おだやかに初日に向ひ目をとじぬ

碧子　54

御年酒や鶯鳴の銚子より

わたくしのねぎごとはなし初詣

神の庭霧氷の枝にみくじ結ひ

露西亜建の暗さにも慣れ冬ごもり

丈高き露人背を曲げペチカ焚く

とめどなく咳入りペチカ焚いてゐし

55　碧子

子にとがる心を抑へペチカ焚く

大聲に本讀む子等よペチカ燃ゆ

北滿に勤め古りたる毛帽かな

明け暮れを水仙育て二重窓

水仙や舊露の什器そのまゝに

老ひたるも移民仕度や春を待つ

碧子　56

貧をほこり健をほこりて冬ごもり

髮染めて母も健やか春を待つ

屯毎に砦を持てり冬の月

大江の春近づけり船を塗る

新しき赤き戎克の旗の春

57　碧子

離れ立つ母に目をやり入學兒
忘士の碑へ觀光バスや春の風
陽炎へる地平はるかに包一つ
春風裡姫島とよぶ島に著く
一本の松いたゞきて島の春

碧子 58

戰勝の氣球をあげて古都の春

柳絮吹き口笛をふき園に佇ち

納涼やミスハルピンにおくる樂

老ひし露婦ベンチを去らず白夜更く

季節ある満洲

桂　秀　草

買初や舊露の街の絲物屋

春聯の大戸を閉し胡弓彈く

雪解道通るどの子も耳飾

秀草 60

流氷期日々好日のハルビン市

流氷の舊露の街に老住める

流氷のしきりに流れ波こまか

霾天の下を流るゝ松花江

目貼剝ぐロシャ娘は日本籍

たんぽゝやほそみち多き露人墓地

61　秀草

たんぽゝや昨日とちがふ徑をゆく

リラ匂ひ黄昏ながく好もしき

渡し船柳絮を浴びて漕ぎ出でぬ

つばくらの翻へる下江濁る

白夜漕ぐヨットクラブの樂流れ

秀　草　62

馬かへて北の旅ゆく白夜かな

限りなき白夜の下を駱駝ゆく

大いなる月暈のある白夜かな

白夜なる蒙古城市に集ふ馬

駱駝隊城市出でゆく白夜かな

ハイラルは蒙古の城市大白夜

馬叱る聲をちこちに高粱の秋
溫泉の町を山ふところに花野なる
秋日和駐屯兵は駱駝飼ふ
白塔の霧が動けば晴れと言ふ

目貼する娘あはれや無國籍

63　秀草

聖像に高き霧氷の散るしげし
日にはぢけ墓地の霧氷の散るしげし
柩車ゆき香爐ふりゆく霧氷林
香爐ふる僧に蹤きゆく橇柩車
橇ゆきゝロシヤホテルへ支那宿へ

拓けゆく曠野

佐藤白影

燒かれつゝ北へ拓けてゆく野かな

江船のデッキに人や鳥雲に

國境へ兵馬移駐や春の泥

白影　*66*

下駄を履くロシャの子供春の泥

曇りなき朝の食器や春の蝿

草敷いて曉けのボートの並びたる

野牡丹や成吉思汗城見えそめぬ

野牡丹や蒙古の史跡訪ねむと

67　白影

曠原を春めきわたる包車かな

包車つらねし民に歸かへる

山羊の仔が入つたり出たり包の春

思ひあまたホロンバイルの春の露

春泥に包車の繩のとけながれ

驛降りて野に去る人や烏曇に

白影　68

看護婦等クローバ摘みて窓に兵

柳絮とぶ窓より窓に話しをり

卓にリラ床に草敷きレストラン

末枯や廟は世紀を古びたり

末枯や蒙古城趾はただ廣く

69　白影

木の葉笛吹いて國なき學徒かな

霜ふかき靜けさにあり屯の道
いたはられつゝ氷原に亡ぶ民
胡弓の音ときにかなしく暖爐燃ゆ
煖房や樂器のかげに賣娘あり

白影　70

カザツクの頃の服あり士用干
カザツクの家系に育ち女騎士
カザツクの兵たりし日の毛皮とや
花野中カザツク二族住みわかれ

松花江

西村水禽子

混血児なべてみめよく更衣

スンガリーは彼等の生命ヨット航る

ボート漕ぐ日本の唄ロシヤの唄

水禽子　72

長城の合歡咲くかげに驢馬を止む
バス涼し熱河の夕陽ただ紅く
離宮いま蓮の盛りに鹿あそぶ
歡喜佛案内の僧の跣足かな
黴の香の暗きにおはす歡喜佛

73　水禽子

牛顔の歡喜佛なり夏ぼこり

歡喜佛裸婦を咬へぬ夏ぼこり

普陀羅寺の槐樹の茂りよき蔭を

蝕まれゆく炎帝を仰げぎり

日蝕を觀る籐椅子をベランダに

水禽子　74

けじ〱の落せし脚のうごきをり

洪水が退けばすぐ冬スンガリー

落葉降るベンチの樂師敢えて乞はず

焚火して女車掌と運轉手

チユーリンの雪に彈く老めしいなる

着ぶくれて纒足いよゝ少さけれ

冬ごもり先住民にならひ住む

氷紋にとざされ昏き電車かな

對岸のソ聯の火事は美しや

75　水禽子

松飾りゆたに日本領事館

水禽子　76

春雨にこもりてペチカ焚きもする
移民の娘モンペの春衣着て嬉々と
鳥は巣をいとなみ人は耕せる
陽炎にゆるゝ耕人耕馬かな
蒲公英に吸はるゝごとく折れ臥しぬ
玄海は凪筑紫野は花ぐもり

水仙花

故 槌谷ひさ子

水仙の花のみしろくたそがるゝ
春聯にあらたなる夜の燈のともり
雪荒れて高層の窓をくらくしぬ

ひさ子

雪荒び黒衣しづかに喪にこもる

顔よせて冬燈のもとに別れけり

月光のましろさに堪へ橇驅くる

大橋局長邸

金屏に日の傾きのしづかなり

枯野

山添玖城

たそがるゝ枯野に燈る祠かな
白樺の暮れのこりゐる枯野かな
白樺の伐りたふしある枯野かな

玖城 80

汽車遅く枯野の夕日まよこより
大いなる枯野のみちの轍かな
廟ひとつ枯野の果てにありて見ゆ
一面の楡の落葉や踏みてゆく
トロイカの鈴遠去りし冬の月
サボールのクルスのかげや冬の月

81　玖城

白樺の庭木四五本冬の月
傾きし軒の氷柱の地にとゞき
渡し橇赤き毛（一字不明）を振り競ふ
降る雪や橇の鈴音にぎやかに
月凍てゝソ聯の兵舎燈さず
月の露路巡察兵の息白く

玖城

目貼して窓に置きたる植木鉢

力なく目貼の窓に蠅止る

咳込みし老母の膝の小さゝよ

紐付けて子の手袋は肩にかけ

額髪見えてまぶかに毛帽かな

終列車待つストーブの冷えてあり

つゝがなく働きぬきて年忘れ

83　玖城

大いなる燒野はるかに鶴來る

春淺き兵舎の窓の燈かな

春淺き曠野に古りし碑一つ

屯あれば烏巣ごもれる木立あり

玖城 84

枝ともに胡桃落して子等去にし
豚を逐ふわらんべひとり秋の暮
看視舎の窓に兵あり秋の暮
サボールのクルスの塔や秋の空
屋根々々に唐黍干せり屯の秋

霾ごもり

市瀬亮

池凍り家鴨は庭を歩きをり
極寒の大氣は頬を截るごとく
病むわれに三寒もなく四溫また

亮　86

毛帽子の耳あげてゆく四温かな
氷上に魚獲る人の毛帽かな
乗客と佇ち站長の毛帽かな
北邊の守護を任とす裘
霧氷散る神苑に大詔拜しけり
警備兵日に向ひ立ち草霧氷

87　亮

空藍くソの山低し草霧氷
凍江やザトンに通ふ船大工
土凍てゝ開拓村は早寝かな
歳末や舊師を訪ふて閑談す
子を乗せて橇曳ぎあげぬ坂の道
悴みし兒の衣冷たき炬燵かな

88　亮

日脚伸ぶ拓士の子等は墻に凭り

流氷のさざめき合ふて流れけり

流氷やソ領も人の群れをりぬ

霾風を春信として年を經し

霾風や防風林もひれふしぬ

祖母にきくわが家の家系雛まつり

爆竹

大胡田岳城

爆竹に市廳舍巨き旗を垂れ

春聯の鐵扉に朝の雪ふれり

松花江日ねもす木橇ゆらしぬ

岳城　90

截たれたる氷の青を雪に置く

採氷の青きひかりに馬車ならぶ

採氷期はや玉垣の芽のふとり

採氷期雪の龍巻見られけり

白樺に冴返る夜の北斗見ゆ

91　岳城

雛の燈林檎の幹を照らしゐる
入學の吾子は日本に母とゐる
松花江ひかり木の芽に手を觸れぬ
春の樂雨の巷を流れゐる
リラの香に青きベンチを置きかふる
少年は青野に羊みちびける

岳城 92

楡みのり整骨院は猫飼へり

地下の樂月の離に湧き上る

野の果の柳散る日の鮒を釣る

鮒さげて時雨かはける野を踰る

かたしぐれ野に輪船の現るゝ

93　岳城

大豆馬車白樺林を曳きすぐる

大橋局長公館　二句

金屛風照り棕梠の葉は尖りゐる

大陸の氷霜花圃を襲ひけり

孔子廟寒夕焼の香を焚けり

青果の燈低くき凍窓染め合へる

岳城 94

霧凍り疎林の學舍古びたり
四方の雪眞夜のめざめの窓に照る
凍魚はもネオンの光あびてゐる
霧氷咲き鶴につめたき日向あり
霧氷林ふかく雷鳥住ひゐる

霾風

野下山雀

國境を守る兵のゐて野を燒けり

燈りて市の包あり霾晴るゝ

霾るや對空監視怠らず

山雀 96

鳥の巣や林圍ひに喇嘛の寺

霾天に奥地行なる移民かな

志士の碑のはるかに見ゆる野を焼けり

春愁や街を出づれば兵舎のみ

ネクタイの映りて佇てる春の水

97　山雀

落つる日に流氷遲し光りつゝ
征く兵と席を隣りて春の旅
旅たのし興安つゝじ咲くころは
鈴蘭の野に住むはあはれ白露人

春泥や煙鬼に人のかゝはらず

山雀 *98*

墓地ふかく古びしベンチ柳絮とぶ

柳絮見て外人墓地に遊びけり

銃眼をかくして楡の茂りかな

向日葵に移民の嫁のみごもれる

スンガリの漁匪絶え夜ごと夜ぶり火を

99　山雀

興安の峯よりくづれ雲の峰

興安に雲つどひけり秋寒く

匪の憂ひなく月の野に汽車故障

鞍解いて軍馬憩へる花野かな

雁わたる空をあふいで兵憩ふ

山雀　100

をちこちに光る湖沼や大枯野

國境へ守備路はしれる枯野かな

楡落葉あつめて焚ける壁爐かな

終航や絨氈古りし佳木斯丸

煙あげて雪の曠野に包一つ

凍江や佳木斯行なるバスだまり

緑の街

鎌田凍魚

街若葉観光バスのゆるやかに
綠蔭のベンチ舊露のまゝにあり
綠蔭にひとり縉くスラブの娘

凍魚　*102*

綠蔭や舊露のまゝの貸別墅
新綠のザトンの町はうつくしく
つばくらやヨットクラブの縞日覆
江凉し江防艦のよこたはり
片蔭にならぶ馬車の幌あかく
見てあればたくみにヨットあやつれる

103　凍魚

遊船を避くるヨットのたくみなる
江暮れてザトンはすでに白夜の燈
江白夜船もザトンも燈さざる

對岸の大夕燒となりにけり
スンガリの波立ちさわぎ秋の風

凍魚 104

朝霧や江船汽笛鳴りやまず

銷されしヨットクラブや蔦紅葉

奉天東陵

草紅葉楡黄葉して陵廣し

楡落葉ふりかぶりつゝ祈りをり

105　凍魚

曠原の冬木のもとに監視あり

しら〴〵と月のかゝれる冬木かな

降る雪ををり〳〵拂ひ立話

押し合ふて山羊の群ゆく春の泥

開拓の人達らしや野を燒ける

凍魚　106

いさゝかの庭の蒲公英摘み難し
流氷のうち寄せてゐるはるかかな
流氷の大江を前ホ句の會
春の馬車幌あたらしく驅くるなり
胡弓鳴り夾竹桃は桶に咲き
火強き舊露の竈目刺やく

風花

本間蒼美

風花や豹の毛皮の女連れ
短日の人みな急ぎ通り過ぐ
マツフしてキャバレーの階降りゆけり

蒼美　103

露翁みな文豪に似し毛帽かな
マスクしてまなこするどく美しき
泣いてゐる兒の大いなる毛帽かな
脱いである毛皮さま〲毛帽また
ストーブに狠出でし話など
氷紋の窓照らしつゝ陽のしづむ

109　蒼美

雪原に國境の煙見えそめぬ
逃げびのし獐立ちとまり振向きぬ
雪原や汽車の煙とその騒と
埃のみ見えてゐるなり枯野馬車

陽炎や群羊徐々に向をかへ

蒼美　110

迫り來し大野火汽車を逐へるごと
霾るやかすかに昃る日のありか
霾つよし驛毎に汽車遲れ着く
霾風の持て來る春を待ちにけり
キリストもマリヤも古りぬ猫柳

111　蒼　美

地につけばすぐに消ゑゆく春の雪

ハルピンに近づく白夜寝臺車

鳳仙花おほかたはじけ旅戻り

白樺の白さ増しゆくさはやかに

蒼美　112

いとど鳴く油障子の月明り
映畫館出て仲秋の月にあり
鷄子撃ちのさしゆく山の晴れわたり

雁歸る

中島石狩子

野の一路江につゞけり雁歸る
黄塵によごれし窓や雁歸る
城壁の崩れしまゝや鳥わたる

狩子石　*114*

春寒や病床にある謡本

春風のほこりの中の城市かな

霾風に望楼ひとつひとつ消ゆ

紀元節高千穂のうた誦してひとり

若芝に風のハンケチおさへ敷く

115　石狩子

聖堂をめぐりて咲くや鼓草

ハルピンの木々の芽ぐみのあはただし

支那街の角の一軒種物屋

野火とほく日は落ちゆけり移民村

日の丸をかゝげ耕す移民かな

石狩子 *116*

塹壕の崩れたるまゝ陽炎へる
柳絮とぶ坂を砲車ののぼりくる
城壁の一角高き新樹かな
青蔦の堂にクルスのかゞやける
勝ち馬の尾をふりつゝも曳かれゆく

117　石狩子

馬につみ開拓村の南瓜かな

散り柳兵ら屯し莨吸ふ

水仙やピアノの覆のうす埃

短日や主婦には主婦の用多く

ペチカ背に白き毛糸の編まれゆく

虎落笛星空さむく戻りけり

118　石狩子

日本語の巧みな娘をり毛皮店

大枯野國旗かゝげし部落あり

北風や原の中なる停車場

たちまちに日を失へる枯野かな

ゆき暮れて大雪原や橇の酔

シューバーをとほす凍威をおそれけり

霧氷

吉川芳泉

霧氷林車馬のゆきゝの音もなく
霧氷林たゞしんかんとあるばかり
霧氷林溫しとおもふ歩きけり

芳泉　*120*

一木もなき冬枯の起伏のみ
冬晴れの起伏のすその屯しづか
冬溫し一樹に群るゝ夕雀

舊正の白酒に醉ふてたゞ愉し
春雪のはれし江岸人歩りく

121　芳泉

平原の下蒴南より來る
山一つ見えぬ曠野を耕せる
目貼はぎ曠野の風のこゝろよく
うすき日のありて平原靄もよひ

うららかやときをり吼ゆる牧の牛

芳泉 122

鶏合せ畑半日に打ちをはり

波かぶりかぶり流るゝ氷かな

流氷のはるかは雲と觸れてあり

リラの花かゝえ耳輪のゆれて立つ

柳絮とぶ街へ耳輪の娘たち

123　芳泉

瓦青く旗人の家や東風ふく中
たんぽゝや赤き刺繍の沓はいて
たんぽゝは呆け白雲飛ぶばかり

朝涼の楡の下蔭ふみてゆく
牧童の牛追ひゆける跣足かな

芳泉　124

茄子もぐやけふの夕空いとほしみ

川上にうつりゆく聲螢狩

渡り鳥草家の上の航空路

渡り鳥見て佇つ僧に月のぼる

夕空をよろこび飛べるとんぼかな

猫柳祭

山下加々見

壺にさしマリヤにさゝぐ猫柳
猫柳マリヤの像の邊にこぼれ
猫柳ほゝけ聖なるマリヤあり

加々見　*126*

爪そめし老婦の賣れる猫柳

猫柳供へて墓地のよく掃かれ

流氷や船守として老ひ白露人

春燈下キャバレーの娘等爪みがく

春聯の奥に胡弓のにぎはへる

聖書讀むひとりに四方の窓凍る

農の國

馬秀珍

高粱の中満洲黄旗立てゝ住む
夕雀群るゝ高粱風もなく
朝の街高粱を積む馬車つゞく

秀珍 *128*

見ゆる限りたゞ桔梗の花野なる
朔北の旅の秋冷耐えがたき
供華野菊枯れしまゝあり旗人の碑
財神の祠少さし草の花
秋日焼して屯民や廟詣
佇めば風の落葉のわれに寄る

129　秀珍

風もなく白樺黄葉散りいそぐ
驛寒し赤帽を呼ぶ荷を置きて
雑子賣りの負ひゆく雑に風ふける

春聯や扉の鋪も古びたる
北へ行くわが汽車の上雁わたる

130　秀珍

はてしなく燒かれし野あり霾ふれる

ひもすがら野火あがりゐる曠野かな

雪解の野のはるかより嫁の轎

白樺に拳の如く鳥巣あり

鍋餅を皆が背に負ひ苦力來る

曠原や耕す馬と食める馬

131　秀珍

石枕に酔生夢死の朝寐かな

杯盤の中に朝寐をむさぼれる

彫刻の古りし石柱燕飛ぶ

貴婦の座に花瓶の百合の花にほふ

楡の雨さん〳〵として朝の虹

秀　珍　132

大夕立東に移り西に虹

江岸に住みて裸の露人達

絡繹とゆききは絶えず夜店の燈

唐黍を燒く火に街のたそがるゝ

江岸にごろ〳〵と西瓜賣れるなる

後記

哈鐵厚生會に文藝會が誕生しましてから早くも一年を經過しました。

此の文藝會が出來ました當時、作品の發表方法として文藝會の各會、即ち俳句會、川柳會、短歌會、創作會等を一丸とした綜合月刊雜誌を發行するか、或はまた一年度毎に一冊の作品集を發行するか、と言ふ二つの意見があつたのでありますが、諸種の都合に依り結局後者を採る事に決り、本句集はその第一輯として刊行せられたものであります。此の句集は各會員の一年間の苦心になる作品の發表を目的とするばかりでなく、一面會社への實績報告書でもありまして、從つて本句集發行に際しては句の巧拙を問はず全會員の作品を募つたのでありましたが、會員の大部分が未だ初心者であるためか結局五〇餘名の會員の中僅かに二〇名の投稿を得たのみでありました。

尚本集の作者以外に伊藤効人、迫井忠、浦野眠石、藤井紫水氏等の練達會員があるのでありますが歸省其他の事情のため殘念ながら句稿を得ることが出來なかつた事を此處にお斷りして置きます。

次號からは是非全會員の作品集たらんことを期したいと念願してをります。

卷頭「俳句は强く生きる道である」の一文は昨夏來哈せられました高濱虛子先生の哈鐵厚生會館に於ける講演速記でありまして、それに當時俳誌「平原」誌上に發表せられました「滿洲行」一聯の玉句、ならびに「大阪朝日新聞」紙上に掲載の滿洲紀行「柳絮とぶ」中より拔萃の「ハルビンの街」と共に此處に轉載を乞ふて本句集を飾ることゝいたしました。

尙本句集編輯にあたり當俳句會講師高濱年尾先生に御寄稿をお願ひしたい考へでありましたが折悪しく先生が上京中入院せられましたため、昨夏御渡滿直後俳誌「鹿笛」誌上に發表せられました「滿洲旅吟」の轉載をお願すること〻致しました。

本句集の編輯は專ら筆者が擔當し、それに豐永慢遙、林周平兩氏の援助を仰いだのでありまして、何分始めての事でもあり、色々意に滿たない點が多い事と思はれますが、今後號を追て改善してゆき、追々立派なものに育てゝゆきたいと念願してをります。

次に昨年高濱虚子先生の御推薦により會員林周平氏は日本俳句作家協會會員に推されまして當俳句會のため氣を吐いて頂いたのでありましたが、今度また〳〵望月龍氏が同様に推され相繼いで中央俳壇に進出せらるゝ事となりました。此の頁を借りて兩氏におよろこび申上げ併せて會員諸氏にお傳へして置きます。

最後に十六年度俳句會日記中よりその主なるものを擧げて此の一年間を顧ることゝし、更に十七年度への飛躍に資したいと思ひます。

四　月

△松花江吟行會

松花江の流氷始まり吟行會を開催、此日猛烈な吹雪の爲會場觀光亭に集るもの僅かに七名。吹雪の江上に珍らしく春雁の浮んでゐるを見て句作。

△大場白水郎氏歡迎

望月龍氏の斡旋に依り在奉の白水郎先生をお招きして指導を受く。大橋局長邸にて句會引續きホテル・ニュー・ハルビンに於て深更まで先生より古俳諧のお話を聞く。會者約三〇名。

五月

△故槌谷ひさ子嬢追悼句會

最も熱心な會員の一人であつた元槌谷輸送課長令嬢ひさ子嬢が俄に逝去された。その初七日にあたり靈前にリフコエの花一鉢を供へて追悼句會を催した。會者約三〇名。

六月

△高濱虚子先生一行招聘講演並俳句大會開催

御渡満の高濱虚子先生一行を我が哈鐵にお迎へし厚生會館大劇場に於て講演並に俳句大會を開催した。一行は虚子先生の外に高濱年尾、中村若沙兩先生並に高濱章子、新田義美等であり、それに羅鐵の久米幸叢、新京の吉田迴歩、三木朱城氏等在滿ホトトギス同人全部が參加され我々俳句作者として此れ以上の感激はなかつた。會者約五百名

△市毛曉雪氏歡迎句會

ホトトギス同人市毛曉雪氏來哈せられ黐糎句會と合流太陽島電々サンマー・ハウスに於て歡迎句會を開催。美事な夕燒を眺めつゝ句作、後沛然たる夕立あり。同氏在歐當時のドイツの話等興味深く拜聽深更に至り散會。會者約四〇名。

八　月

△ラネツカ觀賞句會

大橋局長邸のシベリヤリンゴ美事に色づきたるにつき俳句會を催さ

れてはと局長夫人より電話を頂き早速會員を召集同邸裏庭にて句會同夫人の調べたるところによればラネツカは黄なるもの。トルゴクレーブは赤にて小粒。同稍大粒なるのはシベリヤ曙光と言ふ由。一同新知識を得て大いに句作。ラネツカ、ドルゴクレーブ、シベリヤ曙光皆何れも美事に色づき更に矢場には萩が咲き垂れ青葡萄がさがりダリヤ、コスモス、金魚草の花盛りであつた。會者十五名。

九月

△子規忌句會

厚生會館日本間に居士の肖像をかゝげ芒を生け柿を供へて俳聖子規の忌を修した。會者約四〇名。

十月

△奉天に於ける高濱年尾先生歡迎句會參會

北支旅行の歸途來奉せられた年尾先生歡迎東陵吟行會に當會より左の五名遠征參加した。

望月龍、林周平、喜多村巖、鎌田凍魚、大石曉座

十一月

△喜多村巖氏送別句會

會員中最も先輩である喜多村巖氏釜山の朝鮮運送に榮轉せらるゝを祝しホテル・ニユー・ハルピンに於て河豚鍋を圍みつゝ句會。會者二〇名。

△俳句展示會開催

厚生會美術部日本畫會と合流會員の作品の外高濱虚子先生はじめ現代一流大家の俳句、俳畫、揮毫作品の展示會を開催好評を博した。出品點數二百點、入場延人員三千名。

一月

△新年俳句會

一月三日厚生會館日本間に於て新年句會を開催。年頭早々林周平氏のユダヤ化俳句撲滅論あり。會者約二五名。

（昭和十七年四月三日）

大石曉座記

哈爾濱滿鐵厚生會文藝會俳句會叢書　第一編

昭和十七年九月一日印刷
昭和十七年九月五日發行
句集「黄風」（非賣品）

發行人　哈爾濱鐵道局人事課　本多靜
編輯人　哈爾濱鐵道局營業課　大石曉
印刷人　哈爾濱市通道街六順街十九號　古米宣治
印刷所　哈爾濱市通道街六順街十九號　滿鐵・哈爾濱印刷所

發行所　哈爾濱滿鐵厚生會文藝會

エッセイ・解題
関連年表・主要参考文献

尾崎名津子

哈爾濱の都市イメージ

尾崎名津子

本書に収められたものは、多くが満鉄ないしはそれに関わりのある組織によって作成されたものである。一方で、哈爾濱という都市を描いた文学作品、あるいは、作家による文章は決して少なくない。そこには書き手の志向や資質が影響する部分もあるが、いずれも背景にはその時代の日本語圏における哈爾濱という都市のイメージがある。満洲は広い。各都市部にはそれぞれ固有の文化的なイメージが生起する。そして、そのイメージは当地の生々しい現実を反映したものでは、必ずしもない。

近代都市・哈爾濱の成立

哈爾濱の場合はどうか。哈爾濱が都市として拓かれる端緒には、一九世紀後半におけるロシアの南下政策があった。ロシアは南に港を求め、清国内を横断しウラジオストクにつながる東清鉄道を敷設した。同時に、ウラジオストクへと東に進む路線だけでなく、最終的には大連、旅順に至る、南に向かう支線も開いた。その支線の起点として選ばれたのが、松花江沿いの街・哈爾濱である。このような経緯から、哈爾濱には一九世紀末からロシア人の人口が大幅に増えた。そこに、鉄道敷設に携わった中国人も加わり、哈爾濱の近代都市化が進んだ。

日本人が合法的に居住できるようになったのは、日露戦争後の一九〇七年に日本領事館が置かれて以降である。

一九一六年の時点で、約七〇〇人が哈爾濱に暮らしていた。多くが満鉄関係者や、満鉄に関わって商売を営む人びとだったであろうことは想像に難くない。この間の一九〇九年一〇月には、哈爾濱駅で伊藤博文が安重根に暗殺されるという事件が起きている。この出来事が、日本語の言説場において哈爾濱の都市イメージにさしたる影響をもたらしていないことが、いささか興味深く思われる。戦前にあっては、谷譲次の戯曲「安重根——十四の場面」(『中央公論』一九三一年四月)が目に留まる。その人物像には谷の創造性が発揮されているとはいえ、史実と同様にウラジオストクから哈爾濱までやって来る安重根の移動そのものが、当時の哈爾濱という都市の性格やトランスナショナルな領域であることを示唆している。とはいえ、この戯曲は特例と呼んで差し支えなく、一般的な哈爾濱の都市イメージは、伊藤の暗殺とは隔たっていたように見える。

日本語圏で哈爾濱の都市イメージが成熟してくるのは、一九二〇年代後半以降のことである。先に、約七〇〇人の日本人が暮らしていたと述べた一九一六年からわずか五年、一九二一年に哈爾濱の日本人人口は約四〇〇〇人にまで増加した。この間に、満鉄が満洲北部へと経営を拡大し、哈爾濱にも拠点を置き(一九一七年)、一九一九年には中国政府との間に四洮鉄道借款契約を成立させるといった出来事があった。鉄路の発展とともに産業と雇用が生まれ、哈爾濱という都市を構成する舞台に日本人が参入する傾向がいよいよ強まったのである。「東洋の巴里」というのが、一九三〇年代の日本語の言説圏で流通していた哈爾濱のキャッチフレーズである。となると、パリの都市イメージと並べて見る必要も出てくるが、ここでは哈爾濱そのものを捉えようとしたエッセイや創作をもとに筆を進めたい。

帝政ロシアの夢、白系ロシア人の悲哀

先述のとおり、一九二〇年代後半から成熟してきた日本語圏における哈爾濱の都市イメージのうち、その多く

は、一九一七年のロシア革命により土地を追われたロシアの人びとが流れ着いた場所として哈爾濱を想像している。一九二三年二月の『女性改造』に小説「ハルピンの一夜」を寄せた南部修太郎は、自身が哈爾濱を訪れたことのないままそれを書き上げたことを告白している（南部修太郎「「ハルピンの一夜」のこと」『文藝公論』一九二七年七月）。それを見ると、哈爾濱という都市の性格がよく窺える。

南部は大連には行ったことがあり、そこで知人から聞いた「革命の犠牲となり、落魄した悲惨な生活を営む帝政時代のロシヤの中産階級の人達」の話をもとに執筆を始めたという。哈爾濱の都市の描写は地図や旅行案内の記述をベースに、「天津や上海の外国租界の印象」を加味し、物語の中心となる零落した人妻が暮らす家の様子は、南部自身が「上海ではいつてみた或る阿片窟の家の様子を殆どそのままに描いてみた」と述べている。

ロシアの人びとや租界の様子を組み合わせて生み出される「ハルピン」のイメージは、もちろん哈爾濱の実態そのものではない。しかし、白系ロシア人や租界の、また、白系ロシア人の流離やそうした事態から発生する哀感の最大公約数が、哈爾濱の一語に込められていると言える。この、白系ロシア人の境遇と上海に類比されるコスモポリタニズムが、哈爾濱の都市イメージを構成する二大要素であることは間違いない。

前者については、実際に哈爾濱を訪れた郡司次郎正によって書かれた「ハルピン・ガール」（『蝋人形』一九三二年五月）にも鮮明に表れている。「ハルピンは殆んどロシアの市街」だとする郡司は、「街のロシア人達は、この安住の都で、帝政時代の夢を見てゐる」という。夢といっても内実としては追憶で、センチメンタリズムに支えられたそのイメージは、本書に収められた複数の資料にも看取されるだろう。そこには常に「中国」が不在であり、白系ロシア人の悲哀が「観光資源」に流用されていくさまが、文学テクストと旅行案内の類とを往還することによって見えてくる。

ロシアと哈爾濱とのこのような関係性を踏まえると、室生犀星が形象化した哈爾濱のイメージは、そこと重なりながらも「人」から離れ、都市そのものが放つ印象を示しているようである。これは、哈爾濱をうたった詩として比較的広く知られる「はるぴんの歌」を指して述べている。犀星は、一九三七年四月から五月にかけて満洲を旅した。神戸を出て、大連から旅順、奉天、哈爾濱と辿り、そこから再び奉天に戻り、安東、京城、釜山というコースだったことに鑑みると、旅の目的の大きな部分が哈爾濱来訪であったと推測される。奉天から哈爾濱までは、満鉄の「あじあ」号の展望車に乗ったという。しかし、満鉄の招待旅行ではなかった。哈爾濱では、当時桃山小学校に勤務していた、犀星にとってはかつて田端で知遇を得たという白系ロシア人のワシリイ・セストビートフと再会しているし、他の誰かの手引きがあったかもしれないが、犀星が哈爾濱という都市に中国の他の都市にはない期待を抱いていたようにも見える。

「はるぴんの歌」は、戦後の一九五七年に冬至書房から刊行された『哈爾濱詩集』に収められているが、三七年の旅行時に、ないしはその記憶が鮮明なうちに書かれたのではないか。特に、「あじあ」に乗って哈爾濱入りしなければ、そこにうたわれているような遠望は得られなかったと思われる。以下がその全文である。

きみははるぴんなりしか
古き宝石のごとき艶を持てる
はるぴんの都なりしか。
とつくにの姿をたもちて
荒野の果にさまよへる
きみこそは古き都はるぴんなりしか。
数々の館ならぶる

きみは我が忘れもはてぬはるぴんなりしか。
はるぴんよ
我はけふ御身に逢はんとす。

自らが向かいつつある、「荒野の果」に見出される「宝石のごとき」都市。それは「古き都」と繰り返し呼ばれるものの、実際の哈爾濱は近代都市としての建設からおよそ三〇年、四〇年程度しか経ていない。とすれば、この「古き都」とは帝政ロシアのそれであり、この詩においてもまた、帝政ロシアの夢として、哈爾濱という都市のイメージが生起している。

一方、先に二大要素と述べたうちのもう一つ、上海になぞらえられる国際都市としての哈爾濱のイメージは、そうしたものとは異なる文脈を用意する。それが、「スパイの街」（井東憲）としての哈爾濱である。

国際的な政治経済都市というイメージ

上海生活が長かった井東憲は、「魔都の秘密地図」（『文学時代』一九三〇年六月）の中で上海、南京、哈爾濱を取り上げ、それぞれを「犯人の街」、「無頼の街」、「スパイの街」と呼称している。哈爾濱については、次のように性格づけている。

あの厖大な、そして不断にブルジヨア的政戦に紛糾してゐる中華全土を通じて、南方の上海と、北方のハルビンとが、経済的にも政治的にも、最も重要な都市である。且亦、南北の国際市場でもあり、国際政治の陰謀の舞台でもあるのだ。ことに、ハルピンは、旧新のロシヤと深い関係にあるので、いろ〳〵な意味の経済的、政治的の苦い経験を味ひ、闘ひつゞけてゐるのである。

南の上海、北の哈爾濱、いずれも国際政治の舞台であり、謀略の舞台でもある。いや、実際にどうだったかはもちろん詳らかでない。しかし、このイメージは繰り返し生成されたようである。

もっとも、史実に照らしても哈爾濱と諜報とは無関係ではない。日露戦争時、日本軍の特殊工作に従事し、当時ロシアが経営していた東清鉄道を爆破するため満洲に潜伏していた人物がいた。横川省三と沖禎介である。横川は一八六五年に現在の岩手県盛岡市で生まれ、自由民権運動に熱心に携わった結果、東京を追われた。その後、朝日新聞の記者としての職を得て、日清戦争時には従軍記者として活動する、根からの言論人だった。その後、一八九七年に朝日新聞を退社し、アメリカ・サンフランシスコに渡る。そこで日本語紙である『ジャパン・ヘラルド』を創刊するなど、ここでも言論人として活躍した。その横川が諜報活動に身を転じたのは、当時の北京公使館にいた清国公使・内田康哉に招かれてのことだったという。そこで帝国陸軍の青木宣純大佐が率いる特務班に参加することになり、これが彼の運命を決定づけた。一方の沖禎介は、一八七四年に現在の長崎県平戸市で生まれた。沖は一九〇一年に中国に渡り、中国人に日本語を教える私立学校・東文学社で教師を務めていた。横川と同様、民間人だった。彼も一九〇四年の日露戦争開戦の折に、特務班に加わることになった。

横川と沖は、ラマ僧の変装をして満洲に入ったという。しかし、ロシア兵に捕らえられ、哈爾濱に送られた。そこで軍法会議にかけられた結果、二人とも銃殺刑に処された。一九〇四年四月二一日のことである。彼らを顕彰した志士の碑は、一九三〇年代の哈爾濱で観光名所となっている。そのことは、本書に収録した各種旅行案内にも明らかである。

他にも、横光利一が哈爾濱について記した「歴史（はるぴん記）」（『改造』一九三一年一〇月）の記述が興味深い。横光は一九三〇年九月に哈爾濱を訪れている。戻ってから、横光は哈爾濱を思い出すよすがとして、写真や、買って帰った本などに触れていたが、ついには『哈爾濱日日新聞』の古新聞をまとめて取り寄せて読んだという。その結果、当初は小説にしようと思っていたが「実話的な面白さの方が勝ちすぎる」ために「歴史」というタイトルをつけ、「随筆」として書くことにしたという。ここに、横川に関するエピソードが登場する。

〔明治──尾崎注〕三十五年には有名な志士の横川省三がもう来てゐて、一度そのとき軍事探偵と睨まれてロシアの陸軍監獄に他の二人と投げ込まれてゐる。世間のものは勿論ハルピンのものもこれだけは今も誰も知らぬことらしく、そのとき日本人が軍法会議に廻されたから誰か通訳に来いと云はれたので、松花会長をしてゐる鈴木といふ人が行つてみると、それが横川省三だつた。横川省三はおつとりとして物に動ぜぬ人物で、その時の答弁では自分は農科大学の学生で暑中休暇を利用して蒙古の植物をしらべに来たといつてゐる。鈴木といふ人はこれはきつと探偵にちがひないと思つたので眼くばせして何か伝言はないかと聞かうと思つてゐるうちに、もう横川氏らはまた監獄へ入れられてしまつたといつてゐる。

松花会とは、当時哈爾濱にあった日本人の商業組合である。右の引用で注目したいのは、「三十五年」という時期である。つまり、在哈爾濱の日本人の中には、横川が一九〇二年の時点で既に哈爾濱で諜報活動に従事していたことを知っていた者もいたのである。引用は省くが、さらに興味深いのが、この出来事に関わって、長谷川辰之助、すなわち二葉亭四迷が哈爾濱にやってきたことである。二葉亭は通訳を務めた鈴木氏に会い、いろいろと細かいことを訊ねたという。その後、二度目の軍法会議で横川たちの無罪が決定し、保釈された。しかし、その二年後に横川は沖と哈爾濱で処刑されてしまうのだが、その頃にも二葉亭は哈爾濱に「ひよつこり」やってきたという。横光は「何か今の文壇などでは誰も知らない国家にとつて重要な機密に絶えずたずさはつてゐたと見える」と述べている。

まさか二葉亭四迷が諜報活動を行っていたとは思わないが、この時期の二葉亭は一九〇二年に東京外国語学校を辞し、哈爾濱の徳永商会で相談役を務めたのもつかの間、同年の秋には北京に移り、一九〇三年には帰国するなど、目まぐるしく動いていた。横川・沖が処刑される一ヶ月前には、大阪朝日新聞の東京出張員の職と肩書を得ている。年譜的に書くことができる、こうした出来事の合間、あるいは裏面で、横光が記録したような出来事もあったのかもしれない。なお、こうした二葉亭の動向に材をとったものに、西木正明『間諜　二葉亭四迷』（講談社、一九九四年四月）がある。

さて、日露戦時下の諜報活動のことから、平時の哈爾濱、日本語圏における都市イメージのことに戻りたい。もっとも、平時といってもそれが誰にとってのものなのか、という疑問がきざす。本書に収めた『スンガリー』は、哈爾濱尋常高等小学校の発行物で、生徒の作文も多く収録されている。『哈爾濱読本』も哈爾濱日本小学校のもので、生徒が日常的な教育の場で、哈爾濱に関するどのようなストーリーを享受していたかが窺えるものである。

それが、日本国内（内地）の人間の手にかかると、途端に「スパイ」や「夜」のイメージが付与されるイメージとしての都市が生成され、そこに暮らす小学生の姿はかき消されてしまう。幼い存在への視線は専ら白系ロシア人の少女たちに注がれる。満蒙に強い関心を寄せていた改造社の山本実彦社長は、雑誌『改造』一九三二年一〇月号に「哈爾濱」を寄せた。実業家の山本らしく、そこではそうしたロマンティシズムが排され、自身が訪れた哈爾濱の記録に徹している。「夜の女を中心にしたコスモポリタンの都を、社会的解剖をしたら、いくた裏面に跳つた歴史的面貌、新しき社会問題をつつむいくたの興趣が蔵せられておるだらう」とは述べるものの、時は満洲事変直後であり、その時の哈爾濱の見たままを伝えようとしていた。しかし、「夜の女を中心にしたコスモポリタンの都」という言い方が、山本の筆法によって却って哈爾濱のイメージの定型を示していることは言うまでもない。
哈爾濱は、「夜」と「女」によって代理されていくのである。

「夜」と「女」の哈爾濱

「ハルピンの夜とも云へば、思ひなしか、何となくなまめかしい感じがする」と述べたのは加藤武雄だった（「ハルピン」『近代生活』一九二九年一二月）。そうしたイメージは、本書に収録した書籍のグラビアページだけを紐解いても充分に伝わるだろう。「あらゆる歓楽がある」というのも、哈爾濱を語る際の常套句だった。長谷川如是閑「哈爾賓の幻想」（『改造』一九三六年一月）も、夜のダンスホールを舞台に「彼」と「女」とが関わる話であるし、先ほど見たように、哈爾濱という都市を遠景から抒情的に捉えた室生犀星も、同じ『哈爾濱詩集』所収の「君子の悲しみ」では、次のようにうたっている。

喫茶店マルスの少女(をとめ)光りて
露西亜娘(をとめ)の大き臀うごき
日もすがらお茶をはこべり。
大き臀だぶつけども
少女は少女ゆゑ清げなり
少女は知らざるなり
われ　とつくににありて

大き臀を眺め
読めぬ露字新聞に肘をつき
大なる虎のごとく悲しむ。

夜、ダンスホールやカフェ、そこにいる女性、しかもそのほとんどが白系ロシア人で、彼女たちから艶めかしさを看取するような質の視線、こういったものが哈爾濱を語る際には頻出となる。最も通俗的な哈爾濱のイメージだったのかもしれない。本稿でこれまでに取り上げてきた特徴の全てを混ぜ合わせたようなテクストが、橘外男の「新京・哈爾濱赤毛布」（『文藝春秋』一九四〇年四―六月）である。ここでも、「夜」の街路や酒場と白系ロシア人を含む女性たちの姿が、橘らしい実話物調で陰翳をまとった形で表れている。

橘外男は一八九四年に石川県で生まれた。陸軍軍人の父に厳しく育てられたものの、旧制高崎中学を退学し、札幌の叔父のもとにあずけられた。二一歳のとき罪を犯して服役した経験があり、これを元に後年「私は前科者である」（『小説新潮』一九五五年九月）などを書いている。有島武郎が序文を執筆した長編小説『太陽の沈みゆく時』（全三篇、日本書院、一九二二―二三年）もあったが、全国的に名を知られるようになったのは、『文藝春秋』が行った実話物に特化した懸賞小説の入選作「酒場（バー）ルーレット紛擾（トラブル）記」（一九三六年）によってである。一九三八年には『ナリン殿下への回想』で第七回直木賞を受賞した。

橘は、異国趣味と猟奇的傾向をもつ独特な饒舌体で知られると同時に、手がけたジャンルの多様性の点で異彩を放つところがある。山下武はそれを、純愛物語、自伝小説、幻想的伝奇小説、怪奇・残酷小説、人外魔境物、日本的怪談、探偵小説・スパイ物、ユーモア小説、満洲物、少年少女小説、ＳＦ小説、その他と分けた（山下武「「怪作家」橘外男のグリンプス」『「新青年」をめぐる作家たち』筑摩書房、一九九六年五月）。この中で「満洲物」が一ジャンルを形成していることが注目されるだろう。橘が満洲を舞台に創作したものとして、「新京・哈爾賓赤毛布」（前出）、「甘粕大尉とその子分」（『オール読物』一九五四年八月）、「麻袋（マータイ）の行列」（原題「赤旗翻れば」、『面白倶楽部』一九五四年二・三月）、「思い出の満鉄マン」（『運輸界』一九五三年九・一〇月）、「黒龍江（アムール）の空に」（初出未詳、『神の地は汚された』河出書房、一九五六年一月に収録）、『妖花　ユウゼニカ物語』（名曲堂、一九五〇年。原題「長春より引揚げて」『週刊朝日』一九四九年五―一〇月）、「皇帝溥儀」（『面白倶楽部』一九四九年八月―一一月、未完）が挙げられる（田中益三「橘外男」（『朱夏』第一三号、一九九九年一〇月）を参照しつつ、情報を補った。）。

これだけの満洲物を書けたのは、実際に居住経験があったからである。橘は早く一九一五年に一度札幌から朝鮮に渡り、身を立てて親の勘当を解こうと試みたことがあった。しかし、勤めや自身が興した事業によっては解けず、許されて帰るために書いたのが『太陽の沈みゆく時』だったという。このように居場所を転々とした橘は、事業に行き詰まり、一九四二年に満洲へ移住する。満洲書籍配給株式会社で職を得たものの一度引き揚げ、翌一九四三年に再度渡満した。この時は、満洲映画協会嘱託として勤務し、そのまま敗戦を迎えた。橘と交流のあった和田謹吾は、一九五四年六月一五日付で自身に宛てられた橘の書簡を紹介している（和田謹吾「風土のなかの文学8　橘外男資料（Ⅰ）」『原始林』一九六二年八月）。そこには次のようにある。

一、とも角、いづれにせよ、二度とも、作家や小説家になりたくて書いたわけではないのですから、誠に今顧みて、不思議な気がしてゐます。終戦迄は余技でしたから、何んですが、終戦後の今は、存在価値のあるなしや、上手下手はとも角として、小説を書いて生活してゐるのですから、それをまことに不思議に。

一、大東亜戦争で、貿易屋がつぶれ、戦争中は新京の満洲書籍配給株式会社の経理課長として、満洲へ呼ばれ、後、甘粕正彦さんの満洲映画協会の嘱託として、命を繋ぎました。ですから私は、終戦の翌年リユック一つで引揚げて来た、引揚者の一人です。

これから取り上げる「新京・哈爾賓赤毛布」は一九四〇年に発表されているため、戦後にその多くが書かれた他の満洲物とは区別する必要がある。なにより、以上に見てきたような橘の来歴を信用するなら、それは橘が未だ満洲に定住する以前に書かれたものであり、大正期に朝鮮で暮らすなかで哈爾濱を訪れたこともあったかもしれないが、「哈爾濱に在住経験がある者の実感をもとに書かれた」とは容易に言えないのである。

「新京・哈爾賓赤毛布」は『文藝春秋』に三ヶ月にわたり分載された。四月号ではタイトルはそのままだったが、五月号で「哈爾賓の憂鬱」、六月号は「松花江の感慨」と、見出しを変えている。内容はひと続きであり、現在はこれらをまとめて「新京・哈爾賓赤毛布」と呼んでいる。その冒頭には、「日満中央協会の肝入りで東京の雑誌記者団一行が満州国へ招ばれて行くという計画があるんだがどうだいな、一緒に行ってみないかね？　という勧めを文藝春秋社から受けた。」とある。文藝春秋としては、実話物の書き手として自分たちが見出した橘に、誌面作りに貢献するさらなる活躍を期待したことは想像に難くない。橘も、既に直木賞受賞作家として知られており、役割を果たすための土台は充分に整っていた。

橘外男が描く哈爾濱

「新京・哈爾賓赤毛布」は、先に引用したとおり日満中央協会に招かれた雑誌記者一行の訪問記である。その主な話題は以下の一二項に分けることができる。

1. 新京での視察
2. 満洲政策への提言
3. 【以下は全て哈爾濱のこと】「ホテル新哈爾賓」
4. 散歩（キタイスカヤ街—松花江—中国十二道街）
5. ロシア人経営の毛皮商。「面白な所（ファニィ）」を紹介される。
6. 知人の墓参り
7. 哈爾濱駐劄（ちゅうさつ）総領事の自宅訪問（夫には会えず、妻を取材）
8. 日本人女性と苦力の交流
9. 松花江観光（ボートに乗る）
10. 「白系露人政策」を語る
11. 「満州人の葬式」に出会う
12. ドイツ人の東京視察

新京に関する叙述はほどほどのところで切り上げ、ほとんどを哈爾濱に割いていることがわかる。このうち、5.で触れられる「面白な所（ファニィ）」とは性売買を行う店のことであり、橘はロシア人毛皮商から密かに斡旋されたことを描いている。しかし、実際にそこを訪れたとは書かれない。8.の日本人女性と苦力に関する叙述も、性的からかいの気配を漂わせながらも、その先へは進まない。こうしたほのめかしを重ねつつ、見聞録はまとめられた。一九四〇年という時節柄ということもあるし、そもそも半ば公的な取材旅行であったことを想起すれば、橘であっても抑制的な筆致になったと捉えるのが自然である。では、橘は哈爾濱のどの部分を描いたのだろうか。『文藝春秋』一九四〇年五月号掲載「哈爾賓の憂鬱」の冒頭では、劇的な調子で次のように述べている。

> 哈爾賓！　海のない上海……猟奇と小説的（ロマンテイク）な冒険（アヴァンチユール）とが渦を巻いて、過去と未来がジグザグな交響楽を奏でている北満の国際都市！　そして落魄（うらぶ）れた露帝（ツアー）の大公爵が街角に行人の靴を磨き、帝室歌劇団の花形の踊子が、老いて路傍に燐寸（マッチ）を売っている、もの悲しい都会！
>
> 〔中略〕
>
> 実を言うと哈爾賓は私にとって二度目の訪問であった。大分古い昔になってしまったが、私の不良時代二十一、二の頃に若気の至りで途方もない夢を見て、まだその時分は西比利亜各地には白色政権が乱立して、勝ったり負けたり混沌としている時代なのであったが、やはり今度も同じようなコースを取りながら、その頃は旧東北政権下の満州を素通りして、食うや食わずで露領西比利亜各地を放浪したことがあった。その往きと帰りに、ここには約一カ月余りもウロ付いていたから、哈爾賓の市街だけには満更そう眼新しいという感じも覚えられなかったのである。

はじめの段落は、本稿でこれまで述べてきた哈爾濱イメージの特色が、畳み掛けるように羅列されている。昭和戦前期の日本語圏における哈爾濱イメージの総まとめの観もある。二段落目は橘自身の来歴を述べた部分だが、これは話半分に受け止めねばならない。橘の自伝的な語りにおける「嘘」はつとに知られるところで、何が真実か未だに確定できない部分もある。しかし、全篇を読むと、「昔の哈爾賓」との比較が散見され、その内容には一定の説得力がある。哈爾濱の市街に目新しさを感じないと述べているが、それでも、このテクストは一面で哈爾濱の観光案内にもなっている。松花江で船に乗り、太陽島に渡ったりもするが、より分量をもって叙述されるのは、橘が記者団の一行から離れて一人で散策した部分や、一人で露西亜人墓地を訪れた部分である。

橘の哈爾濱散策は、「大寺院（サボール）」すなわちソフィスカヤ寺院（現在は聖ソフィア大聖堂と呼ばれることが多い）から始まる。一九〇七年三月、帝政ロシアの兵士の軍用教会として創建され、その後はロシアの茶商人などが出資して拡張工事が行われ、一九三二年に現在の姿になった、哈爾濱におけるロシアイメージを象徴する代表的な場所である。そこから橘は、さまざまな文献で「哈爾濱の銀座」と呼ばれたキタイスカヤ街に出る。続いて松花江に出るが、このあたりはほとんど叙述しないまま、名前も明かされない「横丁」に移動し、そこをこそ詳述する。「露西亜人たちの店が、擦り切れて綬のボロボロになった古い勲章や、帝政時代の貴族の使ったらしい贅沢な飾りのある食器類、銀の燭台や金彫刻の聖像（アイコン）なぞを並べて」いる隣では、「日本人のカフェーが嬌声を街路に響かせて」いるさまを活写し、総じて「女が沈んで咽び泣いている横で外の女がゲラゲラ笑いをしているような感じで、哀感を覚えていいのか浮かれだすべきか、旅人をして戸惑わせること夥しい」と述べた。哈爾濱の内部にある二面性、実際はより多面的ではあるが、ここではさしあたり白系ロシア人の悲哀と満洲に進出する日本人という二つの側面を、女性によって喩えてみせること自体が、女性の存在によってイメージが作られてきた哈爾濱という都市そのもののあり方を示唆している。ここで、橘が肩入れするのは前者、すなわち白系ロシア人の悲哀の方である。橘は哈爾濱の要所要所で哀感を得て、この都市から「人間の敗残と衰滅そのものの挽歌」を聞き取る。ここで「衰滅」するのは白系ロシア人だけではない。「このうら寒い晩秋の夕暮れを、空家の入り口に、躄（いざり）の満人と肩を並べて蹲るコサック帽の露人の乞食」が並んで座っている様子も描き取り、ホテルに戻る。

露西亜人墓地のくだりでは、橘は昔の知人だという「美しい一人の露西亜の夫人」の墓参をする。「何か私がその美夫人との間にロマンスの繋がりでも持っているかのように聞こえるかも知れぬが、もちろんロマンスはあったであろう、しかしあったにしても、それはある一人の日本人とのロマンスであって、私に関係のあるロマンスではない。」

と匂わせるだけで、この話自体の真偽が不明なのだが、肝要なのはそこではない。多くの観光案内でメジャーな観光スポットとして紹介され、バスツアーでも旅程に組み込まれている露西亜人墓地に、ツアー客としてではなく私人として行ったと書くことで引き出されるのは、やはり極東に流れついた白系ロシア人の悲哀であり、哀感は一人で墓地を訪れることによって強調される。

では、一方で、橘が「書かなかった」哈爾濱はあるのだろうか。当然あるのだが、それはどのように測定できるか。ここでは試みに、同時代の絵葉書（写真はがき）と対照させてみたい。観光名所として絵葉書は多く残っているが橘が言及しなかった場所として、たとえば、以下のスポットが挙げられる――哈爾濱駅、バザール、ブリスタン公園、哈爾濱文化協会、ハルピン学院、哈爾濱満鉄医院、哈爾濱神社。特に、哈爾濱神社は観光で訪れ、現地ツアーに参加する者であれば必ず入ってくる。また、先に取り上げた横川・辻を顕彰する志士の碑も、「新京・哈爾賓赤毛布」には登場しない。実際に訪れなかった可能性もむろんある。重要なのは、橘のテクストでは、ロシアにゆかりのある場所や風景が圧倒的に高い割合を占めているということだ。

春山行夫『満洲風物誌』の位置

哈爾濱を描いたテクストとしては、橘外男以上に先の室生犀星や、春山行夫『満州風物誌』の方がよく知られているだろう。本稿では最後に、春山行夫『満洲風物詩』（生活社、一九四〇年一一月）に少しだけ触れておきたい。『満洲風物誌』の書評が、春山自身が編集同人を務めた雑誌『新領土』に、複数掲載されている。飯島正「春山行夫氏の『満州風物誌』を読む」（『新領土』一九四一年二月）は、春山の記述の「カメラ・アイ的な克明さ」を評価しているし、饒正太郎「ユリシイズ的『満州風物誌』」（『新領土』一九四一年二月）は、『満洲風物誌』が「意識の流れ風」に記述されていることを、春山自身の詩人としての資質によるとしながらも、実際のところより具体的に評価したのは、春山が各種資料を元手に「満洲国を決して感性や感覚のみでみることをしないで、飽くまで科学者の態度で観察し分析してゐる」点だった。さらに、近藤東「『満洲風物誌』——春山行夫著」（『新領土』一九四一年五月。『文学者』一九四一年三月からの転載。）もまた、「氏は、この本を出版する迄に、実に夥しい旅行その他に関する参考書を調べてゐる」と、春山の文献調査そのものを評価していた。

『満洲風物誌』は、次のような項目立てになっている。東京—奉天、新京（1）、新京（2）、大陸科学院と公主嶺農事試験所、哈爾濱、哈爾濱の植物園と博物館、北鉄と満鉄、地理的条件、大連・旅順、旅順博物館、奉天。これらの目次の見出しを見るにつけても、どのような意図で編もうとしたかが仄見えるようだ。植物園や博物館への強い関心は、旅行案内などとは大きく異なる。他にも学問に関わる施設が大きく取り上げられている点も含め、確かに類書はないようだ。哈爾濱観光については、「哈爾濱」の章の中に「観光地帯」という小項目が置かれ、そこに短くまとめられている。「地理的条件」で一項を立てているところには、和辻哲郎『風土』（一九三五年）や、より遡って志賀重昂『日本風景論』（一八九四年）以来の近代日本の風景論のあらわれ、特にその地理学的関心を見るようである。ここには、白系ロシア人の悲哀も、国際政治の謀略も、「夜」も「女」も不在である。しかしこれもまた、哈爾濱のイメージを伝えるメディアの一つなのだ。

橘外男が嘘か真かわからない哈爾濱を書けば、「それ〔文献調査——尾崎注〕によつて得られたところの想像だけで一冊の『満洲風物誌』が書けたかも知れない」（近藤東）と言われた春山行夫も、哈爾濱を書いている。対照的なテクストを遺したこの二人が、実は同時に哈爾濱を訪れていたことが、『満洲風物誌』の記述から明らかになる。

日満中央協会主催雑誌記者団満洲国調査隊に参加した私は、昨年十月廿六日東京駅発、十一月廿三日東京着の約一ヶ月に亙つて、満洲国と北支の外観をスピイド・アップで見学する機会を得た。と、春山は述べている。これは先に挙げた橘の記述と、時期も、団体の名称も一致する。さらに、春山が「一行は主催者側を入れて三十数名。綜合雑誌から経済、婦人、青年、農業、娯楽などの雑誌にいたるヴアラエテイに富んだ顔触れである。なかに雑誌社の派遣といふかたちで、深田久彌、橘外男、小山いと子などの作家もまじつてゐる。」と書いているところで、事態は確定される。

同じタイミングで、同じ団体として訪れても、そこには一部重なりつつも大きく異なる都市イメージが立ち上がる。こう書いてしまうと月並みに思われるが、哈爾濱の場合、その面貌の複雑さと多様性は、書き手の視線の質をあぶり出すに格好の都市イメージを常に差し出していたのである。

※本稿の橘外男に関する部分は、二〇二三年一月二八日に開催された、上海外国語大学日本研究センター・東京女子大学比較文化研究所共催の国際共同研究シンポジウム「近代日本の中国都市体験（3）——長春・哈爾濱・青島・上海」における筆者の発表「「悪口屋の文士」の哈爾濱報告——橘外男「新京・哈爾賓赤毛布」を中心に」をもとに、加筆・修正したものである。

解　題

尾崎名津子

・『四平街 斎斎哈爾 間 哈爾濱 鉄路案内　附哈同、訥黒自動車線』（鉄路総局、一九三三年四月）

全一八五頁。康徳元年四月二〇日印刷、康徳元年四月二五日発行（康徳元年は昭和八年）。定価二〇銭。「著作兼発行人」は鉄路総局。印刷人は山田浩通（大連市近江町九一番地）、印刷所は東亜印刷株式会社大連支店（在所は印刷人と同じ）。

鉄路総局は一九三三年三月一日に設立され、表向きは満鉄とは別の独立した組織とされていたが、実際には満鉄が管理し、総局長も満鉄の理事が務めた。これは、「満洲国」内部における満鉄と関東軍、また、溥儀やその周辺との複雑かつ緊張した関係のあらわれであり、鉄路総局を名乗ったのは満鉄だが、こうして表向きは満鉄とは切り離されているように見せて、関東軍の反応を伺う必要があったという。関東軍にとって満鉄はもともと決して意のままになる相手ではなく、満洲国成立を機に関東軍は、満鉄を満洲国内の鉄道運行業務に特化させることを狙っていた。鉄路総局が維持管理を担ったのは、張学良政権が管理していた中国側の鉄道路線で、本拠地は奉天だった。満洲国内の鉄道はほかに、満鉄鉄道局が元から満鉄が管理していた路線を担当し、新たな路線の開発については、大連に本拠地を置く鉄道建設局が担った。（尾形洋一「『南満洲鉄道株式会社社報』・『鉄路総局総局報』・『鉄道総局報』の書誌データから読みとることができるもの」『近代中国研究彙報』三三号、二〇一八年七月を参照。）

本書の「はしがき」には「四平街より哈爾濱に至る間の各鉄路は、近く発表せらるべき鉄路総局職制の改正と同時に平齊線（四平街、齊齊哈爾間）洮索線、齊北線及び濱北線となり、本案内に記載した四洮線の一部たる鄭通支線は、大鄭線（大虎山、鄭家屯間）に含まれることになつてゐるが、本案内がこの職制決定以前の執筆になる為め、内容は旧鉄路名のまゝとし、且つ表題は見易いやうに四平街、齊齊哈爾、哈爾濱間鉄路案内とした。」とある。鉄道総局の職制改正への言及や、それに応じた内容に改変しないという判断なども、本書が鉄路総局の成立から一か月後に発行されたことを踏まえれば、先に挙げたような当時の満洲の鉄道をめぐる不安定な状況を示す一端だとわかる。なお、「はしがき」は鉄路総局の名前で書かれ、日付は「康徳元年三月五日」となっている。

本書は、四洮鉄路・洮昂鉄路・洮索鉄路・齊北鉄路・濱北鉄路それぞれの「建設沿革」と「各駅案内」から構成されている。さらに、齊北鉄路案内には「訥黒自動車線案内」、濱北線案内には「哈同自動車線案内」が、それぞれ付随している。全線の各駅が紹介され、起点やターミナル駅からの距離が必ず書かれている。他に、名所旧跡の最寄り駅であればその案内、日本人が居住している町があればその人口や沿革などが細やかに記されている。

哈爾濱に関しては濱北鉄路案内の冒頭で濱江駅が紹介され、これが一九頁にもわたっている（一三九―一五七頁）ほか、市街地の折り込み地図も付された特別仕様になっている。ここで哈爾濱は「三十餘種の民族が住んでゐる」とされ、国際都市ゆえに『旅の恥は掻き捨て』的な行為は成るべく慎まねばならぬ」と、来訪者に品位ある振る舞いを求めている点は、他の駅の紹介では見られないことであり、哈爾濱という街の性格が窺えるところである。

・『哈爾濱読本』（哈爾濱日本小学校、一九三四年一月）

全一〇六頁。昭和九年一月一五日印刷、昭和九年一月二〇日発行。編輯者は須田亨、発行者は白髪隆孫。印刷所は

東亜商工公司謄写印刷部、発行所は哈爾濱日本小学校。非売品。印刷所の名前に含まれているとおり、謄写版である。表紙には「哈爾濱尋常高等小学校」とある。

本書が編まれた目的や経緯については詳らかでない。また、巻頭に置かれた俳句を除き、各項の文章の筆者も不明である。一人称に「僕」が散見され、「先生」や「叔父さん」「お父さん」と一緒にどこかへ行ったことの記録が作文されていることから、哈爾濱尋常高等小学校の生徒の作文集のようにも見えるが、副読本や何らかの記念出版物だとも考えられる。本書には右のような見聞記以外に、「伊藤公」や「郊外の戦闘」、「清水少佐を思ふ」、「籠城日記」などの戦記類も多く収められている。これらの戦記や帝国日本を称揚する文章には「僕」も「私」も登場しない。教職員の手によるものだろうか。一九三一年の満洲事変（柳条湖事件）の影響を受けて、翌三二年二月には哈爾濱でも戦闘が起きた。この時、避難所にいた人物が書いたものが、本書巻末の「籠城日記」である。この文章の末尾では「皇軍」が哈爾濱に入城する様子が記され、「皇軍に対する感謝の涙」を流すところで本書の全体も閉じられている。

発行者の白髪隆孫は、岡山師範学校の訓導を経て、一九三〇年中より哈爾濱尋常高等小学校長の任にあった。編輯者の須田亨は、同校の教員と推定される。

なお、この度復刻する原本には、元の所有者の筆書きのメモがある。おそらく「内地」の教育関係者が持っていたと思われる。手稿のため、左に翻字する。

昭和十年十月二十九日午後三時四十分汽車はハルビンに到着した
遠く望んだ異国の地ではあつたが既に既に伊藤公を、その前に、横川沖の志士の血によつていろどられた地である
三十日教育勅語発布の記念の日の勅語を日本人小学校で聞いた。そして異国に仰ぐ日章旗の感慨も知つた
三十日午後一時十分ハルビンを去つた

・哈爾濱尋常高等小学校学習部 編『スンガリー』（哈爾濱尋常高等小学校、一九三四年七月）

全四〇頁。昭和九年七月一〇日印刷、昭和九年七月一三日発行。発行人は大林恵美四郎、編輯人は哈爾濱尋常高等小学校学習部。印刷人は足立孝（大連市加賀町六番地）、印刷所は昭和印刷所（在所は印刷人と同じ）。発行所は哈爾濱尋常高等小学校。

大林恵美四郎は、このとき哈爾濱尋常高等小学校の校長を務めていた。大林は一九二一年に広島高等師範学校教育科を卒業後、二五年に満鉄に入社したという。その後の経緯は詳らかでないが、撫順高女教諭、安東大和尋常小学校長、安東青年訓練所主事を経て、哈爾濱尋常高等小学校長となった。その後も、哈爾濱桃山尋常小学校長、牡丹江青年学校長を歴任した（小谷野邦子「「満洲」における心理学――前半期における人物を中心として――」『茨城キリスト教大学紀要』三五号、二〇〇一年一月を参照）。

『スンガリー』は全学年による作文を中心に編まれ、巻頭には教員による訓示や学校の教育活動の報告が掲載されている。児童の姓名を見るかぎり、全員日本名である。おそらく教員であるＹ・生による「編輯餘語」もあり、「今年から」タイトルを『スンガリー』に改めたこと、今後は毎学期一回発行する予定であることが述べられている。しかし、現存が確認できず、本書も稀覯本だと言える。哈爾濱尋常高等小学校の児童数は増え、「増築に増築しても間にあはない」とされ、一九三四年五月半ばには一千人を超えたと書かれている。

児童の作文の題材として学年に関わりなく頻出するのは、「初夏のスンガリー」「春のハルビン」「夜のネオンサイン」といったところで、哈爾濱の定番のイメージが初等教育の中にも生きている（あるいは、イメージが教育によって与えられている）様子が窺える。

・松宮吉郎『哈爾濱』（満鉄鉄道総局営業部旅客課、一九三七年六月）

全二〇頁。昭和一二年六月二〇日印刷、昭和一二年六月二五日発行。発行人は九里正蔵（奉天市白菊町八―五）、著作人は松宮吉郎（奉天市紅葉町二一清風寮）。印刷人は関眞（奉天市工業区四馬路）、印刷所は興亜印刷局（在所は印刷人と同じ）。発行所は満鉄鉄道総局営業局旅客課（奉天市春日町）。

本書は持ち運びに便利な薄手のガイドブックである。裏表紙が「哈爾濱遊覧案内図」と題された鳥観図になっているほか、中には折り込みで「哈爾濱市街図」が入り、地図も充実している。構成は、「哈爾濱の歴史」に始まり位置・気候・人口、「市街大観」と題された各区域の特色、在哈主要日満官公機関、在哈主要企業、「遊覧の哈爾濱」、「観察コース」、「市内交通機関及料金」、「行楽の哈爾濱」、旅館案内、案内所などの問い合わせ先（丸ビル内の東京鮮満案内所や、満洲各地のジャパンツーリストビューローなどを列挙）となっている。

発行人の九里正蔵は大阪府出身で、旧制第四高等学校から東京帝国大学法科に進み、経済学を修めたのち一九二一年四月に卒業した。満鉄に就職してからは大連第二埠頭事務所に配属されたほか諸職を歴任し、本書発行の時点では営業部旅客課長となっていた。その後、一九三八年一〇月に大連都市交通株式会社の常務兼奉天支社長になっている。また、戦後は札幌市交通局長を務めた。

本書の著作人である松宮吉郎は旅客課に勤務していたが、本書の発行後、一九三九年に蒙疆聯合委員会の広報課長となった。満鉄時代の逸話として、満洲医科大学の学生で在学中は文芸部で活動していた幸康一が、松宮との関わりを書き残している。一九三七年、学内で新劇の公演を企画したところ、大学側から女性の演者を立たせることを止められた。そこで学外で劇団を組織することにし、女性の劇団員を探していると、満鉄の女性社員に演劇愛好家がいるという噂を耳にした。幸たちは、「旅客課（？）の広報関係の仕事をしていた」松宮をたずね、無事に関係者に引き合わせてもらったという。松宮は「小柄でしたが中々きさくな人で、これが縁で後々までも劇団のため積極的な協力をしてくれた」うえに、舞台稽古にも現われ「新派まがいの大袈裟なアクションで私達を稽古してくれるなど愉快な人でもあった」という（幸康一「文芸部演劇小史」『柳絮地に舞ふ　満洲医科大学史』輔仁会満洲医科大学史編集委員会、一九七八年六月）。根からの広報マンだったことが窺える。

なお、旅客課のガイドブックで著者あるいは編者が松宮の名前になっているものとして、本書の他に『吉林』、『奉天』があり、いずれも一九三七年中の発行である。

・『哈爾濱輸入組合の沿革』（哈爾濱輸入組合、一九三八年六月）

全五六頁。哈爾濱輸入組合は一九二八年八月に創立した。住所は哈爾濱市埠頭区買売街第四八号。本書刊行時の理事は久末吉次という。久末は一九〇一年に現在の福岡県築上郡築上町で、家業の商店から分家して一家を立てようとしたが、一九〇五年に商業を志して渡満した。翌年、陸軍鉄道経理部安奉鉄道班に奉職したのち、一九〇七年四月には満鉄に入社した。一九二一年に満鉄を退職した後は長春にあり、水産物の売買や小売市場の経営を行う長春市場株式会社の支配人になった（一九二三年には取締役も兼務）。一九二八年に同社を退社すると同時に、長春輸入組合理事となった。同組合は一九三三年二月に新京輸入組合に改称した。久末が哈爾濱と直接関わるようになるのは、一九三五年六月設立の満洲輸入株式会社（大連市羽衣町）の監査となったことが契機である。同社の「哈爾賓出張所長」として、久永が哈爾濱輸入組合の理事になっている。本書が刊行された一九三八年に、久末は定年を迎え、そのまま一家で日本に戻ったと四女の睦子が証言している（樋口善典「早朝体操」『社長の私生活１０』東都書房、一九八五年四月を参照）。

哈爾濱輸入組合は、商店街の発展を企図して満鉄が作った関連会社である。その十年史を編もうとしたところ、満洲各地の輸入組合の聯合会にその計画があるとわかり、哈爾濱の方では統計資料の収録にとどめた小冊子を作った（久末吉次「緒言」）。それが本書である。各種の統計表だけでなく、組合の歴代役員や本書刊行時点での顧問、専従の事務局員などの名前がわかる資料となっている。

・『はるぴん観光』（哈爾濱交通株式会社、発行時期不明（推一九三九年頃）

一枚物、両面刷。発行時期は記載がなく不明だが、パンフレット表面の「観光バス御案内」に記されたバスの乗場（観光協会前か哈爾濱駅前）や発着時間（九時発と一四時発の一日二便）、料金（大人二円五〇銭、小人一円五〇銭）という内容が、奉天交通株式会社が一九三九年四月に発行した『奉天観光案内』に掲載の内容と一致するため、おおよそこの時期のものと推定できる。

表面に「ハルピン」「志士の碑」「烈士の碑」「ロシヤ人の宗教と寺院」の説明があり、それぞれイラストが添えられている。裏面には、キタイスカヤならびにスンガリーの写真と、哈爾濱の鳥観図（絵地図）、ロシア人女性のイラストがある。表裏両面の下段には、「名所案内」として、哈爾濱駅、伊藤公遭難地、哈爾濱神社、哈爾濱鉄道局と倶楽部、忠霊塔、博物館（大陸科学院哈爾濱分院）、孔子廟、極楽寺、ロバート高台、傅家甸、松花江（スンガリー）、埠頭区、満蒙開拓哈爾濱訓練所、満洲開拓青年義勇隊哈爾濱特別練習所の説明書きがある。

このパンフレットでは、実際の観光ルートや立ち寄る場所がはっきりしない。しかし、先に参照した『奉天観光案内』に記載の内容によれば、哈爾濱駅―哈爾濱神社―ミルレル兵営―忠霊塔―志士之碑―博物館―孔子廟―ロシア人墓地―ロバート高台―傅家甸―埠頭―太陽島―観光亭―キタイスカヤ街―哈爾濱駅、となっている。太陽島に行くということは、途中でバスではなく船に乗る区間もあったことになる。観光亭は観光客向けの飲食や土産物購入が可能な施設だと思われる。寺崎浩「哈爾濱の印象」（『海』第九巻第九号、一九三九年九月）には、「この岸にある観光亭でゆつくりとコーヒーを飲むのもいゝ。」という一文が確認できる。所要時間「四時間」とされるコースである。哈爾濱観光で提供されていたのは、このコースだけではなかった。『満洲の観光バス案内』（大連都市交通、一九三九年）で紹介されているのは、料金が一円安く、所要時間が三〇分短い（三時間半）、一日一便（九時発のみ）のものである。切符売り場に「観光協会」の文字がなく、哈爾濱駅案内所とジャパンツーリストビューロー、「交通会社自動課営業所」が挙がっている。こちらのコースは、「中央寺院―忠霊塔―横川沖、志士之碑―孔子廟―ロシア人墓地―松花江」となっていて、博物館に行かず、船にも乗らない。「横川沖、志士之碑」とは、日露戦争時に諜報活動を行っていたがロシア軍に捕らえられ、哈爾濱で銃殺された横川省三と沖禎介を顕彰した碑であり、絵葉書としても定番だった。

満洲における観光のあり方や、観光によって形成される都市イメージの具体相が窺える資料である。

・『大松花江』（満鉄鉄道総局・満鉄北満江運局、一九四〇年九月）

全二六頁。昭和一五年九月一日印刷、昭和一五年九月五日発行。発行人は野間口英喜（奉天市大和区春日町二九）、編輯人は佐藤眞美（在所は発行人と同じ）。印刷人は河島成光（大連市紀伊町八五）、印刷所は細谷眞美館大連出張所（在所は印刷人と同じ）。発行所は満鉄鉄道総局営業局旅客課。

グラビアをメインにした冊子で、見開きごとにテーマ（「水辺点描」「みのり」など、おおむね単語）が大きめのフォントであしらわれ、複数の写真が見開きの中に配置され、場合によっては写真ごとに小見出しや三行程度の説明が付されるというレイアウトになっている。一九五〇年代に刊行された岩波写真文庫に近似した組み方である。

巻頭の文章「松花江」（無署名）には、松花江の名称の来歴が述べられ、「今では、日本語で「せうかこう」満洲語で「すんほわじやん」露西亜語で「すんがりー」等の呼称が用ひられてゐる」と説明されている。

発行人と編輯人の在所である「奉天市大和区春日町二九」とは、南満洲鉄道株式会社鉄道総局の住所である。表紙に鉄道総局と並んでいる「満鉄北満江運局」とは、一九三九年に満鉄内に新設された部局で、「江運」の文字通り、松花江の水運に関わる管理運営を担った。

鉄道総局の「営業局旅客課」は、このグラビア冊子以外にもさまざまな出版物やメディアイベントを打ち出していた。一九三七年ごろから『大連』『旅順』など各地の旅行案内を発行していたほか、より広く『満洲旅行の栞』（昭和十三年度版、同十四年度版の存在は確認できる）のようなパンフレットもあれば、「観光叢書」と銘打った一冊二〇銭の冊子もあった。「観光叢書」で現存が確認できる最後のものは第一四輯『旅順物語』（一九四二年六月）だが、この最終ページに既刊分のタイトルが一覧になっている。満鉄旅客課の出版物の方向性が窺えるため、それを以下に挙げる。

第一輯　興安嶺附近釣魚の話（絶版）
第二輯　北満に於ける露西亜寺院（絶版）
第三輯　松花江の魚の話（絶版）
第四輯　満洲に於ける天主教（絶版）
第五輯　乾隆御製盛京賦（残少）
第六輯　哈爾濱ところ〴〵（絶版）
第七輯　支那芝居と寄席の話（絶版）
第八輯　支那料理の話（絶版）
第九輯　満洲の家
第十輯　影絵芝居の話

第十一輯　奉天を中心とせる外人伝道師の足跡
第十二輯　日満の古き国交
第十三輯　満洲の年中行事

さらに、旅客課は一九三九年に営業区間一万キロメートル突破記念として「鉄道唱歌懸賞募集」を行った。満洲新聞社との共催で、入選した作品をコロムビアからレコード化して売り出すという企画だった。一九三九年一一月に、藤晃太郎作詞、古関裕而作曲の「満洲鉄道唱歌」というタイトルで、レコードと楽譜が制作された。

このように、旅客課の活動は華やかだったのであり、今回収めた『大松花江』もこうした一連の活動の中に位置づけられるだろう。本書の発行人である野間口英喜は、この時点で旅客課の課長であると同時に、満洲観光聯盟理事長を務めていた。また、本書刊行の翌年ではあるが、一九四一年の『日本観光年鑑　昭和十六年版』を見ると、満洲国政府内に設けられた「満洲観光委員会」（メンバーの中枢は関東軍や海軍、憲兵隊が占めていた）の「委員」として野間口が、「幹事」として『大松花江』の編輯人である佐藤眞美が入っている。この「満洲観光委員会」とは別に、先述の満洲観光聯盟も存続しており、満洲観光のプロモーションも政治的な緊張関係があらわれる一つの舞台であることがわかる。

・北野邦雄『ハルビン点描』（光画荘、一九四一年一二月）

全八八頁。昭和一六年一二月一〇日印刷、昭和一六年一二月一五日発行。定価三円二〇銭。著者・発行者は北野邦雄（東京市京橋区木挽町五の二）。印刷者は萩原芳雄（東京市牛込区山吹町一九八）、印刷所は共同印刷株式会社（東京市小石川区久堅町一〇八）。発行所は光画荘（東京市京橋区木挽町五の二）。装幀は、山久緒。写真二四点と一六本のエッセイで構成されている。

北野邦雄は本名を吉岡兼吉といい、北野のペンネームは自身が北海道出身であることにちなんでいる。昭和戦前期からドイツ語教師を務めると同時に写真関係の雑誌に作品や文章を寄せ、次第に後者を仕事の中心にしていった。一九三九年に光画荘を創業した。戦前・戦中期の主著に『ローライ写真術』（アルス、一九三五年一二月）、『百万人の写真術』（光画荘、一九四〇年七月）などがあり、戦後も精力的な著述活動を続けた。

「あとがき」から、二年前すなわち一九三九年頃の哈爾濱旅行の際に撮影したものを収めたことや、地誌の紹介を中心にするという編集の意図がわかる。また、「ハルビンには極めて強力な写真団体として哈光倶楽部がある」と述べ、その会員に種々の便宜を計ってもらったことに触れている。このクラブについては、エッセイでも「哈光クラブの人達」というタイトルで大きく取り上げている。

このエッセイに、哈光倶楽部の会員の「川瀬尊弘」という人物と北野との出会いが描かれている。この人物は「満鉄の関係」で、「ハルビンを訪ねる人達を必らず案内する役目を承はつてゐる」と書かれている。一方では、「私は満鉄に関係はない」と、北野は丁寧に断わりを入れている。川瀬は一九二〇年代には京都で旅館を経営していた。その後、経緯は不明だが、一九三七年九月の時点で満鉄の哈爾濱鉄路局総務処資料課の事務手になっていることが、満鉄の社員録で確認できる。北野を出迎えたのと同様に、映画評論家の今村太平が来訪した際も、川瀬が出迎えたことが書き残されている（今村太平『満洲印象記』第一芸文社、一九四一年九月）。川瀬はたしかに、「ハルビンを訪ねる人達を必らず案内する役目」を担っていたのだろう。また川瀬の写真は、満鉄社員会の機関誌『協和』一九三九年四月号の表紙を飾っているほか、『カメラ』（アルス）や『アサヒカメラ』でも作品が掲載されたことからも、定評があったことが窺える。

なお、この北野の旅は私的なもので「別段誰の世話になるつもりもなく」（六三頁）始まったというが、大連でカメラやレコードを扱っていた森洋行合名会社にいた知人の助力を得たことが述べられている。森洋行は井上ひさしの戯曲「連鎖街のひとびと」や、三船敏郎が少年時代を過ごしたことで知られる商店街・連鎖街の中心部に位置していた。文化に関わる著名人の満洲旅行といえば、満鉄の招待による旅を想起する向きもあるかもしれないが、北野の場合はそれと異なり、モダニズムの時代を背景として、あるいはその名残を手繰るかのように満洲、そして哈爾濱にたどり着いたという趣がある。

・哈爾濱満鉄厚生会文芸会編『黄風』（哈爾濱満鉄厚生会文芸会、一九四二年九月）

全一四二頁。奥付では本書のタイトルは『句集「黄風」』となっており、「哈爾濱満鉄厚生会文芸会俳句会叢書　第一編」と銘打たれている。非売品。昭和一七年九月一日印刷、昭和一七年九月五日発行。発行人は、本多静（哈爾濱鉄道局人事課）。編輯人は、大石曉（哈爾濱鉄道局営業課）。印刷人は古米宣治（哈爾濱市通道街六順街十九号）。印刷所は、「満鉄・哈爾濱印刷所」（住所は古米と同じ）、発行所は、哈爾濱満鉄厚生会文芸会である。

本書は改造社の雑誌『俳句研究』第一〇巻第一号（一九四三年一月）の「新刊紹介」欄でも取り上げられており、そこでは「大石曉座編著」とされている。奥付では編輯人となっている大石は、『ホトトギス』派の俳人で号を曉座という。『ホトトギス』に初めてその名が確認できるのは四一巻一一号（一九三八年八月）で、「此の道の水漬きてばかり捩ぢ菖」が採られた。この時既に在所が「ハルビン」となっている。また、高浜虚子に師事した原石鼎の主宰する俳句結社・鹿火屋の句誌『鹿火屋』にも、大石の名はしばしば見られ、最初のものとしては二三九号（一九三九年六月）が確認できる。この時には、「母急逝す、夢の如し」として「母そこにおはすがごとき炬燵かな」と詠んでいる。なお、戦後は静岡で句作を続けた。

つまり、俳人・大石曉座は戦中に哈爾濱鉄道局に勤め、少なくとも一九四二年時点では営業の仕事に携わりながら、句作を続けていたということになる。また、大石による『黄風』の「後記」には、哈爾濱満鉄厚生会文芸会の成立が一九四一年であること、同文芸会の中は俳句会、川柳会、短歌会、創作会の四つに細分化されており、これらの活動をまとめる総合月刊雑誌の発行も議論されたものの、結果的に一年に一冊作品集を発行することになり、本書がその最初のものであることが記されている。しかし、本書以外の作品集、すなわち「哈爾濱満鉄厚生会文芸会俳句会叢書」の第二集以降は現在のところ確認されていない。

俳句会は講師に虚子の息子・高浜年尾を迎えていた。従前の大石曉座の活動も視野に入れれば、年尾の招聘もまた大石の力によるところだと推測される。本書の巻頭には高浜虚子「俳句は強く生きる道である」が掲載されているが、これは一九四一年六月七日に哈爾濱満鉄厚生会館で行われた虚子の講演の速記録である。高浜虚子一行（年尾や『ホトトギス』同人の中村若沙も同行した）を招いたことにも、大石がある程度は関わっていたのではないだろうか。

『黄風』には虚子の講演録のほか、大連で発行されていた俳誌『平原』に掲載された虚子「満洲行」、『大阪朝日新聞』に発表された（大石曉座「後記」の記述に拠る）「柳絮とぶ」からの抜粋「ハルビンの街」の一連の作品が再録され、年尾についても、年尾自身が編集していた俳誌『鹿笛』に既発表だという「満洲旅吟」を転載している。これらが巻頭を飾り、以降は俳句会のメンバー二〇名の作品が掲載され、大石も冬の哈爾濱を描いた「四温」を寄せている。

関連年表

〈凡例〉

・本年表は一八九四年～一九四五年までを、事項編と資料編に分けて構成している。
・事項編は、小泉京美編『コレクション・モダン都市文化85 満洲のモダニズム』（ゆまに書房、二〇一三年六月）、貴志俊彦・松重充浩・松村史紀編『二〇世紀満洲歴史事典』（吉川弘文館、二〇一二年一二月）、哈爾濱学院史編集室編『哈爾濱学院史』（国立大学哈爾濱学院同窓会、一九八七年六月）、などを参照した。
・地名・事件・機関等の名称は、原則として当時の一般的な表記で示し、別称・正式名称を適宜補った。
・資料編は日本語文献を記した。単行本は、◆編著者名『書名』（出版社）とし、雑誌・新聞掲載記事は、◇著者名「タイトル」（『掲載誌（紙）名』）。とした。
・編著者と発行元が同一の文献については編著者の記載を省いた。
・文献名・編著者名の記載にあたっては、原則として新字・旧仮名遣いとした。
・資料編のうち、本書に復刻収録された文献についてはゴシック体で示した。

一八九四（明治27）年
八月、日清戦争始まる（1日）。**一一月、**日本軍が旅順・大連を占領。

一八九五（明治28）年
四月、日清講和条約が締結され、清国は遼東半島・台湾・澎湖諸島を日本に割譲し、沙市・重慶・蘇州・杭州を開放する（17日）。**四月、**フランス・ドイツ・ロシアによる三国干渉が実現し日本は遼東半島の返還を求められる（23日）。**一一月、**遼東半島還付に関する日清条約が調印される（8日）。**一二月、**日本軍が遼東半島からの撤兵を完了する。

一八九六（明治29）年
八月、露清銀行と清国間で東清鉄道（満洲里～綏芬河）の建設契約が締結される。

一八九八（明治31）年
三月、帝政ロシアが遼東半島南端部を租借し、哈爾浜・旅順の鉄道敷設権を獲得する。帝政ロシアは鉄道附属地哈爾浜に次いで、ダーリニーの都市建設を開始する。八月、哈爾浜のニコライ聖堂竣工。

一九〇〇（明治33）年
六月、北清事変（義和団事件）の余波により満洲各地で東清鉄道の施設が破壊され、ロシア軍は鉄道保護を名目に満洲に派兵。

一九〇一（明治34）年
九月、北清事変最終議定書（北京議定書）が調印される（7日）。東清鉄道完成。

一九〇二（明治35）年
四月、ロシアがダーリニーに特別市制度を実施、東清鉄道技師長サハロフが市長を兼任。

一九〇三（明治36）年
一月、東清鉄道南満洲支線が完成する。七月、東清鉄道が本営業を開始する。

一九〇四（明治37）年
二月、日露戦争始まる（10日）。九月、シベリア鉄道全線開通。

一九〇五（明治38）年
一月、日本軍の旅順総攻撃によりロシア軍が降伏する（2日）。二月、日本軍がダーリニーを大連と改名。三月、日本軍が奉天を占領（10日）。九月、日露講和条約が調印され、ロシアは関東州の租借権・長春以南の東清鉄道の経営権等の利権を日本に譲渡（5日）。一二月、日清間で満洲に関する条約締結（22日）。

一九〇六（明治39）年
一月、満洲経営委員会発足。六月、満洲経営委員会が南満洲鉄道株式会社設立に関する件を交付（7日）。七月、児玉源太郎が南満州鉄道株式会社設立委員長に任命される（13日）。児玉源太郎死去（23日）。寺内正毅が満鉄設立委員長に任命される（25日）。九月、日本政府は旅順に関東都督府を設立。満鉄事務所が設立され、株式公募を開始

（10日）。一一月、後藤新平が初代満鉄総裁兼関東都督府顧問に就任（13日）。満鉄設立大会（26日）。満鉄の本社が東京に設置される（27日）。

一九〇七（明治40）年

三月、日本が哈爾浜に領事館を設置（3日）。満鉄が本社を大連に移し、東京に支社を設置（5日）。四月、満鉄営業開始（1日）。七月、東清・満鉄連絡協定調印（21日）。第一回日露協約調印（30日）。一〇月、満鉄が鉄道附属地の行政を開始する。一一月、『満洲日日新聞』創刊（3日）。一二月、『満洲日報』創刊（5日）。

清朝が哈爾浜を対外交易拠点とすることを決定。これに対してロシアは、埠頭区と新市街を公議会の管轄とし、清朝に抵抗。

◆九月、森鷗外『うた日記』（春陽堂）。

一九〇八（明治41）年

一〇月、南満京奉鉄道連絡協約調印。一二月、中村是公が第二代満鉄総裁に就任（19日）。

◆六月、内藤湖南編『満洲写真帖』（東陽堂）。一二月、国木田独歩『愛弟通信』（左久良書房）。

◇一月、田山花袋「一兵卒」（『早稲田文学』）。

一九〇九（明治42）年

二月、『満鮮旅行案内』創刊。七月、満鉄が附属地に公学堂を設置。九月、満鉄総裁の中村是公の誘致で夏目漱石が大連に到着（6日）。一〇月、伊藤博文が哈爾浜で暗殺される（26日）。

◇一〇月、夏目漱石「満韓ところ〴〵」（『朝日新聞』、21日～12月30日）。一一月、夏目漱石「満韓所感」（『満洲日日新聞』、5日～6日）。

一九一〇（明治43）年

三月、安重根が処刑される（26日）。四月、シベリア鉄道の欧亜連絡運輸開始。七月、第二回日露協約調印（4日）。八月、日韓併合条約調印（22日）。

一九一一（明治44）年

一〇月、辛亥革命勃発（10日）。

一九一二（明治45・大正元）年
一月、清朝が滅亡し、孫文を臨時大総統とする中華民国臨時政府が南京に成立する（1日）。**三月**、ジャパン・ツーリスト・ビューロー設立（12日）。**七月**、第三回日露協約調印（8日）。明治天皇死去（30日）。**一〇月**、吉長鉄道全線開通。

一九一三（大正2）年
三月、『大陸』創刊。**七月**、中国第二革命（12日）。**九月**、巌谷小波が渡満。**一〇月**、満蒙五鉄道協約成立（5日）。この協約に基づき実際に敷設されたのは四鄭線（四平街─鄭家屯間）のみだった。**一二月**、野村龍太郎が第三代満鉄総裁に就任（19日）。
◆**五月**、濱井松之助編『満洲写真帖』（大阪屋号書店）。

一九一四（大正3）年
七月、中村雄次郎が第四代満鉄総裁に就任する（15日）。第一次世界大戦勃発（28日）。

一九一五（大正4）年
一月、日本政府が袁世凱政権に対して対華二十一ヶ条要求を提示する（18日）。**五月**、日本側の最後通牒を受けて中国が対華二十一ヶ条要求を受諾（9日）。**一二月**、中国政府と横浜正金銀行との間で四平街─鄭家屯間鉄道敷設に充当するための借款五百万円の契約が締結（17日）。
◆**八月**、夏目漱石『満韓ところどころ』（春陽堂）。

一九一六（大正5）年
一月、『協和』創刊。**三月**、四鄭鉄路工程局創設（翌年四月より鉄道の敷設に着手）。**六月**、袁世凱死去（6日）。**七月**、第四回日露協約調印（3日）。
この頃、哈爾浜の日本人人口は約七〇〇人。
◆**二月**、伊藤武一郎『満洲十年史』（満洲十年史刊行会）。森鷗外（林太郎）『妄人妄語』（至誠堂書店）。

一九一七（大正6）年
三月、満鉄が哈爾濱公署を設立（1日）。**二月**、ロシア二月革命によりロマノフ王朝滅亡（15日）。**七月**、寺内正毅内閣が拓殖局を新設。中村雄次郎が関東都督に就任する。

満鉄の総裁が廃止され、国沢新兵衛が理事長に就任する（31日）。**九月**、孫文が広東に軍政府を樹立（10日）。**一一月**、ロシア一〇月革命（7日）。
◆一月、『南満洲鉄道旅行案内』（南満洲鉄道）。

一九一八（大正7）年

一月、四洮鉄路局の四鄭線（四平街―鄭家屯間）が営業開始。満鉄が北京公署を設置（15日）。**四月**、満鉄が吉林公署を設置（1日）。**五月**、満鉄が鞍山製鉄所を開設（15日）。**七月**、画家の鶴田吾郎が哈爾浜を訪れ、料亭武蔵野に滞在して写生生活を送る。**八月**、日本軍が北満へ出兵（15日）。**九月**、満蒙四鉄道協約成立（24日）。**一〇月**、大町桂月が満鉄理事国沢新兵衛に招かれて渡満。**一一月**、第一次世界大戦終結（11日）。

一九一九（大正8）年

四月、関東都督府民政部が関東庁に改組され、陸軍部が関東軍に独立する。関東庁は満鉄の直接監督機関となる。野村龍太郎が満鉄社長に就任する（12日）。**五月**、北京で五・四運動勃発。**六月**、ヴェルサイユ講和条約調印（28日）。**九月**、満鉄と中国政府との間に四洮鉄道借款契約が成立。**一一月**、満鉄社員消費組合設立。
◆五月、『南満洲鉄道株式会社十年史』（南満洲鉄道）。**一〇月**、『朝鮮満洲支那案内』（鉄道院）。**一一月**、大町桂月『満鮮遊記』（大阪屋号書店）。
◇五月、佐治祐吉「ハルピンの一夜」（『新思潮』）。

一九二〇（大正9）年

一月、国際連盟設立。**七月**、満鉄と関東庁が満蒙文化協会を設立。**八月**、満蒙文化協会機関誌『満蒙』創刊。**九月**、日露協会学校（のちの哈爾濱学院）創設。
◆三月、東亜倶楽部編『中華三千哩』（大阪屋号書店）。

一九二一（大正10）年

一月、『哈爾賓日日新聞』創刊。**四月**、安西冬衛が満鉄に入社。**五月**、早川千吉郎が満鉄社長に就任する（31日）。**七月**、中国共産党発足（23日）。
この頃、哈爾浜の日本人人口は約四〇〇〇人。
◆一一月、別所友吉編『満洲写真大観』（満洲日日新聞社）。

一九二二（大正11）年
一月、四洮鉄路局、鄭通支線（鄭家屯―通遼間）を開通。**七月、**満鉄が上海航路を大連汽船会社に譲渡する（1日）。満鉄が斉斉哈爾公署を設置（26日）。『満洲公論』創刊。**一〇月、**川村竹治が満鉄社長に就任する（24日）『平原』創刊。**一二月、**ソビエト社会主義共和国連邦成立（30日）。
◆**六月、**『哈爾賓案内』（哈爾賓商品陳列館）。
◇**一〇月、**△△生「大連の女」（『平原』）。

一九二三（大正12）年
四月、満鉄が哈爾濱公署と哈爾濱運輸事務所を合併して哈爾濱事務所を設立する。**五月、**田山花袋が満鉄の招待で満洲を旅行。**九月、**関東大震災（1日）。**一一月、**四洮鉄路局、鄭洮線（鄭家屯―洮南間）の仮営業を開始。以て四洮全線が運行されることとなった。俳人の河東碧梧桐が満鉄の招待で満洲を旅行。**一二月、**『満洲婦人新聞』創刊。この年、満鉄に社長直属機関として弘報係が設置される。
◆**五月、**奥野他見男『支那街の二夜』（潮文閣）、沖野岩三郎『薄氷を踏みて』（大阪屋号書店）。
◇**二月、**南部修太郎「ハルピンの一夜」（『女性改造』）。**三月、**浅野梨郷「鮮満行」（『平原』）。

一九二四（大正13）年
五月、中ソ国交回復（31日）。**六月、**安広伴一郎が満鉄社長に就任（22日）。**七月、**四洮鉄道全線営業開始。
◆**一一月、**田山花袋『満鮮の行楽』（大阪屋号書店）。
◇**三月、**河東碧梧桐「満洲の印象」（『平原』）。

一九二五（大正14）年
三月、孫文死去（12日）。旅順港が商港として開放される。**四月、**満鉄大連図書館報『書香』創刊。**五月、**上海で五・三〇事件勃発。**八月、**大陸ではじめての展覧会となる大連勧業博覧会が開催される（10日～9月17日）。
◆**四月、**桜井忠温『黒煉瓦の家』（丁未出版社）。

一九二六（大正15・昭和元）年
三月、ロシア人による哈爾浜の統治が終わる。**五月、**満鉄社員会発足。**六月、**南満洲電気株式会社営業開始（1日）。**七月、**国民党北伐開始。**九月、**野口雨情が満鉄の招待で満

洲を旅行。**一〇月、**満鉄社員会結成。**一二月、**大正天皇死去（25日）。
◇**六月、**里村欣三「苦力頭の表情」（『文藝戦線』）。

一九二七（昭和2）年

三月、金融恐慌（14日）。南京事件勃発（24日）。**四月、**満鉄が総裁室情報課を設置（1日）。上海で四・一二クーデター勃発（12日）。金融恐慌（14日）。満鉄大連医院開院。満鉄社員会設立。**五月、**第一次山東出兵（28日）。**七月、**南満洲電気株式会社が旅順～大連間及び旅順市街で乗合自動車の営業を開始（1日）。山本条太郎が満鉄社長に就任（19日）。**八月、**航空法が関東州に準用される。**一〇月、**『満洲日日新聞』と『遼東新報』が合併し『満洲日報』となる。**一二月、**瀋海鉄道全線営業開始（17日）。
◇**七月、**南部修太郎「「ハルピンの一夜」のこと」（『文藝公論』）。**一一月、**TN生「ハルピンにて」（『文藝解放』）。

一九二八（昭和3）年

四月、日本航空輸送株式会社設立（1日）。第二次山東出兵（20日）。**五月、**第三次山東出兵（9日）。**六月、**関東軍が張作霖を爆殺（4日）。国民革命軍が北京入城（9日）。**八月、**瀋海鉄道海龍～朝陽鎮間開通。**一〇月、**瀋海鉄道・満鉄間で連絡輸送実現（1日）。蔣介石が国民政府主席に就任（8日）。吉敦鉄道全線開通。**一二月、**張学良が国民政府に合流（29日）。
◆**三月、**南満洲鉄道株式会社社長室情報課編『満洲写真帖昭和二年版』（中日文化協会）。

一九二九（昭和4）年

四月、満鉄大連図書館報『書香』創刊。**七月、**中ソ国交断絶（18日）。**八月、**満鉄弘報課弘報主任の八木沼丈夫の招聘で読売満蒙視察団（堀口九萬一・戸川秋骨・新居格・加藤武雄・柳瀬正夢）が渡満（13日）。満鉄が総裁を復活させ、仙石貢が第一一代満鉄総裁に就任（14日）。**九月、**日本航空輸送株式会社が東京～大連間で旅客輸送を開始（10日）。**一〇月、**世界恐慌始まる（24日）。満鉄の招聘により鮮満カメラ旅行団が渡満。**一二月、**中ソ間で中東鉄道に関する協定調印（22日）。志賀直哉・里見弴が満鉄の招待で満洲を旅行。
◆**三月、**奥野他見男『ハルピン夜話』（玉井清文堂）。

◇**一月**、八木沼丈夫「冬光」（『協和』、6日）。**一二月**、加藤武雄「ハルピン」（『近代生活』）。

一九三〇（昭和5）年

二月、北原白秋が満鉄の招待で満蒙を旅行。**四月**、鉄道省国際観光局設立。**七月**、国際観光委員会設立。**九月**、菊池寛・直木三十五・横光利一・佐々木茂索・池谷信三郎が満鉄の招待で大連に到着（16日）。

◆**三月**、杉本文雄『満洲とはどんな処か』（大阪屋号書店）。

◇**一月**、中島敦「D市七月叙景（一）」（『校友会雑誌』）。**六月**、井東憲「魔都の秘密地図―犯人の街（上海）、無頼の街（南京）、スパイの街（ハルビン）」（『文学時代』）。**一一月**、林芙美子「哈爾賓散歩」（『改造』）。

一九三一（昭和6）年

一月、日本政府・張学良間で満蒙鉄道問題交渉開始（22日）。**六月**、内田康哉が第一二代満鉄総裁に就任（13日）。**七月**、万宝山事件（2日）。**九月**、柳条湖事件より満洲事変勃発（18日）。満鉄が臨時時局事務所を開設（19日）。**一一月**、四洮鉄路局と満鉄との間で経営契約が締結され、契約期間中は満鉄が鉄道一切の経営を委託されることになった（1日）。林芙美子がシベリア経由パリ行の旅行に出発（4日）。**一二月**、国際観光協会設立。中国共産党満洲省委員会が哈爾浜に移転。

この年、甲斐巳八郎が満鉄社員会報道部に入社し、満鉄社員会機関誌『協和』編集部に所属する。

一九三二（昭和7）年

一月、満鉄経済調査会設立（26日）。第一次上海事変勃発（28日）。**三月**、満洲国建国宣言（1日）。満洲国政府首都長春を新京と命名（16日）。**四月**、リットン調査団が満洲国を調査。**五月**、東京で五・一五事件勃発（15日）。ジャパン・ツーリスト・ビューロー主催の満洲風景絵画展覧会が開催される（11～13日）。**六月**、満洲国政府貨幣法公布（11日）。満洲中央銀行が設立され統一貨幣の製造・発行を請け負う（15日）。**七月**、拓務省第一次武装移民団大連上陸。満洲中央銀行開業（1日）。満洲国協和会設立（18日）。満洲国政府が郵便・電信・電話に関する郵政権を接収完了する（25日）。林博太郎が第一三代満鉄総裁に就任する

（26日）。ドイツ議会選挙でナチスが第一党になる（31日）。**八月**、満洲国政府が全満道路建設局を設立（25日）。**九月**、日満議定書調印（15日）。日満合弁で満洲航空輸送会社設立（26日）。**一〇月**、第一次武装農業移民出発。リットン調査団が日中新協定の締結を勧告する報告書を日本政府に通達。**一二月**、満洲映画人協会設立。満日文化協会設立。

◆**六月**、群司次郎正『ハルピン女』（雄文閣）。

◇**五月**、郡司次郎正「ハルピン・ガール」（『蝋人形』）。**七月**、青木実「大連にて」（『満洲公論』）。**一〇月**、横光利一「歴史（はるぴん記）」（『改造』）。山本実彦「哈爾浜」（『改造』）。

一九三三（昭和8）年

一月、ヒトラーがドイツ首相に就任（30日）。**三月**、「満洲国」が「経済建設要綱」を発表（1日）。四洮鉄路が満鉄に経営委託され、鉄路総局の管轄になる（1日）。日本が国際連盟を脱退（27日）。**四月**、日露協会学校が哈爾濱学院と改称。**五月**、ソ連が北満鉄路譲渡を正式提案（2日）。満鉄がシカゴ万博に満洲館を開設、企業出品（27日～11月12日、翌年5月26日～10月31日）。**七月**、哈爾浜特別市が成立。ドイツでナチスの一党独裁体制成立。第二次武装農業移民出発。**九月**、『満洲グラフ』創刊。

◆**一月**、中溝新一編『満洲年鑑 昭和八年』（満洲文化協会）。**二月**、高橋源太郎『新満洲国見物』（大阪屋号書店）。**五月**、林芙美子『三等旅行記』（改造社）。貴島克己編『満洲各鉄道一覧』（南満洲鉄道）。**八月**、中溝新一編『北満洲概観』（満洲文化協会）。武藤夜舟『熱河絵行脚』（巧芸社）。**一二月**、城所英一編『満洲の土に根ざす』（満鉄社員会）。宇山兵士編『大哈爾浜』（哈爾浜特別市）、国務院統計処編『満洲国年報 第一次』（満洲文化協会）。里見甫編『満洲国現勢 建国―大同二年度版』（満洲国通信社）。『満洲国大系 第一輯 執政起居紀要』（国務院総務庁情報処）、『満洲国大系 第二輯 監察・司法』（国務院総務庁情報処）、『満洲国大系 第三輯 法政』（国務院総務庁情報処）、『満洲国大系 第四輯 財政・金融・産業』（国務院総務庁情報処）、『満洲国大系 第五輯 財政・金融』（国務院総務庁情報処）、『満洲国大系 第六輯 産業』（国務院総務庁情報処）。

一九三四（昭和9）年

三月、満洲国が帝政に移行し、溥儀が初代皇帝に即位。**七月**、『旅行満洲』創刊。**一一月**、特急あじあ号が大連〜新京間で運転開始（1日）。満洲国政府が消費税課税・物件製造取締法公布（14日）。**一二月**、満洲国政府が新省制度実施（1日）。関東軍司令部が新京に移転。

◆**一月**、『満洲国大系第 第七輯 交通』（国務院総務庁情報処）、『満洲国大系 第八輯 文化』（国務院総務庁情報処）。『満洲国大系 第九輯 地方』（国務院総務庁情報処）。『満洲国大系 第一〇輯 都市』（国務院総務庁情報処）。『満洲国大系 第一一輯 外交』（国務院総務庁情報処）。**二月**、矢内原忠雄『満洲問題』（岩波書店）。中西伊之助『満洲』（近代書房）。**三月**、『満洲国大系 第一二輯 施政綱要』（国務院総務庁情報処）。『満鉄の概要 1934 年版』（南満洲鉄道）。**四月**、鉄路総局編『四平街齊齊哈爾哈爾濱間鉄路案内』（鉄路総局）。**五月**、『満洲国大系 第一三輯 満洲帝国組織法』（国務院総務庁情報処）。**六月**、堀川柳人『哈爾賓日記』（安藤次郎）。**七月**、武田豊市編『北満洲概観』改訂版（満洲文化協会）。『満洲国大系 第一四輯 康徳元年度予算に就て』（国務院総務庁情報処）。**八月**、『満洲国大系 第一五輯 産業（康徳元年度版）』（国務院総務庁情報処）。**九月**、『満洲国大系 第一六輯 財政金融篇』（国務院総務庁情報処）。**一〇月**、『満洲国大系 第一七輯 司法制度篇』（国務院総務庁情報処）。**一一月**、『満洲国大系 第一八輯 交通篇』（国務院総務庁情報処）。『満洲国大系 第一九輯 文化篇』（国務院総務庁情報処）。『満洲国大系 第二〇輯 都市（特別市）篇』（国務院総務庁情報処）。**一二月**、『満日年鑑 2595』（満洲日報社）。

◇**三月**、「満洲国の新興都市」（『支那時報』）。

一九三五（昭和10）年

一月、郵政局が満洲向郵便物の取扱を開始（7日）。**三月**、満洲国国立大陸科学院設置。日・満・ソ間で北鉄譲渡協定調印（23日）。これを受けて哈爾濱学院の学生たちが北満鉄道接収事務に協力（四月上旬まで）。**四月**、皇帝溥儀、東京で昭和天皇と会見。画家の福沢一郎・清水登之・鈴木保徳が満洲を旅行し、大連・新京・哈爾浜で三人展を開催する。**六月**、福沢一郎・清水登之・鈴木保徳が哈爾浜で三人展を開催する（28日）。前島いづみらが哈爾浜短歌会を結成する。**八月**、松岡洋右が第一四代満鉄総裁に就任（2

日）。『満洲日報』と『大連新聞』が合併し『満洲日日新聞』となる（7日）。九月、特急あじあ号が哈爾浜まで延長運転。一〇月、第三次特別農業移民団入植。東清鉄道が「満洲国」に売却される。

◆一月、長谷川春子『満洲国』（三笠書房）。三月、清水国治『満洲国とはどんな処か』（大阪屋号書店）、『北鉄沿線概況』（哈爾濱鉄路局）、『満洲国現勢 建国―康徳二年版』（満洲国通信社）。『満洲大観』（新満州情報社）。五月、『満洲国大系 第二一輯 民政篇』（国務院総務庁情報処）、『満洲国大系 第二二輯 外交篇』（国務院総務庁情報処）、『満洲国大系 第二三輯 軍政篇』（国務院総務庁情報処）。六月、押川一郎編『満洲交通統計集成』（南満州鉄道）。『満洲国大系 第二四輯 康徳二年度予算に就て』（国務院総務庁情報処）。一一月、藤井弘編『満洲の電気事業』改定版（満洲電気協会）。『満洲年鑑 昭和十一年版』（満洲日日新聞社）。

◇一月、田口稔「明治初・中葉の満洲文献」（『満蒙』）。

一九三六（昭和11）年

二月、東京で二・二六事件勃発（26日）。七月、哈爾浜短歌会の機関誌『北満歌人』創刊（1日）。八月、ベルリンオリンピック開催（1～16日）。満洲農業移民計画決定。大連～哈爾浜間で特急あじあ号の直通運転開始。一〇月、満鉄総裁室に情報と弘報を一体化した弘報課を設置。一一月、日独伊防共協定調印（25日）。満鉄映画製作所設立。

◆三月、南満洲鉄道株式会社総務部庶務課編『満洲概観 2596年版』（南満洲鉄道）。『子供の満洲』（南満州鉄道）。四月、斯波雪夫『国際情緒哈爾浜物語』（東亜書房）。中西伊之助『支那・満洲・朝鮮』（実践社）。『満洲国現勢 康徳三年版』（満洲国通信社）。八月、長与善郎『満支このごろ』（岡倉書房）。一〇月、『満洲年鑑 昭和十二年版』（満洲日日新聞社）。

◇一月、長谷川如是閑「哈爾浜の幻想」（『改造』）。四月、松本弘二「哈爾浜夏冬記」（『アトリヱ』）。一一月、鶴田吾郎「変つた満洲」（『中央美術』）。

一九三七（昭和12）年

四月、室生犀星が哈爾浜を目的地とする旅行に出る（五月まで）。満鉄総裁の松岡洋右が国際宣伝を強化、英語版『Contemporary Manchuria』（South Manchuria Railway

Co.）を創刊。**五月**、パリ万博で満鉄パリ支局が「満洲国を訪れよ」のテーマでポスターの懸賞募集を行う（25日～11月25日）。**六月**、満洲文話会発足（30日）。**七月**、盧溝橋事件勃発、日中戦争始まる（7日）。**八月**、第二次上海事変（13日）。満洲映画協会設立（21日）。**九月**、満日文化協会が民生部の意向を受けて、美術・演劇・音楽・文芸・大衆娯楽の親和会を開催。**一一月**、満洲国における日本の治外法権撤廃及び満鉄附属地行政権譲渡条約に調印（5日）。満鉄の鉄道附属地が撤廃され、行政権は満洲国に委譲される。日独伊防共協定（6日）。満鉄がパリで募集したポスター展が全満で開催される。白系露人事務局主催反共ポスター展が新京で開催される。**一二月**、日本軍が南京を占領（13日）。華北臨時政府成立（14日）。満洲映画協会の機関誌『満洲映画』創刊。

◆**八月**、『哈爾濱案内図』（哈爾濱観光協会）。**九月**、室生犀星『駱駝行』（竹村書房）。**一〇月**、『満洲文芸年鑑Ⅰ 昭和十二年版』（G氏文学賞委員会）。**一一月**、坂口得一郎編『最新哈爾浜の展望』（大正写真工芸所新京営業部）。『満洲年鑑 昭和十三年版』（満洲日日新聞社）。

◇**四月**、瀧口武士「日本的なもの」（『満洲日日新聞』、2、3、6日）。西村真一郎「最近の満洲文学界」（『満洲日日新聞』、10～11、13～16日）。**六月**、川端龍子「新京より」（『塔影』）。**八月**、川端龍子「承徳の宿」（『美之国』）。川端龍子「熱河行」（『アトリヱ』）。川端龍子「熱河行」（『塔影』）。**九月**、中山巍「未完成都市」（『美之国』）。中山巍「満洲スケッチ」（『みづゑ』）。**一二月**、大谷藤子「哈爾浜の一夜」（『人民文庫』）。

一九三八（昭和13）年

二月、パリ万博で満鉄パリ支局が懸賞募集した満洲国宣揚ポスター展が三越本店ギャラリーで開催される（22～27日）。満洲国国家総動員法公布（26日）。『満洲浪曼』創刊。**三月**、南京に中華民国維新政府樹立（28日）。**四月**、日本政府国家総動員法公布（1日）。『旅行満洲』が『観光東亜』に改題される。満鉄北支事務局がグラフ雑誌『北支画刊』を創刊。**一〇月**、『満洲浪曼』創刊。**一一月**、近衛内閣が「東亜新秩序建設」声明（3日）。

◆**二月**、室生犀星『大陸の琴』（新潮社）。**三月**、近藤信宣編『満洲住宅図聚』第四輯（満洲建築協会）。加藤郁哉『満洲旅行の栞 昭和十三年度版』（満鉄鉄道総局営業局旅客課）。松本豊三『満洲民俗図譜』（南満洲鉄道）。**五月**、長与善郎『少年満洲読本』（新潮社）。永尾竜造『満洲・支那の習俗』（満鉄社員会）。**七月**、『若き満洲』（満洲帝国政府）。『満洲国現勢　康徳五年版』（満洲国通信社）。**八月**、石山皆男編『旅窓に学ぶ　西日本篇』（ダイヤモンド社）。松本豊三『満洲と満鉄　昭和十三年版』（南満洲鉄道）。**九月**、入江正太郎『一枚の屋根瓦』（満洲日日新聞出版部）。**一一月**、『満洲年鑑　昭和十四年版』（満洲日日新聞社支店）、『簡易満洲案内記』（南満洲鉄道）。淵上白陽編『満洲写真読本』（満鉄社員会）。**一二月**、満洲文話会編『満洲文芸年鑑Ⅱ　昭和十三年版』（満蒙評論社）。林重生『満支旅行年鑑　昭和十四年』（ジャパン・ツーリスト・ビューロー満洲支部）。保田与重郎『蒙疆』（生活社）。竹内正一『氷花』（大連作文社）。松本豊三『満洲は移民の楽土』（南満洲鉄道）。

◇**二月**、福田新生「満洲の女性」（『むらさき』）。**四月**、堤寒三「北支に観る」（『アトリヱ』）。**五月**、綱島貞一「北満スケッチの旅から」（『拓け満蒙』）。**六月**、志賀直哉「続創作余談」（『改造』）。**八月**、豊田三郎「北京・哈爾賓」（『新潮』）。

一九三九（昭和14）年

一月、内閣情報部が「東亜新秩序建設に関する宣伝方策大綱」を発表（17日）。大陸開拓文芸懇話会設立。**二月**、内閣情報部が「東亜新秩序建設に関する宣伝方策大綱」を発表（17日）。**三月**、満洲能率協会設立（2日）。大村卓一が第一五代満鉄総裁に就任（24日）。国立哈爾濱学院学制発布により、哈爾濱学院が「満洲国立大学哈爾濱学院」と改称。**五月**、ノモンハン事件（11日）。**八月**、独ソ不可侵条約調印（23日）。**九月**、第二次世界大戦勃発（1日）。張家口に蒙古連合自治政府成立（主席は徳王、1日）。**一〇月**、満鉄営業一万キロメートル突破。**一一月**、甘粕正彦が満映理事長に就任。日劇で「満映・東宝提携」と銘打った李香蘭・長谷川一夫主演「白蘭の歌」が封切りされ（30日）、李香蘭の歌う「何日君再来」のレコードとともに大ヒット。**一二月**、日満両政府が満洲開拓政策基本要綱を発表。

◆**一月**、『満蒙雑話』（満洲帝国協和会中央本部）。**二月**、加藤郁哉編『満洲』（満鉄鉄道総局営業局旅客課）。奥野他見男『支那街の一夜・ハルピン夜話』（大洋社出版部）。国務院総務庁統計処編纂『満洲国国勢グラフ　康徳五年版』（国務院総務庁統計処）。加藤郁哉編『満洲』（満鉄鉄道総局営業局旅客課）。**四月**、哈爾浜交通株式会社編『ハルピン観光案内』（哈爾浜交通企画課）。室生犀星『あやめ文章』（作品社）。『建国七年の満洲帝国』（満洲国通信社出版部）。**五月**、哈爾浜観光協会編『哈爾浜ノ観光・附サービス読本』（哈爾浜観光協会）。加藤郁哉『満洲こよみ』（満鉄社員会）。**六月**、田口稔『満洲地理点描』（満鉄社員会）。東文雄『朝鮮・満洲・支那大陸視察旅行案内』（東学社）。菅野正男『土と戦ふ』（満洲移住協会）。**七月**、加藤郁哉編『満洲旅行の栞 昭和十四年度版』（満鉄鉄道総局営業局旅客課）、下村海南『朝鮮・満洲・支那』（第一書房）。呂作新『民族共和の満洲国』（満洲帝国協和会中央本部）。**八月**、一色達夫『北満のエミグラント』（光る丘社）。『満洲国を語る』（満洲国通信社出版部）。打木村治『光をつくる人々』（新潮社）。『満洲国現勢 康徳六年版』（満洲国通信社）。**九月**、坂井艶司『崖つぷちの歌』（作文発行所）。藤山一雄『満洲の地理学』（満洲帝国教育会）。大内隆雄訳編『原野』（三和書房）。**一一月**、千田万三『満洲事典』（満鉄社員会）。島崎曙海『地貌』（二〇三高地詩社）。満洲文話会編『満洲文芸年鑑Ⅲ 昭和十四年版』（満洲文話会）。『満洲電気事業現勢』（満洲電業業務室）。『満洲年鑑 昭和十五年版』（満洲日日新聞社）。**一二月**、金丸精哉『満洲雑暦』（満洲日日新聞社出版部）。金丸精哉『満洲雑暦』（満洲日日新聞社出版部）。『満洲作家選集』（満洲文祥堂）。八木奘三郎『満洲都城市沿革考』（南満洲鉄道株式会社総裁室弘報課）。

◇**四月**、無署名「楽壇時評―ハルビン管弦団の来朝と新響ほか―」（『新潮』）。**五月**、無署名「楽壇時評―ハルビン管弦団の教示ほか―」（『新潮』）。**六月**、寺崎浩「ハルビン風物誌」（『文藝』）。**七月**、特集「文化機関当事者に訊く」、坪井与「国語と映画」（『満洲浪曼』）。**八月**、現地座談会「満洲に住む若き女性群」（『新女苑』）。久米正雄「白蘭の歌」（『東京日日新聞』『大阪毎日新聞』、3日～1940年1月9日）。**九月**、竹内正一「馬家溝―まあ・ぢあ・ごう―」（『新潮』）。西川清六「満洲文学について」（『満洲公論』）。**一一月**、谷川徹三「満洲日録抄（女性文化月評）」（『婦人公論』）。**一二月**、特集「満洲作家選集」（『満洲浪曼』）。

一九四〇（昭和15）年

三月、汪兆銘政権樹立（30日）。**六月**、紀元二六〇〇年慶祝のため溥儀訪日。聖戦美術展が哈爾浜第四軍管区体育館を巡回（11～16日）。ドイツ軍無血入城、パリ陥落（14日）。**九月**、日本軍が北部仏印に進駐開始（23日）。日独伊三国同盟締結（26日）。慶祝日本紀元2600年興亜国民動員大会が新京大同広場で開催される（19日）。藤田嗣治が関東軍の委嘱でノモンハンの戦跡を写生するため渡満（8日）。**一〇月**、満洲観光連盟が満洲観光美術展を奉天・哈爾浜・新京・大連で開催（22～28日）。全満のダンスホール廃業決定。**一一月**、満洲歌友協会奉天支部結成（3日）。満洲国政府が登録写真制度を実施し満洲事情案内所が統括。**一二月**、満洲国政府が弘報行政一元化のため中央地方行政事務合理化要綱を決定（5日）。

この頃、哈爾浜の総人口が六〇万人に達する。

◆**一月**、久米正雄『白蘭の歌』（新潮社）。『満洲と満鉄　昭和十四年版』（南満洲鉄道弘報課）。『満洲帝国現在人口』（南満洲鉄道調査部）。**二月**、石井達郎編『満洲建築概説』（満洲事情案内所）。**四月**、日本国際観光局満洲支部編『満支旅行年鑑　昭和十五年』（博文館）。『満洲放送年鑑　昭和十四年』（満洲電信電話）。島木健作『満洲紀行』（創元社）。ウェ・カー・アルセェニエフ著・満鉄調査部第三調査室訳『ウスリー地方探検記』（満鉄社員会）。**五月**、藤山一雄編『ある北満の農家』（満日文化協会）。浅見淵編『廟会―満洲作家九人集』（竹村書房）。満洲浪曼編集所編『満洲文学研究』（東京書籍新京出張所）。**六月**、満洲歌友協会編『満洲年刊歌集　第一輯』（満洲歌友協会）。南満洲鉄道株式会社鉄道総局他編『綴方満洲』（修学館）。**七月**、『満洲国現勢　康徳八年版』（満洲国通信社）。**八月**、小泉菊枝『東亜連盟と昭和の民』（東亜連盟協会）。新京特別市長官房庶務科編『国都新京』（満洲事情案内所）。**九月**、『満洲土俗人形』（満洲郷土色研究会）。山崎鋆一郎『満蒙風俗写真帖』（大正写真工芸所）。**一〇月**、『満洲の新聞と通信』（満洲弘報協会）。衛藤利夫『短檠』（満鉄社員会）。佐藤慎一郎『満洲及満洲人』（満洲事情案内所）。**一一月**、春山行夫『満洲風物誌』（生活社）。堀越喜博『満洲看板往来』（日本国際観光局）。芝田研三『満洲読本』（南満洲鉄道株式会社弘報課）。本山桂川『物語満洲歴史』（満鉄社員会）。**一二月**、和田日出吉編『年刊満洲　康徳八年版』（満洲新聞社）。

『満洲年鑑 昭和十六年版』（満洲日日新聞社大連支店）。川島豊敏『北保壘』（二〇三高地詩社）。島木健作『或る作家の手記』（創元社）。山田清三郎編『日満露在満作家短編集』（春陽堂）。

◇**二月**、柳瀬正夢「満支スケッチ」（『帝大新聞』、12、19日）。**四月**、前川千帆「満洲漫画断片」（『新満洲』）。**五月**、竹内正一「五月のハルビン」（『新潮』）。「哈爾浜特集」（『満洲観光聯盟報』）。長谷川濬「建国文学私論」、三好弘光「満洲詩論」、西村真一郎「満洲文学の基本概念」、大内隆雄「満洲文学の特質」、北村謙次郎「探究と観照」、吉野治夫「満洲文学の方向」、王則「満日文学交流雑談」、薊一郎「臨床的満洲文学論」、日向伸夫「満洲文学私観」、新井練三「満洲ジヤアナリズムの一面」、陳其芬「満洲音楽序説」（『満洲浪曼』）。阿部芳文「五当召行」（『改造』）。**七月**、村山知義「満洲のアマチュア劇団に」（『満洲日日新聞』、18日～20日）。福田新生「山河カザック」（『満洲日日新聞』、24～26日）。「村山知義氏と田中総一郎氏、新劇を語る」（『満洲日日新聞』、29日）。**八月**、春山行夫「ハルビン記―満洲国の印象―」（『文学者』）。呉郎「満洲文壇縦横談」（『満洲日日新聞』、18日、20～23日）。**九月**、牛島春子「祝といふ男」（『満洲日日新聞』、26日～10月8日）。**一一月**、高井貞二「ハルピン（絵と文）」（『新潮』）。

一九四一（昭和16）年

三月、満洲国弘報処が文芸・美術・音楽・舞踊・演芸・映画などの芸術文化を統制下におくことを定めた芸文指導要綱を発表、文化団体の統廃合が行われ、満洲文話会が解消、一元的組織である満洲芸文連盟が発足し、満洲劇団協会・満洲楽団協会・満洲美術家協会・満洲文芸家協会が所属（23日）。日向伸夫「第八号転轍器」が芥川賞候補になる。**四月**、日ソ中立条約調印（13日）。**五月**、満洲詩人会機関誌『満洲詩人』創刊。**六月**、ドイツ軍がソ連に進攻（22日）。**七月**、日本軍が南部仏印進駐開始（28日）。哈爾濱学院二〇期生九二名が繰上卒業、全員徴用（30日）。**八月**、満鉄が特務委員会を設立。九月芸文指導要綱に基づき、全満主要音楽団が満洲楽団協会として組織される（10日）。**一一月**、満洲電影総社設立（21日）。**一二月**、日米開戦（8日）。情報局が「大東亜戦争に対する情報宣伝方策大綱」を発表（15日）。

◆二月、福田新生『北満のカザック』（刀江書院）。『満洲放送年鑑 昭和十五年』（満洲電信電話）。三月、日高昇『満洲国の郵便切手』（満洲国郵票同好会）。和田伝『大日向村』（朝日新聞社）。ニコライ・A・バイコフ著・長谷川濬訳『偉大なる王』（文藝春秋社）。菊池寛『満鉄外史』（満鉄社員会）。四月、『満洲』（満洲観光連盟）、舟木由岐『白い神』（二〇三高地詩社）。『樹氷』（満洲国立大学哈爾浜学院黒水会）。保井克巳『民族と言語』（満洲事情案内所）。吉野治夫編『大陸の相貌』（満洲日日新聞社・大連日日新聞社）。『躍進満洲概観』（満洲日日新聞社東京支社・大連日日新聞社）。『世界地理』第二巻満洲（河出書房）。五月、北村謙次郎編『僻土残歌』（興亜文化出版社）。日本国際観光局満洲支部編『満支旅行年鑑 昭和十六年』（博文館）。日向伸夫『第八号転轍器』（砂子屋書房）。六月、金丸精哉『満洲風雲録』（六人社）。伊藤修『異民族と共に 大政翼賛』（満洲日日新聞社）。武藤富男『満洲讃歌』（吐風書房）。七月、小泉菊枝『女性史開顕』（まこと会）。八月、永原いね子編『満洲を詠へる』（満洲歌友協会）。芝田研三編『満洲概観』（南満州鉄道株式会社総裁室弘報課）。岡本正編『土のうた』（大陸建設社）。九月、『満洲国現勢 康徳九年版』（満洲国通信社）。藤山一雄編『ロマノフカ村』（満日文化協会）。楯綱雄『満洲景観写真帖』（大正写真工芸所）。満洲歌友協会『満洲年刊歌集 第二輯』（満洲歌友協会）。一〇月、伊藤整『満洲の朝』（育生社弘道閣）。三宅豊子『塒の歌』（吐風書房）。一二月、金丸精哉『満洲の四季』（博文館）。長与善郎『満洲の見学』（新潮社）。『満洲国写真集』（満洲事情案内所）。『満洲年鑑 昭和十七年』（満洲日日新聞社）。東亜旅行社満洲支部編『満支旅行年鑑 昭和十七年』（東亜旅行者満洲支部）。由井浜権平ほか『満洲タイムス廃刊記念謝恩誌』（満洲タイムス社）。北野邦雄『ハルビン点描』（光画荘）。

◇一月、金丸精哉「満洲歳時記」（『満洲観光聯盟報』）。沼田征矢雄「国土計画と満洲国都市」（『都市問題』）。山田清三郎「満洲文壇当面の問題」（『満洲日日新聞』、5日、7、8、10日）。永井龍男・島木健作・阿部知二「満洲と文学」（『満洲日日新聞』、8～19日）。宮井一郎「満洲文学当面の問題」（『満洲日日新聞』、11、12、14日）。椋本捨三「満洲文学当面の問題」（『満洲日日新聞』、15、17、18日）。遠田民夫「満洲文学当面の問題」（『満洲日

日新聞』21、22、24、25日)。檀一雄「満洲文学当面の問題」(『満洲日日新聞』、26、29、31日、2月1日)。**二月**、飯島正「春山行夫氏の『満州風物誌』を読む」(『新領土』)。饒正太郎「ユリシイズ的『満州風物誌』」(『新領土』)。金丸精哉「満洲歳時記」、森下辰夫「観光と文化に就て」(『満洲観光聯盟報』)。北村謙次郎「満洲文学当面の問題」(『満洲日日新聞』、2~5日)。武藤弘報処長「満洲文化の新体制」(『満洲日日新聞』、9、12、14日)。堀正武「満洲文化の新体制」(『満洲日日新聞』、15~16日)。別府誠之「満洲文化の新体制」(『満洲日日新聞』、21~22日)。羅仲粱「満洲文化の新体制」(『満洲日日新聞』、23日)。**三月**、野田光雄「満洲風景と地質」、田口稔「満洲の風景」、金丸精哉「満洲歳時記」(『満洲観光聯盟報』)。牛島春子「祝といふ男」(『文藝春秋』)。尾崎秀実「満洲への公開状」(『満洲日日新聞』、21日)。島木健作「満洲への公開状」(『満洲日日新聞』、23、25、26日)。春山行夫「満洲への公開状」(『満洲日日新聞』、28~30日)。**四月**、金丸精哉「満洲歳時記」(『満洲観光聯盟報』)。宮井一郎「公開状に答へる」(『満洲日日新聞』、13、15、16日)。田中総一郎「公開状に答へる」(『満洲日日新聞』、18日)。武藤富雄「芸文指導要綱について」(『満洲日日新聞』、25日、5月1~3、7日)。**五月**、近藤東「『満州風物誌』―春山行夫著」(『新領土』)。金丸精哉「満洲歳時記」(『満洲観光聯盟報』)。宮澤千代咲「南満をうたふ歌人」(『観光東亜』)。呉郎「満洲文学を私は斯く観る」(『満洲日日新聞』、2日)。**六月**、金丸精哉「満洲歳時記」(『満洲観光聯盟報』)。浅見淵「満洲風物抄」、桜井昌輝「満支のホテル・ラベル」、青木実「三つの風景」(『観光東亜』)。**七月**、岸田日出刀「満洲の印象」、山崎静男「ハルピン・ヨットクラブ」(『観光東亜』)。武藤富雄・三木清・谷川徹三・尾崎秀美・川端康成「座談会・武藤弘報処長に聴く」(『満洲日日新聞』、4~9日)。**八月**、小林勝「満洲の街路樹」、金丸精哉「満洲歳時記」(『満洲観光聯盟報』)。加納三郎「満洲文化のために」、石川哲夫「満洲における文化政策の基本課題」(『満洲評論』)。青木実「満洲を描いた小説」(『収書月報』)。野川隆「作家的感性を」(『満洲日日新聞』、3日)。島崎曙海「満洲詩人会」(『満洲日日新聞』、26~27日)。**九月**、八木義徳「新涼の奉天」、金丸精哉「満洲歳時記」(『満洲観光聯盟報』)。**一〇月**、中谷孝雄「満洲風物記」、大谷藤子「哈爾浜の思ひ出」、青木実「紀行文について」、金丸精哉「満洲歳時記」（『満洲観光聯盟報』）。**一一月**、浅見淵「松花江紀行」、金丸精哉「満洲歳時記」、田口稔「満洲ところどころ」、江崎重吉「満洲の自動車交通」（『満洲観光聯盟報』）。丸山林平「民族協和と言語問題」（『満洲日日新聞』、27〜28日）。保井克己「民族協和と言語問題」（『満洲日日新聞』、29〜30日）。

一九四二（昭和17）年

一月、満洲開拓第二期五カ年計画要綱発表（6日）。『藝文』創刊。『女性満洲』創刊。『FRONT』創刊。**五月**、アッツ島で日本軍玉砕（29日）。**六月**、ミッドウェイ海戦（5日）。**八月**、哈爾浜芸文協会が演劇・絵画・写真・短歌・俳句による開拓文化の啓蒙を目的として、太谷・南朝陽川・王家屯・尚家など開拓地に文化指導班を派遣（29日）。**九月**、第一回満鉄調査部事件（21日）。**一〇月**、満洲国建国十周年慶祝画献納式が国務院貴賓室にて挙行される（31日）。**一一月**、第一回大東亜文学者大会開会式が東京・大阪で開催される（3〜9日）。日本帝国芸術院会員満洲建国十周年慶祝献納画展覧会が新京の日満軍人会館で開催される（3〜5日）。**一二月**、満洲国基本国策大綱発表。

◆**二月**、藤田嗣治『地を泳ぐ』（書物展望社）。**三月**、田邊澄夫編『満洲短編小説集』（満洲有斐閣）。青木実『部落の民』（満鉄鉄道総局附業局愛路課）。北村謙次郎『春聯』（新潮社）。田口稔『満洲風土』（中央公論）。**四月**、鑓田研一『奉天城—満洲建国記』一（新潮社）。『満洲国』（朝日新聞社）。島崎曙海『十億一体』（女性満洲社）。浅見淵『文学と大陸』（図書研究社）。**五月**、『満洲ノ開拓ト満鉄』（南満洲鉄道弘報課）。竹内正一『復活祭』（大連満鉄社員会）。満鉄弘報課編『亜細亜横断記』（満洲日日新聞社東京支社出版部）。**六月**、小泉菊枝『満洲少女』（全国書房）。川端康成他編『満洲国各民族創作選集』第一巻（創元社）。浅見淵編『地平線を行く』（赤塚書房）。加藤六蔵編『家庭と女性を中心に見た支那の社會と慣習』（満洲事情案内所）、福田新生『拓け行く満洲』（フタバ書院成光館）。**七月**、鳥居義太郎編『外地の婦人生活と結婚』（婦人之家社）。**九月**、北原白秋『小国民詩集　満洲地図』（フタバ書院成光館）、『満洲の風姿』（安原商会）。『流れ—大陸帰農小説集』（満洲移住協会）。『開拓文苑』（満洲移住協会）。鑓田研一『王道の門

—満洲建国記』二（新潮社）。**一〇月**、福田清人『大陸開拓と文学』（満洲移住協会）。**一一月**、藤山一雄『ロマノフカ村』（満洲移住協会）。柳生昌勝編『草原』（古典文化研究会）。竹内正一『哈爾浜入城』（赤塚書房）。田口稔『満洲旅情』（満鉄社員会）。**一二月**、『満洲年鑑 昭和十八年版』（満洲日日新聞社）。満鉄鉄道総局旅客課編『満洲風物帖』（大阪屋号書店）。福田新生『北満のロシヤ人部落』（多摩書房）。青木実『北方の歌』（国民画報社）。『満洲国写真集』（満洲事情案内所）。『満洲の交通』（満鉄弘報課）。H・バイコフ著・園部四郎訳『北満の樹海と生物』（大阪屋号書店）。『満洲国現勢 康徳一〇年版』（満洲国通信社）。

◇**一月**、金丸精哉「満洲歳時記」、三井実雄「冬の哈爾浜」（『満洲観光聯盟報』）。春山行夫「満洲と台湾」（『満洲日日新聞』、8〜10日）。**二月**、特集「新東亜文化の建設」（『藝文』）。大内隆雄「満洲文学の二十年（二）」（『藝文』）。吉野治夫「満洲芸文聯盟に望む」（『満洲日日新聞』、6、7、10日）。**三月**、甲斐巳八郎「三月の満洲」、窪川稲子「大連の印象」（『満洲観光聯盟報』）。爵青・青木実「新興満洲文学論」、大内隆雄「満洲文学の二十年（三）」、八木橋雄次郎ほか「愛国詩輯」（『藝文』）。上原篤「満洲演劇運動の動向と検討」（『満洲日日新聞』、31日）。**四月**、大内隆雄「満洲文学の二十年（四）」（『藝文』）。**五月**、金丸精哉「満洲の「季」について（上）」、大内隆雄「満洲文学の二十年（五）」（『藝文』）。**六月**、金丸精哉「満洲の「季」について（下）」、大内隆雄「満洲文学の二十年（六）」（『藝文』）。**七月**、瀧川政次郎「満洲ところどころ」、長谷川濬「早春（或るマクシムの手記）」、大内隆雄「満洲文学の二十年（七）」、「青少年戦争詩集」、座談会「満洲文化映画の方向」（『藝文』）。**八月**、近藤伊与吉「満洲映画生立ち記」、大内隆雄「満洲文学の二十年（八）」（『藝文』）。**九月**、島崎曙海「松花江下航記」（『歴程』）。大野沢緑郎「ハルピン風物詩」（『満洲詩人』）。特集「満洲国文化の動向と文献」（『読書人』）。柳瀬正夢「開拓村ノコドモ」（『子供の友』）。湯浅克衛「美しき献身 満洲建国と女性」（『婦人公論』）。金原省吾「満洲文化の単一性」、大内隆雄「満洲文学の二十年（九）」、坂井艶司「『満洲詩』論抄」（『藝文』）。**一〇月**、大内隆雄「満洲文学の二十年（十）」、三好弘光「歓びと力を与へるもの」（『満洲文芸通信』）。柳瀬正夢

「満洲の生活美」（『婦人之友』）。**一一月**、桑原英治「満洲に於ける都市計画」（『建築と社会』）。上野市三郎「満洲文学建設のために」（『満洲日日新聞』、18、19、21日）。**一二月**、富田寿「満洲文学概説」（『藝文』）。

一九四三（昭和18）年

一月、汪兆銘政権が英米に宣戦布告（9日）。**二月**、満鉄本社機構改革ならびに新京移駐が決定。特急あじあ号運行停止（28日）。**七月**、小日山直登が第一六代満鉄総裁に就任（14日）。第二回満鉄調査部事件（17日）。『観光東亜』が『旅行雑誌』に改題される。**八月**、第二回大東亜文学者大会・決戦会議が東京で開催される（25～27日）。**一二月**、全国決戦芸文大会全国芸文家会議が新京記念公堂で開催される（4～5日）。

◆**二月**、城小碓『絹街道』（吐風書房）。**三月**、林房雄『青年の国・第一部』（文藝春秋社）。**四月**、新井光蔵『能率読本』（満洲日日新聞社）。**五月**、山田清三郎編『現地随筆』（満洲新聞社）。北村謙次郎『帰心』（国民画報社）。浅見淵『蒙古の雲雀』（赤塚書房）。**六月**、千田万三『満洲文化史・点描』（大阪屋号書店）。H・バイコフ著・香川重信訳『我等の友達』（文藝春秋社）。北尾一水訳『白系露人作家短篇集』（五星書林）。耶止説夫『異変潮流』（大東亜出版社）。**七月**、春山行夫『満洲の文化』（大阪屋号書店）。**八月**、鐺田研一『新京―満洲建国記』三（新潮社）。ヴェ・トボリヤコフ著・平井肇訳『動物の四季』（大連日日新聞社）。山田清三郎編『続現地随筆』（満洲新聞社）。**一〇月**、淺見淵『満洲文化記』（国民画報社）。**一一月**、金丸精哉『満洲歳時記』（博文館）、満洲芸文年鑑編纂委員会編『満洲芸文年鑑 康徳九年度版』（満洲冨山房）。『建設年鑑 康徳十年版』（満洲帝国協和会科学技術聯合部会建設部会）。H・バイコフ著・香川重信訳『満洲猟人の手記』（満洲新聞社）。**一二月**、岩岡俊一編『国際運輸株式会社二十年史』（国際運輸）。『満洲年鑑 昭和十九年版』（満洲日日新聞社）。

◇**一月**、石塚喜久三『纏足の頃』（『蒙疆文学』）。**二月**、赤瀬川安彦「満洲芸文家に希む」（『満洲日日新聞』、16日）。**三月**、大内隆雄「最近の満洲の作品」（『藝文』）。竹内正一「在満作家の作品」（『満洲日日新聞』、10日）、湯浅克衛「大陸文学の前進」（『満洲日日新聞』、16日～18日）。**六月**、逸見猶吉「黒竜江のほとりにて」（『歴程』）。村岡

勇「満洲館」（『書光』）。**八月**、「満鉄映画の動き」（『生活美術』）。**一〇月**、芝木好子「大陸女性の生活点描　満洲開拓地の女性」（『文学報告』、20日）。

一九四四（昭和19）年

一月、満洲芸文連盟機関誌『藝文』（満洲文藝春秋社）創刊。**二月**、満鉄の本部機構が新京へ移る。**七月**、サイパン陥落（7日）。米軍機B29が鞍山・大連を初めて爆撃。満洲映画協会天然色写真処設立。**一一月**、第三回大東亜文学者大会開会式が南京で開催される（12日～14日）。満洲国政府が決戦芸文指導要綱を制定、芸文連盟各協会を解散し、社団法人満洲芸文協会を設立して芸文動員の財源と指導方針を一括することで芸文の戦力化を図る。

◆**一月**、カ・ウェ・ドウブロフスキイ・姉川盤根訳『シベリヤ民話集』（大阪屋号書店）。**三月**、川端康成他編『満洲国各民族創作選集』第二巻（創元社）。**六月**、佐藤観次郎『極寒の情熱』（満洲公論社）。西村保男『満洲芝居』（満洲事情案内所）。**七月**、牧野正己『満洲建築随想』（満洲時代社）。**八月**、風土研究会編『満洲の印象』（吐風書房）。**九月**、山口誓子『満洲征旅』（満洲雑誌社）。**一〇月**、大内隆雄『満洲文学二十年』（国民画報社）。**一二月**、鑓田研一『五色旗』（吐風書房）。『満洲年鑑　昭和二十年版』（満洲日報社奉天支社）。

◇**一月**、「戦ふ満洲国特輯」（『国際写真情報』）。**四月**、甲斐巳八郎「郷土美の探究について」（『藝文』）。八木義徳「劉広福」（『日本文学者』）。**五月**、「満洲国大都市の特異性」（『国勢グラフ』）。**七月**、川端康成「満洲国の文学」（『藝文』）。**九月**、横光利一「或る夜の拍手」、宮井一郎「実践としての満洲文学」、竹内正一「二葉亭と満洲」（『藝文』）。**一〇月**、柿澤元徳「満洲の文学を考へる」（『藝文』）。

一九四五（昭和20）年

二月、ヤルタ会談。**五月**、山崎元幹が第一七代満鉄総裁に就任（5日）。ドイツ無条件降伏（7日）。**七月**、ポツダム宣言（26日）。**八月**、広島に原爆投下（6日）。長崎に原爆投下（9日）。ソ連対日宣戦布告、満洲侵攻開始（9日）。日本政府がポツダム宣言を受諾（14日）。昭和天皇による終戦の詔書の音読放送（15日）。満洲国皇帝溥儀退位（18日）。満洲国解体（20日）。哈爾濱学院廃校、渋谷三郎院長自決（21日）。**九月**、日本政府が降伏文書に調印（2日）。中ソ合弁中国長春鉄路公司が満鉄を接収（22日）。GHQが満鉄に閉鎖命令（30日）。

◆**六月**、小泉菊枝『満洲人の少女』（精華会）。**七月**、大場白水郎『大陸俳句の作法』（奉天大阪屋号書店）。

◇**二月**、山田清三郎「土の生む文化」、林房雄「大東亜に於ける満洲国」（『藝文』）。**三月**、丸茂武重「日本人の満洲勉強」（『藝文』）。**四月**、宮井一郎「再説満洲文学論」（『藝文』）。

（尾崎名津子＝編）

主要参考文献

〈復刻版〉

『旅行満洲』（不二出版、二〇一六年一二月～二〇一九年八月）

『満洲引揚げ文化人資料集』（金沢文圃閣、二〇一六年三月・四月）

『満蒙』（不二出版、二〇〇〇年五月～二〇〇三年八月）

〈単行本〉

上田貴子・西澤泰彦編『「満洲」在地社会と植民者』（京都大学学術出版会、二〇二五年二月）

加藤聖文『満蒙開拓団　国策の虜囚』（岩波書店、二〇二三年二月）

塚瀬進『満洲の日本人　新装版』（吉川弘文館、二〇二三年二月）

飯島一孝『ハルビン学院の人びと』（群像社、二〇二〇年四月）

岡田秀樹『「満洲国」の文学とその周辺』（東方書店、二〇一九年七月）

安志那『帝国の文学とイデオロギー　満洲移民の国策文学』（世織書房、二〇一六年一一月）

貴志俊彦・松重充浩・松村史紀編『二〇世紀満洲歴史事典』（吉川弘文館、二〇一二年一二月）

山室信一『キメラ――満洲国の肖像　増補版』中央公論新社、二〇〇四年七月）

越澤明『哈爾浜（はるぴん）の都市計画』（筑摩書店、二〇〇四年六月）

芳地隆之『ハルビン学院と満洲国』（新潮社、一九九九年三月）

友邦協会・中央日韓協会編『朝鮮関係文献・資料総目録　友邦協会・中央日韓協会所蔵』（友邦協会、一九八五年三月）

哈爾濱学院史編集室編『哈爾濱学院史』（国立大学哈爾濱学院同窓会、一九八七年六月）

輔仁会満洲医科大学史編集委員会編『柳絮地に舞ふ　満洲医科大学史』（輔仁会満洲医科大学史編集委員会、一九七八年六月）

今村太平『満洲印象記』（第一芸文社、一九四一年九月）

日本観光事業研究所編『日本観光年鑑　昭和十六年版』（日本観光事業研究所、一九四一年二月）

大連都市交通『満洲の観光バス案内』（大連都市交通、一九三九年）

〈記事・論文〉

尾形洋一「『南満洲鉄道株式会社社報』・『鉄路総局総局報』・『鉄道総局報』の書誌データから読みとることができるもの」（『近代中国研究彙報』第三三号、二〇一八年七月）

小谷野邦子「「満洲」における心理学――前半期における人物を中心として――」（『茨城キリスト教大学紀要』第三五号、二〇〇一年一月）

樋口善典「早朝体操」（『社長の私生活10』東都書房、一九八五年四月）

寺崎浩「哈爾浜の印象」（『海』第九巻第九号、一九三九年九月）

【中国語文献　曾峻梅 編】

黄彦震・胡珀『近代哈爾濱歴史探研』（黒竜江人民出版社、二〇二一年一〇月）

中国鉄路哈爾浜局集団有限公司 編『哈爾浜鉄路百年史話』（黒竜江人民出版社、二〇二〇年七月）

李述笑『哈爾濱歴史編年（1763 - 1949）』（黒竜江人民出版社、二〇一三年一月）

劉暁麗『偽満洲国文学与文学雑誌』（重慶出版社、二〇一二年三月）

阿唐『老街漫歩　哈尔浜歴史建築尋踪』（黒竜江人民出版社、二〇一一年五月）

Mara Moustafine 著　李克・郇忠（訳）『哈爾浜档案』（Secrets and Spies）（中華書局、二〇〇八年一〇月）

姜亜沙・経莉・陳湛綺『哈爾浜五日画報』（全国図書館文献微縮複製中心、二〇〇七年六月）

哈爾浜建築芸術館 編『哈爾浜旧影大観　彙集千幀旧影紀念開埠百年』（黒竜江人民出版社、二〇〇五年一〇月）

兪濱洋 編『哈爾濱印・象（上）（1897-1949）』（中国建築工業出版社、二〇〇五年一月）

李述笑『哈爾濱舊影』（人民美術出版社、二〇〇〇年八月）

編者紹介
尾崎名津子（おざき・なつこ）

1981 年、神奈川県生まれ。慶應義塾大学大学院文学研究科国文学専攻後期博士課程単位取得退学、博士（文学）。現在、立教大学文学部准教授。
専門は日本近現代文学。著書（共編著含む）に、『織田作之助論 〈大阪〉表象という戦略』（和泉書院、2016 年 6 月）、『怖るべき女 織田作之助女性小説セレクション』（春陽堂書店、2019 年 8 月）、『「言論統制」の近代を問いなおす 検閲が文学と出版にもたらしたもの』（花鳥社、2019 年 9 月）、『サンリオ出版大全 教養・メルヘン・SF 文庫』（慶應義塾大学出版会、2024 年 2 月）、『日本近現代文学史への招待』（ひつじ書房、2024 年 10 月）など。近論に、「松本清張「たづたづし」における万葉歌の位相」（『松本清張研究』第 25 号、2024 年 3 月）、「武田泰淳「サイロのほとりにて」論―敗戦と滅亡について―」（『日本文学』第 73 巻第 10 号、2024 年 10 月）などがある。

コレクション・近代日本の中国都市体験
第 8 巻　哈爾濱

2025 年 4 月 15 日　印刷
2025 年 4 月 25 日　第 1 版第 1 刷発行

[編集]　尾崎名津子
[監修]　東京女子大学比較文化研究所・上海外国語大学日本研究センター
[全体編集]　和田博文・高潔

[発行者]　鈴木一行
[発行所]　株式会社ゆまに書房
〒 101-0047　東京都千代田区内神田 2-7-6
tel. 03-5296-0491 / fax. 03-5296-0493
https://www.yumani.co.jp

[印刷]　株式会社平河工業社
[製本]　東和製本株式会社

落丁・乱丁本はお取り替えいたします。　Printed in Japan
定価：本体 25,000 円＋税　ISBN978-4-8433-6716-2 C3325